数字化营销

新媒体全网运营一本通

宁延杰 著

内 容 提 要

本书共17章，第1章主要介绍数字化营销的时代机遇；第2章主要介绍数字化营销与推广的常用工具；第3章主要介绍网络营销文案写作；第4章主要介绍网络营销数据分析；第5章主要介绍短视频营销；第6章主要介绍直播营销与带货；第7、8、9章分别介绍微信营销、企业微信营销与微博营销；第10章主要介绍公众号、小程序营销；第11章主要介绍热门手机App营销；第12章主要介绍百度搜索引擎推广；第13章主要介绍网站推广与营销；第14章主要介绍电商平台营销；第15章主要介绍社区团购平台；第16章主要介绍其他平台营销推广，如小红书、知乎等；第17章主要介绍多平台数字化营销策略与实战。

本书内容丰富，实用性强，特别适合互联网营销与运营行业的读者，适用于各大电商学院、新媒体培训机构，可作为中小企业培训用书，更加适合想通过自学入门或者提高网络营销技能的新人查阅。

图书在版编目（CIP）数据

数字化营销：新媒体全网运营一本通 / 宁延杰著. — 北京：北京大学出版社，2023.3
ISBN 978-7-301-33658-8

Ⅰ.①数… Ⅱ.①宁… Ⅲ.①网络营销 Ⅳ.①F713.365.2

中国国家版本馆CIP数据核字(2023)第004727号

书　　　名	数字化营销：新媒体全网运营一本通 SHUZIHUA YINGXIAO：XINMEITI QUANWANG YUNYING YIBENTONG
著作责任者	宁延杰　著
责任编辑	刘　云　刘　倩
标准书号	ISBN 978-7-301-33658-8
出版发行	北京大学出版社
地　　　址	北京市海淀区成府路205号　100871
网　　　址	http://www.pup.cn　　新浪微博：@北京大学出版社
电子信箱	pup7@pup.cn
电　　　话	邮购部 010-62752015　发行部 010-62750672　编辑部 010-62570390
印刷者	天津中印联印务有限公司
经销者	新华书店
	787毫米×1092毫米　16开本　29.5印张　529千字 2023年3月第1版　2023年3月第1次印刷
印　　　数	1-4000册
定　　　价	99.00元

未经许可，不得以任何方式复制或抄袭本书之部分或全部内容。
版权所有，侵权必究
举报电话：010-62752024　电子信箱：fd@pup.pku.edu.cn
图书如有印装质量问题，请与出版部联系，电话：010-62756370

前 言

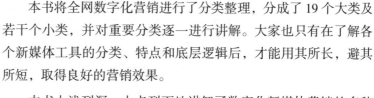

本书将全网数字化营销进行了分类整理,分成了 19 个大类及若干个小类,并对重要分类逐一进行讲解。大家也只有在了解各个新媒体工具的分类、特点和底层逻辑后,才能用其所长,避其所短,取得良好的营销效果。

本书由浅到深、由点到面地讲解了数字化新媒体营销的多种实用技能,如短视频营销的定位筹划、IP 打造、内容素材、编写脚本、拍摄剪辑与上热门等,意在全面地帮助读者建立对短视频营销的认知,系统地帮助读者掌握短视频营销的技能与技巧,轻松成为数字化营销行家。

本书是网络营销百科全书,几乎包含所有新媒体工具和技能(包括文案、数据分析、短视频、直播带货、微信、企业微信、微博、公众号与小程序、手机 App、网站推广、电商平台、社区团购、小红书、今日头条、知乎、百度百科等),分类梳理、深入剖析,是真正的"一本通"。

本书是网络营销工具书,不仅系统地讲解了各新媒体平台的特点、优势及劣势,还介绍了使用方法,特别是实操技巧,读者可以轻松上手。

本书是避坑宝典,"要先成功,必先避坑",只有先活着,才有可能活得好,才能营销赚钱。

本书由具有丰富经验的图书策划导师三虎老师策划和指导,汇集了多位知名电商直播导师多年的实战技能和教学经验。这些导师是各大平台的签约授课老师,他们不仅都在电商领域躬身入局,创业发展,也积极参与培训,通过实战培训,帮助品牌方和商家更快地做好转型,目前已帮助过上百家知名品牌以及数千家中小企业提高营销能力。

由于水平有限,书中难免有疏漏之处,希望读者与同行不吝赐教。

温馨提示:本书还提供视频资源,读者可以通过扫描封底二维码,关注"博雅读书社"微信公众号,找到资源下载栏目,输入本书77页的资源下载码,根据提示获取。

目 录

第1章 抓住数字化营销的时代机遇 001

1.1 抓住时代机遇 002
1.2 数字化营销时代 006
1.3 数字化营销中的常用术语 011
1.4 你的新媒体营销为什么不赚钱 015
1.5 一图了解全网数字化营销分类 021

第2章 数字化营销与推广的常用工具 022

2.1 二维码制作工具 023
2.2 图文排版工具 024
2.3 图片处理工具 027
2.4 视频编辑工具 029
2.5 H5海报制作工具 031

第3章 网络营销文案写作 033

3.1 文案写作的基本方法 034
3.2 这样的文案才有吸引力 043

第4章 网络营销数据分析 056

4.1 网络营销数据分析基础 057
4.2 网络营销数据分析的常见指标 067
4.3 网络营销数据分析要点 070
4.4 编写数据分析报告 072
4.5 网络营销数据分析应用实战 074

第5章 短视频营销 100

- 5.1 认识热门视频平台 101
- 5.2 定位筹划：带你破解抖音的商业密码 109
- 5.3 IP 打造：线上短视频个人品牌 118
- 5.4 内容素材：搜集素材，创建选题库 124
- 5.5 编写脚本：手把手教你写视频脚本 131
- 5.6 拍摄剪辑：如何轻松制作出好作品 136
- 5.7 上热门：任何人都能学会的上热门技巧 147
- 5.8 成交变现：揭秘抖音的5大商业变现模式 159

第6章 直播营销与带货 171

- 6.1 直播前期的四个准备工作 172
- 6.2 让直播间人气火爆的渠道和方法 188
- 6.3 直播带货实操指南 196
- 6.4 直播电商新赛道——私域流量直播变现攻略 212

第7章 微信营销 222

- 7.1 打造 IP，让客户对你一见钟情 223
- 7.2 朋友圈营销秘籍：如何打造展示和宣传的舞台 230
- 7.3 引流涨粉：如何让你喜欢的人关注你 234
- 7.4 八招吸睛大法，让客户主动上门 239
- 7.5 巧用微信群的免费知识引流 243
- 7.6 互动变现：如何与客户谈一场完美的恋爱 244
- 7.7 裂变传播：如何让客户自发转介绍 252
- 7.8 剧本式营销 256

第8章 企业微信营销 261

8.1 为什么要做企业微信 262

8.2 企业微信的四大智慧增长方案 267

8.3 案例 275

第9章 微博营销 278

9.1 微博页面的形象定位和管理 279

9.2 微博账号吸粉和涨粉 284

9.3 开展活动与粉丝互动 295

第10章 公众号、小程序营销 307

10.1 微信公众号的类型与功能 308

10.2 做好内容推广规划，提高留存率 312

10.3 日益火爆的小程序运营推广 316

第11章 热门手机App营销 328

11.1 App 运营的技巧 329

11.2 App 推广的技巧 337

第12章 百度搜索引擎推广 344

12.1 初识百度搜索引擎推广 345

12.2 百度搜索引擎推广技能实操 349

第13章 网站推广与营销 361

13.1 提高网站运营效率的方法 362

13.2　网站内外优化　　368

第14章　电商平台营销　　378

14.1　做好商品发布，提高网店流量　　379
14.2　充分利用平台自身的推广工具　　385
14.3　提升店铺销量的新玩法　　395
14.4　通过运营扩大店铺影响力　　401

第15章　社区团购平台　　406

15.1　了解社区团购　　407
15.2　构建社区团购的核心要点　　410
15.3　运营社区团购的要点　　413

第16章　其他平台营销推广　　416

16.1　小红书　　417
16.2　今日头条　　423
16.3　知乎　　428
16.4　百度百科推广，建立词条进行宣传　　433
16.5　文库推广，互动式文档分享　　440

第17章　多平台数字化营销策略与实战　　446

17.1　打通线上、线下，实现立体式营销　　447
17.2　搭建新媒体矩阵　　449
17.3　多平台营销实战案例　　454

第1章
抓住数字化营销的时代机遇

随着互联网技术的迅猛发展，我们进入了"数字化营销"时代，如何把握时代的趋势，找到并抓住机遇？

我们应该主动学习数字化营销的思维与方法，掌握各种数字化营销的必备工具，并将这些工具应用到营销中。

本章学习要点

※ 抓住时代机遇

※ 数字化营销时代

※ 数字化营销中的常用术语

※ 你的新媒体营销为什么不赚钱

※ 一图了解全网数字化营销分类

1.1 抓住时代机遇

我们经常抱怨"老天不公,不给机会",其实,人的一生有无数次机会,只是当机会来临时,你没有抓住它而已!我们先来看个故事。

> **案例**
>
> 有一个教徒,每天都会向上帝祈祷。他相信上帝是爱他的,当他有需要的时候,上帝一定会拯救他。
>
> 一天,教徒的村子里发洪水,所有人都开始逃生,但是这个教徒没有逃生,他相信上帝一定会来救他的。
>
> 教徒爬到屋顶上,继续祈祷。这时,一条小船划过来,船上的人大声地对他说:"快上来吧,快逃生吧。"他说:"我在等上帝来救我,他一定会来的。"船上的人劝说了半天,见他坚持不上船,只能先去救别人了。
>
> 水越来越大,屋子都被淹没了。教徒爬到教堂的屋顶上,继续祈祷。这时,又有一条小船划过来,船上的人大声地对他说:"快上来吧,人都走光了。"他说:"我在等上帝来救我,他一定会来的。"船上的人劝说了半天,见洪水越来越猛,只得划走了。
>
> 又过了一小会儿,洪水把教堂的屋顶也淹了,只有一个十字架的尖尖露在水面上,教徒就抱住这个尖尖,继续祈祷。这时,一架直升机飞了过来。直升机上的人放下软梯,拼命地叫他:"快上来吧,再不上来就淹死了。"他努力地从水里抬高头,说:"我在等上帝来救我,他一定会来的。"直升机上的人大声地呼喊他,但是他说什么也不伸手。
>
> 很快,水淹没了教徒,他死了。
>
> 教徒终于见到了上帝,他非常愤怒地说:"我这么虔诚,你却没有救我!"上帝看了看手中的记事本,说:"我曾经派了两条小船和一架直升机去救你。"

机会非常重要。人生的不同阶段有很多机会,尽管有些机会是个别人才有的,但很多机会是大多数人遇到过的,只是没有抓住而已。

雷军有句名言:"站在风口上,猪都可以飞起来。"这句话被无数创业者奉为经典。风口就是市场变革的机遇,如今的风口在哪呢?

1.新时代机遇的抓手

在我们这个时代,高科技不断涌现,比如:云计算、物联网、区块链、虚拟现实VR、量子技术、5G、共享经济、人脸识别、纳米技术、智慧城市、计算机视觉、数据湖、独角兽、4D打印、基因技术、脑科学、光子芯片、新材料无人汽车、无人机、大数据、人工智能……

可是这些项目的技术含量较高,普通人很难介入。那么什么是我们普通人可以抓住的机会呢?

如今,智能手机成为我们生活和工作中不可缺少的工具,它取代了钱包、相机、银行卡、身份证、钥匙……试想一下,如果你今天出门忘了带手机,会是什么状态?是不是像丢了魂一样?

既然人们的工作、生活都离不开手机,那么手机就是新时代机遇的抓手。下面我们来看一个"以手机为抓手"的故事。

> **案例**
>
> "凯叔讲故事"是以儿童故事为主的知识类IP。讲故事的凯叔真名叫王凯,他原来是一个主持人,通过讲故事打造了一个价值100亿元的故事王国。他是如何做到的呢?
>
> (1)"凯叔讲故事"的发展历程
>
> 2014年,获得由黑马基金、天神娱乐投资的Pre-A轮融资,金额为450万元。
>
> 2015年,获得由分享投资的数千万元A轮融资。
>
> 2017年5月,获得由新东方领投,挚信资本、浙数文化(原浙报传媒)、艾瑞资本跟投的9000万元B轮融资。
>
> 2018年3月,获得由微影资本、正心谷创投、上海坤言投资领投,挚信资本、前海母基金跟投的B+轮融资,金额为1.56亿元。
>
> 2019年7月22日,完成由百度领投,新东方、好未来、上海坤言投资跟投的C轮融资,融资规模超5000万美元,泰合资本担任独家财务顾问。
>
> 2020年2月,完成了6600万美元C+轮融资,此次融资由挚信资本领投、新加坡投资公司淡马锡和正心谷跟投,泰合资本继续担任独家财务顾问,"凯叔讲故事"在不到一年的时间内累计融资超过了1.2亿美元。目前市值预估

100亿元左右。

截至2020年，"凯叔讲故事"累计播出19000个故事，仅"凯叔讲故事"App总播放量就达到60亿次以上，用户超3700多万户，被推荐为"中国孩子的故事大全，亿万父母的育儿宝典"。

（2）从给自己女儿讲故事到给全国孩子录故事

凯叔的女儿和多数孩子一样，喜欢听故事，是"故事吃货"。凯叔最早只是给女儿讲故事，偶然将录制的故事音频分享到幼儿园班级群，竟意外收获了一批"小用户"，被称为"凯叔"。

在此之后，凯叔就辞职专门录故事给孩子们听，找最经典的儿童故事，用最有亲和力、磁性的声音讲述。凯叔的故事讲得生动传神，孩子们听得都入了迷！

（3）从生动入迷到个性化定制

讲故事就要生动，让听者入迷，对吧？我也是这么认为的。不过凯叔反而因为故事讲得太生动碰壁了，遭到大量用户的投诉：你讲故事能不能别这么生动？

故事太生动了，竟然惹来了很多家长的不满，难道生动也是错误？

原来，孩子们都喜欢睡前听故事，他们听完凯叔的故事后，兴趣大增，还想接着听，也不睡觉了。孩子的睡眠受到了影响，让很多父母感到苦恼。

实际上，能讲好故事的人不只有凯叔，声音好听的大有人在。

产品是为满足用户需求、解决用户问题而生的。好的产品，一定要考虑场景，不考虑场景而打造的产品和垃圾无异。

凯叔开始根据客户的要求改变，以"睡前故事"为例，不能越讲越兴奋，而是应该有起伏地讲述，由引人入胜到渐渐缓和，配合一定的节奏和时间长度，来吸引孩子早早地上床听故事，然后入睡。这就是产品的差异化和独特性，也是相对于同行的优势。

当然，凯叔讲故事的成功，也离不开智能手机。智能手机作为播放的载体，让广大宝妈听到并成为用户，从而促成了凯叔的成功。

 专家提点　　儿童教育行业是一个非常大的市场，故事是其中一个很小的分类。"凯叔讲故事"恰恰是通过瞄准细分市场，做好差异化，成功打造出市值百亿的商业品牌！

2.未来商业形态大预言：基于粉丝的生态云商

粉丝就是基于你的商品，通过商品的文化聚合的客户。

生态是指生态圈。全国这么多人口，总有与你有共同特点的人，如果你能与他们建立联系，将他们组织起来，那就形成了一个圈子。根据圈子里人的共同兴趣爱好来提供商品，就很容易成交，并且很容易形成口碑传播和裂变，如果推荐的商品一直符合圈子的兴趣，并让圈子里的人满意，那么就会形成"信任依赖"。

云商就是基于云计算技术的商业运营模式，是跨地域、跨终端、跨系统、跨平台的线上、线下大融合。

我们通过一个具体例子来说明。

> **案 例**
>
> 青岛啤酒集团有限公司提出"商业模式三步走"战略。
>
> ◆ 第一步　建立传统商业模式
>
> 用传统的"线下＋电商（淘宝、天猫、京东、拼多多）"的形式卖酒。
>
> 在这个阶段，商家和客户是单纯的买卖关系，没有微信沟通，没有文化的熏陶，不能从根本上形成商业黏性。
>
> ◆ 第二步　打造粉丝群
>
> 基于现有的客户基础，通过公众号、抖音、快手等短视频平台、今日头条等资讯客户端、小红书等种草平台，吸引客户关注，进一步通过公域流量转化私域粉丝，经营个人微信、企业微信、视频号、朋友圈等平台，进行青岛啤酒文化的熏陶，形成铁粉圈。
>
> 我建议先从相对高端的酒开始经营粉丝。比如"百年之旅"，1瓶699元，买这款酒的人，消费能力肯定不低，如果我们让这些人了解了该款酒的来历和相关的品牌文化，当他们在酒桌上喝这款酒时，有可能向同桌的人讲这些故事，就可能吸引更多具有同样消费能力的人注意到这款酒。
>
> 这就是第二步，从老客户、高端款开始，逐渐形成粉丝群，然后扩展到新客户、各个款式，形成粉丝黏度，产生复购，粉丝再自发转介绍吸引更多粉丝，不断实现裂变。做好这一步，销量至少会翻一番！
>
> ◆ 第三步　形成信任依赖
>
> 基于已经形成的"啤酒文化粉丝群"，根据粉丝的不同特点，组建不同的粉丝俱乐部。维护这些粉丝，不仅销售给他们青岛啤酒，还要专门组

> 织人员研究他们的需求和喜好，帮他们满足生活和工作等方面的精神需求和商品需求。比如以"琥珀拉格"啤酒为基础建立的粉丝群体，他们还可能会喜欢某种高端茶、高端矿泉水、高端家电品牌、高端化妆品……那么，我们就可以组织他们团购相关产品。团购对粉丝有以下优势：
>
> ①便宜：如果需求量大，价格自然便宜很多；
>
> ②保证正品：品牌方之间洽谈合作，渠道正规；
>
> ③售后服务好：有品牌做后盾如果出现问题，维权快；
>
> ④节省时间：这是最关键的一点，比如当我们买一款冰箱，总要花一点时间比较和选择，对于有些人来讲，"时间就是金钱"，如果粉丝俱乐部推荐的商品符合他们的要求，他们可以快速购买，用省下来的时间创造更大的价值。
>
> 长此以往，很容易形成"信任依赖"：只要是平台推荐的，我又正好需要，就会购买！

未来 5 年将是"粉丝生态云商"的时代，如果做不好生态云商，那么就只能沦为其他成功企业的"代工厂"，如果平台不推荐你，你连竞争的机会都没有了。

1.2 数字化营销时代

传统的企业营销模式已经过时了，如今，谈到企业的转型升级，几乎都会提及数字化营销，但数字化营销到底是什么？一些人认为它是新兴营销技术，一些人认为它是引流获客的新形式，还有人认为数字化营销象征着全新的商业模式。不管怎么定义，数字化营销会促进企业经济增长，这是毋庸置疑的。下面我们就来了解数字化营销的概念、优势，以及如何才能做好数字化营销。

1.数字化营销将是未来营销的主旋律

企业逐渐发现，以前很成功的获客方式怎么不灵了？如今花和过去一样多的钱，已无法获取和过去一样多的新用户，而没有新用户，就无法转化更多收益，最终导致公司陷入财务困境。

根据最近公布的《中国 B2B 营销数字化展望洞察报告》，我们发现，总体而言，国内企业的营销数字化水平较为落后，导致企业的数字化营销难以"起跑"。然而在我们的调研中，被问及 2022 年及以后的营销工作重心时，"数字化"成为营销人提及最多的一个词。

不管是为了促进营销增长还是为了降本增效，数字化营销都是企业当下必须认真考虑建设的重点项目，数字化营销更是企业实现可持续增长的关键手段。

数字化营销是企业的基础建设，没有好的基础建设，上层建筑就没有稳固的根基和发展基础，无异于空中楼阁。

专家提点 数字化营销将是未来营销的主旋律。"数字化新基建"不是可选项，而是必选项，是企业未来能否生存的基础。

2. 认识数字化营销

数字化营销是指以"数据 + 技术"为驱动，融通多源数据，依托智能技术，促进营销智能化，全面实现更广域的数据采集、更精准的用户触达、更敏捷的闭环营销、更有针对性的用户沟通，实现更高效的智能化营销。

简单来讲，数字化营销就是指企业利用数字化的媒体、工具和目标人群进行互动，向其推广品牌或产品信息，从而激发目标人群的购买兴趣，并将购买兴趣转化为企业销售的过程。

数字化营销不是空洞的理论，而是通过技术赋能，深入企业业务场景的一整套营销体系。我们以大家熟知的饭店营销为例来理解数字化营销。

传统饭店的营销方式大都是以线下活动为主，如发宣传单、优惠券，实行会员制等。到底这些方式对于饭店生意好不好，为什么好？为什么不好？怎么能更好？大多数老板并没有认真研究过这些问题，只是拍脑袋决定罢了。

（1）实现数字化，调研数据、分析数据

饭店要想生意好，就要吸引更多食客，要去搜集消费者和竞争者的各项指标数据，然后对这些数据进行分析。需要搜集的数据包括：消费者的地域分布、性别、年龄段、行业、饮食习惯，以及消费的时间、金额、频率等；每个菜品的点单频率、好评率、剩菜率、菜品的搭配、菜品的利润率等；饭店的客流情况（客人数、客单价、客人停留时间、翻台率、上座率等），流水情况（年月周流水变化、周一到周日的情况等)、客情(线上、线下的客户反馈)……对这些数据进行统计和分析后,就可以有针对性地改善菜品、调整营销策略。

> **专家提点**
>
> 很多数据往往被忽略了,比如菜品的剩菜率。饭店往往认为"点单频率"就代表了客户对菜品的喜爱程度,点的多就是喜欢。实际上很多菜品的点单率高是因为客户喜欢吃某种食材或者在别的饭店吃得好,到你饭店也点了这个菜。但是可能你的厨师做的不如别家,那么这个菜品的剩菜率就高。这时,你就要重视起来,那些点单率高、剩菜率也高的菜品就是埋藏的"雷"。还有一些点单率不高但是光盘的菜,可能是你的"秘密武器",点的不多说明多数饭店做得不好吃,但是你做的这个菜被光盘了,说明这个菜可能成为你店的"招牌菜"。这就是数字化分析对于提升饭店业绩的作用。

(2) 找到爆品,做好定位,全网营销

饭店的营销如果只关注线下就落伍了,要线上、线下相结合,借助当地生活类平台(大众点评、美团、口碑等)、抖音等短视频平台、微信生态平台(微信号、朋友圈、微信群、公众号、视频号等)以及小红书等新媒体平台,全方位、智能化地营销推广。

> **专家提点**
>
> 公司越大,搜集数据越容易,数据越多,分析得也越精准,越有助于做好数字化营销。

其实,要想了解数字化营销,就一定要搞清楚这几个术语:①信息化:主要是营销工具和环境的信息化;②数据化:在信息化的基础上,所有营销的主体都用数据进行分析;③数字化:在信息化和数据化的基础上,数据带有相关主体的特点、变化,使整个营销更多样化、个性化、智能化。

数字化营销覆盖客户数据洞察、内容创意管理、营销智能投放、客户互动管理和营销效果分析五大关键技术模块,贯穿营销全流程,通过智能的数字化分析,对营销的全流程进行指挥,驱动营销智能化,助力企业实现"人、货、场、内容"四个营销要素的精准匹配,全面提升营销效率。

3.一表看懂数字化营销的优势

传统营销方式和数字化营销方式对比有表 1-1 所示的优势。

表1-1 传统营销方式和数字化营销方式对比

项目	传统营销方式	数字化营销方式
监控效果	监控滞后。传统的营销,只能在活动结束后,通过调研的方式来搜集反馈数据,难以实时了解营销推广的效果,不利于企业及时调整营销推广策略	实时监控。通过数字化营销,可以实时看到营销活动的数据,小到一场活动,大到一个产品和一个服务的推广,都变得可跟踪,从而可以让企业及时调整营销策略
数据精度	数据不精准。对所有的用户无差别推送同样的信息,不能直达企业的目标用户群体,无法实施个性化和差异化的营销策略,导致转化率低	精准触达目标群体。有了用户数据,我们就能针对性地制定营销推广策略,向目标用户推荐其感兴趣的内容,有效提升转化率
传播方向	单向传播。品牌和企业无法直接跟消费者联动,消费者参与度低,也会造成转化率低,不能有效传播品牌价值观等	多向传播。跟传统的营销方式相比,数字化营销可以大大地缩短路径,直接跟消费者互动,帮助消费者了解企业和产品
覆盖渠道	推广渠道单一。可供选择推广的渠道有限,不擅长借力新型工具,费时、费力,影响效率	推广渠道广泛。借助数字化营销,我们可以轻松选择多个推广渠道,有效提升企业和产品的曝光率

4.如何做好数字化营销?

在当今数字化时代,数字化营销势在必行。我们可以从以下几个方面来做好数字化营销。

(1) 多方面利用数字化资源,搜集、挖掘和分析所有营销的相关数据

数字化营销是数据驱动的过程。通过物联网和 AI 机器智能技术,我们能够高效率地对用户数据进行搜集、挖掘和分析,了解用户的喜好、购买行为、购买习惯和常用渠道,刻画详细的用户画像。根据数据分析后的结果,我们就能针对性地制定合理的宣传、促销和成交及裂变的营销策略。

(2) 全网覆盖新媒体渠道的推广营销

如今,新媒体营销盛行,各种营销平台层出不穷,且都有自己的特点和优势。

如今企业面临激烈的竞争环境，如果在进行数字化营销时，只选择少量媒体渠道进行营销推广，曝光量就会不足；我们要尽可能多地覆盖各种媒体渠道来实施营销推广策略，而且根据我们行业和企业的具体特点，组织最合适的新媒体营销方案，这样才有利于快速占领市场、提升品牌知名度、促进产品销量等。

> **专家提点**　平台在发展初期，由于没有品牌和知名度，会以最大的优惠力度来吸引用户入驻，比如给商家大量免费流量、不收取平台费用、享受平台的补贴等，这一时期称为红利派发期，这时商家应快速入驻平台，享受红利期的各种福利。在这一时期，只要商家稍加推广，就容易做大做强。当平台有了一定的知名度，红利期就结束了，平台就会开始收取各种费用，并进入盈利时期。由此可见，商家要想进入某一平台发展，最佳时机就是平台的红利期。

（3）充分利用和发挥数据化的价值

如果企业只懂得使用传统的营销方式，那么客户的流失会很严重。对于企业来说，开发一个新客户的成本，远远超出维护老客户的成本。如果对数据进行充分挖掘和智能分析，在每次营销活动中，针对各类客户和潜在客户，制定差异化的营销策略，可有效提升转化率和复购率。

> **专家提点**　企业营销人员应该整合线上、线下数据源，充分管理客户数据，让数据真正地发挥价值。

（4）积极培养专业的数字化营销人才

我国数字化营销人才相对集中于产品研发后端，前端的数字化营销人才寥寥无几。高校市场营销人才培养滞后，更多地需要通过社会锤炼来培养，未来每个岗位都需要具备专业的数字化营销能力的人才，所以单靠挖人远远不够，更应该注重现有员工的培养。

数字化营销人才需要具备的能力包括互联网营销能力（思维＋方法＋实战经验）、线上及线下协同能力、数据分析挖掘能力、多种新媒体资源的运用能力。

1.3 数字化营销中的常用术语

近年来，和数字化营销相关的新词层出不穷，比如，新媒体、全媒体、融媒体、新零售、私域流量、公域流量等。理解这些词语，有利于帮助我们更加深入地了解和学习有关数字化营销的内容。

1.新媒体、全媒体、融媒体、新零售

我们往往会混淆新媒体、全媒体、融媒体、新零售这几个词，它们分别有什么含义呢？

（1）新媒体

新媒体，即利用数字技术，通过计算机网络、无线通信网、卫星等传播渠道，以及电脑、手机、数字电视机等终端设备，向用户提供信息和服务的传播形态。比如现在的抖音、微信、今日头条、微博、小红书等都属于新媒体，其特点是容量大、易传播、实时性和交互性强。

> **专家提点** 新媒体营销，是指通过网络新媒体、数字新媒体、移动新媒体等平台，运用宣传传播、沟通引流、服务维护等策略，实现品牌宣传、产品销售。我们现在所讲的新媒体营销更多的是广义的，以新媒体为主，也包括传统媒体的配合宣传，是线上与线下结合的整合营销。

（2）全媒体和融媒体

全媒体，是广播、电视、报纸、互联网等传播工具的总称，可以实现多渠道、多媒体、多平台发布。

融媒体是指利用媒介载体，将传统媒体（广播、电视、报纸等）与新媒体（基于互联网基础的媒体）结合起来，把多种资源进行整合，实现资源融通、内容兼融、宣传互融、利益共融的新型媒体宣传理念。

> **专家提点** 全媒体营销强调的是各种媒体工具的应用，而融媒体的关键在于"融"字，融媒体不仅包括全媒体追求的营销层面的融合，还包括内容、组织架构、人员设置、管理运营等层面的融合。全媒体营销工具的互相推广、互相引流，形成真正的全网矩阵式营销，"融"为一体。

（3）新零售

新零售（也叫智慧零售、无界零售），就是零售的一种新模式，是相对于传统零售而言的。新零售，即企业以用户为核心，通过运用大数据、人工智能等先进技术手段，对商品的生产、流通与销售过程进行升级改造，重塑业态结构与生态圈，并对线上服务、线下体验以及现代物流进行深度融合的零售新模式。

> **专家提点**
>
> 数字化营销、新零售、新媒体营销的区别。
>
> 数字化营销，强调的是"数据＋科技"的赋能作用。
>
> 新零售，核心在于打通线上、线下渠道。
>
> 新媒体营销，更侧重于"新媒体"营销平台的作用，可以说是"新零售"和"数字化营销"的一部分。

2.互联网交易模式相关术语

在数字化时代，还需要了解互联网交易模式的相关术语，如B2C、B2B、C2C、O2O、F2C、B2B2C、S2B2C等。其中，B是Business，即企业，C是Customer，即消费者（顾客或个人）。

（1）B2C

B2C是"Business-to-Customer"的缩写，指企业直接面对消费者（客户或个人），这种交易模式的典型代表有天猫商城、当当网、亚马逊中国、红孩子、京东、国美360商城等。

（2）B2B

B2B是"Business-to-Business"的缩写，指企业与企业之间直接通过互联网进行产品、服务及信息的交易，阿里巴巴就属于这种模式。

（3）C2C

C2C是"Customer-to-Customer"的缩写，指消费者个人与个人间进行交易，淘宝网、易趣等就属于这种模式。

（4）O2O

O2O是"Online-to-Offline"的缩写，指将互联网与线下的商务机会结合，让互联网成为线下交易的平台。

> **专家提点**　在O2O模式中，订单在线上产生，每笔交易可追踪，展开推广效果透明度高。消费者可在线上选择心仪的产品，再到线下享受服务。

（5）F2C

F2C是"Factory-to-Customer"缩写，指工厂直接面对终端消费者。这是新近特别流行的一种模式。传统的商业模式往往是"工厂→品牌方→经销商或者消费者"，即使是集团旗下的工厂，也不会直接面对消费者，而是面对集团公司的营销机构。新零售的兴起，特别是直播带货时代的来临，让工厂翻身把歌唱，不用再让"中间商"赚差价，既能让利于消费者，也让工厂有了更大的利润空间，极大地提高了货物流转速度，降低物流成本，提高周转速度，提升工作效率。

> **专家提点**　F2C模式不仅减少了中间环节，降低成本，能对市场快速作出反应，还有利于企业开展"个性定制"业务。

（6）B2B2C

B2B2C是一种电子商务类型的网络购物商业模式。第一个B指的是商品或服务的供应商，第二个B指的是从事电子商务的企业，C指的是消费者。

（7）S2B2C

S2B2C是一种集合供货商赋能于渠道商并共同服务于顾客的全新电子商务营销模式。其中，S是大供货商，B是渠道商，C是顾客。大供货商能整合供应链平台（Supply Chain），提供SaaS化工具（Software-as-a-Service），给小渠道商各种赋能，帮助渠道商共同服务好顾客，为商家打造一个成熟的供应链平台。

对于大集团来讲，S2B2C模式可以降低成本，提升整体效率。一方面，将优秀的供货商筛选出来，供分销商集中采购；另一方面，提供SaaS工具、技术支持和培训给分销商，使其能更好地为顾客服务，包括供应链、渠道、营销、场景、服务、金融、物流、数据、信息系统等赋能。

3.公域流量、私域流量

在互联网时代，流量就是金钱！流量是一切生意的基础，有了流量，才能进行下一步转化。

作为企业，光有流量还不行，还要有把流量变现的能力，也就是在流量的基础上构建商业模式。

流量就是访问量。在传统商业模式中，走进实体店铺的顾客叫"客流"，也就是线下流量。如今线上的流量，就是指一个网上店铺（账号）的访问量，即访问网上店铺（账号）的总人数。

流量可以分为公域流量和私域流量。

公域流量，就是公共的流量。公域流量是属于平台的，我们要获取公域流量，就要依附这些平台，按照平台的规则宣传推广。公域流量平台有淘宝、百度、抖音、小红书、今日头条等。

私域流量，就是我们自己的流量，个人可以自由支配，不用付费。私域流量平台有QQ、微信、微信公众号等。

> **案 例**
>
> 假设你开了一家饭店，并且在美团上开通了店铺，那么顾客就能在美团上浏览到你的店铺。美团上的数据都是公域流量，即使是在你家点了餐的顾客，也属于公域流量，因为他是平台的粉丝，不是你个人的粉丝。如果你通过"好评加微信返红包"的策略，让顾客加上你的微信，这时微信中的顾客就成了你的私域流量。

公域流量和私域流量的区别如表1-2所示。

表1-2 公域流量和私域流量的区别

项目	公域流量	私域流量
主要目标	获客并转化，最好能成交	运营粉丝，成交，锁客，裂变
运营方向	尽可能抓住更多红利流量，扩大粉丝基数	尽可能保住流量，获得用户信任，进而成交获利
流量成本	需要反复通过广告投放或高质量内容获客，成本高	反复使用，不增加成本
粉丝属性	流量	流量
粉丝黏性	多为过客，很难形成黏性	粉丝黏性高

续表

项目	公域流量	私域流量
新流量	获取新流量相对容易	获取新流量的难度大
可控性	平台掌控流量，不可控	自己可以掌控，随时可以触达宣传
竞争程度	竞争很大，比如在淘宝上，同一款产品可能有成千上万个同行竞争	客户信任度高，竞争力度相对小一些
留存率	用户可选择性较多，比较难以留存	实现精细化运营，留存率较高

> **专家提点** 公域流量就像"大海"，私域流量就像"自家的鱼塘"，每个商家进行营销推广的目的就是用最小的成本从大海里捞更多的鱼到自家的鱼塘。

1.4 你的新媒体营销为什么不赚钱

新媒体营销如火如荼，很多企业看红了眼，大旗一挥就盲目地冲了进去，结果没有达到预期效果，投入和产出不成正比，甚至很多企业的投入全打了水漂，浪费了大量的人、财、物。

1.要想成功，必先避坑

新冠肺炎疫情发生之前，多数企业看不见"新媒体营销"。新冠肺炎疫情发生之后，线下生意遇阻，大家才看见"新媒体"这个营销核武器，但是看不懂，也没有那么多专业人才。很多企业不得不硬着头皮开展新媒体营销，往往是投入巨大却不见产出，"赔了夫人又折兵"。究其原因是营销人员没有掌握新媒体平台的底层逻辑，没有避免新媒体营销的"大坑"。我们来看一个真实的案例。

> **案例**
>
> 2020年3月，一家上市家电集团邀请我去指导他们进行线上营销。这家集团的行动是非常快的，新冠肺炎疫情发生后立刻部署了全员抖音营销

的任务：每个员工都注册抖音号，每天至少发2个短视频，要求3个月内每人积累2000个粉丝，计入考核。几个月后，他们的工作结果是：基本上所有员工都完成了任务，但是效果一塌糊涂。这是为什么呢？下面看看我当时的分析。

首先，他们不了解抖音的规则，或者说根本没有搞清楚商业的本质。抖音作为一款社交软件，需要吸引更多的用户，当然希望有更多优质的短视频内容产出。为了促进平台的健康发展，抖音也制定了一系列规则，借助强大的算法机制，对用户的行为了如指掌。由于本案例中绝大多数账号都是在办公室注册的，IP地址相同，抖音很容易就识别出这些账号是"营销账号"。根据抖音的平台规则，必然不会给这些营销账号分配流量，甚至会封禁账号。在抖音上，如果平台不分配流量，再好的视频也无法推广。

其次，每个员工的粉丝，大都是自己身边的人，甚至是同事，他们对宣传的内容根本不感兴趣。最严重的问题还在于，如果抖音判断你的账号违规，根本就不给你分配流量，所以，即使发布宣传视频，也无法形成广泛传播。其实，抖音的"坑"还有很多，简单总结如下，务必引起注意。

- ◆ 多号同一Wi-Fi环境注册和运营
- ◆ 账号频繁登录、退出
- ◆ 留微信等联系方式
- ◆ 频繁修改个人信息
- ◆ 粉丝没看完视频就赞、评、转
- ◆ 轻易删除不满意作品
- ◆ 使用模拟器等其他作弊手段
- ◆ 内容涉及黄、赌、毒
- ◆ 发布的内容涉及刀具、枪支等
- ◆ 主播在直播间吸烟
- ◆ 发布内容涉及打骂等不文明行为
- ◆ 画面过于模糊或抖动
- ◆ 出现非官方推广渠道
- ◆ 带有第三方水印
- ◆ 出现其他竞争平台字样

以上仅以抖音举例,实际上每个平台都有自己的商业规则,要想利用平台赚钱,就不能触犯平台的规则。

2.了解新媒体平台发展的四个阶段

时机就是合适的时间节点。任何事物的发展都有其规律,只有找准了节点,才能赢得商机。在移动互联网时代,新媒体平台一般都经过以下四个发展阶段。下面以抖音为例进行讲解。

(1)第一阶段:社区大舞台

抖音初创时,没有名气。为了宣传,它敞开大门,搭建舞台,欢迎四方来客来唱戏、看戏。在这一时期,平台的一切都是免费的,甚至会给用户"出场费"。只要你敢来,我就敢给你流量。

(2)第二阶段:专业剧场

当平台逐渐有了名气之后,就升级成了专业剧场。在这一阶段,你要想在抖音上占据一席之地,就要拿出点真功夫来。此时有一技之长的人会迅速走红,在抖音上分得流量和粉丝,成就品牌。

(3)第三阶段:商超平台

当平台名气足够大,流量足够多的时候,就不再是"给别人提供舞台"的平台,而是"赚钱的平台",就好像各类商家争着入驻的大型商超。

这个阶段,拼的是"利益交换",商家要想从抖音拿流量,要么交广告费,要么你能给它带来好处。比如你的品牌足够大,能为平台吸引更多的粉丝;或者你的内容很优秀,能增加平台的粉丝黏性。

(4)第四阶段:扶持自有品牌

当"商超平台"发展成"商业巨头"时,就不再满足于那一点点租金,会将位置最佳的店铺留给自有品牌。在这一阶段,如果你和平台存在直接竞争关系,很有可能会被收购。因此,如果你有幸占据了极佳赛道,要快速做强,达到不可超越的程度。

3.解密新媒体平台内部运行规则

我们做新媒体的商业目标,一是品宣(品牌宣传),二是变现,这都离不开流量。我们作品的"访问量"取决于平台能给我们的"曝光量"。要让新媒体平台为我们服务,必须熟悉各平台的内部运行规则。下面以"公域流量"的代表抖音为例,来看看目前市场上短视频/直播平台的流量推荐机制。

(1) 抖音的推荐机制

抖音的内容推荐机制主要是通过算法来实现的，大体来说可以分为三步：首次推荐、二次推荐（扩大推荐）、反复推荐送上热门，抖音平台对短视频的推荐机制如图 1-1 所示。

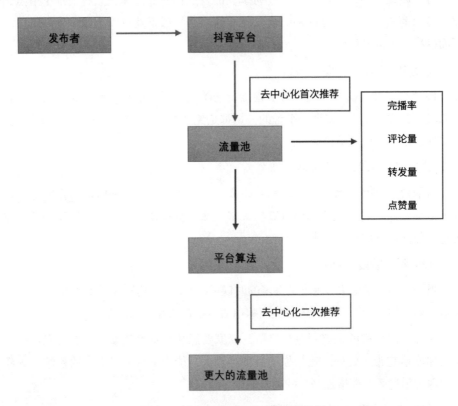

图1-1 抖音平台对短视频的推荐机制

商家上传视频后，先由机器小范围地将该视频推荐给可能会对该视频标签感兴趣的人群（通常为 50～250 人，这一步就是首次推荐）。然后机器系统会统计单位时间内该视频的观众反馈情况，来判断是否对该视频进行扩大推荐。如果我们的视频经过首次推荐后得到了比较好的反馈，那么将被推荐给更多潜在用户（这就是扩大推荐），触达的用户数量就会进入千位的流量池（通常是 1000～5000 人）。以此类推，好的视频发布之后，就像把一颗石头丢进了平静的湖里，会激起一层层水花并辐射到越来越大的面积。如果一个视频的评论量、转发量、点赞量越多，播放时间越长，该视频获得的推荐流量就越多。与此同时，该视频就会被系统判定为优质视频，就有机会被送上热门。

由此可见，一个短视频作品能否被抖音推荐，取决于系统统计的观众反馈，主要是通过完播率、评论量、点赞量和转发量等数据来判定的，其计算公式是：热度 =A× 完播率 + B× 评论量 +C× 点赞量 +D× 转发量，系数 A、B、C、D 会根据整体的算法实时微调。要想获得更多曝光量，就要得到观众好的反馈，这就需要练好内功，做好内容。

（2）私域流量对公域流量的支持

私域流量也可以反哺公域流量。例如，当你在抖音上发布了一个作品，可以将其转发给微信好友或者转发到朋友圈，增加作品的曝光量，可能带来更多的关注和粉丝。

（3）公域流量转化成私域流量，更好经营变现

公域流量和私域流量各有优缺点，需要互补互持才能发挥最大效果。公域流量最大的短板是粉丝不可控、黏性低，不利于经营和变现。这时我们就要想办法将公域流量积攒的粉丝引流到私域流量池中。将公域流量转换为私域流量的方法有加个人微信号、邀请进微信群、引入公众号等，完成这一步之后，再在微信生态圈中经营粉丝，互动并熟悉起来，这样当你再在抖音上发布新作品时，可以同时在私域流量池中宣传，让大家去看、去点评，这样作品的数据高了，就可以吸引更多陌生流量，从而形成良性循环，促进粉丝量增长。

要做好抖音等公域流量平台，我们需要有自己的私域流量池，以私域流量为营销大本营，将从公域流量吸纳的新粉丝引流到私域大本营，大本营在不断给公域提供粉丝数据支持，形成良性互动和发展。

4.做好新媒体营销的四大循环

要想做好新媒体营销，只做某一个平台的营销是不够的，需要多平台联动，才更具有威力。一般情况下，做好新媒体营销需要做好这四大循环：单平台自我圈粉内循环，全网多平台矩阵外循环，公域、私域互相引流循环，线上、线下结合互动循环。

（1）单平台自我圈粉内循环

每个平台都有自己的生态，我们应该针对不同的平台制定不同的战略目标。比如在抖音上进行营销推广，首先是做好内容，观众才会愿意"点、评、赞"，才能让平台给予更多流量。只有让观众喜欢我们制作的视频，他们才有可能成为

我们的粉丝,增加账号的权重,也只有观众转发了视频后,才有可能吸引更多的新粉丝,从而形成"单平台自我圈粉内循环"。

> **专家提点** 做短视频最核心的目标是获得粉丝。观众只有认为你的"下一条"内容对他有价值,值得期待,才会关注你。如果你只是这一条视频做得特别好,观众不一定会关注你。一个账号要不断地增加新粉丝,必须不断地创作更多的优质内容。

(2) 全网多平台矩阵外循环

多个公域流量平台之间也可以形成矩阵,互动互推。比如头条系:抖音、今日头条、火山、西瓜视频、皮皮虾、懂车帝、悟空问答、飞聊、多闪、轻颜相机、剪映等都互认粉丝,可以打通运营。即使是非同系的平台,也可以形成互动互推,比如在小红书账号中可以提到"关于营养方面在抖音的同名账号有系列视频,在今日头条中有系列分析文章"等。

这样你就可以通过"新媒体矩阵",多重锁定粉丝,从而扩大宣传范围,吸引更多粉丝。

(3) 公域、私域互相引流循环

公域平台有巨大的粉丝流量优势,像抖音、今日头条、淘宝、小红书等。我们做新媒体营销的核心目标是吸引粉丝,通过小黄车、直播等实现变现,如果粉丝黏性低、可控性差,运营难度就大,那么一旦你发广告,关注你的粉丝很容易就被"取消"。所以,最好将公域的粉丝引流到私域流量池。私域是粉丝的"大本营",在这里进行精细化的粉丝经营,从而实现成交变现,让粉丝进行复购和转介绍裂变。如果私域经营得好,还可以在公域发布作品,提高数据,获取更多的曝光量,从公域获取流量,吸引粉丝,并引流到私域。由此,通过公域和私域的互相引流,形成良性循环。

(4) 线上、线下结合互动循环

新媒体营销不能做成简单的线上营销,因为很多线上营销都需要线下的支持,比如线下实景互动交流可以增加粉丝的信任感。由于线下交流的成本较高,当通过线下活动积累的粉丝已经建立了信任,就可以通过线上的沟通来加深感情,进行深度运营。因此,线上、线下是不能简单地割裂开来的,它们是互相依存的关系。

1.5 一图了解全网数字化营销分类

随着移动互联网时代的发展，传统的营销方式已逐渐退出舞台，而数字化的营销模式正在不断地发展壮大。但数字化营销发展太快、太繁杂，只有深入了解，才能更好地加以利用。为了帮助读者快速了解数字化营销，笔者对全网数字化营销进行了分类整理，总共分成了19个大类及若干个小类，如图1-2所示。

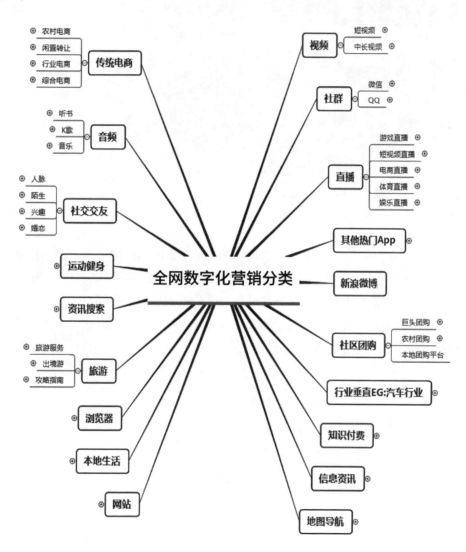

图1-2 全网数字化营销分类

第 2 章
数字化营销与推广的常用工具

在数字化营销与推广的过程中，需要根据不同的营销方式采用不同的运营手段。在这些工作中，可以使用工具来提高工作效率。常见的运营工具主要包括二维码制作工具、图文排版工具、图片处理工具、视频编辑工具等。

本章学习要点

※ 二维码制作工具

※ 图文排版工具

※ 图片处理工具

※ 视频编辑工具

※ H5海报制作工具

2.1 二维码制作工具

商家在进行营销推广的过程中，少不了要用到微信公众号二维码、客服微信二维码等。但是原系统自带的二维码一般是黑白相间的，看起来不够美观。此时，商家可以借助一些二维码制作工具，让自己的二维码更加美观，以增强用户扫描的兴趣。常用的二维码制作工具有草料二维码生成器、码上游二维码生成器等二维码在线制作网站，以及互联二维码制作小程序等。

1. 草料二维码生成器

草料二维码生成器是一个二维码在线服务网站，提供二维码生成、美化、印制、统计、管理等技术支持和行业解决方案。商家通过草料二维码生成器，无须找人设计网页、编写代码，也可以创建属于自己的二维码。商家可进入草料二维码生成器服务网站，选择"文本""网址""文件""名片"等方式生成二维码，如图2-1所示。

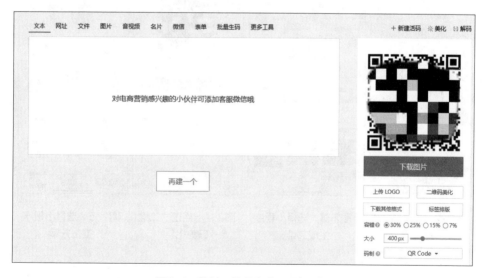

图2-1　草料二维码生成器服务网站

商家在草料二维码生成器服务网站生成二维码后，还可以对二维码进行美化、下载、保存等。除了草料二维码生成器外，还有其他二维码制作网站，如码上游二维码生成器、二维码中心、二维工坊等，商家可以同时使用多个网站生成二维码，从中找到最适合自己的那一个。

2.微信小程序

商家除了可以在草料二维码生成器、码上游二维码生成器等二维码制作网站中制作二维码外，还可以借助微信小程序来生成、美化二维码。在微信小程序中输入"二维码"关键词，可以看到多个二维码制作小程序，如图2-2所示。

任意选择一个二维码制作小程序，可以根据自身需求生成二维码，如图2-3所示。

生成二维码后，可继续在小程序中美化、保存二维码。如图2-4所示，在小程序生成的二维码页面，点击"二维码美化"按钮，可对二维码进行美化处理。系统自带一些经典、简约、黑白的二维码样式，商家可以根据自己的喜好选择美化方案，然后点击上方的"完成"按钮，即可完成二维码美化操作，如图2-5所示。

图2-2　二维码制作小程序　　图2-3　选择小程序生成二维码　　图2-4　点击"二维码美化"　　图2-5　选择小程序美化方案

2.2　图文排版工具

在营销推广的过程中，难免需要用到图文，自然也需要将图文内容进行排版编辑，使其更具美观性和可读性。以微信公众号的图文排版为例，常见的排版工具包括微信自带工具、秀米、135编辑器等。

1.微信自带工具

图 2-6 所示为微信公众平台的软文编辑页面。通过该页面的自带工具可以完成图文排版的基本操作,包括调整文字大小、设置字体、调整背景色等。

图2-6　微信公众平台的软文编辑页面

虽说微信自带工具已经可以满足简单的排版设计需求,但为了内容形式多样化,商家还可以选择第三方编辑工具来排版。

2.秀米

秀米是一款功能强大、容易上手的微信公众号编辑软件。秀米操作简单,有助于初学者轻松完成图文排版。图 2-7 所示为秀米的风格排版页面,商家可根据用途、行业等主题选择适合自己的排版风格,可实现一键套用。

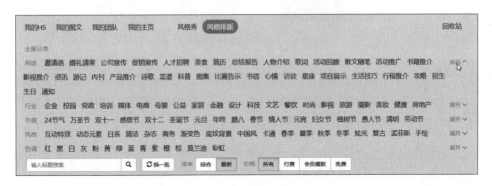

图2-7　秀米的风格排版页面

秀米的基本功能如下:

➢ 新模板:根据不同节日,更新节日对应模板;

➢ 标题:为空白页面,方便直接编辑标题,免去花哨文字;

➢ 卡片:可用卡片突出重点文字或段落,使文章更具层次感;

➢ 分割线:多种分割线样式可供选择。

无论是编辑新页面,还是修改草稿,秀米的功能都很强大。秀米排版的文档还可以分享给其他人,方便团队协作。另外,使用秀米编辑好的文档可以直接同步到微信公众平台,无须复制和粘贴。

3.135编辑器

135编辑器作为一款微信公众号文章排版和内容编辑的在线工具,它的最大亮点在于提供丰富的样式库,支持秒刷排版、一键排版、样式操作、换色与传递、文档导入、生成长图文以及与微信同步和定时群发等功能。在135编辑器平台上,点击用户名,在弹出的文本框中点击"定时群发"按钮,可解决众编辑每天早起或晚睡发文的烦恼,如图2-8所示。

图2-8 135编辑器的定时群发功能

4.i排版

i排版是一款超级好用的微信编辑器,它的风格偏清新文艺,编辑界面比较干净,容易上手,支持各种富文本格式样式。i排版的主要优点如下:

➢ 调整页边距:通常情况下,软文整体页边距为"1",如果我们正文中有引用的段落,可将其页边距调整为"2",使整体排版效果更佳;

➢ 微信同步:一键把编辑好的图文内容同步在公众平台的素材库里;

➢ 生成长图:可在线生成长图,方便把排好的内容发到公众号、朋友圈、微博;

➢ 短网址:长链接不便于查看和转发,i排版的短网址功能支持生成短网址和对应的二维码;

➢ 弹幕模式:使用弹幕模式,可以让文字在图片中依次飞过,增加文章趣味性。

此外,i排版还支持一键缩进、一键添加签名等。

> **专家提点** 除以上介绍的图文排版工具之外，市场上还有很多排版工具，如 UE editor、易点微信编辑器等。我们可以尝试使用多种编辑器，从而找到最适合自己的工具。

2.3 图片处理工具

精美的图片往往更容易吸引客户的眼球，而质量差的图片会令客户望而却步。通过数码相机拍摄的照片，可能会出现各类问题，如曝光不足、反差过高等。因此是否能做出美观的商品图片，对商家来说至关重要。

图片处理软件有很多种，商家并不需要都学会。这里推荐两款，一款是使用方便、常用功能全的美图秀秀；另一款是专业的图像处理软件 Adobe Photoshop，它功能强大，能够将图片处理得非常精美，但使用上也较为复杂，适合有一定软件基础的人。

1.美图秀秀

美图秀秀是一款免费影像处理软件，如图 2-9 所示，商家可借助美图秀秀完成美化图片、人像美容、添加文字、添加贴纸饰品等操作，使图片看起来更具美观性。

图2-9 美图秀秀首页

2.Adobe Photoshop

Adobe Photoshop，简称"PS"，是一款专业图像处理软件。PS 有很多功能，如图像编辑、图像合成、校色调色等,如图2-10所示。

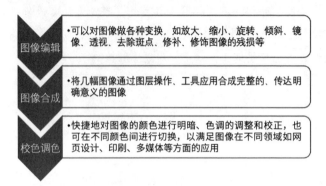

图2-10　PS的功能

如果只是简单的图片处理,可借助美图秀秀完成;如果需要对图片进行深度美化和编辑处理,则建议使用PS完成。

3.图片网站推荐

除了产品实拍图,还需要在软文中插入一些其他图片。商家可以根据内容定位,在国内外图片网站上选用适合自己风格的图片。下面我们给大家推荐一些常用图片网站以方便查找。

（1）动图推荐

在做公众号运营时,有些内容用文字表达不如用一些表情包（动图）表达,更易于阅读和理解。表2-1所示为一些常用的动图网站,可以从中选择适合内容的动图插入文档中。

表2-1　常用的动图网站

网站名称	推荐理由
小猪动图	动图很萌,有最近流行和分类检索,有各种综艺表情包
无奇动图	专注于GIF动图的搜索平台,含热门动图、斗图表情包、综艺影视剧类的动图、海量艺人动图、美食美景、萌物萌宠等
SOOGIF	一个定位给公众号提供动图素材的网站,可直接在新媒体管家和135编辑器中使用
Gifparanoia	动态图片效果好,一进入网址能看到整个页面都是动态
Giphy	一个很洋气的动图网站,以国外人物和图像为主

(2)静图网站推荐

相比动图网站，静图网站更多。部分国外图片网站更新速度快、质量高，很值得推荐。表 2-2 所示为一些常用的静图网站。

表2-2　常用的静图网站

网站名称	推荐理由
花瓣网	一个主打文艺图片的网站，图片像素高。值得一提的是，花瓣网推出了朋友圈配图，满足多种搞笑风格
视觉中国	一个主打黑白视觉系列图片的网站，有很多带艺术特色的水粉画
创客贴	一个专业做公众号封面的网站，有专门的模板素材，简单修改后可直接使用。也可以制作海报、PPT、邀请函等
FoodiesFeed	一个专门做美食类图片的网站，图片高清、色彩鲜明，适合美食类公众号找图
Unsplash	一个免费的高质量照片网站，站内图片均是实物拍摄，分辨率高且更新速度快
PicJumbo	一个提供高分辨率的高质量图片网站，图片每天更新，免费使用

选用图片时要注意版权。运营者可多了解一些图片网站，闲暇时间再进行分类整理，使用起来更加得心应手。

2.4 视频编辑工具

营销推广也离不开当下热门的视频营销，因此商家还需要了解一些视频编辑工具，使拍摄的视频更具吸引力。视频编辑工具主要包括手机视频编辑工具和电脑端视频编辑软件。这些视频编辑工具模板较多，操作简单，几步就可以轻松地做出效果不错的短视频，受到了广大商家的喜爱。

1.手机视频编辑工具

手机视频编辑工具种类繁多，这里着重介绍应用较为广泛的几个。常用的手机视频编辑工具如表 2-3 所示。

表2-3 常用的手机视频编辑工具

手机视频编辑工具	主要功能
剪映	剪映，号称"抖音官方剪辑神器"。不仅支持视频剪辑、添加音频、添加贴纸、添加滤镜等功能，还支持无水印保存、导出以及直接分享至抖音。为方便用户熟悉、使用剪映，抖音官方还推出了剪映App的音频实操课程，讲述如何加字幕、加音乐、加特效、转场等
快影	快影是北京快手科技有限公司研发的一款集视频拍摄、后期制作为一身的视频软件。该软件拥有强大的视频制作功能、特效功能，还有海量音乐库、音效供用户选择，让用户在手机上也能轻松完成创意视频的制作
小影	小影能够满足用户视频拍摄更长、视频编辑更长和视频更炫酷的需求，且因为其拍摄风格多样、视频特效众多，迅速获得一大批的用户喜爱。小影App有着即拍即停的特色，配上各种美轮美奂的实时滤镜，让画面更具美感
视频剪辑大师	视频剪辑大师拥有海量的短视频特效素材、海量高音质背景音乐素材、搞笑表情插入，经常更新内容，力求用户使用的特效不过时。视频剪辑大师的操作方式简单，功能强大，即使是一个新手也能在短时间内掌握它的用法，从而将普普通通的短视频变成独具一格的作品

2.电脑端视频编辑软件

虽然手机上的后期制作软件操作步骤简单，但对于对短视频要求比较高的商家而言，难以满足要求。因此，电脑端短视频后期制作软件就成为他们更好的选择。相较于手机后期制作软件，电脑端短视频后期制作软件的功能更多样、更系统、更专业，但是其操作方法也更难一些。

电脑端常用的视频编辑软件也很多，这里介绍一款简单易上手、广受欢迎的短视频制作软件，供各位参考。爱剪辑是由爱剪辑团队研发的一款根据中国人使用习惯、功能需求与审美特点进行设计的视频后期制作软件，具有颠覆性和首创性的特点。它的功能十分强大，提供超强的好莱坞文字特效、各种视频风格的滤镜、转场特效、缤纷相框、叠加贴图功能、去水印功能，支持多种视频音频格式；且操作方式简单易上手，视频处理速度快、稳定性高，非常适合短视频后期制作。爱剪辑的工作界面简单，在首页能看到菜单栏、信息面板、添加面板和预览面板，一目了然，使用起来十分方便。

2.5 H5海报制作工具

从广义上讲，H5 指的是 HTML5，即网页使用的 HTML 代码；从狭义上讲，H5 就是互动形式的多媒体广告页面。H5 广告常见于微信营销，它像是一个网页，里面可以放文本、图片、音频、视频等基本的流媒体格式的文件。如图 2-11 所示，为某商家的线下沙龙邀请函，该邀请函为 H5 形式，用户可以在页面中填写参会回执的姓名、参与人数等信息。

H5 海报比一般的海报更灵活，所含信息也更丰富，因此被应用得也更广泛。商家应掌握 H5 海报的制作方法。常用的 H5 海报制作工具包括易企秀、人人秀等，如表 2-4 所示。

图2-11 某商家的线下沙龙邀请函

表2-4 常用的H5海报制作工具

工具名称	工具介绍
易企秀	易企秀是针对移动互联网营销的手机幻灯片、H5场景应用制作工具，可以支持商家快速制作出基于HTML5的精美手机幻灯片页面。易企秀主要提供H5微场景、海报图片、营销长图、问卷表单、互动抽奖小游戏和特效视频等内容在线制作功能。商家可以通过易企秀结合自己的需求制作创意H5海报，并迅速分享到微信、微博等社交平台
人人秀	人人秀作为一站式互动营销的全场景营销服务平台，支持多场景营销，涉及宣传展示、活动营销。与其他H5工具相比，人人秀除了能够实现简单翻页，还支持如投票、抽奖、红包等各种活动插件
MAKA	MAKA是一个H5在线创作及创意工具，有模板众多、一键分享等优点。商家可通过MAKA快速编辑出美观的H5海报

这里以 MAKA 为例，制作一个以重阳节为主题的 H5 海报。首先进入 MAKA 首页，选择一个心仪的 H5 海报模板，其次点击"开始编辑"按钮，如图 2-12 所示。

进入 H5 海报修改页面，修改海报文案、联系电话、活动地址等信息，点击右侧"下载"按钮，即可生成一张新的 H5 海报，如图 2-13 所示。

H5 海报制作工具不限于表格中的 3 种，商家可多方尝试后，找到最适合自己的工具。

图2-12　点击"开始编辑"按钮

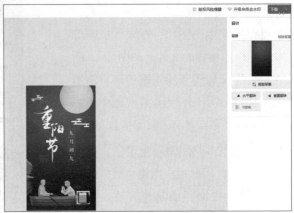

图2-13　点击"下载"按钮

第3章 网络营销文案写作

文案是网络营销的重要内容,无论采用哪种网络营销方式,都离不开文案。一篇好的带货文案可以让你的产品成为爆款,一句经典的短视频文案可以将视频送上热门,一句优秀的主图文案可以让你的主图点击率飙升。那么,如何才能写出让人眼睛一亮的文案呢?文案的写作方法和技巧又有哪些呢?下面我们来揭开好文案写作的神秘面纱。

本章学习要点

※ 文案写作的基本方法

※ 有吸引力的文案的写作技巧

3.1 文案写作的基本方法

文案写作并不复杂，只要掌握了基础的写作方法和技巧，再多加练习，就可以熟练地写出好的文案。商家应该掌握文案写作的基本方法，如确定写作方向、找到有说服力的卖点、写通俗易懂的大白话以及几种网络文案的不同写法和布局方法等。

1. 做好产品调研，确定写作方向

网络上有不少喜欢写文章并分享出来的博主，他们的文章得到了不少点赞和评论。不得不承认，有些博主的文章具有明显的个人特色和独特的观点，但如果让他们写一篇推广文案，却未必能写得好。因为大部分人平时写文章的目的性不强，通常是想到哪儿便写到哪儿，也不会考虑文章面对的是什么样的读者。推广文案则不同，它不是写给自己看的，而是写给用户看的，因此，写文案时要以用户为核心，还要对产品有足够的了解，并将其植入文案中。

在对产品进行调研时，要从用户的角度来分析这个产品对目标用户来说痛点和需求是什么。清楚这一点后，文案的写作方向就会变得更加明确。

下面来看一个案例。

相信大家对"小米式文案"都有所耳闻，这一标签是对小米文案的夸赞。小米在刚开始做耳机时，为了写出一份满意的文案，做了不少工作，其中一项就是产品调研。

耳机具有特殊性，其营销做起来比较难。例如，耳机的音质无法用图文内容精准地描述出来。那么，关于耳机的文案究竟应该怎么写呢？

小米内部的文案策划人员去调研了市场上几乎所有耳机的文案，发现描述音质时基本上都是用"震撼""高频""突出"等让消费者看得云里雾里的词汇。

如果小米也按照这一方向来撰写文案，那么小米耳机肯定难以脱颖而出。为了提高小米耳机的辨识度，小米的员工对耳机进行了深入挖掘，经过反复筛选产品的价值，最终将文案的写作方向定在了降噪方面。

小米耳机的适用人群集中在25～35岁的年轻人中，他们经常在乘坐飞机、地铁等交通工具时使用耳机。而在这些环境中，周围人群多而杂，即使戴上耳机，也容易夹杂噪音。故小米耳机从降噪这一方向出发，研发出首款旗舰级降噪耳机，通过硬核的降噪实力和出色的音质表现，为大家带来全新的无线聆听体验。

现在看小米耳机的文案，虽然在内容上有所不同，但核心的产品卖点却没有改变，如图3-1所示。

2.做好产品分析，找到有说服力的卖点

很多商家普遍存在错误的认识：自己的产品或服务适用于所有人。但事实证明，产品的受众越明确，效果越好。

因此，必须拥有自己独特的卖点，这有利于商家找准定位，让产品具有差异性，让文案具有说服力。那么，有说服力的卖点是如何打造的呢？

图3-1　小米降噪耳机文案

第一步，明确产品及服务。例如，如果产品是电动车，能提供给消费者哪些服务呢？如出行代步、给生活带来便利等。

第二步，找出产品或服务的独特性。每一个产品或每一种服务在市场上都会有竞争对手。那么，什么使你的产品或服务有别于竞争对手呢？将这个点找出来，就是你的独特卖点。

相比于第一步，找出独特的卖点并不容易，很多时候需要经历反复的"筛选→否决→筛选→否决"的过程。同样以电动车为例，要找到独特的卖点会经历这样的过程。

首先，将能想到的卖点都列出来。

卖点一：续航强，可达 40～90 千米。

卖点二：时速快，可达 30 千米/时。

卖点三：轻便，只有 16 千克。

卖点四：省电、节能。

卖点五：电池寿命长。

卖点六：安全，轮胎防滑、防爆。

卖点七：舒适，减震设计可以减少路面颠簸带来的震动。

卖点八：带 USB 接口，可为电子设备充电……

其次就是做减法，看看哪些卖点具有独特性。

例如"续航强"这个卖点,市场上同类电动车似乎都具有这一特点,不属于核心卖点,淘汰。和同类产品进行对比后,"时速快"的确是一个优势,可以考虑作为独特卖点。

像这样,经过与同类市场的竞争者进行对比及筛选,将卖点二、四、七作为独特的核心卖点。核心卖点并非只有一个,也可能有多个。

第三步,用能打动用户的语言将前面两步的答案表达出来,这是文案成型的关键环节。

根据文案的要求,可能会写下一句话,也可能会写下一段话。不管内容多少,要让独特卖点具有说服力,可以考虑以下三点建议。

(1)文案要切合实际

不要使用"最佳""高品质""服务好"等抽象词汇。例如,你说你的家具品质好,那么好在哪里?是设计、做工好,还是木材质量好?如果你的家具采用的是纯实木,就直接说出来,而不要只说"品质好",这个词并不能说服消费者。

(2)文案传达的卖点必须是竞争对手没有的

曾经有一位纸巾商家的卖点是"湿水不易破,不掉纸屑",他问我这样的卖点是否具有说服力。我问他:"其他纸巾也是这样的吗?"他回答:"同价位的基本上都是如此。"我便告诉他:"你的卖点不够有说服力。"后来,他将卖点改为"柔软舒适,物理除菌"。新卖点显然比之前的卖点更具说服力,因为市场上的很多纸巾都是化学除菌的。所以,写文案时应问问自己,是否能找到有别于竞争对手的独特卖点。

(3)文案要能引起受众情感上的共鸣

要让目标受众愿意掏腰包,你所提供的卖点就要能引起他们的情感共鸣。例如,"柔软舒适,物理除菌"的纸巾,其共鸣点就在于物理除菌不会对人体造成伤害。

3.编写文案要"说大白话"

不管文案是产品介绍还是活动推广,都要告诉用户这个产品的功能特点是什么、这个活动的内容是什么。简单来说,就是写出来的文案要让人能看得懂。

"说大白话"的文案写作难不难?说难也不难。下面举个空调文案的例子加以说明。

某空调的产品介绍中有这样两句话:"微径双节流,室外、室内风扇各行其道""最清新的呵护，纯净体验"。看到这两句话，可能大多数人都是一头雾水，并不明白是什么意思。

如果将"微径双节流，室外、室内风扇各行其道"改成"制冷、制热效果好"；将"最清新的呵护，纯净体验"改成"自动进行扇叶清洁"，是不是就明白了呢？这样虽然是"说大白话"，但未免过于直白，不适合用作宣传推广的文案。其实可以稍加修改，如把"制冷、制热效果好"改成"急速冷暖"，把"自动进行扇叶清洁"改成"排污自洁，防尘防霉"，这样既能让消费者看懂，又符合文案的要求。

到底什么样的文案才是好的文案呢？好的文案有两个重要的特点：一是用户一看就懂；二是能直抵人心。例如："小米，为发烧而生。小米手机就是快。"可以看出，小米的文案简单直接，而且能让目标受众产生情感共鸣。

受众对文案的关注度一般只有几秒钟，因此文案必须让受众看完以后立刻明白要表达的是什么，从而产生情感共鸣。

大家常常会在文案中看到"卓尔不凡"这个广告词，但它在小米内部却是经常被批判的一个词。为什么呢？小米的联合创始人说明了原因。

例如，你向朋友推荐小米手机，肯定要给他一个很有说服力的理由。于是，你告诉他："小米手机卓尔不凡。"朋友听了以后会作何感想？可以想象，这个理由很空洞，并不能让人看到小米手机的独特之处，无法产生购买欲望。实际上，向别人推荐手机时，更可能会从好用不卡、拍照清晰、省电等方面来介绍和说服。

让文案"说大白话"，并不是将华丽的文案改成平铺直叙的流水账，而是要提高文案的内容价值，让文案变得有趣、有料、有说服力。

4.几种网络文案的不同写法

根据文案内容和推广目的的不同，可以将网络文案分为产品文案、品牌文案和传播文案。

（1）产品文案

产品文案，即为营销推广某一产品而撰写的文案。为产品写文案是为了让产品更好卖，这个产品可能是实物，也可能是某种服务。

在撰写产品文案时，要根据用户的痛点突出产品的核心卖点，塑造产品的价值。对于在网络上传播的产品文案而言，配图很有必要，能展现产品的外观、细节。一篇图文并茂的文案，可以让产品看起来像一件有特色和价值的"珍品"，从而吸引用户的目光。图3-2所示为某书包的产品文案，用图文结合的方式，详细地说明了该款书包的5个优点，吸引消费者的注意。

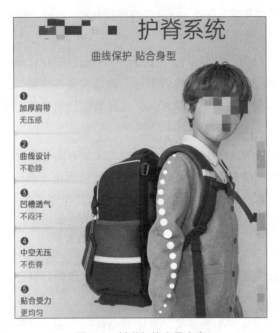

图3-2　某书包的产品文案

（2）品牌文案

品牌文案，顾名思义就是为了宣传推广某一品牌而撰写的文案。品牌文案的内容多集中表现品牌的文化、实力等。例如，某杯子品牌的文案，给人的感觉历史悠久、品质可靠，如图3-3所示。

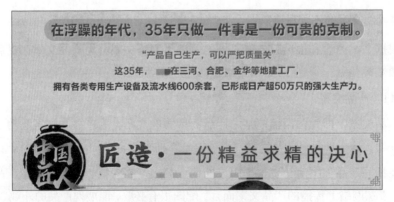

图3-3　某杯子的品牌文案

用心的文案会赋予这些品牌以独特的情感,从而传递出品牌的理念。例如江小白,其品牌文案是"我是江小白,生活很简单"。这一文案既体现了江小白简单纯粹的品牌理念,也符合青年群体寻找自我的情感需求。

每个品牌都有其独特的优势,能将品牌的个性写出来,就是好的品牌文案。

(3) 传播文案

传播文案的目的很简单,就是能够让看到的人转发,从而扩大品牌的影响力,如朋友圈常见的文章分享链接。

传播文案有两大特点:一是内容新颖,二是有价值。例如,消费者在公众号上看到一篇关于坚持跑步的好处的文章,于是转发到了朋友圈,就是因为这篇文章很有阅读价值,能够让朋友从中受益。

传播文案就是为获得曝光量而存在的,因此在撰写时可以使用夺眼球的标题来吸引网民的注意,文章正文则借用对广大网民来说比较实用的内容来吸引其进行传播和推广,如养生方法、PPT制作技巧等。

5.几种经典营销推广文案类型

在网络运营推广过程中,有几种文案类型是比较经典的。面对不同的场景,文案创作者要选择合适的文案类型。

(1) 暗示型文案

暗示型文案并不直接表明文案创作的目的,而是采用旁敲侧击的方式来传递产品的价值。对处于初创期的企业来说,此类文案比较适用。因为处于初创期的企业知名度并不高,如果直接宣传品牌,很难取得用户信任。针对这种情况,就可以采用暗示的方法描绘产品能够给消费者带来的好处,如高性价比、多功能属性等。

例如,《水浒传》中的"三碗不过冈"就是典型的暗示型文案,即向路过的食客传递酒好的信息。再如,太白酒的文案"一滴太白酒,十里草木香",就是暗示酒的醇香。

暗示型文案可以从产品的使用场合、品质等方面入手,只要能让消费者联想到产品的价值即可。

(2) 实力型文案

实力型文案比较适用于知名度较高、自身性能过硬的产品,直接告诉消费者产品的亮点。例如,金嗓子喉宝的文案"保护嗓子,请用金嗓子喉宝"、立邦漆的文案"立邦漆,处处放光彩"。

在撰写实力型文案时,要确保文案阐述的特点与产品相符,并且要从产品的核心价值出发。

(3) 利益型文案

利益型文案会指出产品能带给客户哪些好处,这也是短文案常用的一种套路。对产品认知度不高的读者在看到此类文案后,会很自然地了解产品的使用价值。例如,宝马汽车的文案"驾驶乐趣,创新无限"、多芬香皂的文案"多芬,滋润你的肌肤"。

(4) 情感型文案

情感型文案会以"情"动人,让产品的营销显得更有温度,更容易打动消费者。例如,农夫山泉早期的文案是"农夫山泉,有点甜",这是一则暗示型文案。如今,其文案"我们不生产水,我们只是大自然的搬运工"则属于情感型文案。

情感型文案所寄托的情感可能是一种梦想,也可能是企业的一种态度或价值观,或与生活有关的心声等。例如,飞利浦的文案"让我们做得更好"、江小白的文案"不是我戒不了酒,而是我戒不了朋友"。

6.文案的四种布局方式

文案的布局决定了文案的结构框架,合理的布局可以帮助我们准确传递产品的价值信息。掌握以下文案的布局方式将有助于文案创作者厘清文案的结构框架,从而让创作的文案不至于太差或让读者感觉内容很乱。

(1) 顺序布局式

顺序布局式分为两种:一种是按照时间顺序来安排,另一种是按照步骤顺序来安排。时间顺序就是以时间跨度来安排文案,这种布局方式常用于有时间先后顺序的文案中,如公司的发展史、变化趋势等。

例如,房地产企业要写一份文案来告诉买房者,如果现在不买房以后会更买不起,从而刺激有买房需求的人迅速买房。这时就可以从近10年房价的变化入手,按时间顺序分别阐述2008年、2010年、2012年……2018年主要城市商品房价格的变化。让买房者看到,每个买不起房的人都在期盼着房价能下降,但事实是:10年间,房价不但没下降反而一直上升,而工资水平却停滞不前。

按照时间顺序来安排文案,可以让文案具有节奏感。撰写公司简介时常用这种方式。

步骤顺序是指按照第一步、第二步、第三步的布局方式来安排文案。对于技巧型文案，用这种方式来布局比较合适。例如，现在一个修图软件 App 的公众号为了维护粉丝，需要常常发布与手机摄影后期有关的技巧型文案，那么在撰写文案时就可以采用步骤顺序来安排布局。例如，第一步打开照片、第二步去雾、第三步调色……这样的布局方式能使阅读者一目了然，从而很容易学会具体的修图操作方法。

以步骤顺序来布局文案比较简单、实用，且不需要太多技巧，就能保证文章的逻辑结构清晰明了。

（2）多角度陈述布局式

多角度陈述布局式常用于产品介绍类文案中，即从产品的不同角度来阐述其特点。例如，一个无叶电风扇的产品文案，可以从品牌价值、外观、送风方式、遥控装置、节能省电、清洗方便、安装便捷等角度来进行介绍。

用此种布局方式撰写产品文案时，可以先将产品的要点罗列出来，然后展开陈述，注意避免重复。

（3）设问布局式

设问布局式是指首先向读者提出一个问题，其次进行分析，最后提出解决方法，引导读者行动。

这种布局方式比直接陈述的方式更有力量，能引发读者思考，给读者留下深刻印象。写销售类文案时可以使用这种写作方式。

相比于前面两种布局方式，设问布局式要稍难些，在写作时可以参照以下框架。

第一步：对用户痛点提出设问。

第二步：对提出的设问作出解释或分析其原因。

第三步：阐明具体的解决方法。

第四步：在文末引导读者做出行动。

为了便于理解以上框架，下面以一个案例来具体说明。七夕节快到了，要写一份销售文案来引导用户购买七夕节礼物。因为要介绍的产品较多，如果采用多角度陈述布局式来书写，会显得没有吸引力，这时就可以采用设问布局式来书写具体的内容框架。

设问：七夕节快到了，究竟送什么样的礼物才能打动爱人的心呢？

分析：七夕节是中国的传统节日，被称为东方情人节……因此要送能表达爱意的礼物。

解决办法：根据七夕节礼物排行榜（可列出具体的数据），爱人更愿意收到充满情意的礼物。

引导行动：采用"产品＋推荐理由＋购买链接"的形式，列出各项礼物。

礼物一：美容仪。

理由：珍贵大气，让爱人拥有精致面容；现在购买直降 500 元（用优惠信息引导）。

礼物二：情侣手表。

理由：大方得体，寓意携手守候；限时闪购，低至 1 折。

礼物三：香水礼盒。

理由：高级优雅，属于东方女性的独特香味；买即赠送精美礼品。

（4）总分总布局式

总分总布局式是指在开篇点题，然后将主题分为几个分论点展开阐述，最后进行总结。开头作为总起部分应简洁，而中间的部分可从不同角度去阐述。

例如，要写一份文案来推广掌握理财方法的视频课，采用总分总布局式可以构建以下内容框架。

总论点：都说"你不理财，财不理你"，为了大家做好自己的理财工作，把资金交给各大金融公司其收益不一定高，自己掌握一些理财方法才更实用。

分论点一：市面上现有的金融公司理财存在诸多问题，如低收益、高风险等。

分论点二：理财班水平有待考量，如部分理财机构夸大师资力量、无证机构挂靠办学。

分论点三：理财有方法，列举成功人士理财案例，说明掌握高效理财方法的重要性。

总述归纳：强调高效的理财方法是提高理财收益的关键。

结尾：介绍学习理财视频课的优点，如能帮助大家学到实用的学习方法、可反复观看、课程内容有××堂、讲师……

在具体撰写文案的过程中，常常会将多种布局方式结合起来使用，文案创作者要多加练习，学会活学活用。

7.用4P模式构建文案结构

在撰写文案时，可以利用市场营销中的 4P 模式来构建文章结构。4P 是指产品（Product）、价格（Price）、渠道（Place）和促销（Promotion），如图 3-4 所示。

图3-4　4P 模式

（1）产品

产品包含形态、质量、包装、品牌、服务、样式及规格等内容。要对这些内容进行一一梳理，选择能满足消费者需求的进行阐述。

（2）价格

价格是指定价、折扣及支付期限等。价格影响着企业的利润，在文案中要通过价格反映企业想获得的经济回报。

（3）渠道

渠道是指商品流通到消费者手中所经历的环节，如运输、仓储等。这将使我们考虑消费者是如何通过文案转化的。

（4）促销

促销是指企业利用各种载体进行的营销活动，如广告、线下推销等。而文案中所采用的促销活动，也会影响消费者最终的购买决定。

4P 模式反映了营销的过程和手段，在撰写文案时，一定要注意 4 个 P 的顺序。

3.2　这样的文案才有吸引力

文案是给用户看的，因此在写文案时要从用户的角度出发。让用户从文案中获得想要的信息并实现转化，这是撰写文案的目的。作为产品类文案，需要把产品优势体现在文案中，让消费者心动，进而付诸行动。

1.将产品特点转化为利益点

很多人在写文案时，往往会因为没有思路而感觉无从下手。文案的一个核心要点是说服用户，而说服用户需要一个引导过程。在营销中，有一个说服的套路：

特点→优势→利益。这一套路，在文案写作中同样适用。

以上三个词并不难理解，但如何将产品特点转化为利益点，就需要采用一定的方法。例如，在生活中，对于"爱说话"的人，既可以夸他善于交流，能够很好地与人沟通，也可以说他是话痨，惹人烦。

产品的特点也一样，既可以被说成优点，又可以被说成缺点，关键要看文案创作者如何创作。例如，大容量的背包，对于户外旅游者来说，大是优点，因为它能够满足外出旅行的需求；对于上班族而言，大可能就不是优点，因为它没有实质性作用，且背起来不好看。

由此可见，要将产品的特点变为产品的优势，就要站在产品的使用对象的角度来看待产品。产品生产者可以不断改进产品的性能，使其能满足更多消费者的需求，文案创作者却不能改变产品的性能，只能改变文案中表达的观点。很多时候，只要转换一下说法，就能把产品的特点转化为利益点。下面来看一个案例。

有一家生产钢琴的厂商，在进行钢琴的推广宣传时，采用的广告思路是宣传钢琴的用材如何好，如背板材质为实木音板，结果产品几乎没什么销量。后来，该厂商转换了宣传思路，将广告变为"好音色，通透干净"，销量一下子就提升了。钢琴用材好，自然是产品的特点和优势，但消费者对于"选用优质木材"这样的文案却无动于衷，因为木材好坏并不是他们的利益点。而如果把"优质木材"转换为"音色好"，就会让他们有所感觉，因为钢琴音色不好会影响演奏的效果，这与他们存在一种利害关系。

在文案中介绍产品时，要清楚一点：利益＞优势＞特点。也就是说，在文案中说特点不如说优势好，说优势不如说利益好。有的文案创作者可能会问：这三点该如何区分呢？

（1）特点

特点是一个产品固有的客观事实，不会因为使用者的不同而发生改变。例如，钢琴的材质是鱼鳞松，这就是客观事实。

（2）优势

优势并不是产品固有的，而是经对比得出的，可以与竞争产品对比，也可以与前一代产品对比。所以我们常说，别人没有的，而我有，这就是优势。套用"与……相比……"就能找到产品的优势。例如，与化纤材质的服装相比，纯棉服装更吸汗，这就是产品特点带来的优势。

（3）利益

消费者不会关注与自身无关的产品。对于消费者来说，利益体现为两个关键词：一是有关，二是好处。与消费者有关的好处，才能转化为利益点。例如，一款让人坐着很舒服的办公椅能缓解部分职业病，而缓解部分职业病就是上班族的利益点。

以某款睡眠面膜为例，来看看如何将产品特点转化成用户的利益点。

特点：含有肌醇。

优势：促进胶原蛋白新生。

利益：提升肌肤修复能力，让肌肤更水润。

在撰写文案时，按照特点、优势、利益的顺序，能满足用户通过文字了解产品的需求。

2.从用户的痛点出发

在判断一个文案是好是坏时，运营人员常常会问自己：是否抓住了用户的痛点？那么，如何才能抓住用户的痛点呢？首先要明白用户的痛点是什么。

简单来说，用户的痛点就是其要做出某一行动时，所遇到的最大的困难或麻烦。例如：年轻白领在结束一天的工作后，累到不想做饭（痛点）——选择送美食上门的外卖（痛点消除）；外出就餐不想排队点餐（痛点）——用手机微信自助点餐（痛点消除）。

再来看一个美图秀秀的案例。美图秀秀是一款修图软件，在它还没有被开发出来之前，市场上已经有很多修图软件，这些修图软件大多专注于高性能的图像处理，如强大的Adobe Photoshop。

但对于非专业的普通修图用户来说，在使用修图软件时遇到的最大困难是什么呢？答案肯定不是图像处理的性能。对于普通用户，特别是平时很少使用各类软件的用户来说，Adobe Photoshop使用起来比较复杂，因此阻碍此类用户使用图像处理软件的困难是易用性。

于是，美图秀秀抓住了这一点，专注于提高软件的易用性。使用过美图秀秀的用户都应该清楚，美图秀秀操作简单，并且还有网页版，不需要下载就可以使用，动动鼠标就可以轻松修图。如今，美图秀秀已拥有一批忠实的用户群体，甚至包括一些专业用户。这是为什么呢？就是因为它简单易用。

文案也要抓住用户的痛点，才能让用户产生行动。如何让文案戳中用户的痛点是运营者要学习和加强的能力。一般来说，可以从影响用户行为的因素出发来找痛点，包括产品性能、价格、形象、质量、可靠性等。

例如，产品是减肥药，目标群体自然就是想减肥的人。此类人群希望自己能够瘦身，但他们还担心一个问题，就是减肥药的安全性，毕竟关于减肥药的负面报道太多了。因此，是否安全、有效就是减肥人群的痛点。

在写减肥产品的文案时，就可以从这两个痛点出发。那么，在文案中如何体现产品有效呢？最好的方法就是列举用户减肥成功的例子。普通用户还不能完全让消费者信服，如果能举名人、网红、知名博主的例子，那么可信度将大大提高。这时可以放几张图，再用文字来说明用户是如何减肥成功的。

如何在文案中体现产品是安全的呢？最简单的方法就是展示权威机构的相关证明。

很多时候，产品的卖点实际上就是用户的痛点。在写文案时，要将产品卖点与用户痛点结合起来。例如，"我们的减肥药含有××，作用是促进脂肪的燃烧，即使吃大鱼大肉也不用担心，×× 可以抑制脂肪过度堆积，让赘肉慢慢消失，减轻体重"。

3.围绕用户体验设计文案

对于从事网络运营推广的人来说，用户体验是绕不开的一个话题。如果问开发人员"为什么这个产品要这样设计"，他们往往会回答"因为用户体验啊"。

好的产品非常注重用户体验，优秀的文案同样如此。在很多 App 中都可以看到提示性的文案，这些文案的作用是引导用户使用 App，尽快熟悉软件的操作，进而提升用户体验度。例如，软件中的"反馈与帮助"，都会从用户的角度出发，列出一些问题并给出解决方案，如图 3-5 所示。

UI 文案设计人员的主要职责就是为 UI 设计用户设计体验感更好的文案。现在商家为了推广，常常会举办各种网络互动活动，如抽奖、打折等，而这些活动都会以文案的形式来呈现。为了加强用户体验，需要用简单通俗的语言说明活动内容，让用户知道参加这些活动的具体条件和流程。具体来看，要在文案中提升用户体验感可以从以下三方面入手。

（1）友好的界面视觉效果

不管是展示在网络店铺中的详情页文案，还是在软件上的提示类文案或在网站上的新闻类文案，都要有很好的视觉效果，既要保证图文对应，还要注意文字字体的选择及留白，如图 3-6 所示。

文案也需要视觉营销。如今，大部分文案都会配图，无论是网络商城还是社交媒体平台，都在拼视觉化内容。因此，文案撰写者也要顺应这一趋势，让文案的视觉效果更好。

图3-5 反馈与帮助类文案

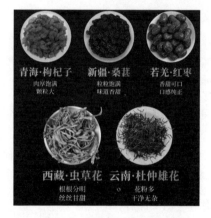

图3-6 图文对应的文案

（2）增强用户的安全感

用户对于自己不太熟悉的事物总会抱有警惕性，因此在文案中增强用户的安全感就能提升用户体验感。例如，在网络上注册账号时需要填写手机号码，但很多用户都会担心个人信息外泄，为了消除用户的疑虑，不少平台的注册页面上都会有"不会把您的信息泄露给任何第三方"的提示文案。

（3）小提示

在文案中加入小提示，同样可以提升用户体验感。小提示可能并不起眼，却能让读者感到贴心，如单击按钮的提示、产品功能的说明等，都会在潜移默化中加深用户对产品的认知。图 3-7 为某款蜂蜜的温馨提示，既普及了蜂蜜知识，也解释了消费者在使用过程中可能会遇到的问题，减少消费者在收货后因为这些问题退换货的概率。

> 温馨提示：
> ①蜂蜜会随温度变化呈现结晶、半结晶、液态三种不同的状态。
> ②瓶内肉眼可见的粉末是人参析出物质，属于正常现象，请放心食用。
> ③为了避免在特殊气温下可能产生的问题，产品实际灌装量需要小于包装本身可承载的灌装量。产品内的实际灌装量与产品外包装上标注的净含量一致，请放心食用。

图3-7 某款蜂蜜的温馨提示

4.文案内容必须有价值

　　文案是写给用户看的，那么用户喜欢什么样的文案呢？答案是有价值的文案。例如，在微信上有很多情感类文案，有爱情的，也有亲情的。用户喜欢看这类文案并非没有道理，因为此类文案或是能给人以启发，或是能给人提供精神动力，或是能触碰心灵，但不管怎样，内容都是有价值的。

　　当然，文案的价值是靠文案创作者塑造的。以产品类文案为例，目标用户往往并不了解产品的性能、质量等。如果文案创作者不主动塑造产品的价值，目标用户就不会也不可能知道这个产品能给他们带来的好处，结果就是无法产生消费行为。下面来看一个案例。

　　有一个白酒品牌，在当地小有名气，但是与其他白酒品牌相比，市场份额较小，于是经营者请了一位产品经理做运营推广。

　　该产品经理到酿酒厂了解该白酒的酿造工序。该厂酿造白酒用的水是古泉水，发酵时使用的窖池是10年以上的老窖，酿造成功后还会经过严格的检测，检测合格后再将酒推向市场进行销售。了解了这一整套工序后，产品经理感到很震撼。

　　产品经理问该白酒品牌的老板："你们制作白酒的工序那么繁复、严谨，为什么不在你们的网站上、公众号上用文案来告诉消费者呢？"老板回答："大家制作白酒的工序基本上都是这样，有什么好说的呢？"

　　后来，产品经理写了一篇文案，详细描述该品牌白酒是如何利用匠心精神生产白酒的。用户看了该文案后都很受触动，该品牌白酒的销量也因此得到了很大的提升。

　　从这个案例中，我们可以看出用文案塑造产品价值的重要性。当然，要让文案有价值，也要找准文案的匹配对象。如何才能提高文案的内容价值呢？有以下几种方法。

（1）让文案有知识价值

可以将这一方法理解为"科普"。例如，要让消费者购买美容仪，那么就要科普美容仪的作用及美容仪是如何解决皮肤问题的，如祛痘、美白等。

（2）替用户表达心声

用户很多时候都不会表达心声，如果商家能帮助他们表达出来，他们就会觉得这一内容很有用。例如，很多人会受到失眠的困扰，在文案中就可以一个失眠者的自述来说明失眠带来的问题，如掉头发、记忆力减退、皮肤松弛……有失眠症状的用户一看，果然和自己遇到的问题一样。

接着告诉他们如何改善失眠，如睡前喝牛奶、使用某某产品等，这样用户就会觉得这篇文案对自己来说很有价值。

（3）把握消费者的心理

文案的价值还体现在对消费者心理的把握上，如很多人去超市买东西都喜欢到打折区逛一逛，目的很简单，就是以低价买好货。超市的营销文案也很简单，如特价9.9元、限时促销、买一赠二等，字数不多，但十分有效，因为抓住了消费者贪图便宜的心理。

网络文案也是如此，把握住了用户的心理，就会使他们觉得这一内容是自己愿意看到的，也会自愿掏腰包。

5. 在文案中增加产品的附加值

产品的附加值是指在产品原有价值的基础上增加的价值。在网络文案中，让附加值为产品"代言"，可以增加消费者的心动点。

附加值可以给消费者带来一种感受：如果购买这件产品，将获得比购买其他产品更多的利益。在电商平台上购物，常常可以看到卖家举办买赠活动。赠品也是一种附加值的体现，有很多消费者会因为赠品而做出行动。

回到文案上来，要想让文案更触动消费者的内心，挖掘出产品的附加值就显得尤为重要。

如果能在文案中体现产品的附加值，就可以激发消费者的潜在需求。例如，大家都知道手提包的作用主要是存放东西，如手机、钥匙等。为什么品牌手提包的价格远远高于一般手提包呢？其原因并不在使用价值上，而在附加值上。品牌手提包的作用除了能装东西外，还能彰显气质，给消费者带来体面、有安全感的心理安慰。

所以，品牌手提包的文案往往不会强调这个包能装多少东西，而是从包的设计、品质、工艺水准等方面来介绍。因为相比于产品的使用价值，购买品牌手提包的消费者更看重产品所带来的附加值。

那么，如何在文案中体现产品的附加值呢？可以从以下三个方面出发。

（1）品牌

品牌是产品的附加值之一。消费者在购买一些价格偏高的产品时，如电视机、冰箱、汽车等，会更多地关注品牌。大家应该都听过这句广告词，"相信品牌的力量"，好的品牌给消费者的感觉就是值得信赖、可靠、安全、品质高。在互联网时代，品牌不仅可以是一个商标，也可以是一个人。例如，在网络上，常常可以看到"网红同款""××明星也在用""产品+@名人"的广告语。名人推荐的商品，会给人良好的印象，至少不会让消费者认为是假冒伪劣商品，再加上粉丝效应，商品的价值就会得到提升，这就是人作为品牌的力量。如图3-8所示，某款明星推荐的护眼仪文案就标注了"某某倾心推荐"等关键字。

图3-8　某款明星推荐的护眼仪文案

当消费者对某个产品或企业不了解时，常常会将关注点放在品牌上，这时在文案中介绍这个品牌就很有必要。

（2）身份或形象

能表明消费者的身份或提高其形象，满足其心理需求，这也是产品的附加值。

例如玉，从使用价值来看，它的作用是装饰；从附加值来看，它可以给消费者塑造一种温文尔雅、端庄大方的形象等。

价值高的产品，如珠宝首饰、高档礼品、品牌服装等，常常需要在文案中塑造其身份、形象方面的附加值。在撰写文案时可以从产品的风格出发，如服装带给人的形象可能是干练、精致，也可能是随性、时髦等。

(3) **感觉**

如今，人们的消费也逐渐从购"物"转变成了购"感受"，即这个产品给我的感觉好，那我就买下它。

感受，其实就是一种情感。在现代营销中，常常可以听到一个词"情怀营销"，即营销时讲情怀、谈感情，而不是只说产品、谈价格，这是符合当前大众消费观的一种营销方式。类似的文案有"中国梦，梦之蓝""快乐、分享、永远的可口可乐"等。

情感比较抽象，如怀念、喜爱或执着的追求等，为了让文案满足用户的情感诉求，需要使用讲故事的方法。

例如，汽车虽然是代步工具，但从情感上看，它能帮助消费者远行，让消费者在旅途中认识自己，由此可以从"旅途"这个角度讲述故事，即一台好车是如何陪伴消费者行走四方，从而收获沿途风景的。

6.让消费者满意的承诺

消费者只有信任一款产品，才愿意买单，而承诺是信任的前提。我们在网络上购买理财产品时，常常可以看到"预期收益 ×%"这样的广告语。这里的"预期收益 ×%"就是该理财产品给消费者的承诺，旨在告诉消费者，这只是预估的收益，具体收益要以实际情况为准。相反，如果理财产品没有预期收益的说明，就可能无人问津。

对于那些没有吸引力的承诺，消费者一般都会无动于衷。因此，文案创作者为了引起消费者的兴趣，会在文案中做出比较有力的承诺，如防晒霜产品承诺"涂抹了之后晒不黑"、懒人沙发承诺"躺着很舒服"。这些承诺实际上就是产品的"功效"。

尽管有力的承诺能吸引消费者，但也会让消费者产生怀疑，如某保健品承诺可以防癌，消费者可能就不会太容易相信这个承诺。因此，文案中对消费者做出的承诺一定要满足可信这个条件。

真实、可信的承诺就不会让消费者产生怀疑。例如，洗手液能杀菌、洗发水能去屑，这些承诺都是比较可信的。要想让消费者相信承诺，就要在文案中将承诺设置得有理有据。例如，一款防脱发的洗发水，对消费者的承诺是其具有防脱固发的功效。在文案中，为了证明这一功效，需要提供以下证据。

证据一：品牌。这款洗发水是由一个有百年历史且专注于防脱发的品牌企业生产的。

证据二：销量。这款洗发水销量好、口碑好，很多买家用过之后都表示防脱效果显著。

证据三：防脱配方。这款洗发水含有多种防脱固发成分，并且申请了专利。

以上证据会使消费者更加相信这款洗发水确实能拯救脱发。

另外，承诺越具体越好。例如，理财产品承诺"保收益"就没有"保本，年收益率在5%左右"具体；"让你变美"就没有"淡化色斑、美白"的承诺具体。具体的承诺更具有说服力。

对于承诺的内容，可以将其放在文案的标题中，让消费者第一眼就能看到。图3-9为某博主的减肥短视频文案，用"7天瘦了6斤""不瘦你来找我"等文字，突出自己的减肥方法有效的承诺。截至笔者截图时，该视频获得了23.8万个赞和1万条评论。

文案中的承诺一般分为主要承诺和次要承诺，主要承诺是需要重点强调的，次要承诺起辅助作用。主要承诺与次要承诺一定要真实可信，不要在文案中宣传那些连自己都不相信的承诺。有的商家为了销售产品会故意夸大功效或撰写不符合实际的承诺，这样只能获得一次性用户，而不能获得回头客。

图3-9　某博主的减肥短视频文案

7. 制造"诱惑"

很多用户在决定购买一款产品前会犹豫不决,而文案创作者就要制造诱惑,让消费者快速做出购买的决定。

想让消费者做出购买决定,就要在文案中创造"导火索"。例如,在牙膏文案中展示使用前和使用后牙齿颜色的对比照,让潜在买家看到该款牙膏的美白效果,这就是一个导火索。导火索会让消费者有心动的感觉,从而引发一系列连锁反应,如收藏、加购物车、付款下单。

导火索应当直接明了,作为文案创作者,不应忽略消费者的"懒惰",很多时候消费者往往懒得去思考产品是否超值,因此需要明确地说出来。有心理学家做过这样一个实验:在一个房间里放一个装满食物的透明冰箱,大多数人都会主动去拿冰箱里的食物。而当心理学家给这个冰箱加了一把锁以后,即使把钥匙放在旁边,主动去拿冰箱里的食物的人也明显变少了。拿钥匙开锁才能拿到食物,比直接打开冰箱就能拿到食物要麻烦,一把锁就降低了人们拿食物的欲望。优秀的文案创作者会重视消除消费者的"懒惰",让买家秒懂产品的价值。

一切能对消费者的购买决策起到催化作用的,都可以作为导火索。例如,很多网络游戏都会为玩家提供短期的 VIP 体验,或让玩家试玩某个付费特权,这实际上就是诱导玩家的需求,即先给玩家一个"饵",吸引他的注意,然后让他通过充值继续享受。类似的策略还有很多,如电商平台上的商品试用、视频网站上的试看 5 分钟等。但不管是什么样的导火索,都要满足一个条件,就是必须有价值,能够引起买家的购买欲。

8. 写好自我介绍类文案

不管是做企业电商运营,还是做个人电商运营,都需要加用户为好友。在这个过程中,难免会遇到以下问题:

(1)你是谁?

(2)你是从哪儿加的我?

当遇到这样的问题时,很多运营者都不知道如何应对,其实只需要做好自我介绍即可。

"你是谁?"几乎是主动添加好友的必答题,正确答案包含以下三个方面:自我介绍、共性关系和兴趣爱好。图 3-10 中这样的自我介绍,只是换了形式的广告,不管是对新客户还是对老客户来说都没有什么价值。

那么究竟该如何写自我介绍类文案呢？最主要的是突出三点，即是谁、做什么和有什么价值。修改后的自我介绍如图3-11所示。

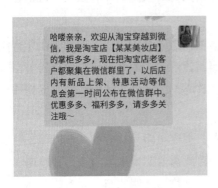 

图3-10　没有价值的信息　　　　图3-11　有价值的信息

9.社交媒体活动文案如何吸引精准粉丝

当前，流量越来越少，粗犷式经营越来越难，获取粉丝的难度也大大增加，不断考验着所有电商的运营能力。

吸粉无非包括主动吸粉和被动吸粉两种方法，而这两种方法又包括很多技巧套路，这里与大家分享一下如何利用这些方法。

首先来看看如何利用朋友圈进行引流，我们曾利用这种方法做到了3天吸引1000个精准粉丝。活动文案如图3-12所示。

图3-12　活动文案

做朋友圈引流最重要的是什么呢？是文案，而且每篇文案中一定要包含二维码。同时，一定要限时，如限时一小时或一天，然后在这个时间段内引导目标粉丝参与活动。另外，文案头图或者前三张图一定要把活动规则讲解清楚，让粉丝和客户明白怎么参与活动，如图3-13所示。

图3-13　活动参与规则

这样一来，朋友圈会有几百人同时转发相同的文案。所以说，朋友圈引流的核心就是设计环节简单易懂、方便复制。利用这种方法，一个微信新号一天可以引流数百人。

第4章 网络营销数据分析

如今是大数据时代,数据分析以及数据化运营对于网络营销来说,起着至关重要的作用,能够有效地帮助运营人员制定营销方案,为商家的经营决策提供专业的数据支撑。本章将为大家详细讲解网络营销数据分析的相关知识,帮助大家更好地认识网络营销数据分析以及数据化运营的基础知识,及时掌握各种网络营销数据分析方法和技巧。

本章学习要点

※ 网络营销数据分析基础

※ 网络营销数据分析的常见指标

※ 网络营销数据分析要点

※ 编写数据分析报告

※ 网络营销数据分析应用实战

4.1 网络营销数据分析基础

随着互联网及大数据技术的迅猛发展,数据分析在网络营销中的作用也越来越重要。"用数据说话,进行精准营销",也成了互联网营销领域不可缺少的技术分析手段。下面我们就一起来看看数据分析的重要价值,以及数据分析的五大思维和五大方法。

1.数据分析的重要价值

数据分析就是利用各种数据统计分析的方法,对收集的各类营销数据进行整理、汇总归纳和处理分析,并从中提炼有用的信息加以研究和总结。简单来说,数据分析就是从数据到信息的过程,如图4-1所示。

数据本身并没有什么价值,有价值的是从数据中提取的信息。这些信息能够帮助企业经营者在实际的营销工作中做出正确的判断和决策,从而实现销售额的增长和利润的最大化。数据分析人员需要借用各种数据分析手段,对杂乱无章的营销数据进行加工处理,然后根据企业的实际需求,总结出隐藏在这些数据背后的信息和规律。

在大数据时代的驱动下,网络营销的方方面面都会涉及数据分析。无论是对小商家、大商家,还是运营人员、企业老板,数据分析都具有非常重要的价值,如图4-2所示。

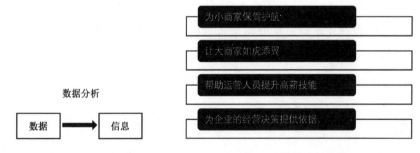

图4-1 数据分析:从数据到信息　　图4-2 数据分析的价值

(1)为小商家保驾护航

很多人觉得数据分析对于小商家没有太大必要,其实不然。

通常,小商家可以运用数据分析解决以下几个问题。

➢ 选择什么市场更容易赚钱?

➢ 选择什么款能够热卖?

➢ 产品怎样定价会使流量更多，盈利更多？

➢ 哪些竞争对手的数据可以帮助自己？

➢ 如何花最少的钱让效果最大化？

➢ 怎样做运营计划可以让效果最好？

除此之外，数据分析还能够帮助小商家解决很多店铺运营方面的问题。但并不是说进行了数据分析，小商家就一定能够取得好的运营成绩，数据分析的价值在于帮助商家尽最大的可能性去选择最大概率的成功。

通常，小商家会面临流动资金有限、竞争优势不强、单打独斗等情况，这也代表了他们的试错成本会比较高。如果没有经过缜密的数据分析，随意进入市场，很可能导致失败，让店铺面临经营不下去的窘境。但小商家也有一定的优势，那就是选择比较灵活。所以，小商家在店铺运营的过程中，需要通过数据分析来帮助自己选择最有可能成功的运营方向和方法，这样才能将钱花在刀刃上，从而实现利益最大化。

（2）让大商家如虎添翼

数据分析对于大商家来说就是如虎添翼。随着市场竞争越来越激烈，越来越多的大商家开始意识到数据化运营、精细化运营的价值了。

大商家一般项目较多，店铺情况错综复杂，而且面临着资金投入大、产品线长等问题。所以，大商家需要通过数据分析将店铺运营工作进行细化，从而帮助自己节约运营成本。比如，某大型电商品牌一年的广告费就是几百万，而运营人员通过精细的数据化运营，帮助商家有效提升推广效果，从而为商家节约了几十万的资金投入。

大商家通过数据分析主要可以解决以下几个问题。

➢ 如何清晰地掌控企业的运营？

➢ 如何降低不必要的成本浪费？

➢ 如何挖掘新的市场商机？

➢ 如何提高团队运营水平？

➢ 如何管控产品流动链路？

数据分析是巩固大商家可持续性发展的利器，能够使大商家在店铺运营的道路上走得更好、更稳。

(3) 帮助运营人员提升高薪技能

随着数据化运营的普及，数据分析能力已经成为网络运营人员必须具备的一项基本技能，它能够帮助运营人员获得更高的薪酬。

很多运营人员在开展运营工作的时候，往往只会思考一个点，这样就会出现运营手段单一、解决问题的思路不清晰、偏向于流量运营等问题。运营人员通过数据分析可以解决以下几个问题。

- 业绩不行怎么办？
- 流量不行怎么办？
- 转化不行怎么办？
- 产品不行怎么办？
- 老板不给钱怎么办？
- 目标规划不会定怎么办？

运营人员一定要对企业的经营状况进行全方位的数据分析，千万不能只思考某一方面的问题；在面对问题时，也不能只依靠单一的手段和方式来解决。

(4) 为企业的经营决策提供依据

企业的经营决策一定要以客观、真实的数据作为依据，这样才能保证运营决策的正确性和可行性。企业的决策者必须具备一定的数据洞察能力，这样在做出经营决策时才能做到心中有数。企业的决策者可以通过数据分析合理评判企业的运营效果以及运营人员的运营水平，并对以下几个问题做出正确判断。

- 运营人员做的计划靠不靠谱？
- 运营人员申请的资金和推广费用合不合理？
- 运营人员确定的销售目标可不可行？
- 自己招聘的运营人员是否称职？

2.数据分析的五大思维

数据分析思维是贯通整个数据分析工作的核心思想，只有掌握了数据分析的思维，数据分析人员才能更好地将无价值的数据转换为有价值的信息。数据分析共有五大思维，分别是对比思维、拆分思维、增维思维、降维思维和假设思维，如图4-3所示。

（1）对比思维

对比思维是最基本，也是最重要的数据分析思维。该思维的应用范围很广泛，比如在分析选品、测款以及销售额等数据时，如果不进行对比分析，数据分析人员往往很难获取有用的信息。例如，某网店将A、B两款产品1月的销量进行对比展示，可以看出A产品的销量要远远高于B产品，说明A产品是当前该网店的热销产品，如图4-4所示。

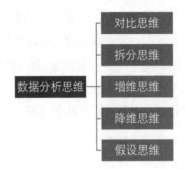

图4-3　数据分析的五大思维

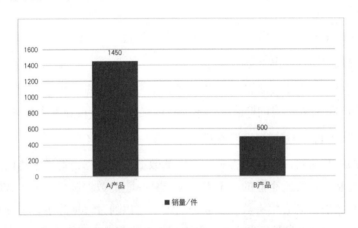

图4-4　某网店1月的A、B两款产品销量对比图

（2）拆分思维

拆分思维是指对数据指标进行分解的一种数据分析思维。例如，已知销售额=成交用户数×客单价；成交用户数=访客数×转化率，运用拆分思维对销售额进行分解，如图4-5所示。

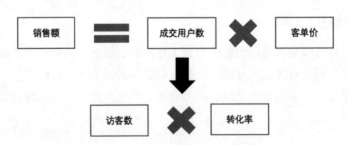

图4-5　运用拆分思维分解销售额

又如，运用拆分思维对淘宝平台上的流量进行分解，从而明晰流量的分类，如图4-6所示。

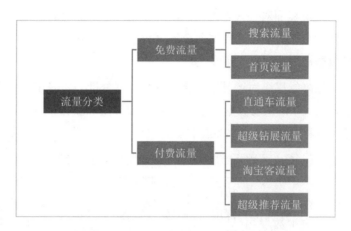

图4-6 运用拆分思维分解淘宝平台上的流量

运用拆分思维，可以使数据之间的逻辑关系变得更清晰，有利于数据分析人员更好地理解和分析数据。

(3) 增维思维

增维思维是指增加多个维度的数据指标来帮助自己进行数据分析的一种思维。增维就是将简单数据多元化，增加的维度也被称为"辅助列"。例如，某商家运用增维思维对市场上销售的女鞋类目产品进行数据分析，如表4-1所示。

表4-1 运用增维思维对市场上销售的女鞋类目产品进行数据分析

序号	关键词	搜索指数	全站商品数
1	高跟鞋	3005	6591015
2	凉鞋	1651	1093203
3	拖鞋	1646	462821
4	帆布鞋	1066	508061
5	小白鞋	1045	363268

通过表4-1可以发现，搜索指数和全站商品数是两个独立的数据指标，前者表示市场需求，后者表示行业竞争。用搜索指数除以全站商品数可以获得一个新的指数，这个指数可以表示市场竞争的激烈程度，从而准确判断市场当前的竞争情况。

(4) 降维思维

降维思维是指将复杂的数据简单化，提炼核心数据进行数据分析的一种思维。很多数据分析人员在面对一大堆维度广泛的数据时，常常会束手无策。其实在分析数据时，数据分析人员没必要对每个维度数据都进行分析，只需选择部分具有代表意义的数据指标进行分析即可。

例如，运用降维思维对产品的销售额进行数据分析，如表4-2所示。已知与产品销售有密切关系的核心数据指标有访客数、成交用户数、客单价以及转化率等，这时商家就可以将关联度不大的数据排除，只留下核心数据进行分析即可。

表4-2 运用降维思维对产品的销售额进行数据分析

日期	浏览量/次数	访客数/人数	访问深度/人均次数	销售额/元	销售量/件	订单数/笔	成交用户数/个	客单价/元	转化率
2021/12/1	2584	957	3.5	9045	96	80	67	135	7%
2021/12/2	3625	1450	4.1	9570	125	104	87	110	6%
2021/12/3	2572	1286	2.8	12780	130	108	90	142	7%
2021/12/4	4125	1650	1.9	15345	143	119	99	155	6%
2021/12/5	3699	1233	3.6	8362	107	89	74	113	6%
2021/12/6	4115	1286	2.2	14040	130	108	90	156	7%
2021/12/7	6582	1763	2.9	22755	185	142	123	185	7%

(5) 假设思维

假设思维是指从结果到原因，通过逆向思维进行推导的一种思维。在实际的数据分析过程中，对于把握度不高的数据，可以采取假设的方式来处理，即先假设一个结果，然后运用逆向思维来倒推，再一步步抽丝剥茧，最终找到最佳的解决方案，以达到数据分析和推理的目的。

在数据分析过程中，按照时间序列可以把数据细分为三种类型，即历史数据、当前数据和预测数据。（注：并非真正意义上的数据类型）

> 历史数据是指已经发生过的数据，其主要作用是总结、对照和提炼有用信息，如店铺的历史运营数据、退款数据、订单数据或销售额等。

> 当前数据是指以时间单位而定的数据，其主要作用是及时了解店铺运营现状并发现问题，如当日的成交转化率。单一的数据是没有参考价值的，所以当前数据需要与历史数据进行对比分析。

> 预测数据是指还没有发生的数据，需要预测，其主要作用是通过预测识别经营风险，及时做好相关的运营和优化工作。例如，店铺参加活动的营销成本预算、销售额预测、店铺规划等。预测数据会受到很多因素的影响，可能会和实际结果存在一定的偏差，所以仅作为参考数据使用。

以上三种数据是单向流动的，从预测数据变成当前数据，再变成历史数据。因此，数据分析人员需要针对不同阶段产生的相关运营数据开展更有效的数据分析工作。

3. 数据分析的五大方法

在进行电商数据分析的过程中，数据分析人员不仅要用建模的思维来开展网络营销数据分析，还要掌握一些科学的数据分析方法，这样才能更加全面、精准地分析数据。下面为大家介绍5种常用的电商数据分析方法。

（1）对比分析法

对比分析法是指将两个或两个以上相关联的数据指标进行比较，通过对比的形式来体现它们之间的差异，以此来了解数据的内部规律。对比分析法最大的特点在于可以精准、量化地展示出对比数据之间存在的差异。

例如，对比分析A、B两家店铺1月的访客数情况，可以直观地看到，A店铺的访客数要明显高于B店铺，如图4-7所示。

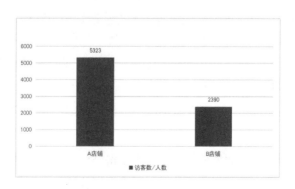

图4-7　A、B两家店铺1月的访客数情况

在分析网络营销数据时，可以针对不同时期的数据、与竞争对手或行业的数据、优化前后的数据以及活动前后的数据进行对比分析。

①不同时期的数据对比

在做数据透视表的时候，环比增长率和同比增长率，是使用两个不同时期的数据指标进行对比的。例如，用当前数据和历史数据进行对比分析，通过结果了解店铺现阶段的经营状况。

②与竞争对手或者行业的数据对比

用自身的数据和竞争对手或者行业大盘的数据进行比较，可以了解店铺目前在行业中处于什么位置，是否还需要进一步优化和提升。例如，通过和竞争对手比较看出店铺最大的问题在于转化率太低，这时商家就应该进一步分析为什么店铺的转化率不如竞争对手，进而想办法提高转化率。

③优化前后的数据对比

在店铺的日常运营过程中需要做许多调整。比如修改标题、优化主图、修改详情页等。如果不进行优化前后的数据对比分析，往往很难知道所做的调整是否得当、优化效果是否明显，所以在进行优化调整后，商家一定要将优化前后的数据进行对比分析，以便及时了解优化的效果。

④活动前后的数据对比

当店铺做到一定规模的时候，定期开展几场活动是常态。店铺做活动肯定是为了达到某种目的，如新品推广、换季清仓等，这时就必须通过活动前后的数据对比分析来看看活动是否达到了预期效果。

> 采用对比分析法时，一定要选择合适的参考标准，如果参考标准受到外界的干扰较大，则可能会影响数据分析的结果，从而做出错误的预测。

（2）细分分析法

细分分析法是指按照一定的参考标准，将整体数据细分为若干数据，再进行内部分析与统计。

采用细分分析法进行数据分析，有助于数据分析人员找出具有代表性的核心数据，从而得到更精准的数据分析结果。通常数据分析人员可以按照以下五个维度对数据进行细分。

➢ 区域：从区域的维度对数据进行细分。比如针对主要消费区域进行人群属性的细分，可以快速、精准地获取主要消费群体的相关信息。

➢ 时间：从时间的维度对数据进行细分，不同时间段会呈现出不同的数据。比如，根据数据分析目标消费人群每天的购物高峰时间段。

➢ 渠道：从渠道的维度对数据进行细分。比如，在分析成交转化率时，自主访问、付费推广、老客户推荐等不同渠道所产生的成交转化率肯定是不一样的，商家可以针对不同渠道的客户制定不同的营销方案。

➢ 客户：从客户的维度对数据进行细分，不同的客户群体，他们的需求和属性是完全不同的。比如，不同性别的人其购买偏好就完全不同，男性消费者喜欢购买科技、数码类产品，而女性消费者喜欢购买服饰、美妆类产品。

➢ 行业：从行业的维度对数据进行细分。要想深入地研究某一细分领域的核心数据，就需要对行业进行细分。比如，女装类目的品类细分，如图 4-8 所示。

细分分析法是一个比较复杂的过程，需要根据不同的切入点进行分类，而不同的切入点则可能会产生不同的细分结果。所以，使用细分分析法时需要把握好切入点，以最佳切入点来进行细分，才能得到比较精准的数据分析结果。

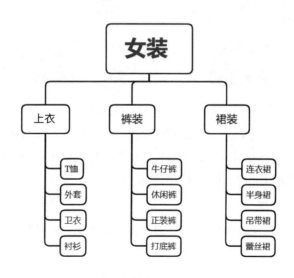

图4-8 女装类目的品类细分

(3) AB 测试法

AB 测试法是指为实现同一个目标而制定 A、B 两个方案，A 为目前方案，B

为新方案，通过测试比较这两个方案所关注的重要数据，然后选择效果最好的那个方案。

很多电商商家通常会利用 AB 测试法来进行直通车创意图的优化。例如，首先某电商商家设计制作了多个直通车创意图方案并进行广告投放，分别测试各个方案的效果；其次对测试的效果进行优化，优化时要先对直通车创意图进行分析，看看到底是文案创意做得不好，还是产品的图片拍摄有问题；最后不断地对方案进行优化。通过对大量数据进行比较，测试出哪个方案的创意图优化效果最佳。

（4）漏斗分析法

漏斗分析法是一套科学的流程式分析模型，可以直观地看到每个环节的情况，如转化情况、流失情况。漏斗分析的本质是通过数据流程的变化来控制结果，通过评估各个环节的数据情况，达到优化数据的目的。

漏斗分析法有以下三个重要的作用。

➢ 快速发现问题，及时调整问题。

➢ 把问题具体化和细分化。

➢ 在营销推广中提高流量的价值和转化率。

漏斗分析法通常在分析产品的成交转化时使用较多，产品的成交转化流程一般如图 4-9 所示。

图4-9　产品的成交转化流程

使用流程图只能掌握产品的成交转化过程，无法精准地判断产品具体的成交转化情况。所以这时就需要对流程图进行优化，使用层次更分明的漏斗模型图来分析产品的成交转化情况，如图 4-10 所示。

（5）类聚分析法

类聚分析法是指将抽象的数据按照类似的对象来进行分析，该数据分析法能够发现数据更深层次的关联与含义。

类聚分析法主要是对客户数据进行分析，通过大数据对客户进行追踪和深入挖掘，精准地发现客户之间相同或者相近的属性，从而制定相应的营销策略。

例如，某商家按照年龄对在店铺中购买过产品的客户进行属性分类，如图 4-11

所示。可以看到在 25～34 岁这个年龄段的客户成交转化率最高，说明这部分客户将是商家重点研究的对象。

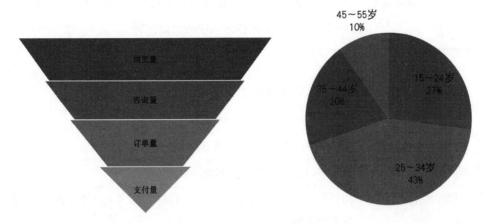

图4-10　使用漏斗模型图分析产品的成交转化情况　图4-11　某店铺成交客户的年龄段分布

类聚分析法的主要目的就是精准地定位客户群体，在后期运维和推广阶段实现由点到面地开展营销活动，引发客户的归属感，形成群体营销的局面，最大限度地降低推广成本。

4.2　网络营销数据分析的常见指标

要进行数据分析，自然离不开各种各样的数据指标。在网络营销的过程中，会产生很多数据指标，如展现量、点击量、点击率、询盘量、访客数等。网络营销数据分析的常见指标主要分为四大类，即流量指标、询盘指标、业务指标和优化指标，如图 4-12 所示。掌握这些数据指标的含义和计算方法，是进行网络营销效果评估及优化的重要前提。

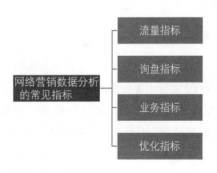

图4-12　网络营销数据分析的常见指标

1.流量指标

网络营销的根本目的在于通过恰当的营销手段获取更多的流量，实现营销转化。因此,流量是实现网络营销的重要前提。流量指标主要包括流量成本、展现量、点击量等多个关键指标,通过这些指标还可以计算出点击率、平均点击价格、流量转化率、流量成本率等多个关键指标,这些指标的含义及计算方法如表4-3所示。

表4-3 网络营销数据分析中的流量指标

指标名称	含义及计算方法
流量成本	搜索引擎付费推广的总金额
展现量	搜索引擎付费推广广告的所有展现次数
点击量(流量)	搜索引擎付费推广广告的所有点击次数
点击率	点击率=点击量(流量)/展现量×100%
平均点击价格	用户平均每点击一次付费推广广告的价格,平均点击价格=流量成本/点击量
流量转化率	流量转化率=成交单数/总点击量(总流量)×100%
流量成本率	流量成本率=流量成本/总点击量(总流量)×100%
关键词精准度	关键词精准度=该关键词的点击量(流量)/总点击量(总流量)
投资回报率(ROI)	投资回报率(ROI)=流量成本/成交额×100%

专家提点 流量成本、展现量、点击量(流量)等指标可以从广告投放的目标媒体中获取。

2.询盘指标

询盘是指买卖双方为了购买或销售某项商品,向对方询问有关交易条件。在实际的交易中,一般是由买方(客户)主动向卖方(商家)发出询盘。询盘的内容涉及商品的价格、规格、品质、数量、包装、装运等多项事宜,但多数买方只是询问价格,因此询盘又称询价。询盘指标是考验客服人员服务水平的重要指标,主要包括询盘量、询盘单价、询盘转化率等多个关键指标,这些指标的含义及计算方法如表4-4所示。

表4-4 网络营销数据分析中的询盘指标

指标名称	含义及计算方法
询盘量	通过电话和在线沟通工具发起咨询的客户数量
有效询盘量	通过电话和在线沟通工具发起咨询并留下有效联系方式的客户数量
询盘单价	询盘单价=流量成本/询盘量 该指标表示推广过程中每获得一个客户咨询的成本
有效询盘单价	有效询盘单价=流量成本/有效询盘量 该指标表示每拿到一个有效询盘线索的成本
询盘转化率	询盘转化率=询盘量/点击量×100% 该指标表示流量的精准度
有效询盘率（成交率）	有效询盘率（成交率）=有效询盘量/询盘量×100% 该指标能够体现客服人员的沟通能力
有效询盘转化率	有效询盘转化率=成交单数/有效询盘量×100%

3. 业务指标

业务指标主要是考验销售人员的业务能力。在网络营销中，销售人员的业务范围主要包括邀约客户到访并促使客户下单成交，以及尽量减少客户的流失。所以，网络营销数据分析中的业务指标涉及到访量、到访率、到访客户成交率、成交单数、成交额等多个关键指标，这些指标的含义及计算方法如表4-5所示。

表4-5 网络营销数据分析中的业务指标

指标名称	含义及计算方法
到访量	受销售人员邀约到访的客户数
到访率	到访率=到访量/有效询盘量×100% 该指标能够体现销售人员的邀约能力
到访客户成交率	到访客户成交率=成交量/到访量×100% 该指标能够体现销售人员的成交能力
成交单数	签约成交的订单数量

续表

指标名称	含义及计算方法
成交额	签约成交的金额
丢单量	丢单量=有效询盘量−成交单数 该指标是指已进入有效询盘但未最终成交的订单数量
丢单率	丢单率=丢单量/有效询盘量×100%

4.优化指标

网络营销优化主要是指 SEO 优化，其目的是更好地提升网站排名，从而提高推广效果，需要重点关注的优化指标包括 IP 数、PV（浏览量）、UV（访客数）、跳出率等多个关键指标，这些指标的含义如表 4-6 所示。

表4-6　网络营销数据分析中的优化指标

指标名称	含义
IP数	一天之内网站（平台或店铺）的独立访问IP数
PV（浏览量）	用户每打开一个网站页面（平台页面、店铺页面或商品页面）就被记录1次。用户多次打开同一个页面，浏览量值累计
UV（访客数）	一天之内网站（平台或店铺）的独立访客数，一天内同一个访客多次访问网站（平台或店铺）计算为1个访客
跳出率	只浏览了一个页面便离开了网站（平台或店铺）的访问次数占总访问次数的百分比
平均访问时长	访客在一次访问中，平均打开网站页面（平台页面、店铺页面或商品页面）的时长。即每次访问中，打开第一个页面到关闭最后一个页面的停留时长平均值

4.3　网络营销数据分析要点

要想做好网络营销数据分析，需要掌握以下 4 个要点。

1.分析有效流量页面

营销平台的页面布局通常包括产品页面、服务页面、资讯页面等。例如，"华为商城"App是专门销售华为产品的,该App有"首页""分类""发现""购物车"和"我的"5个页面版块,如图4-13所示。其中,"首页"是用户打开App后看到的第一个页面,该页面汇聚了产品页面链接、活动页面链接等多个页面链接,可以直接将首页的流量引入这些特定页面。

不同的页面带来的流量是有明显差距的,但从流量转化率的角度来看,产品页面的转化率往往要高于其他页面。因此,企业运营者在进行营销平台页面布局时,应该将运营的重点放在产品页面的引流上,想办法提高产品页面和会员互动版块的流量,这样才能有效提高页面的流量转化率。

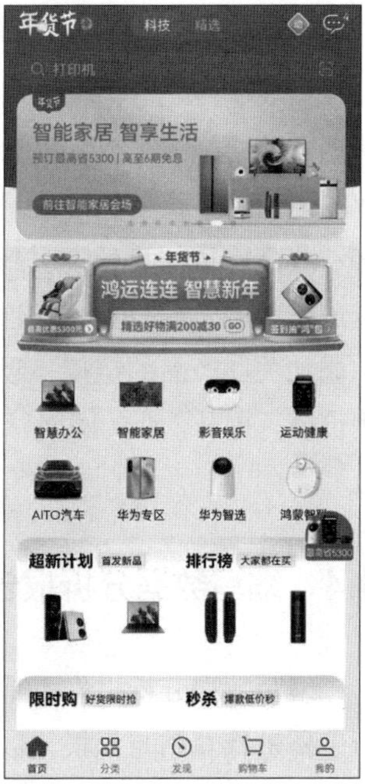

2.分析吸引用户关注的页面

为了提升用户体验感,各类互联网平台均通过自家搜索引擎机制和内容算法机制对平台上的内容进行筛选,鼓励高质量的原创内容,拒绝低质量的内容。因此,数据分析人员需要对页面内容进行分析,了解哪些内容的搜索量最大,能够获得较好的引流效果。

图4-13 "华为商城"App的首页

内容建设是网络营销中的重要一环,要想打造出吸引用户关注的内容,运营者需要思考三个问题:我能给用户提供什么?用户的需求是什么?用户能从我这里得到什么?运营者需要从用户的角度出发,打造优质内容,这样才能有效吸引用户关注,从而提升流量的转化率。

3.分析能带来收益的营销活动

网络营销的最终目的是通过交易获取利润,所以为了提高营销效率,必须开展各种营销活动。但很多营销活动由于策划不当,并不能达到预期的效果。因此,需要数据分析人员对企业的整个营销过程进行数据分析。及时分析不同阶段的营销活动效果,可以帮助企业更好地完善营销方案,改正方案中的不足之处。另外,为了营销需要,有时候企业会在一段时间内开展多场营销活动,这无疑会增加企业的营销成本,这时运营者就需要认真评估这些活动的营销效果,放弃那些不能带来收益的活动,将更多的资源和精力投入那些高收益的营销活动中。

4.分析哪些流量可以提高扩展

相较于传统营销，网络营销有一个很大的优势，就是可扩展性强，企业可以根据需要选择一个或者多个平台进行营销。流量是企业获利的关键因素，因此企业的运营者不仅要提高流量转化率，还要提高流量的效益（流量的价值）。企业将一些高质量的流量吸引到自己的网站（平台或店铺）中以后，还可以对这些流量进行扩展，进一步激发这些流量的价值。比如，在某款高人气的热销产品页面中添加关联产品的链接，吸引用户浏览更多的相关产品，提高热销产品页面的利用价值，提升企业的网络营销优化效益。

4.4 编写数据分析报告

编写数据分析报告也是数据分析过程中的一项重要工作，它是对整个数据分析工作进行总结与汇报。数据分析的目的是将数据转化成有价值的信息，而数据分析报告则是将数据分析的目的、过程、结果以及方案完整地呈现出来，为决策者制定营销方案提供重要的参考依据。

1.数据分析报告的编写要点

通常情况下，数据分析人员在对数据进行完整的分析以后，需要利用数据分析报告将数据分析的结果完整地展现给相关运营人员，以便他们及时、有效地制定营销方案。编写数据分析报告通常需要掌握以下5个基本要点。

➢ 数据分析报告需要有分析框架，并且要求内容结构清晰，图文并茂，让阅读者一目了然。

➢ 数据分析报告必须有明确的结论，数据分析的目的就是获得一个明确的结论（或结果），如果一个数据分析没有明确的结论，那么分析就毫无价值。

➢ 数据分析报告要具有一定的逻辑性，应该遵守"发现问题→总结问题原因→解决问题"这一流程。

➢ 数据分析报告要具有很强的可读性，即分析报告必须站在阅读者的角度去写，让每个阅读者都能够轻松阅读。另外，分析报告中的名词术语必须规范，标准要统一，不要使用太难懂和生僻的名词术语。

➢ 数据分析报告必须给出建议或解决方案。数据分析报告是给项目决策者看的，是决策者做决策的重要依据，因此仅仅给出结果和找出问题是不够的，还要包含建议或解决方案。

一份完整的数据分析报告样式如图4-14所示。

2.数据分析报告的编写流程

数据分析报告的编写流程分为五个步骤，依次为拆解问题、确定视角、收集数据、制作素材和报告编写，如图4-15所示。

➢ 拆解问题：不管是进行数据分析，还是编写数据分析报告，第一步都是明确分析目的。比如，在网络营销数据分析中，首先需要对企业的营销需求进行分析，通过拆分法拆解出若干个问题。

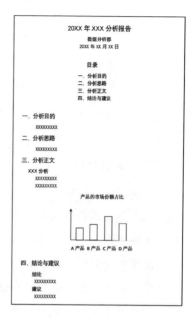

图4-14 数据分析报告的样式

图4-15 数据分析报告的编写流程

➢ 确定视角：进一步思考每个子问题的解决方法，每个子问题的观察视角便是数据分析报告的框架。

➢ 收集数据：确定了数据分析报告的框架以后，根据不同的分析视角收集数据。

➢ 制作素材：将收集的数据制作成报告的素材，如各类表格、图表等。

➢ 报告编写：将素材整理到Word文档或PPT演示文稿中，再搭配文字阐述即可。

 数据分析报告中的文字阐述分为客观描述和主观建议两种类型。其中，客观描述是指基于数据的客观表述；主观建议是指报告者对数据信息的高度提炼及应对策略。

4.5 网络营销数据分析应用实战

网络营销的各个环节都离不开数据分析,通过数据分析,运营人员能够及时发现营销过程中存在的各种问题,为营销方案的制定和优化提供决策依据,以提高企业的运营效率。网络营销数据分析主要应用于市场容量分析、市场趋势分析、渠道流量分析、人群画像分析和成交转化率分析等场景中。

1.实战:市场容量分析

市场容量,是指在指定的时间段、指定的区域或品类的市场中,具有购买力及购买意愿的消费者数量,或这些消费者能提供的购买总金额。市场容量越大,其需求量就越大,产品销量自然就更好。

市场容量分析,是指运用市场数据(抽样),分析某一行业或类目的市场相对规模,从而为决策者提供有价值的参考依据。在进入一个行业之前,首先需要对该行业的市场容量进行分析,要知道该行业的市场容量怎么样,每年的销售额大致有多少等。分析和研究行业的市场容量数据,可以对该行业的市场规模进行一个大致的预判,便于运营者制定明确的经营目标,更好地开展网络营销工作。下面将结合 Excel 数据分析工具,以电商产品中的"餐饮具"类目为例,为大家讲解市场容量分析的实战技巧。

(1)明确市场容量分析的目标与内容框架

明确分析目标和分析内容框架是数据分析的第一个步骤,即数据分析人员需要将市场容量分析的整个分析思路梳理清楚。

例如,分析"餐饮具"类目的市场容量,那么分析目标就是"餐饮具"市场子行业的市场容量分布情况。首先,数据分析人员要通过一些数据工具采集"餐饮具"市场每个子类目的成交数据;其次,将采集到的数据进行相应的处理;再次,通过饼图的形式对数据进行展示;最后,对具体数据进行具体分析,不能只看绝对数。

(2)采集市场容量分析所需数据

分析"餐饮具"下面每个子类目的市场容量,首先需要采集"餐饮具"市场每个子类目的成交数据,一般采集每个行业的子类目成交情况数据即可。采集子类目成交数据的方法有很多,这里以淘宝平台的"生意参谋"数据分析工具为例进行讲解。

在"生意参谋"中,点击"市场"选项卡,进入市场模块,在左侧导航栏中点击"市场大盘"选项,进入市场大盘页面,选择需要采集的数据日期和类目(这里需要采集的是 6 月的数据,采集的类目是"餐饮具"),如图 4-16 所示。

 专家提点 选择日期的时候建议以月为单位,以便于后面利用这些数据进行其他方面的数据分析。

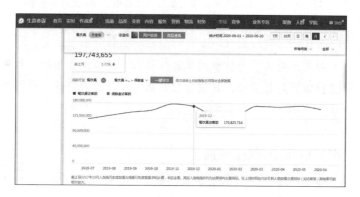

图4-16 "生意参谋"中的市场大盘页面

在市场大盘页面中有一个子行业交易排行数据,它将淘宝平台中该类目下的所有子行业的成交数据都显示出来了,如图 4-17 所示。

图4-17 子行业的成交数据

 专家提点 在子行业交易排行榜中显示的成交数据,并不是每个子类目的成交金额,而是它的成交金额占比,所以这个数据存在一定的误差,不是实际数据,只能作为参考数据使用。

其次，将"餐饮具"各子行业的支付金额较父类目占比数据整理到Excel表格中，并在最后添加一列"月份"，如图4-18所示。

图4-18 将子行业的支付金额较父类目占比数据整理到Excel表格中

如果只是为了分析市场容量，可以不用添加日期列；如果后面还要进行市场趋势分析，建议添加日期列。另外，还建议以月为单位，把从1月到12月的数据都采集出来。

（3）创建市场容量分析数据透视表

数据采集好以后，接下来要做的就是对数据进行处理。在Excel表格中插入一个数据透视表来进行数据处理，具体的操作步骤如下。

①在Excel表格中选中收集好的成交数据，在菜单栏的"插入"选项卡下，点击"数据透视表"，如图4-19所示。

图4-19 点击"数据透视表"

②默认创建数据透视表的区域，在弹出的"数据透视表字段"窗格中，将"行业名称"拖入"行"区域中；将"支付金额较父类目占比"拖入"值"区域中，并将其汇总方式设置为"求和"，如图4-20所示。

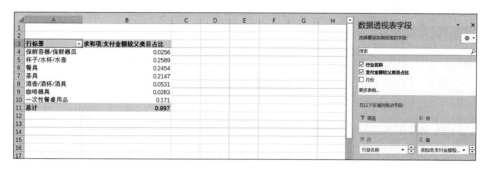

图4-20 创建数据透视表

③选中数据透视表中"支付金额较父类目占比"下面任意一个数据,单击鼠标右键,在弹出的菜单中选择"数字格式"命令,如图4-21所示。

图4-21 选择"数字格式"命令

④弹出"设置单元格格式"对话框,在数字分类中选择"百分比",设置小数位数为"2",点击"确定"按钮,如图4-22所示。

图4-22 弹出"设置单元格格式"对话框

⑤设置好的数据透视表效果如图4-23所示。

图4-23　设置好的数据透视表效果

（4）插入饼图，展现子行业的市场占比情况

插入数据透视表以后，为了更好地展示数据，还可以插入一个数据透视图。插入数据透视图的方法如下。

①在Excel表格中，选中之前创建好的数据透视表，在菜单栏的"插入"选项卡下，点击图表列中的"饼图"按钮，插入一个饼图，如图4-24所示。

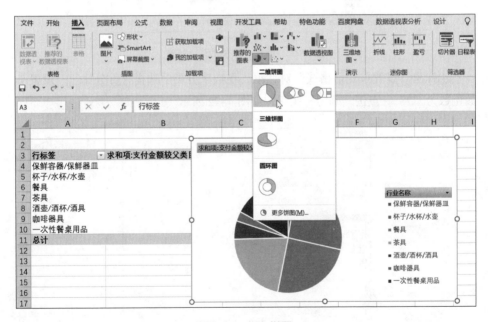

图4-24　插入饼图

②插入饼图后的效果如图4-25所示。如果只看饼图，可能大家还无法清楚地知道哪一扇属于哪一个子行业？每个子行业的占比是多少？所以为了更清晰地展示数据，还需要对这个饼图进行一些调整，如删除右侧的图例，隐藏左上角的字

段按钮，在饼图中显示类别名称和占比等。

③选中数据透视图右侧的图例，单击鼠标右键，在弹出的菜单中选择"删除"选项，将图例删除，如图4-26所示。

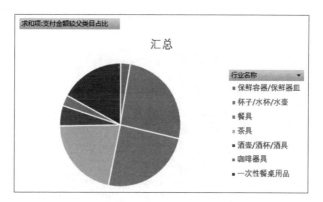

图4-25　最初的饼图效果

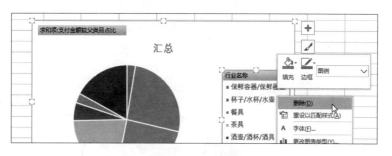

图4-26　删除图例

④选中数据透视图左上角的值字段按钮，单击鼠标右键，选择"隐藏图表上的值字段按钮"选项，将值字段按钮隐藏，如图4-27所示。

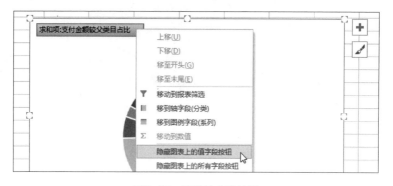

图4-27　隐藏值字段按钮

⑤选中饼图,单击鼠标右键,在弹出的菜单中选择"添加数据标签"命令,如图4-28所示。

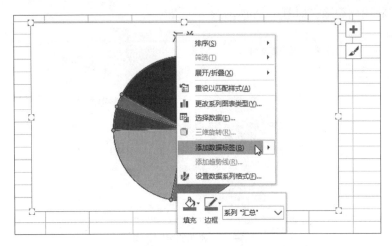

图4-28 选择"添加数据标签"命令

⑥再次选中饼图,单击鼠标右键,在弹出的菜单中选择"设置数据标签格式"命令,如图4-29所示。

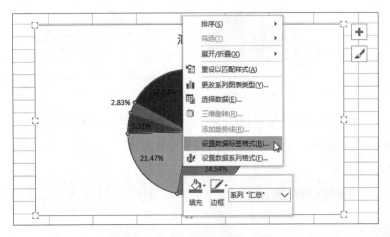

图4-29 选择"设置数据标签格式"命令

⑦弹出"设置数据标签格式"窗格,为了显示成交金额占比,在标签选项中取消勾选"值",选择勾选"类别名称""百分比"和"显示引导线",如图4-30所示。

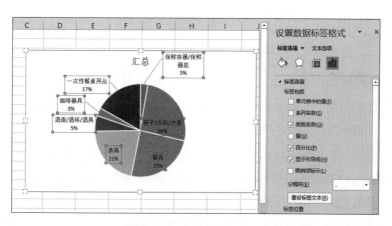

图4-30 设置数据标签格式

⑧将图表标题修改为"餐饮具市场容量分析",调整后的饼图效果如图 4-31 所示。

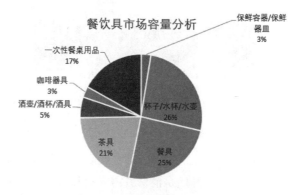

图4-31 调整后的饼图效果

(5)根据市场容量取舍类目

在进行了数据采集、数据处理和数据展示以后,接下来就要正式开始数据分析了。在进行数据分析时需要注意,看数据不能只看绝对数,并不是哪个数据比较大,就说明它的市场容量大,要具体数据具体分析。

例如,在图 4-31 中,杯子/水杯/水壶的成交金额占比非常高,达到了 26%。杯子/水杯/水壶的成交金额占比之所以这么高,是因为该类目是一个比较大的类目,它还可以细分为很多子类目,如玻璃杯、塑料杯、陶瓷杯、保温杯、电水壶等。反之保鲜容器/保鲜器皿类目则不一样,它已经是一个比较细分的类目了,市场容量要远远低于杯子/水杯/水壶类目的市场容量。

因此,分析数据时一定不能只看数据的表象,要根据实际情况进行分析。也就是说，当数据分析人员发现某一个类目容量比较大时，一定要认真思考它的数据为什么会比较大，是因为真的有那么大的需求量，还是其他原因导致的。

2.实战：市场趋势分析

市场趋势分析，是指根据历史数据分析某产品类目的市场需求随时间变化的情况，从而预测该产品类目的未来趋势。

市场趋势分析可以反映很多信息，如近段时间市场需求最大的商品类目是什么，某产品类目全年的趋势走向如何等。通过市场趋势分析，商家不仅可以找到最符合市场需求的产品进行销售，还可以很好地掌握产品的市场运营节奏。

根据市场需求，可以将产品的生命周期分为四个阶段，即导入期、上升期、爆发期和衰退期，如图4-32所示。

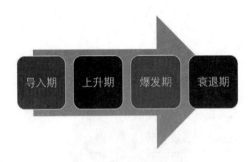

图4-32 产品的生命周期

其中，导入期是消费者产生消费需求的重要阶段，在这一阶段商家要做好产品的布局，将其投入市场；上升期是消费者需求上升的阶段，这一阶段商家要投入更多的预算去抢占市场；爆发期是消费者需求达到顶峰的阶段，这一阶段商家要尽可能地促进销售，争取引爆商品；衰退期是消费者需求开始下降的阶段，这一阶段商家要通过各种促销手段来清理库存，减少产品积压。

（1）明确市场趋势分析的目标与内容框架

下面以女装行业各子类目为例进行市场趋势分析，目标就是掌握女装行业各子类目的发展趋势。数据分析人员需要通过市场趋势分析女装行业各子类目的生命周期，掌握产品类目的市场运营节奏。

例如，某女装网店的商家，准备从1月开始进行羽绒服类产品的销售。这时羽绒服类产品的销售已经进入了爆发期，可供商家抢占的市场份额已经很少了。此时如果商家才开始进行产品规划和营销推广，显然就会错过羽绒服产品的最佳销售期，自然也就没法获得理想的收益了。可见，要想掌握所在行业的市场趋势，具备产品经营的时间观念是非常重要的。

（2）采集市场趋势分析所需数据

在分析女装子类目市场容量时，首先要通过“生意参谋”数据分析工具采集女装行业各子类目的成交数据，并将这些数据整理到 Excel 表格中，同时添加一列“月份”，如图 4-33 所示。

前面已经讲解过数据的采集方法，这里不再赘述。另外，前文强调过将数据整理到 Excel 表格中时要添加日期列，由于本节中将利用时间趋势进行数据分析，为了方便讲解，只采集了 1 月～ 6 月的女装子类目成交数据，在实际分析时建议采集 1 月～ 12 月全年的数据。

（3）创建市场趋势分析数据透视表

市场趋势分析的数据处理就是利用原始数据在 Excel 表格中创建一张商品数据趋势表，具体的操作步骤如下。

①在 Excel 表格中选中收集好的成交数据，在菜单栏的“插入”选项卡下，单击“数据透视表”，如图 4-34 所示。

	A	B	C	D
1	行业名称	支付金额较父类目占比	月份	
2	羽绒服	30.50%	1月	
3	毛呢外套	14.22%	1月	
4	毛衣	8.76%	1月	
5	裤子	8.35%	1月	
6	卫衣	7.15%	1月	
7	连衣裙	5.30%	1月	
8	羽绒服	15.74%	2月	
9	毛呢外套	12.51%	2月	
10	毛衣	9.11%	2月	
11	裤子	14.02%	2月	
12	卫衣	18.10%	2月	
13	连衣裙	10.23%	2月	
14	羽绒服	9.27%	3月	
15	毛呢外套	10.13%	3月	
16	毛衣	9.05%	3月	
17	裤子	17.26%	3月	

图4-33　女装行业各子类目的成交数据（部分）

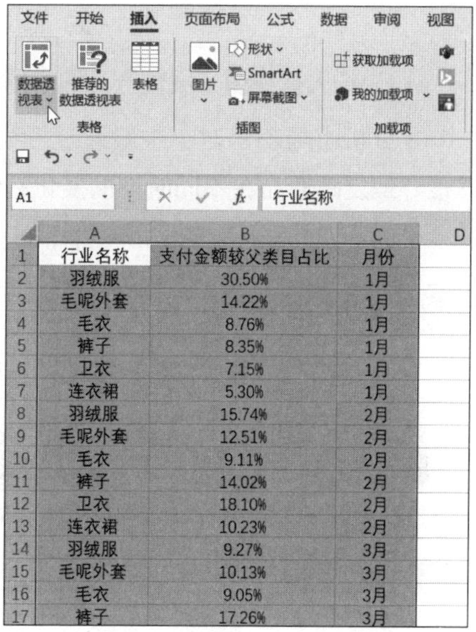

图4-34　单击“数据透视表”

②默认创建数据透视表的区域，在弹出的“数据透视表字段”窗格中，将“月份”拖入“行”区域；将“行业名称”拖入“列”区域；将“支付金额较父类目占比”拖入“值”区域，并将其汇总方式设置为“求和”，如图 4-35 所示。

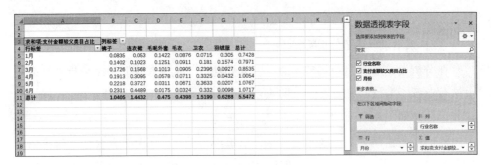

图4-35 创建数据透视表的区域

③选中数据透视表"列标签"区域中任意一个数据,将该区域的"数据格式"设置为"百分比",最终的数据透视表效果如图4-36所示。

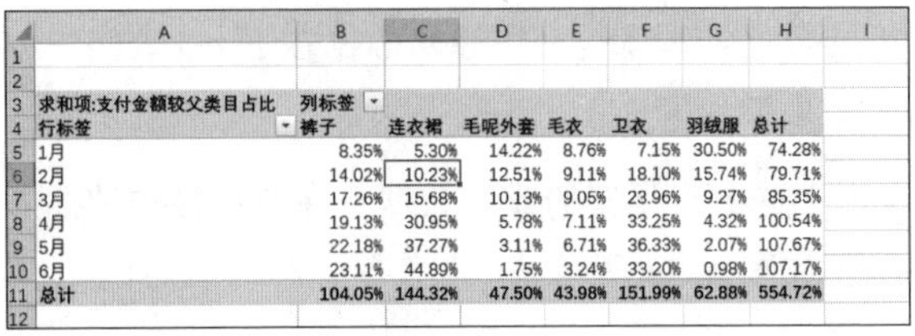

图4-36 最终的数据透视表效果

(4)插入折线图,展现产品的市场趋势

在分析市场趋势时,一般通过折线图来展现产品的市场趋势,因为折线图能够很好地反映商品在不同时期的变化趋势。插入折线图的方法如下。

①在Excel表格中,选中之前创建好的数据透视表,在菜单栏的"插入"选项卡下,点击"图表"组中的"折线图"按钮,插入一个折线图,如图4-37所示。

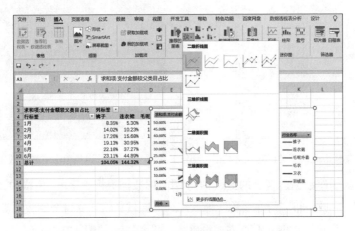

图4-37 插入折线图

②插入折线图后的效果如图 4-38 所示。由于图中的线条太多，根本看不出各子类目的发展趋势，所以还需要对该数据透视图进行一些调整。

③首先选中数据透视图右侧的图例，单击鼠标右键，在弹出的菜单中选择"删除"选项，将图例删除；其次选中数据透视图左上角的值字段按钮，单击鼠标右键，选择"隐藏图表上的值字段按钮"选项，将值字段按钮隐藏。再用同样的方法隐藏坐标轴按钮。删除图例、隐藏按钮后的折线图效果如图 4-39 所示。

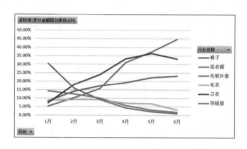 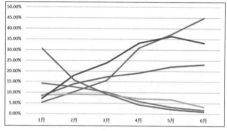

图4-38　插入折线图后的效果　　　　图4-39　删除图例、隐藏按钮后的折线图效果

④为了方便查看每个子类目不同时间的发展趋势，可以在数据透视图中插入一个切片器。选中数据透视图，在菜单栏的"插入"选项卡下，点击"筛选器"组中的"切片器"按钮，如图 4-40 所示。

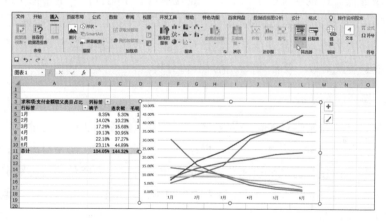

图4-40　点击"切片器"按钮

⑤弹出"插入切片器"对话框，勾选"行业名称"复选框，点击"确定"按钮，如图 4-41 所示。

⑥插入切片器后就可以通过切片器控制数据透视图中的这些线条。例如，想分析"羽绒服"子类目的生命周期和发展趋势，可以直接点击切片器上的"羽绒服"，

就可以清楚地看到该子类目不同时间的发展趋势了，如图4-42所示。

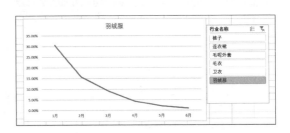

图4-41 "插入切片器"对话框　　图4-42　利用切片器查看"羽绒服"子类目不同时间的发展趋势

（5）根据市场趋势预判类目销售前景

接下来，就要正式开始进行市场趋势的数据分析了。从图4-42中可以看出，1月是羽绒服的销售高峰期，随后成交金额一路下滑，到6月其支付金额较父类目占比跌至最低。这也就说明了，如果想经营羽绒服子类目，一定要在1月之前就开始布局，1月是将产品打爆的关键期，1月以后该子类目的产品开始进入衰退期，这时如果还大力投入资金进行推广，很有可能会出现亏损的情况。市场趋势分析同样不能只看绝对数，要根据实际情况具体分析。

3. 实战：渠道流量分析

流量是网络营销中最关键的因素之一，没有流量就无法形成销量转化，更不可能取得好的销售额。因此，在进行网络营销数据分析时，需要对流量的来源渠道进行分析，以便自己能够快速获取大量优质的流量，为产品的销售奠定良好的基础。下面以某淘宝网店的四种流量来源渠道为例，在Excel中针对不同渠道的流量数据进行统计和分析。

（1）创建不同渠道流量统计表

消费者访问网店的渠道有很多，商家为了能让客户看到自己的店铺并进入店铺，可谓是使出了浑身解数。商家要想找到最适合自己店铺的流量获取渠道，就需要对店铺不同渠道的数据进行具体分析，然后从分析结果中找到最佳的流量获取渠道。

不同渠道流量统计表数据主要包含统计日期、访问渠道、访问渠道明细以及访问数量。这里主要针对免费流量、付费流量、自主访问以及其他四种渠道获取的流量数据进行分析。创建不同渠道流量统计表的具体方法如下。

①通过“生意参谋”等工具采集店铺的流量数据，并将采集到的流量数据整理到 Excel 工作表中，不同渠道流量统计表中需要包含统计日期、访问渠道、访问渠道明细以及访问数量，如图 4–43 所示。

②将表格命名为“不同渠道流量统计表”，对表格的行高、列宽、对齐方式、字体格式等属性进行调整，并为表格添加框线效果，如图 4–44 所示。

	A	B	C	D	E
1	统计日期	访问渠道	访问渠道明细	访问数量	
2	2021年9月	免费流量	手淘推荐	5267	
3	2021年9月	免费流量	手淘搜索	4852	
4	2021年9月	免费流量	淘宝直播	1715	
5	2021年9月	付费流量	淘宝客	511	
6	2021年9月	付费流量	直通车	5032	
7	2021年9月	付费流量	超级钻展	802	
8	2021年9月	付费流量	超级推荐	4016	
9	2021年9月	自主访问	直接访问	2321	
10	2021年9月	自主访问	购物车	1877	
11	2021年9月	自主访问	宝贝收藏	1547	
12	2021年9月	其他	其他	1451	
13	2021年10月	免费流量	手淘推荐	5158	
14	2021年10月	免费流量	手淘搜索	4646	
15	2021年10月	免费流量	淘宝直播	2133	
16	2021年10月	付费流量	淘宝客	701	
17	2021年10月	付费流量	直通车	4671	
18	2021年10月	付费流量	超级钻展	401	
19	2021年10月	付费流量	超级推荐	3496	
20	2021年10月	自主访问	直接访问	2535	
21	2021年10月	自主访问	购物车	2011	
22	2021年10月	自主访问	宝贝收藏	1451	
23	2021年10月	其他	其他	1207	

图4–43　将采集到的流量数据整理到 Excel工作表中

	A	B	C	D	E
1	不同渠道流量统计表				
2	统计日期	访问渠道	访问渠道明细	访问数量	
3	2021年9月	免费流量	手淘推荐	5267	
4	2021年9月	免费流量	手淘搜索	4852	
5	2021年9月	免费流量	淘宝直播	1715	
6	2021年9月	付费流量	淘宝客	511	
7	2021年9月	付费流量	直通车	5032	
8	2021年9月	付费流量	超级钻展	802	
9	2021年9月	付费流量	超级推荐	4016	
10	2021年9月	自主访问	直接访问	2321	
11	2021年9月	自主访问	购物车	1877	
12	2021年9月	自主访问	宝贝收藏	1547	
13	2021年9月	其他	其他	1451	
14	2021年10月	免费流量	手淘推荐	5158	
15	2021年10月	免费流量	手淘搜索	4646	
16	2021年10月	免费流量	淘宝直播	2133	
17	2021年10月	付费流量	淘宝客	701	
18	2021年10月	付费流量	直通车	4671	
19	2021年10月	付费流量	超级钻展	401	
20	2021年10月	付费流量	超级推荐	3496	
21	2021年10月	自主访问	直接访问	2535	
22	2021年10月	自主访问	购物车	2011	
23	2021年10月	自主访问	宝贝收藏	1451	
24	2021年10月	其他	其他	1207	

图4–44　调整表格效果

（2）计算不同渠道的流量数据

在“不同渠道流量统计表”中，虽然分别对不同访问渠道明细的访问数据进行了统计，但并不能直观地知道店铺的免费流量有多少、付费流量又有多少。下面我们就利用 Excel 表中 SUMIF 函数计算店铺不同渠道的流量数据，并对比 9 月和 10 月不同流量渠道的访问数量，具体方法如下。

①在“不同渠道流量统计表”中，选择空白区域输入 9 月和 10 月不同渠道流量数据对比的相关信息，并调整表格，如图 4–45 所示。

②计算 9 月免费流量渠道的总访问数量。选中 G4 单元格，输入公式“=SUMIF（B3:B13，"免费流量"，D3:D13）”，按“Enter”键得出计算结果，如图 4–46 所示。

不同渠道流量统计表			
统计日期	访问渠道	访问渠道明细	访问数量
2021年9月	免费流量	手淘推荐	5267
2021年9月	免费流量	手淘搜索	4852
2021年9月	免费流量	淘宝直播	1715
2021年9月	付费流量	淘宝客	511
2021年9月	付费流量	直通车	5032
2021年9月	付费流量	超级钻展	802
2021年9月	付费流量	超级推荐	4016
2021年9月	自主访问	直接访问	2321
2021年9月	自主访问	购物车	1877
2021年9月	自主访问	宝贝收藏	1547
2021年9月	其他	其他	1451
2021年10月	免费流量	手淘推荐	5158
2021年10月	免费流量	手淘搜索	4646
2021年10月	免费流量	淘宝直播	2133
2021年10月	付费流量	淘宝客	701
2021年10月	付费流量	直通车	4671
2021年10月	付费流量	超级钻展	401
2021年10月	付费流量	超级推荐	3496
2021年10月	自主访问	直接访问	2535
2021年10月	自主访问	购物车	2011
2021年10月	自主访问	宝贝收藏	1451
2021年10月	其他	其他	1207

	9月	10月
访问渠道	访问数量	访问数量
免费流量		
付费流量		
自主访问		
其他		

图4-45　输入9月和10月不同渠道流量数据对比的相关信息

G4　=SUMIF(B3:B13,"免费流量",D3:D13)

不同渠道流量统计表			
统计日期	访问渠道	访问渠道明细	访问数量
2021年9月	免费流量	手淘推荐	5267
2021年9月	免费流量	手淘搜索	4852
2021年9月	免费流量	淘宝直播	1715
2021年9月	付费流量	淘宝客	511
2021年9月	付费流量	直通车	5032
2021年9月	付费流量	超级钻展	802
2021年9月	付费流量	超级推荐	4016
2021年9月	自主访问	直接访问	2321
2021年9月	自主访问	购物车	1877
2021年9月	自主访问	宝贝收藏	1547
2021年9月	其他	其他	1451
2021年10月	免费流量	手淘推荐	5158
2021年10月	免费流量	手淘搜索	4646
2021年10月	免费流量	淘宝直播	2133
2021年10月	付费流量	淘宝客	701
2021年10月	付费流量	直通车	4671
2021年10月	付费流量	超级钻展	401
2021年10月	付费流量	超级推荐	3496
2021年10月	自主访问	直接访问	2535
2021年10月	自主访问	购物车	2011
2021年10月	自主访问	宝贝收藏	1451
2021年10月	其他	其他	1207

	9月	10月
访问渠道	访问数量	访问数量
免费流量	11834	
付费流量		
自主访问		
其他		

图4-46　计算9月免费流量渠道的总访问数量

③计算 10 月免费流量渠道的总访问数量。选中 H4 单元格，输入公式“=SUMIF（B14:B24，"免费流量"，D14:D24）”，按“Enter”键得出计算结果，如图 4-47 所示。

H4 =SUMIF(B14:B24,"免费流量",D14:D24)

不同渠道流量统计表

统计日期	访问渠道	访问渠道明细	访问数量
2021年9月	免费流量	手淘推荐	5267
2021年9月	免费流量	手淘搜索	4852
2021年9月	免费流量	淘宝直播	1715
2021年9月	付费流量	淘宝客	511
2021年9月	付费流量	直通车	5032
2021年9月	付费流量	超级钻展	802
2021年9月	付费流量	超级推荐	4016
2021年9月	自主访问	直接访问	2321
2021年9月	自主访问	购物车	1877
2021年9月	自主访问	宝贝收藏	1547
2021年9月	其他	其他	1451
2021年10月	免费流量	手淘推荐	5158
2021年10月	免费流量	手淘搜索	4646
2021年10月	免费流量	淘宝直播	2133
2021年10月	付费流量	淘宝客	701
2021年10月	付费流量	直通车	4671
2021年10月	付费流量	超级钻展	401
2021年10月	付费流量	超级推荐	3496
2021年10月	自主访问	直接访问	2535
2021年10月	自主访问	购物车	2011
2021年10月	自主访问	宝贝收藏	1451
2021年10月	其他	其他	1207

	9月	10月
访问渠道	访问数量	访问数量
免费流量	11834	11937
付费流量		
自主访问		
其他		

图4-47　计算10月免费流量渠道的总访问数量

④按照同样的方法，分别计算出付费流量、自主访问和其他渠道 9 月和 10 月的总访问数量，如图 4-48 所示。

不同渠道流量统计表

统计日期	访问渠道	访问渠道明细	访问数量
2021年9月	免费流量	手淘推荐	5267
2021年9月	免费流量	手淘搜索	4852
2021年9月	免费流量	淘宝直播	1715
2021年9月	付费流量	淘宝客	511
2021年9月	付费流量	直通车	5032
2021年9月	付费流量	超级钻展	802
2021年9月	付费流量	超级推荐	4016
2021年9月	自主访问	直接访问	2321
2021年9月	自主访问	购物车	1877
2021年9月	自主访问	宝贝收藏	1547
2021年9月	其他	其他	1451
2021年10月	免费流量	手淘推荐	5158
2021年10月	免费流量	手淘搜索	4646
2021年10月	免费流量	淘宝直播	2133
2021年10月	付费流量	淘宝客	701
2021年10月	付费流量	直通车	4671
2021年10月	付费流量	超级钻展	401
2021年10月	付费流量	超级推荐	3496
2021年10月	自主访问	直接访问	2535
2021年10月	自主访问	购物车	2011
2021年10月	自主访问	宝贝收藏	1451
2021年10月	其他	其他	1207

	9月	10月
访问渠道	访问数量	访问数量
免费流量	11834	11937
付费流量	10361	9269
自主访问	5745	5997
其他	1451	1207

图4-48　不同渠道流量9月和10月的总访问数量

通过计算结果可以看出，总访问数量最多的是免费流量，其次是付费流量，但二者的差距并不是很大。免费流量包括手淘推荐、手淘搜索和淘宝直播，主要依靠系统推荐方式获取流量，但商家获得系统推荐流量的前提是做好店铺的产品优化和内容优化，让淘宝平台看到店铺或产品的潜力，这样淘宝平台才愿意将更多优质的免费流量提供给商家。另外，很多商家也会依靠付费流量来带动免费流量，通过付费流量来向平台证明自己店铺的引流能力，进而获得更多的平台免费推荐机会，最终实现免费流量和付费流量双增长。

4.实战：人群画像分析

不同的客户对产品的喜爱程度以及消费特征是不一样的，要想针对营销策略和产品进行优化，就需要与对应的消费群体联系起来。下面以一家经营花果茶产品的电商企业——A网店为例，从客户的性别、年龄段、喜好、会员等级以及购物终端偏好等层面出发，对网店客户的人群画像进行多维度分析。客户的人群画像一般是基于大数据运算而得到的数据结果，能够直观地反映出网店主力消费群体的典型特征，对于商家维护网店客户有着非常重要的指导性作用。

（1）客户的性别占比分析

客户的性别占比，是指从性别维度出发划分网店中的主力消费群体。A网店客户的性别占比情况如图4-49所示，其中女性客户的占比约为70%，男性客户的占比约为30%，说明该网店的主力消费群体是女性。

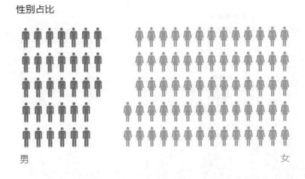

图4-49 A网店客户的性别占比情况

（2）客户的年龄段占比分析

由于店铺的定位和经营商品不同，针对的消费群体也会有所不同，商家可以通过客户的年龄段占比进行分析，来明确网店的主力消费群体。A网店客户的年龄段占比情况如图4-50所示，可以看到其中占比最多的年龄段人群是小年轻，其次是青年和青壮年。由此可见，青年群体是A网店的主力消费群体，为网店贡献了大量的流量，也是网店提高转化率需要重点维护的消费群体。（提示：A网店客户的年龄段占比统计分别为：小年轻、青年、青壮年、中青年、中年、中老年、其他。）

图4-50　A网店客户的年龄段占比情况

（3）客户的爱好占比分析

分析客户的爱好，其目的是更加精准地定位客户的细分群体。A网店客户的爱好占比情况如图4-51所示，其中，爱好数码的客户占比最高，这一爱好也与A网店主营的花果茶类产品基本匹配；其次，爱好音乐、阅读、收纳、养生、美妆、美食、游戏以及运动的客户也是网店的主力消费群体。

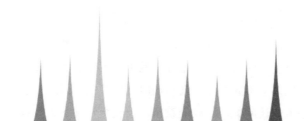

图4-51　A网店客户的爱好占比情况

（4）客户的会员等级占比分析

对客户的会员等级占比进行分析，其主要目的是降低网店的客户拓展成本和客户维护成本。A网店客户的会员等级占比情况如图4-52所示，可以看到初级会员的占比较高，说明网店的主要客户群体是初级会员。通常，这部分客户拓展成中高级客户的可能性较大，但流失率也较高，所以会给网店的客户拓展和维护带来较大的压力。因此，商家还是应该重点维护网店的中高级客户。

(5) 客户的购物终端偏好占比分析

随着移动互联网时代的到来、移动支付的普及，越来越多的 PC 端流量正在向移动端倾斜。A 网店客户的购物终端偏好占比情况如图 4-53 所示，其中，移动端客户的占比约为 98%，远远超过了 PC 端的客户占比。所以，商家在网店的运营过程中，应该重点布局移动端，维护好移动端的新老客户。

人群画像分析的最终目的是弄清楚客户的特征，然后针对主力消费群体进行有效的营销，包括新客户的拓展、老客户的维护以及休眠客户的挖掘。

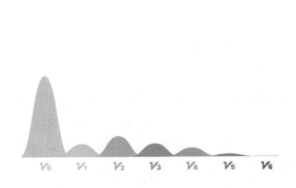

图4-52　A网店客户的会员等级占比情况

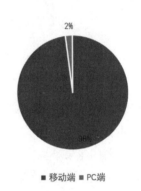

图4-53　A网店客户的购物终端偏好占比情况

5.实战：成交转化率分析

开展网络营销是为了实现成交转化，通过销售产品赚取利润，所以针对成交转化率的相关分析也是网络营销数据分析的重点工作。为了提高产品的成交量，运营人员通常会在多个不同的流量渠道同时推广产品。因此，运营人员需要针对不同流量访问渠道的访问数据、成交数量以及成交转化率进行数据统计和分析，以便更好地制定营销方案，有效提高产品成交量。下面将以某网店的四种流量访问渠道为例，在 Excel 中对产品的成交转化率进行统计和分析。

(1) 创建成交转化率统计表

成交转化率统计表主要包含访问渠道、访问数量、成交数量和成交转化率。创建成交转化率统计表的具体方法如下。

①在 Excel 中新建一个名为"成交转化率统计表"的工作表，在工作表中输入访问渠道、访问数量、成交数量和成交转化率相关的数据信息，如图 4-54 所示。

②对表格的行高、列宽、对齐方式、字体格式等属性进行调整，并为表格添

加框线效果，如图 4–55 所示。

	A	B	C	D	E
1	成交转化率统计表				
2	访问渠道	访问数量	成交数量	成交转化率	
3	免费流量	15834	3597		
4	付费流量	16361	3852		
5	自主访问	9745	1763		
6	其他	2451	231		
7	总计				
8					

图4–54　新建“成交转化率统计表”

	A	B	C	D	E
1	成交转化率统计表				
2	访问渠道	访问数量	成交数量	成交转化率	
3	免费流量	15834	3597		
4	付费流量	16361	3852		
5	自主访问	9745	1763		
6	其他	2451	231		
7	总计				
8					

图4–55　调整表格

③计算所有流量访问渠道的总访问数量，选中 B7 单元格，输入公式“=SUM(B3:B6)”，按“Enter”键得出计算结果，如图 4–56 所示。

④计算所有流量访问渠道的总成交数量，选中 C7 单元格，输入公式“=SUM(C3:C6)”，按“Enter”键得出计算结果，如图 4–57 所示。

B7　fx　=SUM(B3:B6)

	A	B	C	D	E
1	成交转化率统计表				
2	访问渠道	访问数量	成交数量	成交转化率	
3	免费流量	15834	3597		
4	付费流量	16361	3852		
5	自主访问	9745	1763		
6	其他	2451	231		
7	总计	44391			
8					

图4–56　计算所有流量访问渠道的总访问数量

C7　fx　=SUM(C3:C6)

	A	B	C	D	E
1	成交转化率统计表				
2	访问渠道	访问数量	成交数量	成交转化率	
3	免费流量	15834	3597		
4	付费流量	16361	3852		
5	自主访问	9745	1763		
6	其他	2451	231		
7	总计	44391	9443		
8					

图4–57　计算所有流量访问渠道的总成交数量

⑤选中 D3 单元格，输入公式“=SUM（C3/B3）”，按“Enter”键得出计算结果，即免费流量的成交转化率，如图 4–58 所示。

⑥将鼠标指针悬停在 D3 单元格的右下角，当指针变成“+”形状时，按住鼠标左键向下拖拽至 D7 单元格，计算出其他流量渠道的成交转化率，如图 4–59 所示。

D3　fx　=SUM(C3/B3)

	A	B	C	D	E
1	成交转化率统计表				
2	访问渠道	访问数量	成交数量	成交转化率	
3	免费流量	15834	3597	0.22716938	
4	付费流量	16361	3852		
5	自主访问	9745	1763		
6	其他	2451	231		
7	总计	44391	9443		
8					

图4–58　计算免费流量的成交转化率

D3　fx　=SUM(C3/B3)

	A	B	C	D	E
1	成交转化率统计表				
2	访问渠道	访问数量	成交数量	成交转化率	
3	免费流量	15834	3597	0.22716938	
4	付费流量	16361	3852	0.23543793	
5	自主访问	9745	1763	0.18091329	
6	其他	2451	231	0.09424725	
7	总计	44391	9443	0.2127233	
8					

图4–59　计算其他流量渠道的成交转化率

⑦选中 D3:D7 单元格区域，单击鼠标右键，在弹出的快捷菜单中选择“设置单元格格式”选项，如图 4–60 所示。

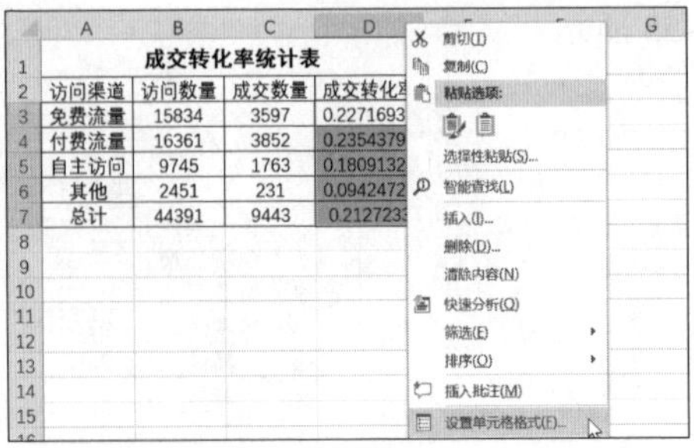

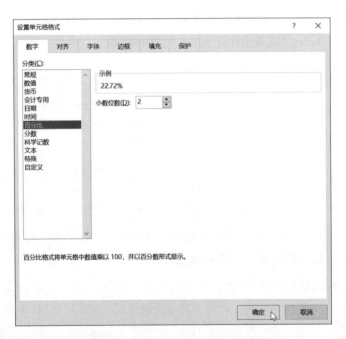

图4-60　选择“设置单元格格式”选项

⑧弹出“设置单元格格式”对话框，切换至“数字”选项卡下，设置“分类”为“百分比”，小数位数为“2”，然后点击“确定”按钮，如图 4-61 所示。

图4-61　“设置单元格格式”对话框

⑨创建好的“成交转化率统计表”如图 4-62 所示。

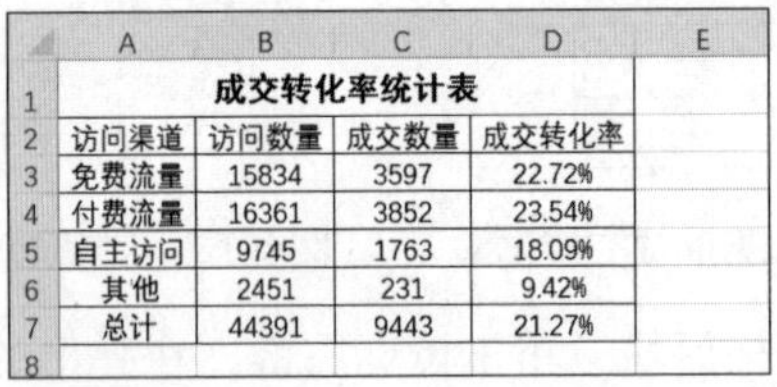

成交转化率统计表

访问渠道	访问数量	成交数量	成交转化率
免费流量	15834	3597	22.72%
付费流量	16361	3852	23.54%
自主访问	9745	1763	18.09%
其他	2451	231	9.42%
总计	44391	9443	21.27%

图4-62　成交转化率统计表的效果

(2) 用柱形图分析不同流量访问渠道的访问数据和成交数据

为了更清楚直观地看出数据之间的差异，商家可以利用 Excel 中的柱形图对不同流量访问渠道的访问数据和成交数据进行对比分析，其具体的方法如下。

①在"成交转化率统计表"中，选中 A2:D6 单元格区域，点击菜单栏"插入"选项，接着点击"图表"组中的"柱形图"按钮，插入一个柱形图，如图 4-63 所示。

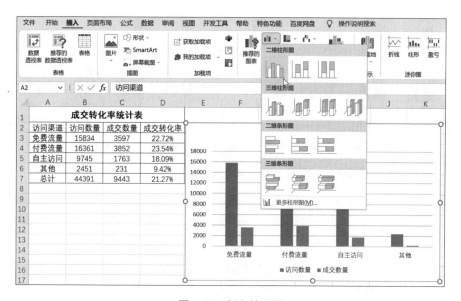

图4-63　插入柱形图

②图表中每个访问渠道都有访问数量和成交数量两个柱形图，选中图表中访问数量柱形图，单击鼠标右键，在弹出的快捷菜单中选择"添加数据标签"，即可为图表中访问数量柱形图添加数据标签，如图 4-64 所示。

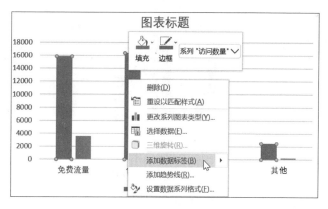

图4-64　为图表中访问数量柱形图添加数据标签

③按照同样的方法，选中图表中成交数量柱形图，为图表中成交数量柱形图添加数据标签，如图4-65所示。

④修改图表标题为"不同流量访问渠道的访问数据和成交数据对比图"，最终的柱形图效果如图4-66所示。

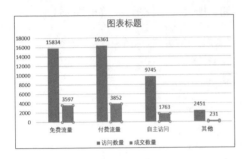

图4-65　为图表中成交数量柱形图添加数据标签

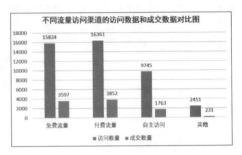

图4-66　最终的柱形图效果

(3) 分析不同流量访问渠道的成交转化率

为了更好地分析网店各流量渠道的成交转化率，下面将在柱形图的基础上添加一条折线来突出显示网店各流量渠道的成交转化率数据，即通过双坐标图的方式来分析不同流量访问渠道的成交转化率情况，其具体的方法如下。

①选中"不同流量访问渠道的访问数据和成交数据对比图"，点击菜单栏的"图表设计"选项，接着点击"数据"组中的"选择数据"，如图4-67所示。

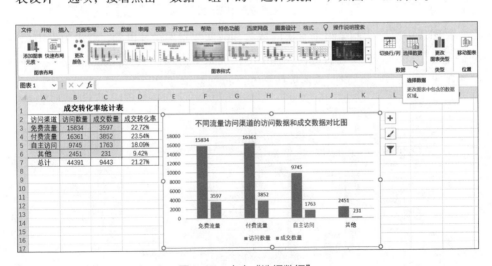

图4-67　点击"选择数据"

②弹出"选择数据源"对话框，点击"图例项（系列）"下方的"添加"按钮，如图4-68所示。

③弹出"编辑数据系列"对话框,"系列名称"选择 D2 单元格,"系列值"选择 D3:D6 单元格区域,点击"确定"按钮,如图 4-69 所示。

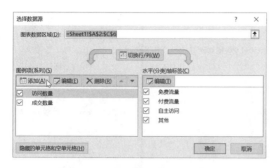

图4-68 "选择数据源"对话框　　图4-69 "编辑数据系列"对话框

④返回"选择数据源"对话框,可以看到"图例项(系列)"列表框中新添加了"成交转化率"图例项(系列),点击"确定"按钮,如图 4-70 所示。

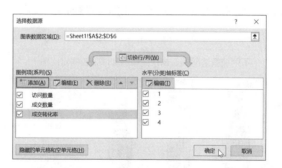

图4-70　返回"选择数据源"对话框

⑤此时图表中出现了"成交转化率"图例项,选中该图例项,单击鼠标右键,在弹出的快捷菜单中选择"设置数据系列格式"选项,如图 4-71 所示。

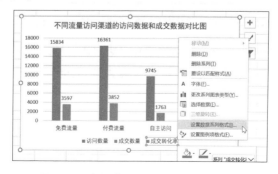

图4-71　选择"设置数据系列格式"选项

⑥工作表右侧弹出"设置数据系列格式"窗格,在"系列选项"下点击"次坐标轴"单选按钮,选择将"成交转化率"数据系列绘制在"次坐标轴",如图4-72所示。

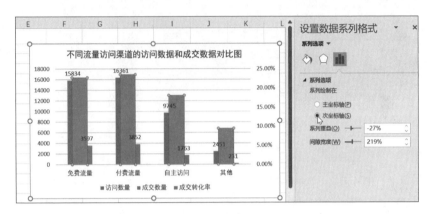

图4-72 将"成交转化率"数据系列绘制在"次坐标轴"

⑦再次选中图表中的"成交转化率"图例项,单击鼠标右键,在弹出的快捷菜单中选择"更改系列图表类型"选项,如图4-73所示。

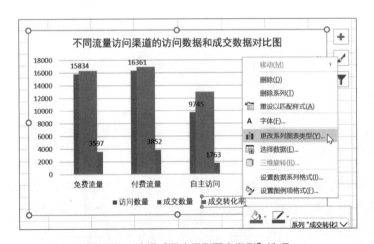

图4-73 选择"更改系列图表类型"选项

⑧弹出"更改图表类型"对话框,在"组合图"中选择"簇状柱形图—次坐标轴上的折线图",将"成交转化率"设置为次坐标轴,点击"确定"按钮,如图4-74所示。

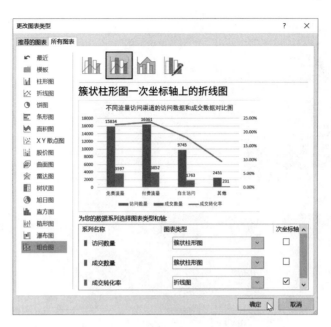

图4-74 "更改图表类型"对话框

⑨最后修改图表标题为"不同流量访问渠道的成交转化率情况",完成后的图表效果如图 4-75 所示。

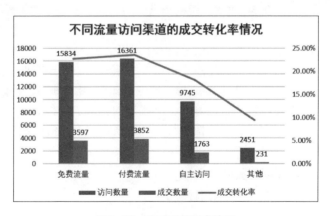

图4-75 完成后的图表效果

通过图 4-75 可以很直观地看到,该网店中免费流量和付费流量的成交转化率较高,说明这两个流量渠道获取的流量较为精准,商家可以尽量将营销推广的重点放在这两个流量渠道,并对这两个流量渠道的访客进行重点分析,以实现更多的销售转化。

第 5 章 短视频营销

在 5G 时代，短视频已成为公众获取信息的重要媒介之一。如何有效利用短视频创造商业价值，已经成为每个行业都必须面对的重要问题。无论是抖音、快手，还是 B 站和视频号，当今现象级的流量平台是商家进行短视频营销的重要阵地。商家想要做好短视频营销，应该掌握一些专业知识，比如平台的特性和底层逻辑、视频内容的定位筹划、IP 账号的打造、素材的搜集途径、脚本的编写方法、视频拍摄与剪辑的技巧、上热门的技巧、成交变现的模式。

本章学习要点

- ※ 认识热门视频平台
- ※ 定位筹划：带你破解抖音的商业密码
- ※ IP打造：线上短视频个人品牌
- ※ 内容素材：搜集素材，创建选题库
- ※ 编写脚本：手把手教你写视频脚本
- ※ 拍摄剪辑：如何轻松制作出好作品
- ※ 上热门：任何人都能学会的上热门技巧
- ※ 成交变现：揭秘抖音的5大商业变现模式

5.1 认识热门视频平台

虽说短视频确实有很强的商业价值,但商家的精力毕竟有限,做不到面面俱到,因此应该在熟悉当下热门视频平台的同时,找到最适合自己的平台。就目前而言,较热门的视频平台主要是抖音、快手、视频号、B 站。各个平台都有自己的特点,下面逐一介绍。

1.抖音

抖音,是由字节跳动孵化的一款音乐创意短视频社交软件。该软件于 2016 年 9 月 20 日上线,是一个面向全年龄段的短视频社交平台。

街头、地铁、商场,几乎所有的场景,都能看到有人在玩抖音。抖音作为现象级产品,又天生带有直播基因,走上电商之路也是很容易的。众所周知,抖音之所以赢得用户的青睐,主要是靠短视频。抖音卖家则是通过"短视频聚粉,直播变现"。如图 5-1 所示,截至笔者截图时,某美妆商品旗舰店在抖音平台已积累 500 多万个粉丝,获赞 3000 多万个。点击进入该账号的店铺商品页面,可以看到部分商品的销量已过万件,如图 5-2 所示。

图5-1　某美妆商品抖音旗舰店账号　　图5-2　部分商品销量

部分卖家在开通抖音账号的同时,为了方便平台用户下单转化,也开设了抖音店铺。用户观看视频或直播时,可直接在抖音平台完成交易。

目前,成年人都可以在抖音申请开通直播功能。与电商平台不同的是,在抖音平台开通直播功能后,还需要开通商品橱窗功能,才可以在直播间售卖产品,如果要开抖音小店,就必须提供企业营业执照。

2.快手

快手是由北京快手科技有限公司开发的一款短视频应用 App，可用照片和短视频记录生活，也可以通过直播与粉丝实时互动。根据快手科技发布的 2021 年第一季度业绩显示，在 2021 年第一季度，快手 App 及快手短视频小程序的平均日活跃用户达到 3.792 亿，同比增长 26.4%，环比增长 20.0%。由此可见，快手是一个热门的直播、短视频平台。

快手的内容覆盖生活的方方面面，用户遍布全国各地。这些用户对新事物的接受度较强，是很优质的电商用户。由于用户基数大，电商卖家也纷纷入驻快手，完成分享视频、直播带货等操作。

截至目前，快手和抖音已经成为短视频领域的两大巨头，两个平台的差异相当大，无论是用户人群还是变现方式也完全不一样。快手的用户人群以三、四线城市和小镇青年为主，而抖音的用户主要集中在一、二线城市；快手平台的收入主要来自粉丝对主播的礼物打赏，虽然是短视频平台，但走的是直播秀场模式，抖音平台的收入主要来自商业推广，付费的是企业而不是使用抖音的用户。基于用户人群、变现方式的特点，使得快手平台更容易诞生草根主播，因此，快手是目前对于草根创业者或者个人创业者最为友善的一个平台。

早在 2018 年，快手某达人在"双 11"的直播带货销售额是 1.6 亿元，由此引发了整个社会对快手直播带货能力的关注。当年的某知名淘宝主播在"双 11"的直播带货销售额是 3.3 亿元，快手当时并没有给该达人主播太多的流量资源，销售额完全依靠达人自己的粉丝，而知名淘宝主播则是由淘宝给予巨大的流量扶持而打造出来的，相比之下，快手可谓一鸣惊人。

目前，快手在打造自己的快手小店时，也在借助淘宝、京东的货源体系发展电商，主播既可以将商品上传到快手小店，也可以链接到淘宝、京东。

3.视频号

微信视频号（简称"视频号"），是一个人人可以记录和创作的平台，也是一个了解他人、了解世界的窗口。视频号的入口非常浅，微信用户可以直接从微信的发现页面点击"视频号"选项，进入视频号，如图 5-3 所示。进入视频号后，可以观看"关注""朋友""推荐"选项下的视频内容，如图 5-4 所示。

图5-3 微信发现页面　　　　图5-4 视频号页面

对于商家而言,视频号的优势在哪里呢?主要体现在如图5-5所示的4个方面。

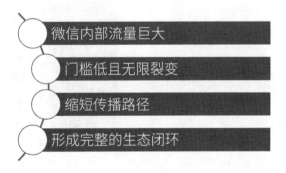

图5-5 视频号的优势

(1) 微信内部流量巨大

根据2021年1月21日微信公开课活动公布的数据,微信日活跃用户达到10.9亿。换言之,微信拥有近乎全量的用户基数,也涵盖了抖音、快手、淘宝等平台不曾覆盖的人群,比如老年人群体。而视频号依托于微信,相当于也有很大的流量池,只要合理应用,必然能有理想的效果。

同时,视频号覆盖人群广,市场渗透力高。抖音的用户群体是从一、二线城市向下发展；快手的用户群体则是从四、五线城市向上发展，而微信有从一线到五线甚至更大圈层的市场渗透能力。

(2) 门槛低且无限裂变

视频号既能发视频，也能发图片。而且与其他视频平台不同的是，视频号的内容不仅能被关注自己的粉丝看到，还能通过个性化推荐、社交推荐，被10多亿个微信用户看到。

如图5-6所示，在微信发现页面可以看到视频号有视频被朋友赞过。进入视频号，在朋友标签页面，可以看到好友点赞过的视频，如图5-7所示。同理，自己点赞过的视频号内容也会展现在好友的视频号朋友标签页面，给视频带来无限裂变的效果。

图5-6 朋友点赞过的提示

图5-7 朋友标签页面

(3) 缩短传播路径

抖音、快手等平台的视频内容可以在平台内直接分享给互相关注的好友，也可以通过下载、分享带有二维码的图片等方式分享给微信好友。而视频号的内容可以直接转发至微信好友、群组或朋友圈，缩短传播路径，能迅速形成裂变，传播速度更快，传播范围更广。如图5-8所示，在观看某视频时，点击"➤"按钮，就可以转发视频。点击"➤"按钮后，如图5-9所示，可将视频转发给朋友或分享到朋友圈。

图5-8 点击"➡"按钮

图5-9 转发页面

(4) 形成完整的生态闭环

就目前而言,视频号的视频内容中,可以带公众号、个人号的二维码,用户可直接扫描或点击链接跳转至相关页面。这也意味着,视频号与微信的个人号、朋友圈、公众号、小程序等多种营销方式互相打通,形成完整的生态闭环,拥有巨大的商业价值,这也是其他视频平台短时间内无法达到的效果。例如,某自媒体人在微信朋友圈更新视频动态,如图5-10所示。只要是这位自媒体人的微信好友就可以直接查看视频,或点击该条动态右下角的"视频号"按钮,进入该自媒体人的视频号主页查看更多视频,如图5-11所示。

图5-10 某自媒体人的微信朋友圈页面

图5-11 某自媒体人的视频号主页

同时，视频号支持直播功能，且账号在直播时，会将该账号置顶在粉丝视频号顶部，被粉丝好友看到，增加一个直播入口。而且，可以从视频号主页直接进入商品页面，并在该页面中下单、付款、完成支付。

由此可见，视频号与公众号、朋友圈既彼此独立，又相互补充、相互引流，是个不容忽视的平台。

4.B站

哔哩哔哩（英文名"bilibili"，简称"B站"），是年轻人高度聚集的文化社区和视频网站，该网站于2009年6月26日创建。2018年3月28日，B站在美国纳斯达克上市。2021年3月29日，B站正式在香港二次上市。

根据B站在2021年11月公布的第三季度财务报告，B站月均活跃用户达2.67亿，同比增长35%；日均活跃用户达7200万，同比增长35%。同时，B站第三季度营收达52.1亿元，同比增长61%。无论是从用户人数还是营收状况来看，B站都处于高速发展阶段，有着不可估量的前景。

就目前来看，B站与抖音、微信等社交平台相比，用户规模确实较低，但也正因如此，商家可以同平台共同成长，培养自己的忠实粉丝，为变现打下坚实基础。至于为何选择B站做营销？理由如下。

（1）内容丰富

B站虽然早期主打二次元内容，但后来相继增加音乐、游戏、科技、数码等内容，邀请多个风格的原创UP主入驻平台，提升用户活跃度的同时，也丰富了内容。B站首页部分分类频道如图5-12所示，包括动画、音乐、舞蹈、游戏、科技等。

图5-12　B站首页部分分类频道

　　"UP主"，上传者，网络流行词。指在视频网站、论坛上传视频、音频文件的人。

这对于商家而言，则可以结合产品特征及品牌调性等因素，与契合度更高的UP主合作，创作出既符合用户兴趣又能营销产品的内容，覆盖更广的目标人群。同时，从机会成本来看，B站平台如果考虑变现，势必也会给予UP主和商家更多的奖励措施和流量。

(2) 国内最多的正版动漫授权网站

B站拥有国内最多的正版动漫授权，其版权视频主要是内容全面的各类动漫番剧，如较火的《人生一串》记录片。B站每年会投入大量的资金去购买品类繁多的动漫番剧，也正因如此，B站在动漫市场有着主导地位，吸引了不少喜欢动漫用户的关注。图5-13所示为笔者截图时正在更新的番剧。

图5-13　B站页面中正在更新的番剧

"番剧"是一个外来语词汇，意思为日本连载动画片，属于二次元用户常用语。

纵观B站视频不难发现，热门视频都符合真实、有趣、有用等特点。基本做到这三点的视频，基础数据都不差。以美妆视频为例，播放量高的主要集中在干货类、情侣类等有用、有趣的内容中。

5.热门视频平台对比

表5-1为热门视频平台对比，展示了抖音、快手、视频号、B站在用户量级、用户画像、平台特点等方面的不同。

表5-1　热门视频平台对比表

	抖音	快手	视频号	B站
用户量级	平均日活用户6亿	平均日活用户3.77亿	平均日活用户4.5亿	平均日活用户6010万

续表

	抖音	快手	视频号	B站
用户画像	男女比例较为均衡，主要以"80后""90后"用户为主。用户更关注好看、好玩、好听的内容	女性用户占比66.2%，"80后"用户占比40.5%。用户更关注真实、有温度的内容	男女比例各为60%和40%，用户主要集中在26~35岁，更关注时事、娱乐、文化、教育、情感等内容，用户黏性高	女性用户占比57%，18~35岁用户占比78%。用户更关注有创造力、想象力的原创内容
平台特点	将短视频、直播等真实、有趣的内容通过算法推荐，打造爆款，快速提升用户认知	偏私域，老铁文化浓厚；平民化、去中心化社区氛围；生活化短视频、直播内容特点显著，用户黏性高	私域社区、高质量内容、深度交流，互动特点显著；公众号、小程序、视频号、微信群等形态共同作用	新生代话题营销阵地，强圈层效应显著；包容性强，多元文化共存
分发机制	中心化算法分发，社交关系权重低、内容质量权重高，重人工运营	去中心化算法分发，社交关系权重低，运营干预相对小	去中心化，社交推荐+算法推荐，社交关系权重高，运营干预小	相对公平的流量分发机制，根据粉丝的兴趣爱好推荐内容
内容创作者	头部效应明显，明星入驻率高，游戏、美食等垂直类账号粉丝多，娱乐明星、政务类账号关注度也在上升	粉丝和达人黏性高，明星入驻率高，头部垂直类更为日常化，粉丝较多的账号多为美食、游戏、萌宠、剧情等垂直类	个人品牌IP从私域流量走向公域流量，粉丝分布相对均衡。在已认证账号中，资讯类最多，其次是生活、教育、财经、健康等类型	UP主类型有生活、游戏、娱乐、动漫、科技等垂直类
商业化变现	适合平台主导的变现方式，如信息流广告、直播带货等	适合达人主导的变现方式，如直播打赏、直播带货等	适合私域流量变现，如广告、直播带货、主页卖货等	根据用户群体属性，衍生出视频会员、视频广告、购物等变现方式

由此可见，各个视频平台各有特色，商家可结合品牌、产品特点，选择 1～2 个视频平台深耕。由于目前抖音平台的日活跃用户数量较大，所以下面的视频营销内容将以抖音平台为例进行讲解。

5.2 定位筹划：带你破解抖音的商业密码

先来看两个抖音账号。如图 5-14 所示，这个账号定位模糊，从部分作品封面上来看，视频内容主要为记录萌娃镜头、自拍人像等，给人留下杂乱无章的感觉，可能就连平台也无法给它添加适合的标签。再看图 5-15，是一个定位清晰的账号，截至笔者截图时，该账号作品数量为 136 个，粉丝数量为 240 万个，获赞 1278.6 万个。再细看该账号，从账号简介到视频内容，都紧紧围绕着"打卡""减肥"等关键词，让人一看就知道这是一个针对想要保持身材的人群的运动打卡号。

图5-14　模糊定位账号首页

图5-15　清晰定位账号首页

以上两个账号，前者不温不火，没什么看点；后者点赞数量高，粉丝也多。由此可见，对于短视频营销而言，账号定位至关重要。

账号定位就是通过确定账号标签、账号人设、账号目标用户群体，围绕这几方面来制作视频内容，以吸引更多用户关注并完成后期变现转化。账号定位主要包含如图 5-16 所示的 3 个步骤。

图5-16 账号定位的3个步骤

1.定标签：让用户和机器认出你

定标签，指系统通过识别账号内容，来为账号打上标签，并通过系统分析，将内容推送给对账号内容感兴趣的用户。通俗来讲，就是让系统和用户认出账号，并让用户愿意关注账号。表5-2罗列了抖音热门标签及所含内容方向，可供各商家参考。

表5-2 抖音热门标签及所含内容方向

标签名称	所含内容方向
职场	办公技能、演讲口才、职场思维
教育	语言教育、学科教育、职业教育、亲子教育
时尚	美妆、穿搭、美容
体育	运动健身、瑜伽、跑步
生活	美食、旅游、玩乐、好物分享、开箱测评
娱乐	唱歌、跳舞、搞笑、随拍
情感	鸡汤、心理、励志故事

例如，"年糕妈妈"这一账号，主要围绕孩子的衣、食、住、行以及孩子的行为、兴趣、教育来设计内容，因此她的账号标签就是"教育"中的"亲子教育"标签，如图5-17所示。

2.定人设：让用户和机器记住你

如果说定标签是为了让用户和机器认出账号，定人设就是让用户和机器记住账号。人设应该如何设定呢？如图5-18所示，我们列举了9个定人设的维度。

图5-17 "年糕妈妈"账号首页

图5-18 定人设的维度

这里以一个运动打卡类账号为例,其人设维度具体内容如表5-3所示。

表5-3 某运动打卡类账号的人设维度

维度名称	具体内容
外表	形象特征:年轻漂亮的小姐姐 穿搭风格:休闲风 妆容风格:精致 身高:158cm
性格	性格特点:活泼、可爱 人物个性:爱贫嘴、积极向上、自律性强
职业	社会角色:健身导师 行业角色:减肥达人
优势	与众不同:10天速成马甲线 厉害之处:解决减肥难坚持的问题 专业高度:技能专业、实用
核心定位	爱打卡马甲线练习的小个子女孩

续表

维度名称	具体内容
价值	分享：粉丝练马甲线的经过、效果；马甲线练习体式 提供：马甲线练习技巧 解决：无法坚持减肥、懒散
粉丝画像	性别：女性为主 年龄：18～40岁 人群共性：想变瘦、变美
语言风格	爱用感叹句，句子短小精悍
标签	关键词：马甲线、老师、速成 记忆符号：摇头摆手势、帽子、衣服

根据以上信息，大概可以知道这个账号的人物特征，如年轻、漂亮、可以速成马甲线的健身导师等。商家可根据实际情况来填写这些维度，生成一个鲜明的人设。

3.内容定位：让用户知道你提供什么

定好账号标签及人设后，接下来还需要定内容，让用户知道账号能提供什么。这里拆分一个健身类账号的6个维度，来讲讲内容定位，如表5-4所示。

表5-4　账号内容定位（健身类）

维度	思考要素
讲故事	人物过往、成功案例、逆袭故事、励志人生
说产品	课程体系
谈特色	师资特色、班级特色、健身环境
晒过程	训练经过、他人支持、遇到困难、效果展示、食疗配合
教知识	课程内容、学习方法、心态辅导、前辈经验
搞活动	送奖品、抽奖、价格减免

以讲故事为例，可以围绕自己作为一个教练如何健身来展开。如"我之前身高160cm、体重75kg，想通过每天慢跑10公里来减重。整个慢跑过程非常艰辛，

但我咬咬牙还是坚持了下来。经过 3 个月的时间，我成功减了 10kg"。

再比如从产品方面入手，可以把健身课程体系进行合理设计。比如设计低、中、高三种不同难度的课程；也可以设计适合老人、小孩等不同人群的课程。这样一来，就可以知道账号大致的内容方向了。

都说模仿是新手上路最好的老师，如果你在创建账号前期不知道自己要做什么内容，可以参考一下同行头部账号，也许能给自己带来一些启发。竞品分析主要包括选题方向、表现形式、视频剪辑包装、视频的标题和留言区互动方法等内容。通过参考竞品的这些内容，再思考自己应该如何做。这里以语言教学领域为例，对"英语雪梨老师"这一账号进行分析，分析内容如表 5-5 所示。

表5-5 "英语雪梨老师"账号分析

分析内容	主要内容
选题方向	英语学习，主要内容包括音标、语法、实用口语句式、口语对话等
表现形式	真人出镜，采用剧情演绎或脱口秀的形式，先提出问题，再回答问题
视频剪辑包装	上下版头，上版头是视频画面，下版头是重点内容字幕或标题
视频的标题	标题会带相关话题发布，比如"英语""语言学习"等
留言区互动方法	每条视频都会设置几个神评论，而且这些评论都和视频内容相关，是运营者预埋的

商家还应注意遵循内容垂直原则、价值原则以及深度原则，策划出与众不同的内容。

(1) 垂直原则

首先是垂直原则，自古多情留不住，唯有专一得人心。专一是指除目标定位之外，最好不发其他内容。很多商家虽然知道账号要专一，但是难免有其他灵感，想拍摄一些其他内容的视频。要时刻牢记，一个账号只为一类人群服务。越想抓住更多用户，就越容易被用户抛弃。

其次，账号每发布 10 条以上内容，抖音就会重新给账号打标签。抖音的标签决定了抖音推荐的方向。如果一个账号今天发宠物、明天发美食、后天发美景，就会扰乱系统给账号打标签的工作，导致系统无法将内容推给精准用户，更别谈上热门了。

想要做好短视频营销，最好从热门领域介入。例如，某段子类账号，内容涵盖各方面搞笑段子，其粉丝精准且有黏性，经过数据检测发现账号掉粉率低于0.5%。因此，想要留住用户，账号内容一定要垂直化。

（2）价值原则

做一个能被人利用的账号是成功的开始。抖音用户不会关注一个对他毫无意义的账号，只有为用户提供价值，才能吸引用户点赞关注。

例如有的用户喜欢搞笑视频，那就拍摄一些有趣味的视频；有的用户喜欢干货，那就拍摄一些有专业知识的视频。如图5-19所示，以一个办公技能教学类账号为例，用户看完账号的内容后，了解了一些Excel的操作技巧，并愿意在评论区@其他人来关注该账号，就足以证明该账号对用户来说具有实用价值。

（3）深度原则

卖家在做账号定位时，应该考虑该定位方向是否值得深入发展，能否为用户提供更深层次、更有价值的内容，而非一些肤浅且低级趣味的内容。缺乏创意的账号，容易在运营过程中遇到瓶颈。

图5-19 提供有价值的账号内容

何为有深度的内容呢？深度是指视频中所提出的问题是否足够尖锐、是否足够接近本质、是否能引导用户思考、给出的答案措施是否有效等。总体而言，就是多维度、多方向地展现不一样的内容。

例如，妈妈催女儿结婚，结果女儿和妈妈大吵一架，两人不欢而散。表面上看，这件事体现了母女关系不和。但立场不同，对事情的看法又会截然不同。例如，妈妈其实是觉得同龄人都抱上孙子了，反观自己的女儿还没结婚，总被大家说闲话；女儿则认为结婚是大事，应该随心，不应该随便找个人结婚。再深入地分析，其实这次争执也是由掌控欲导致的。妈妈从女儿小的时候就给她规划作业、规划未来，现在女儿已经长大，还想继续管女儿；但女儿的自我意识已经觉醒，不想再听妈妈的话。

在抖音上，只发情感语录的账号多不胜数，但是这些账号大多没有什么记忆点。如图5-20所示，为某情感类账号，其内容浅显，点赞量和评论量少之又少。

而同一个话题被另一位情感博主深度剖析，截至笔者截图时已获得了 3 万多个赞，如图 5-21 所示。

内容有深度的账号，在拍摄视频时，会先提出一个观点，引发用户思考，再解析用户的思考。

综上所述，做好账号定位需要定标签、定人设及内容定位。商家可根据这个步骤来思考如何做好自己的定位。

图5-20　内容浅显的视频截图

图5-21　内容有深度的视频截图

4.用户画像：分析用户，确定人群特征

所谓"知己知彼，百战不殆"，只有更全面地了解目标用户的喜好，设定符合目标用户喜好的账号特征，才能吸引更多精准用户关注。

在账号创建初期，用户画像数据不够清晰，可参考同类热门账号的粉丝画像。例如，美妆类账号可参考知名美妆达人的粉丝画像。如图 5-22 所示，通过飞瓜数据，查看某美妆达人的粉丝画像，如性别分布、年龄分布等。

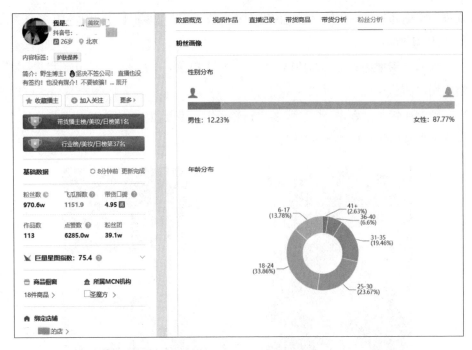

图5-22 某美妆达人的部分粉丝信息

5.展现形式：剖析特点，选择合适的展现形式

按照画面是否出现主角来分，短视频主要包括非真人出镜和真人出镜两种。如果账号不想靠颜值吸引用户，可以考虑非真人出镜，把视频重点放在内容上，如选择 PPT 教学和白板教学、物体出镜等；如果账号重在展现人物颜值或形象上，可以考虑真人出镜。

下面逐一分析各个形式的特点及适用情况，便于商家快速找到适合自己的表现形式。

（1）PPT/ 录屏 / 白板 / 黑板教学

PPT 教学是把知识点罗列在一张张幻灯片上，一边翻页一边展现知识点。录屏教学是一边用电脑操作一边记录过程。白板教学和黑板教学就如同老师上课一样，通过在白板或黑板上书写，给用户讲解知识。

这些形式特别适合老师，特别是只想呈现教学内容而不想出镜的老师。它们的优点是操作成本低，只需要提前做好课件、架好手机、打开电脑即可，不需要其他设备。缺点是形式比较单一、枯燥，非常考验知识讲解能力，如果讲解得不好，很容易造成用户流失。

（2）真人口述

表演力和口才好的人，比较适合真人出镜拍摄视频。这种形式的亮点在于营造出与用户面对面交流的感觉，从而拉近与用户的距离。当然，拍摄真人出镜视频的要求肯定比不出镜高，不仅要求人物有镜头感，还要求被拍摄者具备良好的口头表达能力。这种形式的视频适合教学、娱乐段子等内容。

（3）物体出镜+配音

物体出镜+配音，指视频中有非人类的主角，例如一只猫、一片草地等。视频一边展现主角画面，一边配上画外音。这种形式的亮点是以第三人的视角讲述事情，给人更加客观的感觉。这种形式比较适合用来拍萌宠、风景、开箱测评等。

（4）情景剧

情景剧也称"小剧场"，指一人分饰多角或两人甚至多人演绎故事。例如，抖音热门账号"多余和毛毛姐""疯产姐妹"的视频就属于情景剧。这种形式是抖音重点扶持的，如同一部小电视剧，提升用户的观看体验。当然，这种形式非常考验运营人员撰写剧本的能力和表演者的表达能力，既要求内容脑洞大，又要求脚本写得好，还要求表演者放得开。这种形式比较适合情感类、段子类账号。

表 5-6 整理了部分账号适合的展现形式，可供商家参考。

表5-6 部分账号适合的展现形式

内容类型		PPT/录屏/白板/黑板教学	真人口述	物体出镜+配音	情景剧
教程类		***	***	***	*
推荐类		*	***	***	***
生活类	宠物			***	
	颜值			***	
	风景			***	
	日记		**	***	
炫技类		**	*	***	*
段子类			***	**	

续表

内容类型		PPT/录屏/白板/黑板教学	真人口述	物体出镜+配音	情景剧
情感类	爱情攻略		***	**	***
	经典语录		***	**	***
	奋斗		***	***	**
	理想		**	**	***
	鸡汤		***	**	
吐槽类	工作	**	***	**	**
	生活		***	**	**
种草类			**	***	
母婴类		*	***	***	**
健身类			***		**

5.3 IP打造：线上短视频个人品牌

IP是英文"Intellectual Property"的缩写，译为"知识产权"，经过互联网的发展，引申为凭自身吸引力，在多个平台上获得流量的账号。例如，主播"口红一哥"就是一个IP，他原先在淘宝直播销售商品，后来逐渐在多个平台发布内容，吸引了更多流量，也因此成名，使得众多商家纷纷上门寻求合作。

对于商家而言，IP打造又意味着什么呢？每一个抖音账号都需要设置信息，如名字、头像、签名、背景图等，这些信息在一定程度上体现了账号的主旨内容，会影响粉丝对账号的关注度以及和账号的互动。例如，当抖音用户在首页中看到某条热门视频作品，如果对视频内容感兴趣，会不自觉地点击账号首页查看详细信息，而如果账号信息详尽且具吸引力，就有可能吸引用户关注账号、查看账号其他视频作品。因此，运营者一定要对账号做好定位，创建一个鲜明的身份。

1.注册抖音账号：抢注好记、易传播的营业执照

注册抖音账号非常简单，只需要输入手机号，在手机上获取短信验证码，并将验证码输入注册界面相应的文本框中即可。

【注意】一个手机号只能注册一个抖音账号，建议商家用自己常用的手机号来注册。注册账号后，最好绑定QQ、微博、今日头条等平台，有利于联系这些平台上已经拥有的好友，获得第一批关注。

这里以用手机号开通抖音账号为例：打开手机里的"抖音"App，输入手机号，点击"获取短信验证码"按钮，如图5-23所示。页面自动跳转至输入验证码页面，根据系统发来的验证码信息提取验证码并输入框内，账号即可自动登录，如图5-24所示。

图5-23　输入手机号页面　　图5-24　输入验证码页面

大家在登录抖音账号时，可以看到一条提示"未注册的手机号验证通过后将自动注册"，由此可见，无论是新用户还是老用户，都可以用上述方法登录账号。

很多人都以为抖音账号是随机生成且无法改动的，其实不然，抖音账号支持自行设计，且每30天可以修改一次。但也建议大家在设计好抖音账号后不要频繁修改，否则容易被系统判定为存在营销风险，带来负面影响。

抖音账号可由字母、数字、下划线和点组成，不能全为数字。有营销需求的商家，可将抖音账号设置为电话号码+姓名或微信号的形式，便于用户在对产品感兴趣时联系商家。

2.抖音名称：打造过目不忘的金字招牌

用户除了可以通过抖音号搜索账号外，还可以通过账号昵称来搜索。而且在大多数情况下，由于昵称简单、好记，比抖音号更容易被记住。因此，为了便于用户搜索，商家要用心设置账号昵称。

设置账号昵称主要遵循两个原则，首先是好记、好理解；其次是和账号定位、内容相关联。例如，抖音平台某萌宠达人的昵称为"尿尿是只猫"。显而易见，"尿尿"是一个名字，而"猫"也正好说明了账号定位为萌宠。该账号截至笔者截图时，共发布了92个作品，粉丝已超过1200万个，如图5-25所示。

账号名字的长短也有讲究，太长的名字会增加粉丝记忆和搜索的难度。简短易记的名字让人读起来朗朗上口，便于用户记忆。因此取名时建议将名字的字符控制在5个字符内，可由中文或中英文组合而成。

图5-25 "尿尿是只猫"账号首页

3.抖音头像：设计眼前一亮的商标Logo

头像好似商标Logo，是一个账号的门面，且要与人设相符。头像应具有更强的视觉冲击力，使得用户能通过账号头像快速地识别和记忆账号。账号头像要结合账号的内容风格来设置，且图像要清晰、美观。

大多数抖音账号都采用真人照片作为头像，以增强账号信任度。如图5-26所示为某医务人员的抖音账号头像，该头像为医务人员身着工作服所拍摄的实图，让人一看就知道这是一个与医务相关的账号，并且给人留下一种严谨、可靠的感觉，拉近用户与账号的距离。

另外，设置抖音头像时还应注意美观度、精准度及直观度等。独具美感的头像更能给人留下赏心悦目的感觉。对于垂直类账号而言，头像也应与内容方法匹配，例如美食类账号可选用与美食相关的图片做头像，在吸引用户关注的同时，也更有机会被商家发现，发起合作。还有些品牌商家，直接用品牌Logo做头像，既可以向用户准确传达账号运营方向，还有助于强化品牌形象。

4.个性签名：展现独具一格的人设宣导

很多平台都提供个性签名版块，其目的是用简短的文字补充说明账号的定位。除此之外，个性签名还具有很高的营销价值。例如，"樊登读书"把自己是创始人这个身份放了了个性签名中，并用"有 4000 万人在 ** 读书 App 听我讲书"，来勾起用户的从众心理，进而关注账号、关注听书 App，如图 5-27 所示。

图5-26　某医务人员的抖音账号头像

图5-27　"樊登读书"的个性签名

值得注意的是，如果在个性签名区留下联系方式，容易被封号。

5.背景图片：展现专业形象

背景图片，就是抖音主页的头图，可以体现账号的身份或定位。很多商家都会设计较有吸引力的背景图，其目的就是更好地展示账号。

好的背景图片，有利于打造形象 IP，加深用户对账号的印象。有的商家会在背景图中增添具有引导性或突出利益点的内容，引导更多用户关注账号。如图 5-28 所示的某零食品牌账号，在背景图上写道"想白吃零食，关注我"，让对零食感兴趣的用户在白吃的利益驱动下，主动关注账号。

背景图中还可以添加很多其他信息，如账号简介、人设介绍、活动通知等，促进商品宣传、品牌宣传。

6.抖音封面：设计舒心夺目的店铺门脸

视频封面是一个视频作品的头图，是用户进入账号主页后看到的面积最大的视觉内容，很大程度上会影响用户对视频乃至账号的第一印象。好的封面可以让用户瞬间了解视频的基本内容。

短视频封面最好与视频内容保持一致，做到简明扼要，能让用户迅速了解短视频的内容。例如，某动物科普类账号的视频封面风格非常统一，如图 5-29 所示。这样的封面图主要由统一的人物形象 + 各个动物特点构成，让用户产生点击欲望。

文教类、产品测评类等账号更应重视封面图，尽量让封面图起到吸引用户的作用。而且，如果账号的封面图统一，会使得整个账号版面较为和谐。

图5-28 某零食品牌账号背景图片　　图5-29 某动物科普类账号的视频封面图

　　当然,并非所有视频作品都必须做到封面图统一,部分重点突出景色、产品的视频,做到重点突出视频内容即可。

7.其他信息:增强账号信任背书

　　商家可以在账号中完善更多信息,提高真实感,例如账号的性别、生日、学校等信息。特别是对于卖家而言,可通过企业认证,获得蓝V标识,增强账号信任背书。账号进行蓝V认证的步骤如下,图5-30至图5-33为笔者截图时的抖音页面。

　　第1步:登录抖音账号,进入"创作者服务中心"的功能页面,在该页面中点击"官方认证"按钮,如图5-30所示。

　　第2步:进入"抖音官方认证"页面,点击"企业认证"按钮,如图5-31所示。

　　目前抖音官方认证包含职业认证、优质创作者认证、企业认证、机构认证、电商优质作者认证等多种形式,商家可进行多项认证,增强账号可信度。

图5-30　点击"官方认证"按钮　　图5-31　点击"企业认证"按钮

第3步：进入"开通企业号"页面，点击"去认证"按钮，如图5-32所示。

第4步：进入"上传营业执照"页面，选择行业分类及公司注册地等信息，上传企业营业执照，勾选同意并遵守协议，点击"提交"按钮，即可完成企业认证，如图5-33所示。

图5-32　点击"去认证"按钮　　图5-33　点击"提交"按钮

5.4 内容素材：搜集素材，创建选题库

虽然对于新账号而言，模仿必不可少，但如果完全复制他人内容，会造成侵权。而且，抖音平台也希望看到更多优质原创内容，自然不愿意给非原创内容分流量。所以商家应该在分析他人视频的过程中，找到适合自己做爆款的思路和方法。

1.爆款视频常见的4大特点

在抖音中，爆款视频虽然多不胜数，但如果仔细研究，可以发现各个爆款视频之间是有共性的。这里总结了爆款视频的4大特点，如图5-34所示。

(1) 强化人设

很多人给账号定人设、定标签后，却不知如何展现人设魅力。一般而言，强化人设有两种方法。

图5-34　爆款视频的4大特点

第一种是个人人设与产品属性相符，让人一看到产品就能联想到某个人，或看到某个人就能联想到产品。例如，某博主通过发布的短视频内容及直播内容，创建的人设就是某皮衣厂老板，平时可以拿到低折扣的皮衣售卖。久而久之，粉丝一看到他就知道，关注他可能以较低价格买到皮衣，自然愿意关注账号。

第二种是把人设里的某个关键词用剧情设计或者其他形式强化到极致，甚至可以带一些夸张。这种夸张带来的惊喜，也有用户愿意为此点赞和买单。例如，某水果商家，他经常穿着普通、剪个寸头、身材有些胖、皮肤也黝黑，看上去给人一种木讷老实人的形象。但他每次在视频、直播中分享他的水果时，整个人都很热情洋溢，声音也很洪亮。用户从他的语言和动作里能感受到他对水果的喜爱，对家乡的热爱，根本就没有最初的那种木讷感。

他在橱窗售卖的某款水果，截至笔者截图时，销量已超过16万，如图5-35所示。

(2) 提供转发动机

作为用户而言，用户最关心的只有自己，这也意味着商家在策划视频内容时，需要从用户的角度出发，思考用户需要什么内容。我分析了数千条短视频内容后，

总结出 3 个触动用户转发内容的心理动机，用户转发动机如图 5-36 所示。

图5-35　某水果商家橱窗商品页面

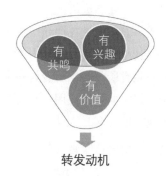

图5-36　用户转发动机

① 有兴趣

如何让用户有兴趣呢？可以分为三个步骤。第一步：充分了解用户喜好，比如他们感兴趣的内容、需要的内容；第二步，得知用户的痛点、需求等信息后，将这些信息融入视频内容中；第三步，内容不要一次性讲完，留下悬念，让用户有追剧的感觉。

例如，某运动打卡类账号，就打造了名为"十天速成马甲线"的系列视频，一天播放一集，每天让不同的主角登场，并让她们展现自己练习马甲线的情况。用户只要少看一天，都有可能错过主角练习的最终成功。通过每集释放诱饵，让用户产生追剧兴趣。这种方法特别适合多系列主题的账号，如教程系列账号、剧情系列账号、剪辑经典剧系列账号等。

② 有共鸣

攻人心智是为了引起共鸣，也就是引起用户的同理心，让他们觉得与账号内容有共同点。要想引起共鸣，可以从用户的身份、经历、观念、审美等方面切入。

例如，某视频中女主用自己的真实经历总结了自己在发脾气、找东西时的惯用话术，引起了女粉丝的共鸣，故而纷纷点赞、转发。如图 5-37 所示，该条视频截至笔者截图时，获得 5.7 万个赞，1.1 万条评论以及 4 千多次转发。

这种攻心为上、引起共鸣的手段最适合应用在情感类账号中。

③有价值

提供有价值的内容，最适合教程、娱乐类账号。能长期提供有价值的内容的账号才能吸引用户关注。价值主要包括知识讲解类及趣味类。前者就是在视频中输出如法律知识、办公技能、美食教程等内容，让用户认为看完视频有所收获；后者就是在内容中增加段子等娱乐内容，让用户在看完视频后获得快乐及其他情感上的慰藉。

图5-37　引起用户共鸣的视频内容

这 3 个用户心理动机有不同的适用领域，具体情况如表 5-7 所示。

表5-7　3个用户心理动机适用的领域

用户心理	内容类型	内容方向
有兴趣	生活类	宠物
		颜值
		风景
		日记
		种草
有共鸣	情感类	爱情攻略、婚礼、婚纱策划
		经典语录
	励志类	奋斗
		理想
		工作
		生活

续表

用户心理	内容类型	内容方向
有价值	教程类	
	推荐类	
	健身	
	财经/创业/商业	
	母婴	

（3）紧扣热点蹭流量

热点事件是指备受大众关注的新闻或者信息，或是指某时期引人注目的人物话题和突发性事件。热点是做爆款的捷径，因为热点信息一般自带流量，只要抓住热点，就能很快吸引到很多流量。热点可分为突发性热点和预判性热点。

突发性热点指那些不可预测的突发事件，具有突然爆发、流量极大等特点，相较于其他热点而言，热度也下降得快。商家可以关注抖音热榜、微博热搜的消息，从中挑选出可以使用并且与自己账号定位相关的热点来进行内容创作。

商家可以跟风模仿热点事件主角行为策划视频内容，或从热点本身发散出去，制作和热点主人公完全相反的事情，分析这个热点产生的原因以及带来的影响、启发等。比如，之前有明星被家暴一事上了热门，很多情感类账号就此发布了"如何鉴别家暴男""与渣男谈恋爱会带来什么""为什么男人会家暴""被家暴了怎么办"等内容。这些内容都是从热点事件出发，延伸到事件的影响、原因、过程、结果、启发等。无一例外的是，这些视频内容由于巧妙地"蹭"了热点，都获得了很好的播放量和点赞量。

预判性热点是除突发性热点外，可以人为预测的一些热点。例如对热门节假日、热门事件、热门话题、热门音乐、热门人物等进行分析，从而提前策划话题。例如，因为地域差异，有的人会在冬至吃饺子，有的人会在冬至喝羊肉汤。商家可在冬至来临之前，策划一期"冬至应该吃什么"，吸引天南地北的用户在视频留言区互动。

想蹭热点流量，需要思考该热点与账号定位是否相关。如果单纯地为了蹭热点而生产内容，很容易因为过度蹭热点而降低账号本身的权重。

(4) 植入记忆符号

记忆符号又叫"心锚",属于条件反射的一种形式。例如,当用户听到某句话时,会不由自主地联想到某位明星或达人。视频内容越有记忆符号,越有可能被用户关注。很多达人会在短视频中用口头禅、统一开场白或统一结束语来强化用户记忆,增加自己的辨识度。例如,知名达人"口红一哥"有专属口头语——"Oh my god,买它",很多人一提到该词汇就联想到他的视频和直播。再如,"正善牛肉哥",靠卖红酒起家,他常在直播和短视频中提到"把什么价格给我打下来"。那么,很多用户听到"打价格"时,自然就会联想到他,这就是他的记忆符号。

商家如何做自己的记忆符号呢?可参考以下三步。

第一步:找到独家记忆符号。如果没有独家记忆符号,用户对账号的认知就是分散的、零碎的,因此商家要不断分析与精减,只展现出与其他品牌最有差异化的一面。

第二步:记忆符号要足够小。记忆符号可以是一句话、一个词或者是一个动作。但不管是什么,信息量一定要短小且易理解,不要让用户花过多时间来记,如"来了老弟""百因必有果"等。

第三步:重复强调记忆符号。记忆符号一旦设计出来,最好不更改,要重复使用直至这个符号被用户记住。只有不断重复,用户心里才能形成对这个记忆符号的应激反应,即使没有看完视频内容,也会主动点赞。

商家可参照以上几个步骤,设计出自己的记忆符号,加深用户的印象。

2.爆款选题怎么找?

首先,商家平时一定要养成用选题库的习惯,把平时的想法积累到选题库里,在策划脚本之前先到选题库里找一找。选题主要包括热点选题及永恒痛点两类。

(1)热点选题

热点选题主要就是针对当下热门事件发表自己的观点。这里给大家推荐几个能迅速了解热点的途径,如抖音热榜、微博热搜、知乎热搜等。如图5-38所示,为抖音热榜页面截图。

图5-38 抖音热榜页面截图

商家平时可以重点关注热点信息,并了解热门事件的起因、经过和发展,并将其整理后放入选题库中。

(2) 永恒痛点选题

除了突发热点选题外,还有一类就是永恒痛点等常规选题。各个行业都有永恒痛点,例如体重是瘦身行业的永恒痛点;生病是保险行业的永恒痛点等。商家平时应积累行业知识和产品知识,总结出更多永恒痛点,放进选题库,便于使用。

以健身行业为例,可以从健身环境、面临问题等方面找到选题,如表5-8所示。

表5-8 选题方向(健身行业)

面对用户	场景	面临问题	选题方向
有健身需求的人	家里	想减肥又不想去健身房	在家就可以做的快速减肥运动
		夏天来了,腰上肉多,穿衣难看	1天1组、1周瘦5斤,小短裙安排起来
		管不住嘴、迈不开腿,想减肥	1周减肥食谱,不用节食也能瘦

商家在发布了痛点选题的内容后,还可以关注一下用户评论,特别是一些点赞量高、评论量高的内容,找出更多永恒痛点选题。

3.打造爆款短视频内容的7字真言

账号只有生产出符合用户胃口的视频内容,才能得到粉丝的喜欢和认可,进而有可能成为爆款视频。综合抖音提供的各项数据来看,打造爆款短视频的方法可用如图5-39所示的7个字概括。

这"7字真言"应该怎么理解呢?如表5-9所示。

图5-39 打造爆款短视频的7字真言

表5-9　7字真言详解表

关键词	解释	主要内容
美	爱美之心，人皆有之	抖音的主要用户为24岁以下的年轻女性，她们喜欢一切美好的事物，如美女、美食、美景等。商家可以充分利用用户这一心理，从人之美与事物之美两个方面分别进行内容策划
燃	点燃用户内心	"燃"指点燃用户内心。人都有好奇心与"八卦"心，很多用户会关注明星、名人等公众人物的成名经历、成功经验、个人感悟、私人情感等内容；对一些小人物励志成名的故事也感兴趣。由此，产生了诸如揭秘、访谈类视频内容
萌	吸引用户视觉注意力	最初，"萌"仅用来形容动漫中那些单纯可爱的小萝莉，以表达对二次元美少女角色的喜爱之情。后来"萌"从虚拟走向现实，被用来形容真人、小动物和物品等。"萌娃""萌宠"等内容容易受到大家的关注及分享
暖	让用户产生爱和信任	"暖"指让人产生归属感、安全感、爱和信任。最能体现"暖"的，就是情，如亲情、爱情、友情、乡情、人与人之间的关怀与同情。例如，很多账号致力于生产带有"正能量"标签的内容，获得用户好评
牛	专注并将一件事做到极致	在打造抖音内容时，如果可以专注于一件事，然后把这件事做到极致，就能带来口碑，进而快速扩散，形成广泛影响力
搞	用"恶搞"创造新意	运用逆向思维制造反差，创造一些新意。例如，部分美食账号喜欢做一些看起来没有食欲的饭菜，让人感觉既有创意又很搞笑。在抖音和快手等短视频平台上，各种恶搞、模仿经典类的视频非常活跃
干	可以落地执行的干货	"干"指干货。首先，干货有明确的目标，即解决什么问题。它不是泛泛地分享知识，而是针对某项具体问题给出解决方案。其次，干货不能空谈道理，必须能落地执行，有切实的行动步骤和方案。化妆技巧、美容技巧、减肥技巧等主题都属于干货

当然，不同的短视频账号有着不同的内容定位，也对应着不同的受众。商家在进行短视频创作时，应当细致分析受众的心理，模拟其生活状态，了解他们最需要的是什么，才能策划出满足用户需求的内容。

4.快速搜集爆款素材的6个渠道

如果把脚本比喻成一棵树，选题和素材就是树叶。素材可以让脚本里的观点更具说服力。搜集素材的渠道及方法很多，如表 5-10 所示。

表5-10　搜集素材的渠道及方法

渠道名称	搜集素材的方法
微博	关注垂直领域大V博主，重点查看他们高转发、高评论的内容，对其进行借鉴及二次创作
知乎	关注知识干货区的问答，了解各种热门话题，掌握干货技巧
抖音	关注最新的热门短视频、官方话题及玩法，对其进行借鉴
公众号	对阅读量10万+的文章进行深度分析，了解热议话题
小红书	了解热门种草内容，特别适合美妆、服饰搭配等账号搜集素材
百度	用关键字搜索相应内容，可将内容重新组合生成素材

商家一定要提前搜集好各项素材，这是保证生产好脚本的前提之一。

5.5　编写脚本：手把手教你写视频脚本

在筹备好选题库和素材库后，接下来可以写脚本了。商家应在了解一般脚本内容框架的基础上，分析得出适合自己的脚本内容框架。其次，为了让视频取得更好的视觉效果，商家应该掌握制作分镜脚本的方法、熟悉播放量、点赞量双高的脚本文案公式。

1.新手速成的两种脚本设计内容框架

商家在根据构思制作内容框架时，需认识多种内容框架，如"教知识"型脚本内容框架及"晒过程"脚本内容框架等。

（1）"教知识"型脚本内容框架

"教知识"型脚本内容框架的结构一般是开头发现难题，中间提出低成本解决问题的方法，最后给出具体行动的步骤。如表 5-11 所示，列举了几个行业的"教知识"型脚本案例。

表5-11 "教知识"型脚本案例

步骤	情感咨询	教育	美容院
发现难题	夫妻经常冷战	小孩子出现厌学情绪	长痘
低成本解决问题	3招教你化解冷暴力冲突	3个角度剖析孩子厌学心理	教你一个护肤小技巧,轻松解决长痘问题
具体行动步骤	1.学会调节情绪 2.学会先低头 3.减少吵架次数	1.了解孩子学习进度 2.主动与老师交流孩子在校情况 3.对症下药	1.早睡 2.少吃辛辣刺激食物 3.正确使用水乳,保持皮肤水润

（2）"晒过程"脚本内容框架

"晒过程"脚本内容框架,一般开头讲关键步骤的起因,中间讲关键步骤的过程,最后讲结果。比如做一道芹菜炒牛肉的视频,"晒过程"的脚本结构应该是先准备食材,其次是炒菜过程,最后展示菜品,如图5-40所示。

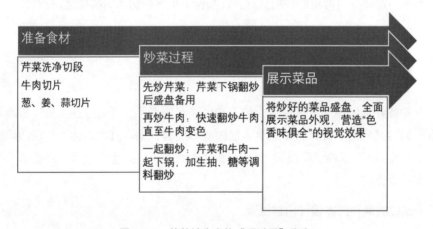

图5-40 芹菜炒牛肉的"晒过程"脚本

"晒过程"的脚本适用于工艺制作、运动健身、唱歌跳舞、游戏讲解、生活美食等。商家可以思考一下自己的内容适合哪种脚本内容框架,并将其进行应用。

2.怎么制作专业的分镜脚本?

脚本框架相当于脚本的指导方向,而分镜头是整个脚本的内容细节,主要包含镜号、景别、时长、画面内容、文案、音效等。

> **专家提点**
>
> 镜号指镜头顺序号，如"镜号1"就是第1个镜头；"镜号2"就是第2个镜头。景别是指由于在焦距一定时，摄影机与被摄体的距离不同，而造成被摄体在摄影机录像器中所呈现的范围大小的区别。景别通常分为五种，由近至远分别为特写、近景、中景、全景、远景。以拍摄人物为例，特写指人体肩部以上，近景指人体胸部以上，中景指人体膝盖以上，全景指人体的全部和周围部分环境，远景指主角所处的环境。

通过复杂多变的场景调度和景别交替使用，可以更清楚地表达视频剧情情节及人物思想感情，从而增强视频的艺术感染力。例如，"暴走的桃子"是一个健身塑形类账号，因为发现很多女孩子有腿粗、屁股塌等困扰，根据这个痛点做了一条视频。视频的脚本框架内容大致如表5-12所示。

表5-12 某视频的脚本框架内容

针对人群	有腿粗、屁股塌等身材问题的女孩
主题	公认有效的消除假胯宽训练
痛点引入	女孩子腿粗、屁股塌，膝盖内扣，一眼看去比真实身高矮10厘米
解决方法	消除假胯宽训练
结果展示	快速瘦腿、增高
细节	出镜人：桃子及模特 总时长：20秒 拍摄环境：家里 拍摄道具：手机

为了更好地吸引用户关注，该视频运用了多个分镜头，分镜头脚本如表5-13所示。

表5-13　某视频的分镜头脚本

镜号	景别	时长	时间段	画面内容	文案	内容目的	音效
1	近景	3秒	0~3秒	用户腿粗、屁股塌的图片	"你是不是腿粗、屁股塌、膝盖内扣，一眼看去比真实身高矮10厘米"	以痛点引入，引起关注	卡点音乐+音频
2	近景	5秒	4~8秒	桃子本人出镜讲解	"别担心，你那是假胯宽。教你一招，解决假胯宽，还能长高"	提前展示结果，吸引用户继续往下看	卡点音乐+音频
3	远景	6秒	9~14秒	模特出镜演练动作	"左脚放在右腿膝盖上，右脚放于地面，脚尖勾起，呼气，收腹，臀部向上抬起15秒"	用解决方案传递价值	卡点音乐+音频
4	近景	2秒	15~16秒	桃子出镜催促大家收藏并练习	"别只收藏不做，赶紧去评论区打卡"	引导用户关注、评论，提高互动量	卡点音乐+音频

其他商家也可以根据以上信息，完善自己视频的分镜头脚本，生成有亮点的脚本。

3.播赞双高的脚本文案公式

根据抖音官方的后台数据显示，各类型视频用户停留时长如图5-41所示。从图中可以看出，用户停留时长最长为10秒，平均停留时长为6秒。这意味着，一个视频如果无法在6秒内让用户感兴趣，很难取得理想效果。

什么样的脚本才能在短时间

图5-41　各类型视频用户停留时长

内抓住用户的兴趣呢？我通过分析总结，得出一个播放量和点赞量双高的脚本文案公式（以 40 秒时长为例）。

播赞双高的脚本文案 = 开头 5 秒吸引注意力 + 中间 30 秒讲解过程 + 结尾 5 秒互动。

> 如果有个视频不足 40 秒或超过 40 秒，可以按照总时长 1/8 的时间做引入互动，3/4 的时间做过程，1/8 的时间来结尾。

(1) 开头 5 秒：用提问或热点开头

研究了数千条短视频发现，开头最常见的方式就是提问或热点。以提问开头，指用疑问句、反问句、设问句等形式勾起用户想知道答案的欲望。例如"你知道吗？""不知道你有没有遇到过这种情况？"如图 5-42 所示，某情感类账号以"你知道吗？"开头，截至笔者截图时，该视频共获得 11.1 万个赞和 9 千多条评论。

热点开头，指用热点信息做视频的开头。例如，在 2021 年东京奥运会开幕前，很多账号以"盘点历年奥运会开幕式""2008 年的北京奥运会你看了吗？"等与奥运会相关的热点内容为开头做视频。图 5-43 所示的科普类账号视频，在 2021 年立秋前 3 天，发布了一条关于科普立秋的视频，截至笔者截图时，该视频共获得 6.1 万个赞。

图5-42　以提问开头的视频截图　　图5-43　以热点开头的视频截图

(2) 中间 30 秒:讲解细节或有反转

一个 40 秒的视频,第 6～35 秒是视频最为核心的部分,应该展现出整段视频最精华的内容。这部分内容的好坏决定了能否将吸引到的用户留下来。

那如何做好这部分内容呢?第一种方法是将内容做细致,把要展现的内容像剥洋葱一样层层剥开,且流程环环相扣,让用户沉浸其中。例如,很多美食类账号会把制作美食的过程进行拆解,让用户看后能迅速上手制作同类美食。

第二种方法就是让剧情有反转,给用户出乎意料的惊喜。可以通过剪辑镜头、信息不对称等方式误导用户以为剧情会顺利展开,再给一个意想不到的反转,推翻之前的想法,呈现一个与之前有冲突的结果。这样会让视频更具冲击力,也更能吸引用户。

(3) 结尾 5 秒:引导用户互动

由于视频的精华内容已经在过程中展示了,大多数用户在结尾处会设计一些催促用户行为的话术,引导用户主动做出下载、购买、关注等交互行为,如图 5-44 所示。

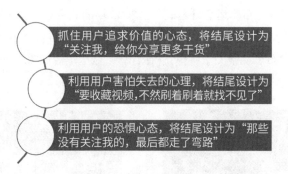

图5-44 抓住用户心理设计引导话术

总结起来,引人入胜的开头、精妙绝伦的过程以及引导互动的结尾,一个完整的视频脚本就完成了。

5.6 拍摄剪辑:如何轻松制作出好作品

随着抖音用户的与日俱增,用户喜好逐渐呈现多元化,想要制作出优质的短视频,除了撰写优秀的脚本外,还需要拍摄者掌握一些拍摄技巧和视频剪辑技巧,提高视频的视觉效果和听觉效果。

1.六种运镜手法拍出个人微电影

运镜,指在拍摄视频的过程中,通过镜头转换让镜头中的画面动起来。在拍摄短视频的过程中,如果使用固定机位进行拍摄,难免会使画面显得有些单调。为了满足不同场景下的视频拍摄需求,让视频画面更加丰富,往往需要运用一些运镜技巧,让视频动起来,增加视频的代入感。常用的六种运镜手法如表5-14所示。

表5-14 六种运镜手法

运镜手法	手法介绍	效果
前推运镜	前推运镜,指在拍摄时,镜头向前推动,从远到近进行拍摄,使拍摄场景由大到小。随着镜头与拍摄主体逐渐靠近,画面外框逐渐缩小,画面内的景物逐渐放大	前推运镜可以呈现由远及近的效果,能够很好地突出拍摄主体细节,适用于人物和景物的拍摄。例如,在拍摄草原时,镜头向前推,可以给用户营造出一种仿佛自己就置身于草原中的感觉,身边每一帧景色都清晰可见
后拉运镜	后拉运镜,指在拍摄时,镜头向后拉动,从前向后进行拍摄,使拍摄场景由小到大,与前推运镜的拍摄手法正好相反	后拉运镜可以把用户注意力由局部引向整体,观众在视觉上会容纳更大的信息量,从而使他们感受到视频画面的宏大。例如,在拍摄山河景色时使用后拉运镜,能表现出山河的壮丽
平移运镜	平移运镜是指从左向右或从右向左平行移动拍摄	平移运镜拍摄出来的画面,会给用户一种巡视或者展示的感受,适用于大型场景,可以使原本不动的画面呈现出运动的视觉效果
旋转运镜	旋转运镜是指在拍摄过程中通过旋转手机或者围绕着一个主体进行旋转拍摄	旋转运镜主要能够起到增加视觉效果的作用,常用于两个场景之间的过渡,能拍出天旋地转和穿越时光的感觉。比如,拍摄从黑夜切换到第二天的白天画面时,可以使用旋转运镜来作为转场过渡
环绕运镜	环绕运镜是指围绕拍摄主体进行环绕拍摄	环绕运镜能够突出主体、渲染情绪,让整个画面更有张力,有一种给观众巡视般的视角。环绕运镜适用于拍摄建筑物、雕塑物体或者特写画面等

续表

运镜手法	手法介绍	效果
摇移运镜	摇移运镜也称为"晃拍",是指上下或左右摇晃镜头进行拍摄	摇移运镜常用于特定的环境中,通过镜头的摇晃拍出模糊和强烈震动的效果,比如精神恍惚、失忆、穿越、车辆颠簸等

运镜的技巧还有很多,如跟随运镜、升降运镜、俯视运镜等。商家可尝试使用多种运镜手法拍摄视频。另外,如果想让镜头运动得更稳,可以为拍摄设备添置一个稳定器。

2.正确的构图让视频画面更美观

在拍摄短视频时,应用一些构图技巧,可以使画面更具美感和冲击力。例如,通过九宫格三分法、引导线构图法等,可以让视频作品主体突出、富有美感、有条有理,令人赏心悦目。

(1)九宫格三分法

九宫格三分法,指把画面看作一个有边框的面积,把左、右、上、下四个边都三等分,用直线把这些对应的点连起来构成一个井字,由此把画面分成相等的九个方格,如图5-45所示。

图5-45 九宫格视频示例

目前大部分手机都设置有九宫格辅助构图线，适合拍摄各种题材，特别是风景和人物。以华为手机为例，在拍摄视频时，点击"设置"按钮进入设置页面，即可打开参考线（九宫格）辅助线，如图 5-46 所示。打开参考线（九宫格）辅助线的拍摄画面，可以看到具体的辅助线，如图 5-47 所示。

图5-46　华为手机的设置页面

图5-47　有辅助线的拍摄画面

（2）引导线构图法

引导线构图法，指利用线条引导观者的目光，使之汇聚到画面的主要表达对象上。值得注意的是，引导线并非具体的线，而是一些具有方向性、连续的东西，如图 5-48 所示。

在现实生活中，道路、河流、排列整齐的树木、颜色、阴影，甚至是人的目光都可以当作引导线。

（3）对称构图法

对称构图法也称"中心构图法"，将拍摄对象放置在相机或手机画面的中心进行拍摄，能够突出画面重点，让人明确视频主体，将目光锁定在主体上，从而获取视频传达的信息。如图 5-49 所示，可以明显看到主播和食物都处在画面中间，便于用户快速锁定视频主体，并获取视频传达的信息。

对称构图法的特点是平衡、稳定、相呼应，多用于美食制作、吃播、达人秀等类型。

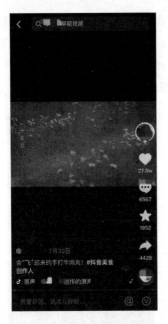
图5-48 引导线构图法视频示例

图5-49 对称构图法视频示例

3.提高短视频质量的三个小技巧

商家在拍摄短视频时应掌握一些实用技巧,让拍出的视频呈现更好的视觉效果,如常见的设置分辨率、锁定对焦等。

(1) 设置手机分辨率,保证拍出高清视频

如果想用手机拍出高清视频,在拍摄之前,一定要设置手机的分辨率。图5-50所示为苹果手机的分辨率设置页面。

建议选择1080p HD,60 fps,这个参数能满足大部分视频的清晰度。当然,手机内存较大的情况下,也可以选择4K,60 fps(高效)。

图5-50 苹果手机的分辨率设置页面

专家提点 在使用安卓系统拍摄时,建议关闭美颜功能,可以获得更高清的视频。

(2)调整曝光度,保证视频画面品质

由于手机和相机的智能性,在复杂场景下,每出现一个场景,系统会重新对焦,导致画面出现抖动,影响观感。这时锁定对焦,即可解决这一问题。在拍摄视频的时候,先点击屏幕选择焦点(即拍摄的对象),长按 3 秒,即可完成锁定对焦,再上下滑动可以调整画面的亮度和曝光度。图 5-51 所示为锁定对焦并调整过度曝光的效果对比图。

图5-51 调整过度曝光的效果对比图

(3)防止抖动,保证对焦清晰

很多短视频创作者没有拍摄经验,拍摄的视频会出现画质模糊的现象,究其原因主要是拍摄过程中抖动了。因此,只要拍摄时做好防止抖动措施就能解决这一问题。拍摄时会抖动是因为拍摄者的拍摄姿势不正确,所以在拍摄视频时应掌握手机拍摄的正确姿势。拍摄视频时一定要双手把持手机,避免单手拍摄,这样拍出的画面会更稳定。

除了保持正确的拍摄姿势之外,防止拍摄抖动最简单的方法就是使用一些辅助工具,如手机三脚架、手持云台等。

4.视频粗剪,搭建视频框架

在拍摄完短视频后,为了让视频作品呈现更好的视觉效果,还需要对其进行

剪辑。很多新手商家误以为视频都是一镜到底，将拍摄的视频加上音乐、字幕等素材后就发布了，带来的效果可想而知。

> **专家提点**
>
> 视频剪辑软件有很多，如手机端常见的剪映 App、乐秀 App、小影 App 以及电脑端常见的爱剪辑、会声会影、Adobe Premiere 等。以上剪辑软件基本能满足商家的剪辑需要，这里的剪辑操作多以剪映 App 为例。

视频粗剪相当于搭建一个整体框架，把视频进行拼接。例如，确定整个视频有哪些部分，每一个部分分别应该放在哪里，从而生成一个有开头、有中间、有结尾的完整视频。在这一步骤里，最关键的一个操作环节就是剪切。通过裁剪多个视频素材的无用环节，再将有用的视频进行拼接。利用剪映 App 可以很方便地剪辑视频，具体操作步骤如下。

第 1 步：打开剪映 App，点击"开始创作"按钮，如图 5-52 所示。

第 2 步：在弹出的视频页面中，勾选一段或多段视频，点击"添加"按钮，如图 5-53 所示。

图5-52 点击"开始创作"按钮

图5-53 点击"添加"按钮

第 3 步：在视频编辑页面点击视频末尾的"+"按钮，如图 5-54 所示。

第 4 步：又跳转至添加视频页面，勾选一段或多段视频，点击"添加"按钮，如图 5-55 所示。

图5-54　点击"+"按钮　　　　　　图5-55　点击"添加"按钮

完成以上操作，即可将几个视频合成一个新的视频。商家在剪辑视频时，还可以对视频进行删减处理。

第 5 步：返回视频编辑页面，点击"剪辑"按钮，如图 5-56 所示。

第 6 步：跳回剪辑视频页面，选中一段视频，点击"删除"按钮，如图 5-57 所示。

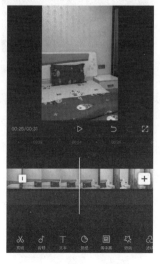 

图5-56　点击"剪辑"按钮　　　　　　图5-57　点击"删除"按钮

完成以上操作即可删除视频。

5.视频精剪，优化视频效果

视频精剪，主要是通过给视频添加音乐、字幕等内容，美化视频效果。

（1）为视频添加音乐

应景的背景音乐能够增加短视频作品的真实感、代入感，起到渲染气氛的作用。商家应该掌握一些给视频添加音乐的基本方法，从听觉方面抓住用户注意力。具体的操作步骤如下。

第1步：在剪映App中添加一段音频素材，在编辑界面的功能列表区域点击"音频"按钮，如图5-58所示。

第2步：在弹出的"音频"功能菜单中，点击"音乐"按钮，如图5-59所示。

图5-58　点击"音频"按钮　　　　图5-59　点击"音乐"按钮

第3步：系统自动跳转到"添加音乐"页面，选择合适的背景音乐，并点击该音乐进行试听，确定使用该音乐后，点击"使用"按钮，如图5-60所示。

第4步：跳回视频编辑页面，即可看到刚才添加的音乐，如图5-61所示。

导入音乐后，还可以对音乐素材进行更详细的设置，如调整音量、淡化、分割、踩点等。

图5-60 点击"使用"按钮

图5-61 成功添加音乐的视频

（2）为视频添加字幕

在短视频中添加字幕，便于观看者理解视频内容，提高用户体验。给短视频添加字幕的方法主要包括手动输入和系统识别两种。手动添加字幕非常简单，其具体操作步骤如下。

第1步：在剪映App中打开一段视频，在工作界面的信息列表区域点击"文本"按钮，如图5-62所示。

第2步：在弹出的文本页面中点击"新建文本"按钮，如图5-63所示。

图5-62 点击"文本"按钮

图5-63 点击"新建文本"按钮

第3步：在弹出的键盘页面中，输入文字，点击"√"按钮，即可生成字幕，如图5-64所示。同时，卖家还可以根据视频的画面选择文字的样式、花字、气泡、动画等效果。

如果字幕较多，手动输入较为烦琐，此时可以通过自动识别字幕的方式来添加，具体操作步骤如下。

第1步：在剪映App中打开一段视频，在工作界面的信息列表区域点击"文本"按钮，如图5-65所示。

第2步：在弹出的页面中，点击"识别字幕"按钮，在弹出的提示中点击"开始识别"按钮，如图5-66所示。

第3步：在弹出的页面中即可看到系统自动识别出的字幕信息，如图5-67所示。

图5-64　输入文字

图5-65　点击"文本"按钮　图5-66　点击"识别字幕"按钮　图5-67　系统自动识别出的字幕

系统生成字幕后，可以根据视频的画面调整字幕的样式、大小、位置等。如果发现自动识别的字幕有错别字，可以对字幕进行手动编辑。

当然，视频精剪不仅限于添加音乐、字幕等内容，还可以根据自身需求对视频进行更多美化，如添加特效、滤镜等。对于拍摄视频、剪辑视频而言，这些操作步骤都不难，难的是剪辑思路，即如何呈现商家所需要的效果。商家平时在观看其他视频时，也可以关注一下其他视频的拍摄手法及剪辑技巧，并选择适合自己的技巧进行应用。

5.7 上热门：任何人都能学会的上热门技巧

视频作品一旦上热门，会被系统推荐给更多人，从而获得更多流量，所以上热门是众多商家的共同目标。想创作出更多上热门的视频作品，需要掌握一些营销技巧。例如，常见的加定位、参与话题、使用热门音乐等方法，可以提高视频的曝光量。

1.热门门槛：原创+二次创作

首先，原创就是上热门的门槛限制。对于抖音平台而言，原创内容才有益。搬运、抄袭的内容会逐步损害用户观看体验，也会给平台创作造成不好的风气。所以抖音会给原创内容更多流量推荐，帮助其上热门。

> 关于搬运与抄袭，这里有个硬性标准：如果一段视频超过50%的内容是直接搬运，就会被判定为抄袭搬运。例如，很多影视解说账号，把影视剧情进行拆分、合成，再加上自己的音效和解说，进行二次创作。

原创视频，指从创意、文案到脚本、拍摄、剪辑等全过程都出自本人的视频。但很多热门文案、背景音乐等素材自带流量，可以适当进行应用。在创作视频的过程中，合理引用素材，只要注明出处，是被平台所允许的。

例如，账号"同同与阿霖"在2022年11月5日发布一条文案为"糟糕糟糕！偶买噶……"的视频，内容大意是小朋友好心帮忙揪掉羽绒服上的绒毛，没想到揪掉了很多羽绒服里的羽绒，使羽绒服缺失很大一部分羽绒，加上幽默的背景音乐，使人捧腹大笑，吸引200多万用户点赞，如图5-68所示。

因为账号"同同与阿霖"的这一视频走火，吸引不少博主进行模仿其内容。账号"不吃奶露拖"在2022年11月8日也发布了一条应用同个背景音乐且内容相似、但出镜人物不同的视频，也获得了系统推荐，获得100多万次点赞，如图5-69所示。

图5-68 "同同与阿霖"视频截图　　　　图5-69 "不吃奶露拖"视频截图

由此可见,二者视频内容有重合也有区别,且二次创作的视频点赞量、评论量等数据都不错。如果直接下载他人的视频,将内容原封不动的发布到自己账号上,肯定是抄袭。模仿其实就是一个学习的过程,热门账号已经经过用户检验,其内容是用户喜欢的风格,如果能在借鉴的基础上不断优化创意,必然能产出既受欢迎又具有个人特色的视频。

2.把握黄金24小时,蹭热点四步走

热点内容自带流量,只要借助好热点内容,就很容易上热门。前文介绍了如何通过抖音热榜、微博热搜等渠道了解热门信息,这里重点讲解如何利用这些热点信息,帮助视频上热门。

了解了一个热门信息后,首先要确定这个热点是否值得做,可以从该热点消息是否接触底线以及是否与账号定位相关两个维度来判断。

其次,衡量自己对该热点信息的把控力,也就是自己的知识储备能否支撑这个热点,并产生较好的效果。很多热点从发生到结束可能只有几个小时,如果自己无法在短时间内用热点信息制作出视频,那么最好放弃。

对于自己既能把控又值得做的热点，应该如何抓住呢？其实热点也有生命周期，确定热点信息的生命周期及切入方法，就可以抓住热点。热点信息的生命周期如图 5-70 所示。

图5-70　热点信息的生命周期

（1）起步期

起步期指热点发生后的 1～3 小时。起步期最为关键，时效性也最强。商家要保证在这个时间段出稿，正确的做法是以简讯的方式告诉用户哪里发生了什么事。例如，在 2021 年 8 月 21 日，某河南女网红徒步西藏直播时发生意外死亡的热点消息一经爆出，多个账号在第一时间对此信息进行了报道。如图 5-71 所示的视频，正是报道此事件的人物、地点、事件等信息。在短短的 2 个小时内，该视频获赞近 4 万个，评论数超过 4000 条。

（2）发酵期

发酵期，指热点发生后的 4～6 小时。在这个时期里，和热点信息相关的视频内容铺天盖地，换视角切入热点才能抢占更多流量。例如，在某河南女网红徒步西藏直播时发生意外死亡热点消息发出后的几个小时后，某账号对此事件进行了深度剖析，如介绍女网红身份、回顾事发前情况、讲述现在所知情况以及朋友对女网红的评论、女网红捐款等信息，最后指出女孩一人徒步西藏存在不少安全隐患，提醒镜头前的网友们不要效仿这一行为。这条视频在发布后的 21 个小时内，获赞近 14 万个，评论数也近万条，如图 5-72 所示。

反观这条视频，不难发现这比最初直接播报热点事件的视频多了很多细节，也表明了作者对这一事件的看法，所以也让更多人有兴趣看完视频并与作者互动。

（3）成熟期

成熟期，指热点发生后的 7～15 小时。热点信息在这个时期的热度已经有所下降，网上与之相关的内容可能已经很多了。这时，只有对热点信息进行深度剖析，才能引起用户关注。

图5-71 报道热门信息的视频内容　　图5-72 对热门事件进行剖析的视频内容

例如，在某知名女星爆料被家暴后，"家暴"这一话题迅速火遍网络。有博主针对家暴这一话题，发布相关的视频内容，讲解某知名人士总结的3类暴力倾向特征，便于网友观看视频后，可以从一些特征上去辨别身边是否存在有暴力倾向的人，并与其保持安全距离。视频一出，迅速被网友评论、转发，如图5-73所示。

这种解读热点事件的方法不仅有效地避免错过发布最佳时机，还能从侧面切入，给用户建设性的帮助，所以视频的各项数据也不错。

(4) 衰退期

衰退期，指热点发生后的15～24小时。热点信息到了这个阶段已经接近尾声，再想吸引用户关注，可以考虑将热点信息进行延伸。

例如，在某知名女星爆料被家暴后，有博主针对家暴这一话题，讲述遭遇此类事情时应如何自保，如图5-74所示。

综上所述，一个热门事件会经历起步期、发酵期、成熟期及衰退期，各个时期可借助的内容有所不同。商家可结合账号实际情况，分析多个热门事件所处阶段，并策划与之相关的亮点内容吸引用户互动。

图5-73 与热门信息相关的视频内容　　图5-74 对热门事件主角行为进行延伸的视频内容

3.如何把热点和自己的定位融合蹭热度

商家发布新作品时，可以选择一个人口密度高的定位地点，以吸引这个定位区域的人看到该视频。特别是线下餐饮业和服务行业，如果开通了抖音蓝V，再加上视频位置定位，其视频内容就会优先被附近的用户看到，实现将精准内容投放在精准目标人群面前，也方便目标用户到店消费。

例如，某探店达人在发布视频作品时，带上了火锅店定位信息，系统将其视频推给该位置附近的用户，截至笔者截图时，该视频已获得51.4万个赞，如图5-75所示。当用户对该火锅店感兴趣时，直接点击视频中的定位信息，就可跳转至详细定位信息页面，查看具体定位信息与该定位的相关视频，如图5-76所示。

大家在发布视频作品时，在"你在哪里"位置处添加定位信息，即可让视频内容更容易被附近的人看到，提高视频观看量。如图5-77所示。

图5-75 带有定位信息的作品　　图5-76 详细定位信息页面　　图5-77 添加定位信息

4.参加热门话题活动蹭热度

很多短视频平台都有热门话题活动，这些活动通常自带巨大流量。商家参加热门活动，不仅可以让自己的视频获得曝光，还可以向优秀的短视频同行学习。例如，抖音达人"韩美娟"已在抖音平台收获1000多万粉丝，曾创下一个月内增长700万抖音粉丝的傲人成绩。他几乎在每个视频作品的末尾都会说一句腔调昂扬的"记得双击么么哒"，让人抓心挠肺的同时，忍不住看了一遍又一遍。

韩美娟的火热，除了本人具有鲜明特点外，更离不开热门活动的助力。2019年8月，韩美娟在抖音平台发布了一个"百因必有果"主题的视频作品，获得600多万个用户点赞，30多万个用户参与讨论。紧接着，有网友发起"百因必有果"的挑战活动，吸引众多用户参与到活动中来，甚至连众多明星也主动"跟风"拍摄了同类型视频，并且都取得了不错的效果。

（1）话题活动形式

在抖音平台，活动可由官方或达人发起。官方发起的活动，有资源扶持，视频浏览量较高。商家可以从活动规则及活动福利等内容判断活动属于达人发起还是官方发起。

一般来说，达人自主发起的活动，规则简单、参与门槛低。如图5-78所示，为某达人发起的话题活动页面，只写明了话题活动名称。

而官方发起的活动，一般经过了精心策划，会注明活动时间、活动玩法、参与门槛以及用户福利等内容。图 5-79 所示为官方发起的话题活动页面。

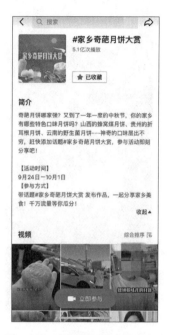

图5-78　达人发起的话题活动页面　　　　图5-79　官方发起的话题活动页面

通常，达人发起的活动，由于门槛低，可能存在一些法律问题，风险相对更大，因此建议大家优先做官方发起的话题活动。

(2) 找话题活动的渠道

商家平时可以关注抖音小助手官方账号或在看视频过程中寻找话题活动。抖音小助手是抖音官方账号，会将当天热门话题以消息推送的形式推送给每个抖音账号。商家接收到此类消息时，点击"查看详情"即可进入话题活动详情页，如图 5-80 所示。

图5-80　点击话题活动下的"查看详情"按钮

平时看视频的过程中，如果发现热门视频标题中带有"#"号的内容，可点击进入热门话题活动页面。如图 5-81 所示，为某热门视频页面，在视频标题中可见"#抖音动物图鉴"字样。点击该字样，即可跳转至相应的话题活动页面，如图 5-82 所示。商家可以在平时看抖音的过程中，留意是否有适合自己参与的热门话题活动并积极参与其中。

图5-81 视频标题中的话题活动页面

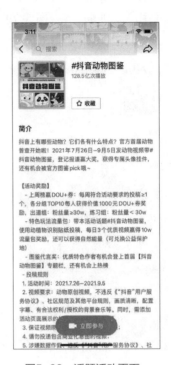

图5-82 话题活动页面

如果以上两个渠道都没有适合自己的话题活动，还可以直接在搜索栏中搜索关键词的话题。如图5-83所示，在抖音搜索栏中输入"美食"关键词，点击"搜索"按钮和"话题"按钮，即可查看与美食相关的话题。

在参加热门话题活动时，需要遵循宁缺毋滥的原则并选择最新话题。热门话题虽然确实能为视频带来流量，但商家必须选择与账号定位及人设相关的话题来参与，否则可能带来适得其反的效果；其次，可选择的热门话题虽然很多，但尽量选择近期人气高的话题，这样视频得到的流量可能更可观。

图5-83 与美食相关的话题

5.使用热门道具

如果直接用他人的音频、内容，可能会被告侵权，但如果用热门道具，则被视为合理引用。抖音平台会不断地更新滤镜、特效等道具。而且热门视频中所使用的道具已经积累了较高的人气，商家如果使用得当，容易引爆流量。

明星贾玲使用"魔法变身"特效拍了一个视频，截至笔者截图时，该视频已获得200多万个赞，如图5-84所示。点击该特效进入特效详情页，可见已有900多万人使用该特效，如图5-85所示。使用该特效的视频，各项数据都不错。

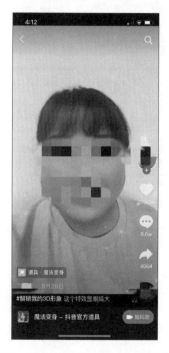 

图5-84　明星使用特效拍摄的视频　　　　图5-85　特效详情页

部分定位为企业号或知识号的账号，担心使用这些带有娱乐性质的特效会造成用户不精准。其实，偶尔发布一两条纯娱乐类的视频也无伤大雅，还可能提高粉丝黏性。

6. 使用热门音乐

音乐能够渲染视频的气氛，热门音乐是经过抖音官方算法证明受欢迎的内容，所以使用热门音乐，有助于视频上热门。

2021年6月，蜜雪冰城官方账号发布了中文主题曲MV，随后这支歌词直白、旋律轻快的主题曲火遍全网，吸引了超过50万的用户参加使用，如图5-86所示。

例如某粉丝量不足 5 万的素人账号，在某条视频引用了该热门音乐，截至笔者截图时，已获得 190 多万个赞以及 8 万多条评论，如图 5-87 所示。

图5-86　蜜雪冰城主题曲页面　　　图5-87　使用热门音乐的视频截图

除了选择热门音乐，还要保证音乐的风格符合内容主题。例如，某情感类账号的视频中需要用音乐烘托女主失恋后的感伤，那么所选取的音乐应该符合这一主题，而非热门的欢快音乐。

7. 花钱上热门

在做好视频的基础内容并能获得基础曝光后，可以考虑通过付费渠道加大视频播放量。例如，DOU+ 就是通过付费为视频购买播放量，从而提升视频曝光量的上热门方法。通常，系统会为每一条新发布的视频匹配一定的流量，至于匹配流量的多少由发布视频的账号特征（如标签、粉丝量等）、视频的内容特征（如关键词等）以及当前在线的用户特征（兴趣、标签）等决定。

当系统为视频匹配到相应的用户后，将视频内容推荐给这些目标用户，并记录用户的反馈，如用户是否看完视频，是否发生关注、点赞、分享等行为，再基于反馈数据为视频内容评分、排序，并决定继续为视频内容提供多少的播放量。

在这个过程中，投放 DOU+ 就是购买播放量，提升视频曝光率。DOU+ 作为抖音的官方付费推广工具，可以为抖音创作者通过付费为自己的视频带来更多流量，其功能主要包括如图 5-88 所示的几点。

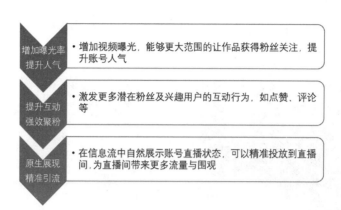

图5-88 DOU+的功能

在抖音投放DOU+的具体操作步骤如下。

第1步：打开抖音，点击右下角的"我"进入个人页面，选择要上热门的视频，如图5-89所示。

第2步：打开视频后，点击右下角的"…"按钮，如图5-90所示。

图5-89 选择要上热门的视频

图5-90 点击右下角的"…"按钮

第3步：跳转至私信、分享页面，点击"DOU+"按钮，如图5-91所示。

第4步：跳转至DOU+投放页面，设置投放信息，点击"支付"按钮，根据提示完成支付，即可完成一次 DOU+ 投放计划，如图 5-92 所示。投放成功后，视频就有机会上热门了。

图5-91　点击"DOU+"按钮

图5-92　设置投放信息

从图 5-92 中可以看出，DOU+ 的投放形式分为"速推版"和"定向版"。在速推版中，可以直接选择推荐人数。一般来说，100 元可以得到 5000 个推荐量，相当于每个播放量需要付费 2 分钱。可根据自己账户投放的目的，如提升点赞、评论等互动数据还是提升粉丝量，来进行灵活投放。

在定向版中，可以自定义选择目标用户的性别、年龄、地域，也可以把作品推荐给账号粉丝相似的用户。当然，当选择的目标人群越精准时，推广费用也会更高。就目前而言，定向版的 DOU+ 投放形式主要包括"系统智能推荐""自定义定向推荐"。这 2 种定向投放形式各有特点，适用场景也有所差异。商家可结合实际情况，选择合适的投放形式。

8.选好发稿时间：在用户需要的时候出现

短视频制作好后，是否可以马上发布呢？其实短视频的发布时间也直接影响着视频效果。在目标人群较为集中的时间段发稿，能为视频获得更多流量。虽然不同账号的用户集中时间可能有所差异，但总体可以参考抖音用户高峰期时间段。

➢7:00—9:00：这一时间段，人大多在睡醒后躺在床上看抖音；或在上班路上，用通勤时间来看抖音视频。

➤12:00—13:00：大多数上班族的午休时间，很多人会在饭后拿出手机看抖音视频。

➤16:00—18:00：特别是一线、二线城市的上班族，在这个时间段工作基本处于不太饱和的状态，有时间看抖音视频。

➤21:00—24:00：抖音用户看视频的晚高峰，这个时间段的人基本忙完手里的事准备休息，会拿出手机看抖音视频。

以上4个时间段也会随着用户人群和季节的变化而发生变化。例如，大家在夏季会睡得比较晚，22:00—24:00及0:00—2:00都有可能是小高峰期；但到了冬季，大家往往睡得比较早，相对来说22:00—24:00是高峰期。另外，周六和周日，是很多上班族休息的时间段，也容易拿出手机看抖音视频。

当然，由于各个账号定位不同，粉丝活跃时间也有所差异，所以还需要结合账号定位和粉丝活跃度，来选择适合的发布作品时间。表5-15列举了几个发稿黄金时间段及内容，可供商家参考。

表5-15 发稿黄金时间段及内容

时段	发布时间段	内容
第一时段	6:00—8:00	励志类、早餐美食类、健身类、教育类
第二时段	11:00—13:00	剧情类、搞笑类、吐槽类
第三时段	18:00—20:00	适合所有内容
第四时段	22:00—24:00	鸡汤类、情感类、美食类

5.8 成交变现：揭秘抖音的5大商业变现模式

商业变现是商家创作者经营账号的原动力。大多数商家长期发布短视频，就是为了积累粉丝变现。

商家可在各大达人网站，如"巨量星图""阿里V任务"等网站，寻找具体的商务合作。这里以巨量星图为例进行详细讲解。巨量星图（以下简称"星图"）是今日头条官方的推广任务接单平台，主要为品牌、MCN公司及短视频创作者提供广告任务服务并从中收取分成或附加费用。对于商家而言，可以在星图与品牌方的商务对接合作。

> **专家提点** MCN 机构是一类公司的简称,是帮助签约达人进行内容持续输出和变现的公司简称。

随着短视频与直播行业的迅猛发展,不少品牌方关注到了达人、主播的营销爆发潜力,会寻找抖音达人合作。例如,大众汽车、泰国红牛等品牌,都多次与抖音达人合作,并取得了不错的效果。同时,很多达人积累了大量粉丝后,不知如何与品牌方建立稳定的合作关系,从而获得更多变现。正是在这种背景下,星图做起了广告主与达人之间的连接器,在实现达人自我价值的同时,帮助品牌方做宣传营销。

抖音短视频创作者想通过星图平台接广告,需要先入驻星图平台。就目前而言,达人入驻星图平台的要求已经降低了。以入驻抖音平台为例,满足以下任一要求即可:

➢ 抖音账号在抖音平台粉丝量≥1000 且已经开通直播购物车权限;
➢ 抖音账号在抖音平台粉丝量≥1 万。

短视频创作者入驻星图平台的具体操作步骤如下。

第 1 步:打开星图网址,点击首页中的"注册"按钮,如图 5-93 所示。

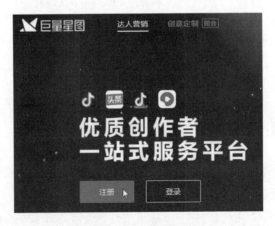

图 5-93 点击"注册"按钮

第 2 步:自动跳转至选择身份页面,勾选阅读同意服务按钮后,点击身份(广告主选择"客户",短视频创作者选择"达人/创作者"),如图 5-94 所示。

第 3 步：自动跳转至选择媒体平台页面，点击"我是抖音达人"按钮，如图 5-95 所示。

图5-94　选择身份　　　　图5-95　选择媒体平台页面

第 4 步：自动跳转至新页面，输入手机号及验证码，然后点击"授权并登录"按钮，即可登录，如图 5-96 所示。

图5-96　点击"授权并登录"按钮

 到这一步时，达人也可以通过抖音扫描二维码的方式登录账号。

完成以上操作，系统自动跳转至星图欢迎页面，达人可自主设置账号信息。

达人入驻星图平台后，即可通过接广告投放任务的方式获得收益。在星图平台中，达人可自主寻找广告主的合作计划或完善自己的出价信息，让广告主主动联系自己。这里以主动接广告（投稿任务）为例进行讲解。

投稿任务是一种一对多的任务模式，由广告主发起一个话题/任务，多位达人都可参与。视频创作者根据广告主的任务要求和奖励规则参与并制作视频进行投稿。达人进入"任务中心"页面，可查看全部任务，其中包括星图任务、全民任务等，如图5-97所示。

任意点击一个感兴趣的任务，即可跳转至任务基础信息页面，可了解任务介绍、平台详情等。根据任务要求拍摄视频并点击"上传视频完成任务"按钮，即可上传视频完成任务投稿，如图5-98所示。

图5-97　"任务中心"页面　　图5-98　任务基础信息页面

商家按规定上传视频后，可在此任务页面中查看审核结果。如果通过审核，视频会进入数据计算和瓜分奖励，页面会显示详细的数据和奖励；如果未通过审核，需要根据提示重新拍摄、上传视频，直至通过审核。

1.广告变现

广告变现是最高效的短视频变现方式，例如，某账号专门为某洗碗机策划的视频，视频脚本围绕男主省钱为女主买某品牌洗碗机来诠释"浪漫"一词，如图5-99所示。整个视频虽未提及洗碗机的广告词，却在不经意间展示了几次洗碗机品牌名，用户看完视频后，纷纷在评论区留言"走心广告""老公，我也想要可以表达爱意的某某洗碗机"等。

与其他变现方式相比，广告变现的门槛稍高一些，平台和广告主会对创作者的粉丝量、播放量等方面有要求。但广告变现的收益也会比其他变现方式稍高一些。常见的抖音广告主要包括品牌广告、植入广告、弹窗广告以及冠名广告等。

（1）品牌广告

品牌广告是指以品牌为中心，为品牌量身定做的广告。品牌广告常见于品牌商家账号，通常以视频的形式出现，制作要求较高，制作难度较大，所需费用也高。

一些粉丝量高且制作视频能力强的账号会接这类广告。例如，某情景剧账号在发布一条关于校园主题的视频时，提及自己的产品是在某品牌购物平台购买的，为该品牌做宣传，如图 5-100 所示。

这条围绕校园故事展开的视频，穿插着品牌广告。但由于广告味不浓烈，没有引起用户的反感。看完视频的用户如果有购买品牌产品的需求，可以点击该视频评论区的链接下载购物 App。对视频创作者而言，通过视频内容宣传了品牌信息，品牌方会根据实际情况向创作者支付一定的广告费用。

（2）植入广告

植入广告，指把产品及其服务具有代表性的视听内容融入短视频中，加深用户对广告信息的印象，以达到营销的目的。例如，某测评账号在 9 月开学季来临之前，专门发布了一条关于书包测评的视频。视频中测评了市面上常见的几款书包，并提到一款装了重物也不会变形的书包，能有效保护孩子的脊椎，如图 5-101 所示。

图5-99　为某品牌洗碗机策划的视频　　　图5-100　介绍某品牌购物平台

作为家里有孩子正在上学的宝妈而言，在看到这条有关书包测评的视频内容时，考虑该款书包有利于孩子的身体健康，可能就会考虑下单购买该产品。

(3) 弹窗广告

弹窗广告指悬挂在短视频画面某特定位置的 Logo 或一句广告语。弹窗广告有着展现时间长、所占位置小等优点。如图 5-102 所示，为某短视频中洗发水的弹窗广告。

图5-101　植入书包广告视频截图　　图5-102　短视频中的弹窗广告

由于弹窗广告形式直白，可能会影响观众的观赏体验，一般在短视频广告中应用得较少。

(4) 冠名广告

冠名广告是指企业为了提升企业形象、提高产品销量以及打响品牌知名度而采取的一种阶段性宣传广告，常见于综艺节目中。如在各种综艺节目中，口播"大笑养肺，不笑浪费，宇宙养肺老字号某某"就是冠名广告。

例如，某户外账号喜欢发布有关自己骑车的视频，收获了一些有共同爱好的骑行朋友。随着账号粉丝数量的增长，就有山地车品牌商家为其赞助产品。账号博主为了表达对赞助商的谢意及曝光赞助商的产品信息可获得变现，在视频内容中感谢品牌方赞助，如图 5-103 所示。

冠名广告可以让商家与视频创作者实现共赢。商家通过短视频中的冠名广告，可以提升品牌知名度，进而巩固老用户和吸引新用户；而视频创作者不仅可以得到商家的实物支持，通过视频内容售出商品后，还能获得广告费用。

2.电商变现

电商是最容易上手的短视频变现方式，很多热门视频创作者都直接在短视频中挂产品链接或自建小店售卖产品。如图5-104所示的视频中挂有产品链接，当观看者在看视频时，可直接点击产品信息购买。链接中的产品销量越高，账号就可以获得越多的带货收益。

图5-103 感谢品牌方赞助的视频内容　　图5-104 抖音挂有产品链接的视频截图

商家想通过电商卖货获得更多变现，应了解电商变现逻辑以及带货选品、带货技巧等内容。尽量选择适合目标用户的产品，并加以有深度的视频内容，从而感染用户使其喜欢产品、购买产品。

（1）电商带货逻辑

短视频变现的方式多种多样，那为什么电商就可行呢？究其原因，主要是抖音流量转化率高、购物便捷、没有时间限制、产品种类繁多等。

首先，抖音电商是一种兴趣电商，是基于人们对美好生活的向往，为了满足用户潜在的购物兴趣、提升消费者生活品质而打造的电商。兴趣电商非常注重转化率和复购率,其购物逻辑是激发消费者兴趣,从而提高消费者的下单意愿。而且,抖音作为短视频平台,日活跃用户数量达 4 亿人。在这种流量大、转化率高的背景下,只要短视频内容好,产品转化率就会非常高。

根据蝉妈妈提供的实时销量榜数据显示,不少产品近两小时的销量都上万件,且佣金比例也不低。如图 5-105 所示,某款价格为 79 元的产品,近两小时销量达到 6.8 万件,佣金比例高达 20.1%,也就是说该视频博主在两小时内即可获得高收入。

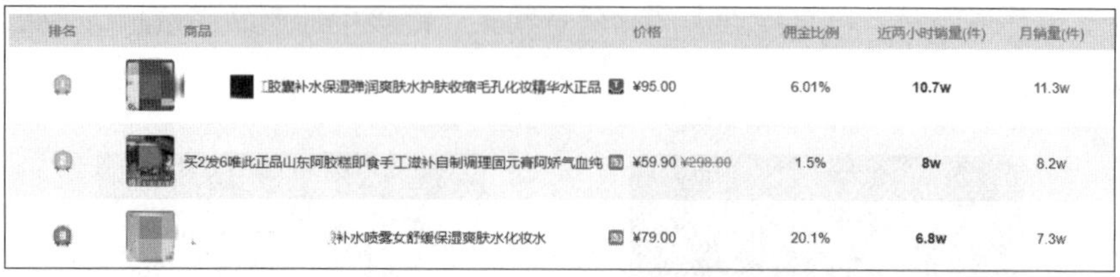

排名	商品	价格	佣金比例	近两小时销量(件)	月销量(件)
	胶囊补水保湿弹润爽肤水护肤收缩毛孔化妆嫩华水正品	¥95.00	6.01%	10.7w	11.3w
	买2发6唯此正品山东阿胶糕即食手工滋补自制调理固元膏阿娇气血纯	¥59.90 ¥298.00	1.5%	8w	8.2w
	补水晓露女舒缓保湿爽肤水化妆水	¥79.00	20.1%	6.8w	7.3w

图5-105 蝉妈妈实时销量榜

其次,短视频创作者可结合目标消费者的需求策划视频内容,当视频内容激发了消费者对产品的需求后,可直接点击视频中的链接跳转至产品详情页,进行收藏、加购、下单等操作,加速了购买决策。这样既方便了消费者购物,也利于创作者售卖产品获得变现。

另外,短视频留存时间长,旧视频还会在账号积累了人气之后而出现流量爆发、销量爆发的可能。只要短视频创作者发布的视频一直有人看,一直有人下单,就可以一直获得佣金。换言之,带货视频可以一直"存活"在消费者的视线里,只要消费者喜欢,视频及产品信息就可以一直被传播。

最后,通过各类数据分析工具的统计发现,抖音平台热销的产品包括鲜花家纺、零食食品、美妆护理、生活电器、珠宝饰品等诸多品牌。商家只要结合账号垂直情况与消费者需求,选择适合自己的产品类目,且精心策划视频脚本、拍摄角度和内容,必然能取得不错的带货效果。

(2)电商选品技巧

选品环节在电商带货过程中占据了非常大的比重,从很大程度上决定了带货的成与败。商家首先应从自己账号的属性出发,选择目标用户可能喜欢的产品或有需求的产品;其次,为了增强信任背书,商家应该选择自己试用过的产品;最后,为了迎合更多粉丝的需求,商家应该选择热销、低客单价的产品。商家在选品时,可参考如表 5-16 所示的选品技巧。

表5-16 选品技巧

选品技巧	具体内容
选择与账号属性相关的产品	如果账号定位是垂直内容,那么系统会根据垂直内容贴上精准标签,从而将视频内容推荐给更多的精准粉丝。因此,商家要选择与账号属性相关的产品,才能被分配更多精准流量
选择试用过的产品	大部分账号内容与账号粉丝在兴趣爱好方面高度契合,如果选择亲自使用过的产品进行销售,更有利于产品推荐。而且,只有亲身体验过产品后,才能更清楚地了解产品并提炼出卖点
选择热销的产品	建议商家在选品前多查看各类热销产品排行榜,尽量选择排行榜靠前的产品,例如洗衣液、牙膏、维生素片等适用人群广的产品。同时,也可以抓住热点信息,售卖高热度产品,如在节假日选择符合节日氛围的产品(如在端午节前售卖粽子)
选择低客单价的产品	相比高客单价的产品(如空调、电视机等家电产品),低客单价的产品(如洗衣液、卫生纸等日用品)的市场往往更大。产品的客单价越高,消费者购买前越需要深思熟虑;低客单价的产品,不管家里有没有,只要产品好、性价比高,消费者就愿意多买

如果新手商家不知道如何选品,可参考抖音平台热销产品榜单。例如,打开并登录蝉妈妈网站,点击"商品"下面的"选品库"按钮,如图5-106所示。

系统自动跳转至销量排名页面,可以看到排名靠前的商品信息,如商品名称、图片、价格、佣金比例、浏览量、视频销量等,如图5-107所示。商家可结合账号类型与商品类目、价格等信息,选择点击合适的商品后面的购物车按钮,将其添加至自己的商品橱窗。

图5-106 点击"选品库"按钮

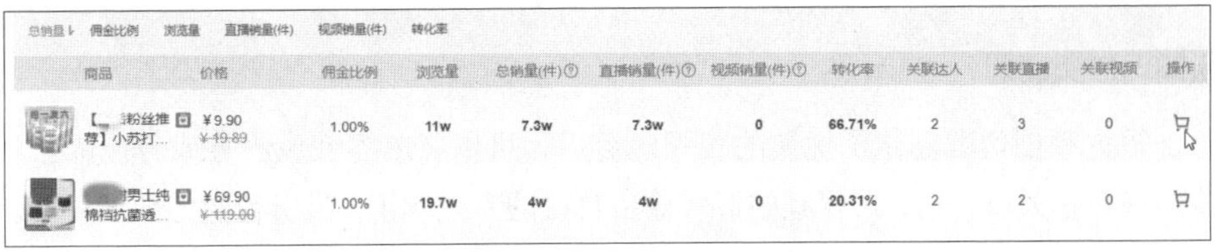

图5-107 销量排名靠前的商品信息

(3) 电商带货技巧

营销不是简单的降低产品价格，而是要体现更多产品价值。建议商家从消费者角度出发，吸引客户、转化客户。例如，某美妆博主通过短视频推荐某款粉扑，视频内容体现了粉扑的实用价值，如材质细腻，定妆效果好；不吸粉，可以节约更多粉底液等。视频在发出后的数天内，截至笔者截图时，已获得 60 多万个赞，3.6 万条评论，如图 5-108 所示。点击产品链接进入产品详情页，可以看到截至笔者截图时，该粉扑销量 38.9 万件，如图 5-109 所示，销量十分可观。

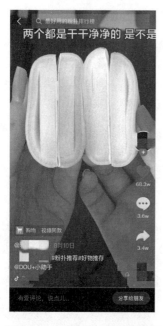

图5-108　传递产品价值的视频　　　图5-109　粉扑详情页

另外，当消费者对一个产品足够感兴趣时，往往需要临门一脚的保障信息就能促成订单。这也是多个电商平台都有相应的风险承诺的原因。短视频营销也是如此，只有在视频内容中展示一些有力证据或售后服务，才能打消消费者的疑虑，增强下单的信心。

3.知识付费变现

短视频创作者创作了优质的视频内容后，可以将内容变成服务或者产品。不少短视频达人以直播、短视频的形式输出自己的专业知识，吸引粉丝为知识付费。尤其是一些技巧教学类的垂直账号，特别适合将内容变现。

例如，某账号以输出视频拍摄、剪辑知识为主，其部分内容属于付费内容，挂在橱窗售卖。对其内容感兴趣的用户，可进入产品详情页查看课程简介、价格、评论等信息，并下单购买。图 5-110 所示为某款付费视频产品详情页，截至笔者截图时，该视频产品已售 2 万件。

由此可知，短视频变现，就是结合短视频和知识付费，通过短视频的形式帮助用户解答自己专业领域内的问题，从而实现变现。

4.引流私域变现

引流私域变现，即将粉丝从短视频平台引入社群，然后在群里集中卖货。比如很多做穿搭分享的商家，除了利用商品橱窗卖货外，偶尔也会在社群中卖货。在短视频平台的个人主页中，商家会将自己的微信巧妙地列出，引导粉丝先添加商家的工作微信，然后加入卖货微信群中，从而销售商品，如图 5-111 所示。

图5-110　付费视频产品详情页　　图5-111　抖音某账号留有微信号的页面

通过短视频将粉丝引入私域平台变现有以下 4 个优点。

➢ 受众精准，成交率高：只有对短视频感兴趣的粉丝才会添加相关联系方式，因此吸引到的都是精准消费者，成交的可能性更大。

➢ 受众稳定，便于管理：主动添加联系方式的粉丝大多信任商家，具有一定的忠诚度，方便商家持续运营同一社群。

➢ 推广成本小，有利于测款：当需要进行某款商品的小范围测试时，可以利用现有社群来进行，节约推广成本。

➢ 反馈及时，便于调整经营策略：由于社群的自由性，运营方能及时地获取并处理用户的反馈，有利于运营方及时调整经营策略，维护社群的黏度。

值得注意的是，很多短视频平台不允许商家直接展示自己的微信号，需要用其他同音字、字母代替"微信"二字。这样既不会被平台判定违规，也能让粉丝知道自己的微信号，从而起到引流的作用。

5.引流线下变现

对于一些有实体店铺的商家而言，可在短视频中添加店铺信息，将线上粉丝引入线下实体店铺，从而变现。如图5-112所示，某餐饮商家在短视频中添加了实体店铺的位置信息及优惠团购信息。消费者如果对视频中的食物感兴趣，可点击团购信息进入限时团购页面，购买具体套餐并进店使用，如图5-113所示。

图5-112　添加位置信息及优惠团购信息的视频页面　　图5-113　团购套餐页面

即使部分商家没有实体店铺，也可以通过策划线下活动、线下培训会等，吸引对视频内容感兴趣的粉丝前来，进行面对面交流，再售卖自己的商品或服务。

由此可见，抖音的变现模式多种多样，商家可以尝试多管齐下，从而找到最适合自己的变现方式进行深耕。

第6章
直播营销与带货

在当前这个互联网+的时代，随着直播行业的蓬勃发展，直播营销为商家提供了一种全新的商业模式，很多商家开通线上直播平台，利用直播带货，打造更利于消费者购物的营销场景，从而实现产品销量的快速增长。本章将全面讲解有关直播营销与带货的方法与技巧，让你从小白快速成为一位直播带货达人。

本章学习要点

※ 直播前期的四个准备工作

※ 让直播间人气火爆的渠道和方法

※ 直播带货实操指南

※ 直播电商新赛道——私域流量直播变现攻略

6.1 直播前期的四个准备工作

在开启直播前,需要做好一些准备工作,如考虑卖什么产品、考虑直播间人和场景的配置、策划详细的直播脚本及制作吸引人的封面图和标题。做好这些准备工作,才能快速提高直播间的人气,让直播取得一个较好的效果。

1.直播间的选品法则

一场成功的直播,并不仅是带货数据好看,而应该是三方共赢,如图6-1所示。

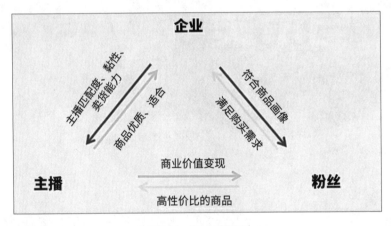

图6-1 三方共赢图

对于企业而言,如果是通过与主播合作的模式做直播带货,通过筛选目标、粉丝画像匹配、提高粉丝黏性来实现高业绩;或者通过培养自己的主播,通过相同用户画像关键词去销售,达到理想业绩,来实现商业上的突破。

对于主播而言,在一场直播中,通过企业提供的优质商品去实现自己的直播价值,从而提高佣金比例。在提高自己收入的同时把优质的商品卖给粉丝,从而实现自己的商业价值变现。

对于粉丝而言,通过直播间获取高性价比的商品来满足自己的购买需求。对于企业、主播和粉丝三方而言,都有所收获,才是一场成功的直播。

在这个三方共赢的过程中,有一个非常重要的点,就是带货的品类规划。品类规划是直播前的第一个准备工作,通过选品及商品陈列,尽可能提高直播带货的效果。即使是粉丝数量众多的头部主播,也需要投入大量的时间、人力、物力去做品类规划工作。知名大主播都有专业的选品团队,在全国甚至全世界甄选优质产品,这是因为选品不仅关系到某一场直播,而是能够发挥长效机制,不断吸引粉丝，做长久生意。那么，应该如何选品呢？这里列举几个常见的选品法则。

(1) 选择适合直播营销的产品

并非所有企业、所有产品都适合通过直播营销。适合直播营销的产品如图 6-2 所示。

图6-2　适合直播营销的产品

这样的产品之所以适合直播营销，原因如表 6-1 所示。

表6-1　产品适合直播营销的原因

产品特征	适合直播营销的原因
快消品	快消品，"快速消费品"的简称，指那些使用寿命较短、消费速度较快的消费品，如食品、个人卫生用品、饮料等日常用品。快消品的使用寿命短、频次高，复购率也高，适用人群广，适合直播营销
便于效果展示的产品	对于一些便于通过直播展示效果的产品，比如美妆、服饰类产品，可以让粉丝直观地看到产品的颜色、外观及使用效果等。如果粉丝查看产品的展示效果后，对产品满意，容易促成订单
重视过程消费的产品	部分产品到达消费市场之前，可能需要经过长时间的生产、加工，例如茶类产品。当消费者能够实实在在地看到产品的产出过程，会加大对产品质量的信心，从而促进购买

续表

产品特征	适合直播营销的原因
适合团购的产品	利用直播间主播带货这种一对多的售卖特性,给粉丝营造一种更划算的感觉,从而刺激购买
品牌性产品	消费者一般都喜欢购买口碑好或者知名品牌的产品,因为这些产品的质量更有保障。同时,这类产品具备一定的品牌知名度,主播甚至只需要简单地陈述产品的功能,即可促成交易

(2) 选择满足粉丝需求的产品

在直播营销中,有部分产品即使不是主流产品,销量仍然可观,例如一些培训课件、健身方案等。究其原因,是因为这些产品匹配了粉丝的需求。可以根据粉丝的性别、年龄、消费能力、偏好等维度去分析粉丝的潜在需求,并根据他们的潜在需求选品。

主播可以在达人后台或者一些数据分析工具中查看粉丝画像,比如男女占比、年龄、地区、消费习惯、学历、职业、爱逛品牌、消费类目等,如图6-3所示是数据分析工具"新榜"中的部分粉丝画像。

图6-3 "新榜"中的部分粉丝画像

主播只有足够了解自己的粉丝群体以及他们的相关属性,才能选出适合粉丝的产品进行推荐,进而提升直播间的转化率。例如,某主播的粉丝以女性人群为主,该主播却在一场直播中推荐了大量的男性产品,结果这场直播的销售数据惨淡。所以,主播千万不要盲目自信地认为自己的粉丝什么产品都会购买。

（3）选择具有爆款潜力的产品

大多数受粉丝追捧的产品，都是市场上的热销爆款产品。MCN 机构负责人或主播，可以追求热点，主动发现一些具有爆款潜力的产品。例如，"自嗨锅"就是这样的产品，具有爆款潜力。

（4）选择时令产品

对于喜欢尝鲜的直播间用户来说，时令产品非常有吸引力。尤其是现在很多人都注重仪式感，喜欢在特定的节日购买一些符合节日特征的产品，例如，端午节的粽子、中秋节的月饼以及夏季的西瓜等。

根据以上四个选品法则，可大致选出适合自己直播间的产品。

2."人""货""场"配置规范

（1）直播间"人"的配置规范

解决了选品问题后，还需要考虑"人""场"的问题，这里就会涉及大家常说的"人、货、场"定律，如图 6-4 所示。

直播间的产品是由主播来销售的，这就是"人、货、场"定律中"人"的定义。在直播平台上，不同的主播销售一样的产品，即使粉丝数量差不多，销售量也可能有着天壤之别。主播的专业能力和销售能力都将影响直播间产品的转化。一名合格的带货主播的特点如图 6-5 所示。

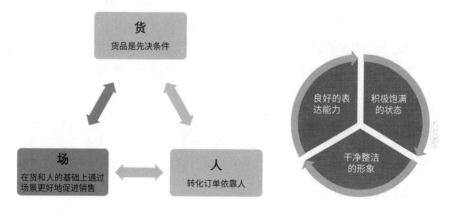

图6-4　直播间的"人、货、场"定律　　　图6-5　合格的带货主播的特点

作为一名合格的带货主播，首先要有积极饱满的状态，其次要有干净整洁的形象，最后要有良好的表达能力。衣着方面做到整洁大方，给人清爽利落的第一印象即可。在表达能力方面，说话要口齿伶俐，表达清楚；如果说话吞吞吐吐，

前言不搭后语，会导致粉丝无法明白主播要表达的意思。主播们要想做到语言表达通顺流畅，就一定要勤于锻炼基本功。

同时，主播带货时最忌讳生搬硬套、张冠李戴。作为主播，说话时一定要做到心中有数，要刻意培养自己缜密的逻辑思维，使脑中思路清晰、条理清楚，以利于更好地与粉丝沟通与交流。

主播应该做到和粉丝像朋友一样平等交流。既不能和粉丝之间的心理距离拉得太远，居高临下地说教；也不能和粉丝的心理距离太近，无法起到引导者的作用。

(2) 直播间"货"的配置规范

"货"的配置规范就是做好品类规划，即根据粉丝画像、主播现状以及生活特性，将已经选好的直播间产品按照不同种类在直播间进行排列布局，从而达到最佳带货效果。

做品类规划的原因主要包括两方面：首先，为了实现单场直播的销量最大化，通过对直播商品的数量推广顺序进行规划，从而更好地引导粉丝了解产品、购买产品，使得直播销量达到最大化；其次，为了实现长期化营销。通过每一场直播的品类规划，给粉丝营造一种在这个直播间能有所收获（价格方面或知识方面）的认知，从而使其愿意长期来直播间下单转化。

① 直播间产品分类

在讲品类规划方法之前，先来看直播间带货最容易出现的三个问题。

问题一：挂车商品过多，无形中增加了粉丝的选择成本。大家平时逛电商平台时，通过一个关键词搜索产品，容易看到多个类似产品，选择谁好像都差不多，难免产生"太麻烦了，不买了"的想法。因此，选择成本越高，粉丝购买的概率就越小。如果直播间挂车产品太多且类似，不利于转化。

问题二：只挂高利润产品。高利润产品确实能够带来更多利润，但也往往伴随着过度透支粉丝价值的风险，不利于直播间长久营销。

问题三：产品品类过于单一。直播间的产品过于单一，就意味着只能满足某一类层次需求，导致其他粉丝的期待落空，久而久之，会降低直播间的关注量。

想要解决以上三个问题，就要做好直播间产品分类。直播间产品可分为如图6-6所示的福利产品、主推产品以及高价、大牌的产品三类。

做品类规划时，在主播的不同阶段，安排的品类及权重会有所不同。在新主播开播初期，可能更倾向于通过福利产品获得粉丝的信任，去吸引新粉丝关注。

在直播中期，可以适当降低福利产品的比重，增加主推产品的比重。通过福利产品搭配主推产品，不断地提高客单价，向粉丝传递直播间产品属于优质产品的信息。

- 福利产品：指一些质优价廉、快速消耗且可大量铺货的引流款产品。福利产品主要用于提升直播间人气和取得粉丝信任。例如，通过1.99元秒杀洗脸巾，给粉丝提供质优价廉的产品，从而吸引粉丝大量下单，提高直播间的人气

- 主推产品：指一些利润空间大、使用频次高，适合组合出售、限时优惠的利润款产品，是直播间利润、佣金的支柱

- 高价、大牌的产品：指一些知名品牌的形象款产品，一般用于提升直播间品牌形象。如果一个直播间长期只卖便宜货，很难被粉丝认可。所以，直播间也需要一些高价、大牌的产品，来提高直播间的消费层级，慢慢培养直播间粉丝的购买习惯

图6-6　直播间产品分类

到了成熟期，直播间就可以增加高价、大牌产品的数量，达到提升消费层级、拓宽产品品类的目的，避免粉丝产生审美疲劳。同时，也进一步提高直播间的利润空间。

② 直播产品的数量规划

直播带货不仅要考虑主播的状态、体力，更要考虑粉丝的接受程度，也就是产品数量的规划。在直播产品的数量规划方面，应视直播间不同情况进行区分。对于刚成立的直播团队或新人主播，建议每场直播带货产品数量不超过十个，单场产品品类不超过两个。

在直播初期，目的并不只是带货，更多的是为了打磨新人主播的直播技巧。随着直播间粉丝数量的增加，可以逐步增加产品数量。

值得注意的是，即使到了成熟期，直播间粉丝数量和互动量都比较可观的情况下，直播间产品数量也应该控制在 50 个以内。

③ 直播间的产品陈列

直播间的购物袋是倒序排列的，越早发的产品，排在越下面；越后发的产品，

排在越上面，也就是主播上架产品的顺序和观众实际看到的顺序相反。作为观众，翻看顺序大概是从上到下，主播应该利用好这个特征去规划直播间产品的陈列顺序。

建议购物车的排序如图6-7所示。首先用主推爆款、常规爆款、畅销款带动本场直播销量；再尝试性地推荐一些新品，测试一下新品的市场接受程度；最后用清仓款处理库存产品，从而提高粉丝黏性。

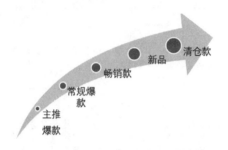

图6-7　直播间购物车排列顺序

（3）直播间"场"的配置规范

"场"，即直播场景，场景的设置能够更好地帮助主播销售产品。直播间的场景设置主要从直播间画面清晰度、灯光效果、背景设置和道具准备4个方面入手。这里以室内直播间的场景搭建为例进行详细讲解。

① 画面清晰度

目前的直播方式主要分为两种，一种是推流直播，另一种是手机直播。

推流直播是指通过电脑与电脑摄像头组合进行直播，电脑摄像头的成像效果会影响直播时画面的清晰度。如果室内直播时选择的是推流直播这种方式，那么建议选择专业的推流摄像头，以保证视频的成像效果。

手机直播是直接利用手机来直播。现在大多数直播都会选择以手机作为主要的直播设备，如果在手机直播时出现直播画面不清晰的情况，可能是由于手机性能方面的问题造成的，如手机内存不够、手机网络不稳定、手机摄像头像素太低等。所以，建议主播在直播时一定要配备一部内存充足、摄像头像素高、性能稳定的手机。

② 灯光效果

灯光是直播场景中最为重要的一个元素，一个好的直播间，它的灯光处理一定是非常到位的。纵观那些网红们的直播间可以发现，他们的直播间中放着各种各样的灯具，如射灯、柔光灯、补光灯等。与光线暗淡的环境相比，明亮光线下的人、物更具吸引力。因此，直播间离不开灯光。为了让灯起到更理想的效果，还需要使用反光布、遮光板等设备。

很难看到直播间只有一个照明设备的情况。因为单个光源，无论从哪个方向照明，都有阴影，容易丑化镜头里的主播面相。你看到有些直播间的灯光非常自然，不存在太暗或太白的情况，这是因为直播间布置了多个光源。

建议选择 25W～40W 之间的 LED 暖灯或者暖白灯作为直播间的光源支持。就摄影灯而言，需要一白一黄两个灯型。白光灯用于增强光线效果，黄光灯用于柔光补充。例如，白光灯主要用于照明整个直播间，而对称的黄光灯用于照亮主体（主播）和消除阴影。某服装产品的直播间需展示主播全身时，可用 3 盏灯光来突出主体。如图 6-8 所示，为某直播间灯光布置示意图。

图6-8　某直播间灯光布置示意图

3 个灯位的作用如下：

➢1 号灯位，使用八角柔光箱，照亮主播头发和面部，并充当眼神光；

➢2 号灯位，使用灯架+柔光罩，给主播补右前侧光，也充当环境光；

➢3 号灯位，使用灯架+柔光箱，打亮主播身体部分，也充当眼神光。

所以，在开启一场直播时，一定要注意直播间的打光效果，不要出现光线过暗和光线过曝的情况。

③ 背景设置

直播间的背景决定了直播间的调性，一个好的直播间背景可以帮助主播提升商品的价值、突出品牌以及营造直播间的氛围。如图6-9所示的某知名珠宝品牌直播间，选择在品牌柜台直播，突出品牌，也给消费者营造一种在线下柜台购买珠宝首饰的氛围。

那么，什么样的直播间背景才能激起粉丝的购物欲望呢？通常那些色彩丰富、画面感充实的直播间背景，更容易让人产生购物的欲望，因为鲜艳的颜色不仅能够彰显喜庆的气氛，还能够使人保持一种兴奋的状态，在这种情况下，有可能最大限度地激发消费者的消费欲望。

图6-9 某知名珠宝品牌直播间

与室内直播相比，室外直播室虽然不需要过多装饰。但户外直播的选景也很有学问。在户外直播时，必须选择与直播内容相契合的场景，才能对直播起到积极作用。

为保证室外直播画面精美，需要注意以下几点。

➢ 直播的光线要求：在室外直播时，主播要注意不要逆光直播。如果直播时间是在正午时分，尽量选择在可以遮阴的地方，避免太阳直射，否则光线过强，会导致直播画面曝光过度。

➢ 注意网络稳定：直播画面如果断断续续、十分卡顿，肯定是留不住粉丝的。所以，主播在室外直播时一定要保证网络的稳定和流畅，这样才能给粉丝带来好的观看体验，从而将粉丝留在自己的直播间。

➢ 画面的稳定性：主播在室外直播时一般使用的直播设备都是手机，但如果直接手持手机在户外走动，有可能会出现直播画面抖动等情况，这时主播就需要为自己配备一个手机稳定器，也就是手持云台。

④ 道具准备

直播时可能会用到一些道具。例如，展示服饰产品时，最好有一个挂烫机能将有褶皱的服饰熨平整；展示玩具类产品时，最好有备用电池，能展示玩具动态的样子，让粉丝更全面地了解产品。我们需要在直播前准备好所有的道具，并按照时间顺序或者分类顺序放好，避免直播时手忙脚乱。

综上所述，直播的三要素"人、货、场"基本准备完毕，接下来介绍其他方面的准备工作。

3.网红都在用的直播脚本模版

直播应该有脚本，来保证直播按节奏正常进行。特别是部分新手主播，由于控场能力有限，容易被粉丝带偏，从主动角色转换到被动角色。

一个完整的直播脚本通常包括直播整体方案、直播流程脚本及产品脚本3部分。

（1）直播整体方案

直播开始前应该设计一个整体方案，根据多个商家的直播经验，总结出表6-2所示的直播整体方案供大家参考，大家可结合自己的实际情况对表内内容进行修改和完善。

表6-2　直播整体方案

项目	详细内容
直播人员	主播1人××，负责整个直播间的产品推荐、福利活动及粉丝互动，掌控整场直播的节奏 主播助理1人××，负责维护粉丝群、发放红包、准备并协助主播展示产品
时间	11月1日，20:00—24:00
平台	抖音
主题	秋冬新品抢购日
产品	××
直播内容	（1）上新介绍 （2）粉丝福利（包括特惠与抽奖） （3）产品介绍 （4）主播故事及产品创意思路 （5）粉丝互动

续表

项目	详细内容
直播简介	Hi，大家好。这里是××的直播间，我是主播××，很高兴能够在直播间跟大家见面，感谢大家一如既往的支持，我们一定努力让大家都能以优惠的价格淘到满意的产品。今天晚上的主题是××，有超级多的福利和好产品，大家一定不要错过哦！点击直播间头像进入主播粉丝群，可以看到最新活动、上新预告、粉丝大回馈等最新情报，主播××24小时在那里等待大家
直播核心要点	（1）新品、旧品联动搭配销售（提高坑位产出，让更多人体验产品，感受到直播购物的优势） （2）通过福利、送礼、互动3大活动版块吸引更多流量并留住直播间的粉丝（让利给粉丝，提高观众黏性） （3）主播心路历程：介绍主播或品牌的故事以及产品的创作思路，让购物回归产品本身。比如，在介绍一款新上的运动鞋时，可以为观众介绍一下这个品牌的文化、产品的制作工艺、材料、功能以及设计理念等
直播活动	（1）整点1元秒杀50元无门槛优惠券 （2）今日上新特惠粉丝，新品半价限时、限量抢购 （3）点赞抽奖活动 （4）有趣问答，爆款T恤特价送

（2）直播流程脚本

直播流程可以参考表6-3，不过在实际的情况中，最终的流程表需要商家根据自己情况，按时间顺序写清楚。

表6-3　直播流程脚本

时间	详细内容
20:00—20:30 开播准备	主播调试直播设备（注：直播间各种设备的调试尽量在前一天完成，包括各种道具） 主播准备暖场 主播助理在粉丝群、微淘、朋友圈、微信、QQ、微博等一切社交媒体唤起粉丝，将其引入直播间

续表

时间	详细内容
20:30—21:00 正式开始直播	主播先和粉丝们拉拉家常，聊聊身边的热点事件、自己的见闻趣事，将直播间氛围带动起来 主播抛出本场直播的福利、特惠及秒杀抢购等活动，并提示每隔多长时间就会有福利，让粉丝在直播间停留的时间久一点 助理发红包等，活跃气氛 直播简介，举例：Hi，大家好。这里是××的直播间，我是主播××，很高兴能够在直播间跟大家见面，感谢大家一如既往的支持，我们一定努力让大家都能以优惠的价格淘到满意的产品。今天晚上的主题是××，有超级多的福利和好产品，大家一定不要错过哦！
21:00—23:30 产品介绍	详细介绍产品的卖点、功能、材质等。除此之外，还可以介绍一些产品的日常搭配、同类产品价格对比、品牌价值等 适当穿插整点1元秒杀、50元无门槛优惠券、半价特惠、点赞抽奖等活动（分别在21:30、22:00、22:30、23:00，根据在场人数每次限量5～20张，设定闹铃，提前10分钟进行活动预热，），目的是吸引新粉丝的关注，留住直播间里的观众 点赞抽奖活动选择在直播间人数较多的时候进行，主要目的是留住进入直播间的观众。同时，该活动也可以作为主播休息和冷场时的补救手段
23:30—23:50 与粉丝互动	当卖货环节进入尾声时，主播可以与粉丝讲讲自己的心路历程、开播以来与粉丝之间的故事、直播品牌的故事以及产品的创意思路和风格等，主要目的是引出互动话题，为下一步和粉丝互动打下基础 伺机邀请粉丝加入粉丝群，建立自己的核心粉丝群体
23:50—00:00 直播结束	感谢粉丝的支持，希望大家介绍更多的人关注主播、来主播的直播间

(3) 产品脚本

直播中会涉及很多产品,这就需要主播对产品信息有详细的了解,比如产品顺序、货品名称、零售价、直播间到手价、卖点、链接、备注等。提前准备产品脚本,有助于主播有理有据地介绍产品,避免出现面对产品不知道该如何表达的尴尬局面。一个优秀的产品脚本至少应该具备以下3个要素。

体现专业性:对于主播而言,其专业性主要体现为直播专业性和产品专业性。直播专业性,要求主播熟悉直播流程、规则,能解决直播中出现的各种问题,如硬件设备导致音频、影频卡顿等。而产品专业性,则是指主播在介绍某产品时,必须了解产品的基本信息,避免由于不够专业误导粉丝。例如,主播介绍一条连衣裙时,需从衣服的尺码、面料、颜色、版型、搭配等细节进行讲解。

体现产品卖点:想要通过直播售卖更多产品,一定要通过产品脚本把产品卖点提炼并展现出来。

注重与粉丝的互动:主播可以站在消费者的角度上,设想可能会提出什么问题,提前在脚本中设置好答案,以便在直播中回复粉丝。例如,一名农产品主播在策划芒果脚本时,考虑到粉丝可能会对芒果的熟度、保存方法、食用方法等内容感兴趣,故提前收集这类问题的答案,并逐一整理好,存放在脚本中便于使用。

主播为了在直播中方便应用产品脚本,可将产品的信息、价格等做成表格,如表6-4所示。

表6-4 产品脚本信息表

产品顺序	产品名称	产品图片	日常售价	直播间专享价	营销话术	常见问题
1	大格子西装	(图片略)	699	399	裁剪精良、面料高级	问:是否有运费险? 答:有运费险
2	千鸟格套装裙	(图片略)	899	499	面料高级、上身效果好、秒杀价等	问:是否可以机洗? 答:建议手洗最佳

> **专家提点**　一份清晰、详细、可执行的直播脚本,是一场直播取得良好效果的有力保障。直播运营人员在开播前一定要制作一份完整的直播脚本,用于规范直播流程,这样才能把控直播的节奏,顺利达到预期的目标。
>
> 大家在策划直播脚本时,可以将上述案例作为参考模板,但要注意的是,直播脚本并不是一成不变的,需要运营人员根据实际情况对其不断进行优化和调整。

4.令人"一见钟情"的直播封面和标题

无论是短视频还是直播,封面和标题都非常重要,直接影响用户是否点击短视频作品及直播间。

(1) 制作封面图的四大技巧

直播封面图决定了用户是否会点击进入直播间观看,对于直播间的引流来说,它发挥了至关重要的作用。所以,要想有效提升直播间的点击率和流量,首先需要制作一张具有吸引力的直播封面图。

怎么制作出高点击率的封面图呢?制作封面图确实有一些技巧,如图6-10所示。

图6-10　制作封面图的四大技巧

①高清美观

模糊的图像不仅容易降低作品的吸引力,而且多个直播平台也规定封面图必须清晰。直播带货的商品价值越高,封面图画面就越要显得有质感。

直播封面图应该尽量使用鲜艳的色彩,因为色彩亮丽的图片往往更具吸引力。

②构图合理

直播封面图的画面比例一定要合理,这样视觉冲击力更强,让人看着也更舒服。例如,有的直播间选用主播真人图片作为封面图,且主播本人处于图片正中央,不仅容易给人留下深刻的印象,视觉效果也更好。要注意的是,直播封面图要保持完整,最好不要出现拼接痕迹和边框。

③突出重点信息

封面一定要与想表达的主题是密切相关的，让人一眼看去就能迅速获取有用信息，如该直播间的主播是谁、该直播间可以提供什么价值等。

此外，直播封面图上的文字应该尽量简洁，最好控制在 10 个字以内，突出重点文字即可。如图 6-11 所示，某服饰类直播封面图，选用了知名度较高的代言人实拍图，并且加上"双 11 返厂狂欢撒福"等文案，给人留下高性价比的印象，进而吸引粉丝进入直播间。

图6-11 某服饰类直播封面图

④注重协调性

一张优秀的直播封面图，人物与商品的比例是协调的，只有这样，才能让观众看着舒服。

> **专家提点** 　一张直播封面图的效果到底好不好，最终要通过实际的测试数据来衡量。在做直播封面图测试时，运营人员至少要准备 5 张以上的封面图，每张封面图经过 3 天或一周的测试，然后根据每张封面图的点击率，来选出最优的那一张作为当前这一个阶段的直播封面图。

（2）三大步骤写出"难舍难分"的直播标题

一个好的直播标题，能准确定位直播的内容，引起粉丝点击的兴趣。在写标题时，可以参考如图 6-12 所示的步骤。

图6-12 写爆款标题的三大步骤

①提炼关键词

先用一段话概括视频、直播的主要内容,并从中提炼出一些关键词。例如,某段美妆视频的主要内容可总结为:"***(视频女主角)介绍一款圆饼形的10元懒人口红,这款口红上妆快,味道类似泡沫水,涂抹效果一般。"从这段话里可以提炼的关键词有"圆饼形""10元""懒人口红""上妆快""效果一般"。

②组合标题

提炼好关键词后,接下来就可以用这些关键词组合出标题。在组合标题的过程中,可以从提供价值、引起粉丝好奇、重点突出等3个方向入手。

什么样的标题才能提供价值呢?可以从戳中痛点、干货福利、盘点归纳三个方面入手,如图6-13所示。

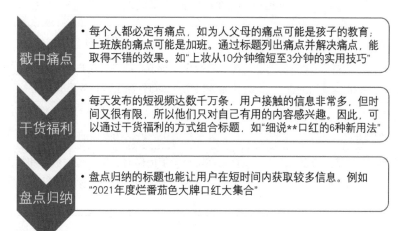

图6-13　提供价值类标题的组合方法

标题要想引起粉丝好奇,就要设置悬念。比如将直播间标题设置为"福利拍惊喜1.88元",由于未说明1.88元拍什么产品,可能引起粉丝猜想里面是什么,而愿意点击进入直播间。当然,这类组合标题的方法也有一定的风险,需要主播有能力将因好奇而进入直播间的用户留住。

一眼能让人看出重点的标题,往往会用加粗的字体或阿拉伯数字去重点突出一些内容。如图6-14所示的两个标题,右边标题中的阿拉伯数字和符号突出了重点,想必点击率比左边标题高。

图6-14 两个标题对比

③优中选优

商家可以根据关键词先拟定3～5个标题，再进行投票，从中选出最优秀的标题。表6-5所示为某商家对3个标题的投票结果。

表6-5 3个标题的投票结果

标题	得票情况	得票原因
手把手教你一款口红涂出六种效果	0票	标题只提供了价值，即告诉用户观看这场直播的价值是获得用一款口红涂出六种效果的技能
手把手教你1款口红涂出6种效果	5票	标题不仅提供了价值，还用阿拉伯数字强化了价值，让用户更快了解这场直播的价值
手把手教你！1款口红涂出"6种"效果！！	7票	标题在提供价值的同时，用阿拉伯数字和标点符号突出了重点，也加入了一些感情色彩，更能吸引用户

 标题必须与直播内容相关联，不能单纯地为了点击率而写一些和内容无关的内容，这样容易被平台处罚，带来负面影响。

6.2 让直播间人气火爆的渠道和方法

一场成功的直播离不开高人气，那如何才能获得高人气呢？下面分直播预热阶段和直播阶段来分别介绍帮助商家快速提高直播间人气的渠道和方法。

1. 直播预热

很多新手主播都会面临一个相同的问题，就是直播间没有人气。在解决这个问题之前，我们先认识一下直播间观众的来源，如图6-15所示。

一些粉丝数量较为可观的头部主播，可以在直播前将直播信息推送给粉丝，让更多粉丝在开播时进入直播间。对于平台流量而言，商家应该将重点放在增加站内曝光方面，如将站内公共流量吸引进入直播间、通过付费购买平台精准流量等。对于平台外流量而言，则是将多个平台的流量吸引进入直播间。

图6-15 直播间观众的来源

（1）通过自有渠道预热

直播前的预热渠道主要包括自有渠道和短视频。通过自有渠道预热，就是打通线上触点，将直播信息推送给已有粉丝，如：

①商家公众号推文，微信群、朋友圈发布直播消息，微信群发或一对一私发；

②在商家拥有的各种平台账号宣传，比如微博、小红书、今日头条……

值得注意的是，借力不同触点推送信息时，需要结合触点特点策划消息的形式。

如图6-16所示的朋友圈直播预告，采用在图片中穿插二维码的形式，让网友在刷朋友圈时，可以看到当场直播的人物简介、直播主题等信息，并能扫图片中的二维码进入直播间；而如图6-17所示的公众号推文直播预告，则列举了当场直播的热门产品，从产品方面吸引粉丝进入直播间。

 如果卖家需要员工转发、分享直播信息，最好给予一些经济上的鼓励，刺激员工主动分享。例如，为不同员工生成不同的直播间海报，当用户扫描员工分享的二维码进入直播间并产生下单行为，给员工现金奖励。以此来调动员工主动分享直播间信息的积极性。

图6-16 分享在微信朋友圈的直播信息　　图6-17 分享在微信公众号的直播信息

对于自有渠道而言，还可以通过线下触点推送信息。线下门店作为消费场景，到店流量一般比较可观，而且这些客户大多对产品有潜在需求，因此卖家可以考虑将这些客户吸引到直播间。比如，可以通过在店内放置印有直播间信息的易拉宝、海报等，加上导购员的引导，将进店客户转化为直播间观众。

 进行大型直播活动时，为了锁定客户观看，除了提醒客户之外，最好想办法让客户自我提醒，比如提前收取定金，定金可以翻倍在直播间使用，提高客户进直播间的积极性。

直播预热还有一种渠道，就是"合作渠道"，例如常见的网红KOL合作、微信朋友圈、公众号广告以及投放资源位等。如图6-18所示，某位知名主播在微博分享另一位主播的直播预告，截至笔者截图时，已吸引了6000多名微博用户点赞。像这样主播与主播互动、合作的情况很多，这样可以让双方的直播信息获得更多曝光。

> **专家提点**
>
> 无论采用哪种预热渠道推送直播信息,都需要注意以下两点。
> ➢ 预热卖点集中、营销口径统一。如果各个渠道的信息没有一个共通点,就无法取得用户信任。
> ➢ 展开地毯式推广,避免把鸡蛋放在同一个桶里。豪赌式的营销策略非常不可取,作为企业一定要理性推广。

(2) 短视频预热

一般的直播预热提前 1～3 天即可,即使是大促期间,直播预热最长也不能超过 3 周时间。第 1 周用于埋种子制造话题,通过与网红合作,偶尔提一两句直播信息,埋下话题种子;第 2 周,通过各种渠道话题扩散,让更多人了解到直播信息。在抖音、快手等平台中,进行话题扩散时,可以进行短视频预热。

短视频预热的原理,就是通过平台发布直播预热的短视频或利用平台付费推广功能将直播活动曝光给已关注的粉丝、平台用户,从而增加曝光,增加进入直播间的流量。短视频预热的优点主要包括如图 6-19 所示的四点。

图6-18 某位知名主播在微博分享另一位主播的直播预告　　图6-19　短视频预热的优点

➢ 提升权重：通过短视频预热推广，增加直播短视频和直播的潜在曝光量，进而提高直播间各项数据，提升整个账号的权重。

➢ 精准粉丝：通过点击短视频作品进入直播间的粉丝一般都比较精准，因为系统会进行各项数据综合分析，给视频匹配较为精准的流量。

➢ 官方助推：有机会获得官方助推，提高获粉概率。如果说预热视频的展现数据非常好，官方会判定这个视频作品为优质内容，进而愿意分配给视频作品更多免费流量。

➢ 助力直播：预热作品可以助力直播，让直播间获得较高人气。

短视频预热的策略是先发作品，再做推广，其核心是通过内容说明某场直播的时间、地点、主题以及能为用户带去的价值等信息。例如，知名自媒体人×××在开始第一场抖音直播之前，就先通过发布短视频的方式预热，说明首场直播的时间、主题，截至笔者截图时，吸引了40多万个用户点赞，如图6-20所示。

根据艾媒咨询数据显示，2020年4月1日×××的这场直播累计观看人数超4800万人，销售额超1.7亿元，订单量超90万件，关注量和转化量都十分可观。

当然，普通商家可能没有×××这么大的名人效应，难以取得如此佳绩。但通过短视频预热，确实可以为直播间带来更多人气和订单。

为了保证短视频预热的效果，这里总结了一个预热短视频推广四步曲供大家参考，如图6-21所示。

图6-20　×××的直播预热短视频

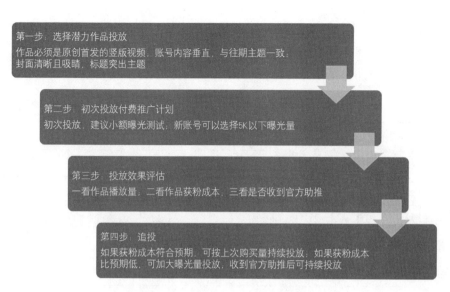

图6-21　预热短视频推广四步曲

在推广预热短视频的过程中，还应注意以下几点。

➤ 新账号先做沉淀：新账号不要着急做推广。因为对于新账号而言，首要工作是确保账号人设鲜明，风格统一。做好沉淀工作后再去付费推广，否则花高价吸引来的粉丝会因为账号定位等问题流失，得不偿失。

➤ 投放时长要充分：建议选择较长的投放时间，如6小时、12小时、24小时等。时间越长，越给系统提供更多的时间寻找潜在粉丝。

➤ 投放人群逐步聚焦：初期建议先选择系统智能投放，让系统在更大的人群范围内寻找潜在粉丝。当有了稳定的粉丝画像后，再尝试定向投放。

对于投放效果好的短视频，商家自然应该加大投放力度；对于投放效果不好的短视频，商家则应及时调整策略，降低损失。其中，衡量短视频投放效果最重要的一项数据就是获粉成本，即获得单个粉丝数量的成本，其计算公式为获粉成本 = 推广花费金额 ÷ 粉丝增长数。

例如，某商家花费100元做了一次直播预热视频作品推广，最终增加了200个粉丝，那么获粉成本就为100÷200=0.5（元）。获粉成本越低，证明新增粉丝越多，本场直播的主题也越受平台用户青睐。

除获粉成本外，商家还需要关注视频作品点赞、评论、转发等数据。但商家在不同的推广时期，关注的重点可能有所差异。某商家在快手平台推广的两个视频作品数据如表 6-6 所示。

表6-6 两个视频作品数据

数据名称	A作品	B作品
曝光量增长	4058	5115
播放量增长	1131	2723
粉丝增长	104	17
推广花费	20元	25元
获粉成本	20÷104=0.19（元）	25÷17=1.47（元）
点击率	1131÷4058=28%	2723÷5115=53%

以上两个视频作品，哪个推广效果更好？通过对比两个视频作品的数据不难发现，A 作品的获粉成本更低，但是点击率不如 B 作品。如果该商家的投放目的是涨粉，那 A 作品的数据更为理想；但如果该商家的投放目的是增加直播间曝光量，那 B 作品的数据更为理想。所以，商家需要根据投放目的来分析投放数据。

2.直播中如何借助平台流量增流

尽管部分商家在直播前采取了一些预热措施，仍然可能面临直播间流量较少的情况。面对这种情况，商家可以通过直播付费推广来解决。直播付费推广是平台方为了帮助直播中的主播获得人气做的一项收费增值服务。通过直播付费推广，可以让正在直播的直播间获得更多曝光。

直播付费推广与短视频预热推广不同，短视频预热推广更多是在直播开始前进行的，属于前置工作；而直播付费推广则更多应用在直播进行的过程中。当场直播结束后，商家能迅速看到推广数据反馈。

以抖音直播为例，点击直播间下方的"…"按钮，如图 6-22 所示，即可弹出"分享""上热门"等按钮，点击"上热门"按钮，如图 6-23 所示，即可跳转至具体推广计划页面，如图 6-24 所示。商家可自主选择投放金额、直播间优化目标等内容，点击"支付"按钮，根据页面完成付款，即可投放一个直播推广计划。图 6-22 到图 6-24 是笔者截图时的抖音直播页面。

图6-22 点击"…"按钮　　图6-23 点击"上热门"按钮　　图6-24 具体推广计划页面

在做直播推广时,需要注意以下3个问题。

➢ **高峰直播提高推广价格**:在直播高峰期(如19:00~20:00),直播间数量较多,平台用户容易被分散。为取得更好的推广效果,可以提高推广价格。

➢ **电商直播提高出价**:对于有带货需求的直播间而言,流量和销量更为重要。商家可以为了提高进入直播间的粉丝量来提高出价。

➢ **直播多互动**:直播推广只能在一定程度上解决直播间的人气问题,最终决定直播间人气的还是主播个人的互动能力。主播应在直播过程中多与用户互动,如新用户进入直播间时主动欢迎、平时多和用户聊天、将吸引进来的用户转化为自己的粉丝。

对于推广直播后各项数据表现都很好的直播间,平台会为其分配更多免费流量,提高其曝光量。例如,将其优先展现在直播广场、同城页面,让平台用户便于进入直播间。

在做直播推广时,还需要通过一些数据来衡量推广效果。例如,最为关键的进入成本,其计算公式为进入成本 = 订单金额 ÷ 计费观众数。

> **专家提点**：这里的计费观众数不是引入观众数。"引入观众数"是指从直播推广开始进入直播间的人数；而"计费观众数"是指通过平台过滤重复点击、低质量点击后，再收费的观众数。

例如，某场直播推广费为150元，共引入直播间1224人，但最终只有500个人关注了主播，那么计费观众人数就为500人，进入成本为：150÷500=0.3（元）。进入成本是分析直播推广效果的重要指标，商家可通过对比多个推广计划的进入成本来判断推广效果。

另外，除了付费推广外，还有一些提高直播间流量的实用方法。例如，合理规划直播时间，包括直播开始的时间、结束的时间以及讲解一个产品的时间、互动时间等。合理安排好时间，有利于直播计划的规划与开展。

直播行业的竞争非常激烈，主播们要想在这个行业崭露头角，就必须保持高度活跃，所以，很多主播一年365天，天天都在直播。如果某主播长期不开播，那他原先积累的粉丝很有可能会流失，去其他的直播间购买商品。建议新主播选择低峰时段开播；而成熟主播则选择平台用户活跃时间开播。

为了让粉丝养成观看的习惯，最好把直播时间固定下来。直播前期，直播间人数可能较少，主播要注重互动；到了后期人数有所增长，主播要主动提醒粉丝点关注；介绍单个产品的时间不宜过长，尽量控制在5分钟内。

6.3 直播带货实操指南

为了使直播带货取得更好的效果，这里介绍一些有关直播带货以及复盘的方法。例如，直播间如何按照六段论做好产品讲解、四大技巧提升产品吸引力、直播带货流程、分析直播间各维度数据帮助商家快速找到直播间存在的问题等。

1.产品讲解六段论和提升产品吸引力的四大技巧

我们做直播的目的是什么？当然是卖货。卖货靠什么？当然是产品讲解！

一般来说，直播间内容可以分为如表6-7所示的四大类。

表6-7 直播内容

直播内容	面向对象	玩法
新品展示	对潮品、新品敏感的人群	对新品进行全方位展示、讲解
生活交流	全体用户	分享日常的穿搭、使用产品、所吃零食、人生经历等
热点活动	对价格敏感的人群	直播间秒杀、组合优惠、免费赠送
特惠专场	全体用户	"双11"大促、"双12"大促、中秋抢购

> **专家提点**
> ①直播间不能全年都卖货。即使是抖音、快手的头部主播,也会日常开直播和粉丝聊一聊日常生活,这样不仅可以完善直播间的内容,也能拉近与粉丝的距离。
> ②热点活动类与特惠专场类直播的区别是,热点活动类更倾向于日常化、薄利多销化,而特惠专场类更倾向于节日化、稀缺化。

虽说不同内容所面对的对象和玩法略有不同,但无论哪种内容都会涉及产品讲解。通过精心设计产品讲解,让一款产品从功能介绍到使用场景,都能打动粉丝,从而使其产生购买欲望。产品讲解的内容可拆分为六段,即如图6-25所示的六个模块。

(1) 场景构建

场景构建,指通过描述商品的使用场景去引发用户需求。

图6-25 产品讲解的六个模块

好的产品讲解一定是把产品的优势卖点变成一个一个具体的场景,启发消费者联想,用欲望来实现成交。

例如,某知名主播在直播口红时,就常用说辞构建场景:

➢ 恋爱中的少女,开心地去找男朋友,那种很甜的感觉;

➢ 女生穿着白纱裙,在海边漫步,空灵、清爽的感觉;

> 刚下过小雨，暖暖的阳光照进森林里的味道。

通过描述，让消费者进入一个个具体的美妙场景，唤起对于美好事物的向往。

假如我们在直播间营销一款茶杯，可以营造如下场景：

周末，懒懒地坐在家里的阳台上，耳边回荡着喜欢的歌，暖暖的阳光洒在身上，抬眼望去，天上朵朵白云悠闲地飘过来，用××茶杯泡一壶香茶，悠哉地抿上一口……××茶杯，生活就该如此美好！

你还可以创造更多场景，比如办公室里也需要茶杯：

你从工作堆里抬起头，伸个懒腰，端起××茶杯，喝一口香茶，然后慢慢地呼一口气，把工作的辛苦全部呼出去，看看窗外的阳光美景，脑海中浮现家人的笑脸，你再次满血复活……××茶杯在手，美好生活常有！

（2）产品卖点

产品讲解最重要的是讲解产品的卖点，如产品的外观、颜色、功能等。讲解产品的卖点有如下技巧。

①描述要具体形象，想象不设限

有些主播描述产品的颜色和质感时，经常会说"好看""好用""高级"等，这些词语在线下面对客户时或许有用，但在线上，用户看不见、摸不着，没有办法感受到这些抽象的词语的具体含义。因此，主播带货时，要尽可能用具体、形象的词语来描述产品，打开用户的思路。

> **案 例**
>
> 在描述一款产品的颜色时，可以将颜色与形象的物体相结合，如"苹果红""有生命力的苹果红"，让人一听，就联想到犹如苹果一样，鲜红还带着香味，很诱人。消费者由此联想到，自己用了这个产品也会显得整个人活力四射。
>
> 根据不同的客户，我们还可以用不同风格的词语来描述，比如面对喜欢古典韵味的消费者，你可以说"有点像宣纸抿出来的颜色"。

另外，直播间里描述产品时不要自我设限，可以放飞自我，带着消费者一起打开脑洞，比如说："天不怕地不怕的颜色""火辣到爆炸""这支唇膏会在嘴巴上跳舞""初恋般的感觉"……这些描述都带有强烈的感情色彩，能够带动粉丝的想象力。

②从产品到人设的联想

我们可以在直播间里描述出粉丝最向往的形象，以满足粉丝的心理，就像电影《甲方乙方》中那样去成就客户的期望角色，吸引用户下单。

> **案例**
>
> 主播描述某款女装时，可以说"这件衣服看起来就很清纯，穿着就像18岁的邻家小妹"。
>
> 描述饰品时，可以说"这一看就是自信的女性才会戴的耳环，有女王范""这种手镯一看就是很知性、温柔的女孩子会戴的"。

把产品与粉丝想要成为的人设挂钩，效果会比我们直接说衣服好好看、很漂亮要好得多，吸引力大得多。

③降维解读

在讲解产品的时候，除了必要的专业名词以外，一定要说通俗易懂的话，降维解读产品，要让直播间的粉丝能听懂。

> **专家提点** 直播购物属于兴趣消费，也属于冲动消费。商家不能让粉丝有过多思考的时间和空间，一旦粉丝进入了冷静思考的模式，成交概率就大大降低了。所以讲解一定要通俗易懂，让消费者少思考。

例如，我们讲解某美妆产品的成分和原理时，可以说："××生物成分是维生素的衍生物，它能够消除黑色素细胞；没有了黑色素细胞，就不会产生黑色素，那样的话，黑斑、褐斑就会很少、很淡，皮肤就干净、亮白了。"

这样既彰显主播的专业性，又让粉丝明白了××成分的功效。粉丝无须过多思考，更容易下单。

（3）品牌优势

网上买东西，品牌背书很重要。要想体现产品价值，可以从产品品牌入手。主播在介绍某品牌的产品时，可以简单地讲解该品牌的文化、历史、获得的荣誉以及商品以往的销售成绩等，以此来凸显产品的价值。

（4）销量评价

通过消费者的从众心理，形成羊群效应，是营销界的高招。

人天生追求安全感，对于未知的物品，总喜欢跟着大多数人做选择。在这种心理的影响下，大多数人在购物时，可能忽略了选择这个产品的合理性，而是被高销量、好评数据说服，"这么多人抢着买，说明产品很好"。

所以，很多主播会在直播间说"这是我们店的爆款，已经卖了20多万件""这个口红色号是今年的流行色，快要卖断货了，手慢无"。

这也是很多商家提前布局产品销量、评价的原因，提前做基础销量，再利用消费者的从众心理卖货。

因此，主播在带货过程中，可以列举产品的销量、评价，唤起用户的从众心理，从而下单实现转化。

> **专家提点**　评价相当于买家秀，是来自消费者的心声，更容易说服客户。主播在直播带货时，可以挑选几个读给直播间的观众听，不仅有说服力，还能增加直播间的互动性。

（5）直播优惠

优惠力度大是用户选择到直播间购物的主要原因。

同时，可以将直播商品与同类商品相比较，突出直播商品在功能、卖点以及价格等方面的优势，然后一一罗列出来告诉粉丝们。

例如，某主播在直播间向粉丝介绍一款方便食品时，告诉粉丝该类商品的售价在市场上一般为30元～40元，现在直播间的活动价为60元3件，用户就会觉得直播间的价格更便宜，性价比更高。

> **专家提点**　优惠活动有多种形式，可以直接打折，如直播专享价、拍立减，也可以附赠礼物、优惠券、满减、满赠、红包、整点秒杀、粉丝团抽奖、留言评论抽奖、截屏抽奖等。
>
> 商家可以找同类商品在某家高端商超的价格牌照片，或者是自己平常的销售价照片展示给直播间的消费者，让消费者直观地感受到优惠力度。
>
> 还可以借助道具，比如用计算器计算，或用手机屏幕或纸张等展示优惠力度，更直观、更快速、更有冲击力。

（6）稀缺性

稀缺性，指在购物过程中通过数量少或有购物门槛等条件，让用户切身体会抢购的感觉。

例如，设置直播间专属优惠。主播可以设置一些抢购门槛来营造稀缺性，如"这个价格只在今天的直播中才有""只有关注了我的粉丝，才可以领取粉丝专属优惠券"等。

直播带货时，可以把货品分批次上架售卖。以10万件产品为例，可以分为少量多批次上架（比如单次10000件或5000件），让用户产生买不到有损失的感觉，从而愿意加入抢购的行列。

不要担心因为设置抢购门槛而错过本来会买的客户，你可以在直播间里说："没买到的粉丝可以加粉丝群，下次有特惠的时候提前通知您。"这样就可以收获私域粉丝。

要知道，不能轻易得到的东西永远是最好的。

2.完整高效的直播带货流程拆解

直播带货需要完整的成交流程，把每一步、每一个细节都做到位，你就会发现直播带货其实并没有那么难。

经过分析多个带货直播间，我总结出一套高效的直播带货流程，如图6-26所示。

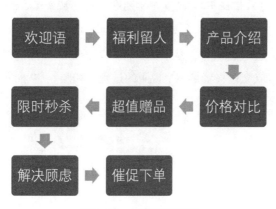

图6-26　直播带货流程

下面以一款手机产品为例,讲解带货流程。

……(正常直播中)

首先,主播声情并茂地欢迎大家来到某某直播间,并推出福利:"我们马上会发出100元的红包,大家看看自己的手气怎么样。在接下来的整点时间,直播间都有抽奖福利,等你们来拿哟。"

其次,进行产品介绍:"先给大家分享一个好的产品,就是我手里这款4000毫安大容量电池的手机,充一次电可以用一整天……(详细介绍产品的功能),终身质保,有任何质量问题,随时换新机。"

对比直播间与其他渠道的价格:"目前这款手机除了线下实体店,只有某东和某猫旗舰店有售,不信你们可以自己在网上查一下。某东、某猫旗舰店的售价都是2999元,不打折、不送礼。今天直播间的价格为1999元,拍下就送蓝牙耳机、钢化膜、手机壳等8件赠品。买到就是赚到。"主播需要详细说明赠品名称、规格、功能以及总价值等信息。

为了进一步引导用户下单,主播可以再说明限时秒杀的优惠活动:"现在下单还有福利,赠送500G的流量套餐。这款套餐价值20元/月,不能多送,只有前500名下单的用户才能得到,后面下单的用户就没有了。拼手速的时候到了,来3、2、1,上小黄车。"

再次,主播还需要打消消费者的顾虑:"这款手机无论是自用还是送人都很合适。今天直播间价格划算,赠品又多,还有7天无理由退换货服务,如果你收到后不喜欢直接退货就可以了,没有任何损失。"

最后,主播还可以催促下单:"没下单的家人们也抓紧了,原价2999元的手机,今天直播间只要1999元,而且还送8件实用赠品,买到就是赚到。"

通过对带货流程进行组合,从引出产品,到价格、赠品等福利吸引用户关注产品、下单,整个成交过程就是一个说服的过程,如图6-27所示。

图6-27 成交七步曲

各个步骤的重点内容如表 6-8 所示。

表6-8 成交七步曲

步骤名称	重点内容
聚人气	（1）通过互动，拉近与用户的距离。如欢迎互动、点赞互动、关注互动、转发互动、评论互动、福利互动 （2）通过包装渲染产品，如产品的产地、历史、口碑、销量等
留粉丝	（1）宣布促销利好政策：如红包抽奖、实物抽奖、限量秒杀等 （2）互动刷屏：号召用户互动刷屏，留住有潜在购买意向的粉丝
锁客户	（1）提前了解产品的使用场景，在直播中以提问的方式，让用户主动说出产品的相关痛点。主播再讲解产品的卖点、使用感受、精华成分、价格对比等 （2）激发意向用户的"使用需求、购买欲望"，现场试用产品，分享使用体验与效果，验证产品功能，激发用户的需求和欲望，让潜在意向粉丝变成意向用户
找背书	通过展示产品证书、网友好评、销量截图、大V口碑、网红推荐、专家意见等可以证明产品品质、服务的内容，为用户下单找背书
解顾虑	从产品的功效、价位、成分、包装设计、促销力度、现场试用结果等与其他产品对比，进一步为用户排除干预项
催单	再次强调促销政策，如限时折扣、现金返还、随机免单、抽奖免单等，催促用户下单
逼单	（1）倒计时：不断提醒用户即时销量，迫使用户下单 （2）持续营销：重复功能、价格优势、促销力度等，刺激用户下单

3. 如何分析和计算直播各维度数据

商家在进行直播营销时，还需要对直播数据进行分析，了解各个直播环节的实际效果，以便优化直播效果。单纯地以粉丝数量来做直播复盘是不行的，商家可以根据不同直播间类型关注不同数据，以便进行复盘。

对于新开的直播间而言，可能流量不稳定，主播的直播能力也不成熟，复盘的数据重点在直播时长、直播场次、转粉率、互动率等。

对于成熟的直播间，需要考虑的内容就比较广泛了，包括直播前的宣传准备工作复盘、直播数据复盘、电商数据复盘等。

(1) 直播前的宣传准备工作复盘

影响直播间权重的重要因素之一是静态权重，指直播过程中一些需要做好的基本准备工作，包括：

- 直播内容准备（内容、预告、封面、标题、标签……）；
- 直播宣传准备（营销渠道、传播、引流、提醒）；
- 直播间准备（时间、地点、时长、道具、人员、商品）；

这些是保证后续直播是否顺利的基础。

(2) 直播数据复盘

直播数据可以很好地印证直播间是否有能力让更多粉丝经常回访，也可以为直播间排除"刷粉"的可能性。直播数据复盘内容如图6-28所示。

(3) 电商数据复盘

电商数据复盘，主要是通过对带货相关的数据进行重点分析，以此得知该直播间的带货情况。复盘的电商数据主要是能够影响转化的数据，如产品点击率、加购数和点赞数。

直播产品的点击率是提升直播间转化数据的重要因素之一。如果主播把一个产品上架放入产品列表，但在整场直播过程中，该产品都没有粉丝点击，那么直播间的观众就会认为这个产品没有吸引力。

主播在直播过程中一定要注意引导粉丝经常到购物车去查看直播商品，最好能够促使粉丝点击产品链接，进入商品详情页查看。

产品的加购数也是影响直播权重的重要因素，一个产品被加购的次数越多越好。主播需要不断引导粉丝进行加购，还需要让粉丝多点击产品、浏览产品详情页。

点赞属于直播间的整体互动行为，对于活跃直播间氛围有着至关重要的作用。主播在直播时，可以引导粉丝一边看直播一边点赞。这样做的好处是能够使粉丝成为直播的参与者，提升粉丝对直播间的黏性。可以说，点赞是主播与粉丝互动的重要工具之一。

以上诸多复盘数据都可以在直播后台查看，以淘宝直播为例，在淘宝直播App中，可以直接查看某场直播的数据，如图6-29所示。

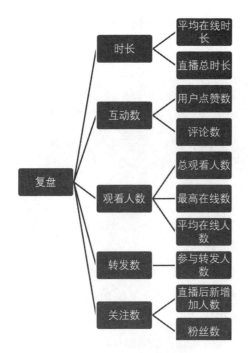
图6-28 直播数据复盘

图6-29 淘宝直播App的数据

在查看直播数据时,对重点数据逐一进行分析,就能全面了解当天直播的相关情况,发现直播中存在的一些问题,并及时解决这些问题。比如,某场直播的观看次数很高,但引导成交笔数和引导成交金额却很低,那有可能是选品不行,也有可能是主播的销售引导能力较差。

又如,某场直播的封面图点击率较低,那么用户进入直播间的可能性也很低,说明该场直播的引流效果较差。这时运营人员可以通过不同的封面图进行测试,当某张封面图的点击率达到一个较好的水平且比较稳定的情况下,运营人员就可以一直使用这张直播封面图,来保证直播流量入口的吸引力。

除了直播结束后的数据复盘,在直播过程中,运营人员也可以通过查看当场直播的各项实时数据,及时对当场直播进行相关的战略调整。

4.热门类目直播方法

虽说直播带货的方法大致相同,但不同类目有不同的侧重点。这里通过分享教育类、食品类、百货类产品的直播方法,来讲解不同类目的直播方法。

(1) 教育类产品的直播方法

对于教育行业,所有的产品都是虚拟的,无法像实物产品一样展现产品的外观、颜色等属性，代入感略低。作为教育企业，如何抓住直播做营销呢？这里总结出适用于教育类产品的直播方法，如图6-30所示。

图6-30　教育类产品的直播方法

第一步：通过短视频，如提高学习成绩的培训、练习、技巧等干货视频，吸引对这方面知识有需求、感兴趣的用户关注账号。

第二步：积累了一定的粉丝后，开启直播，直播内容还是以干货为主。稳定直播周期，并且在开始直播前发布短视频宣传，增加进入直播间的人数。坚持直播和发布短视频，来增强用户对账号的信任感。

第三步：可通过发红包、预售体验课程等福利，调动粉丝的互动积极性。

第四步：打造多样化的直播间内容，如除了展示课程、直播带货之外，还可以通过现场答疑、随机福利等形式提高用户积极性。

第五步：根据粉丝不同的学习需求，策划一些有针对性的营销活动。比如前100名下单者享受优惠价格、20点之前购买正品课程可以享受7折优惠等。

(2) 食品类产品的直播方法

教育类的视频及直播内容，即使观看人数很少，但只要商家所提供的内容是用户需要或感兴趣的，用户就会积极与主播互动，甚至可能产生下单行为。但如果食品类直播间只有寥寥几人，很难有营销氛围，粉丝流失率也很高。食品类产品的直播方法如图6-31所示。

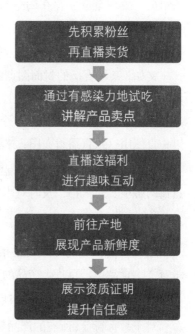

图6-31　食品类产品的直播方法

因此，食品类账号需要积累一定的粉丝量后再开直播。直播时，一边有感染力地试吃，一边讲解产品的卖点，如口感、味道、营养价值等，勾起用户食欲；再配合直播间专属福利，如特价秒杀、试吃装特惠、买一送多等方式，在进行互动的同时刺激用户下单。

食品类产品，除了在室内直播，还可以前往产地、生产车间，展现产品新鲜度。特别是水果类产品，可以在产地直播，让用户看到水果的生长环境以及新鲜程度，更能刺激用户下单。

要注意的是，食品属于入口的产品，用户肯定会高度关注安全问题。因此主播在带货过程中可以展示相关的资质证明，告诉用户食品是安全、可靠的，由此打消用户的顾虑，提升信任感。

（3）百货类产品的直播方法

百货类产品的类型比较杂，很难树立一个专业形象，所以很多商家选择分享百货创意用法去吸引粉丝关注账号。再通过直播间试用产品、配合营销活动，打造有趣场景等步骤，吸引用户转化。百货类产品的直播方法如图6-32所示。

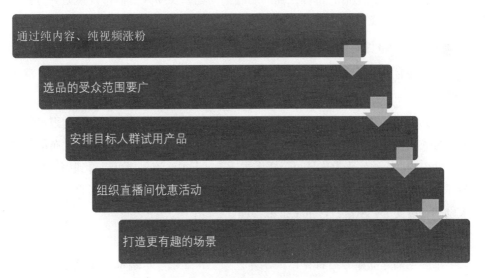

图6-32　百货类产品的直播方法

首先，这类账号一般是通过百货用品的创意用法、小窍门等有趣、有用的知识吸引粉丝。在账号发展前期，应该极度淡化营销味道，以吸引对日用百货感兴趣的粉丝为主要目标。

其次，百货类直播带货，选品的受众范围要足够广。一部分百货类产品受众窄、复购率也低，比如晾衣架，买一次可以用一两年。

选择这类产品带货时，需要尽量安排目标人群试用产品，并在过程中展现产品的多种玩法、用法和优势。

同样，在带百货类产品时，也可以配合一些优惠活动，如购买拖把赠送抹布、买洗衣液送刷子等。虽然用户可能暂时不需要洗衣液，但是如果对免费送的刷子感兴趣，也有可能下单。

最后，百货类产品的直播场景不应该局限在某个环境内，而是应该根据不同主题的产品打造不同的场景。例如，在售卖鞋子时，可以去发货仓库直播，通过现场打包、发货，给用户营造一种接近于线下购物的感觉。

综上所述，不同类目产品的带货方法略有不同，商家可结合自己类目的实际情况，分析总结出最适合自己的直播方法。

5.新人直播带货技巧

对于新主播而言，如何快速掌握带货技巧呢？下面围绕直播带货变现难、才艺主播转型为带货主播、带货主播易出现的问题以及新人直播带货策略等方面，介绍新主播快速成为带货主播的方法。

（1）转型带货主播变现难

很多主播在初次开播带货时，会出现直播间粉丝不下单或粉丝数量下滑的情况。

尤其是一些初期没有做好直播定位的主播，偶然开直播带货，粉丝很可能由于账号人设的变化而产生心理落差，进而取消关注。比如，账号起初发布的都是娱乐性内容，粉丝就认为这是一个娱乐主播，每天关注该主播可以看到搞笑段子、神评论以及明星的八卦信息；但是有一天该主播突然开始在直播间卖百货产品了，人设和定位变了，粉丝就产生了抵触心理。

（2）才艺主播如何转型为带货主播

很多主播建立账号后都是以展示才艺为主，如唱歌、跳舞、画画等，因为这些内容的覆盖人群广，容易吸引粉丝关注。然而，积累一定的粉丝后，如何转型电商主播带货增加收入就成了棘手的问题。

才艺主播转型为带货主播的第一步，就要做粉丝精细化运营。具体方法就是对粉丝进行精细化分析，找到适合粉丝的产品，然后在直播过程中用才艺将产品的卖点展现出来。比如你会快板，就把宣传词改成快板；你会舞蹈，可以拿着商品边展示边跳舞。

> **案例**
>
> 抖音主播"晨妍"原本是一位服装模特，擅长唱歌、跳舞、服装搭配。起初，她在抖音创建账号，以发布一些日常生活相关的内容为主。因为她长相可人，声音甜美，收获了不少粉丝。随着粉丝量的增长，很多粉丝表示对她视频里的穿搭感兴趣，于是她开始带货。该账号通过1年多的时间，粉丝数从几十万迅速涨到1000多万，如图6-33所示。
>
> 由此可见，该主播从才艺主播转型为带货主播的过程中，不仅没有掉粉，粉丝数还出现了大幅度的增长。究其原因，就是在挖掘粉丝需求的同时，结合了自己擅长的点，突出了自己的专业性。为了让更多粉丝接受她转型，她甚至拍摄了一条关于自己为什么转型的视频，讲述自己的经历，包括前期是服装模特，后来拍摄抖音视频收获粉丝，因为粉丝喜欢自己的穿搭风格而转型成为带货达人等。截至笔者截图时，该条视频获赞171.1万个，被收藏1.4万次、转发1.2万次，如图6-34所示。

图6-33 抖音主播"晨妍"的主页　　图6-34 讲述转型过程的视频

当然，晨妍的成功离不开她本身具备的服装搭配能力。那其他才艺主播如何突出自己的专业度呢？结合自己擅长的点去做内容即可。

例如，对于会化妆、会穿搭的才艺主播而言，可以考虑从美妆类和服饰类入手，如图6-35所示。

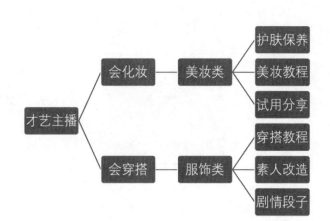

图6-35 才艺主播可考虑的内容主题

另外,转型是需要铺垫的,不能急于求成。有的主播想通过一条视频就让粉丝接受自己带货,在没有任何铺垫的情况下难以成功。

> **案例**
>
> 抖音主播"初九",账号初期发布的内容以剧情段子为主,但可能发现这类剧情段子不好变现。后来转型做了电商主播。截至笔者截图时,该账号有493.5万个粉丝,如图6-36所示。
>
> 初九转型为带货主播大概经历了如下三个阶段。
>
> 第一阶段,确定带货品类。通过讲解一个好秘书是如何解决老板的各种问题,吸引精准粉丝。因为她的粉丝以职场女性为主,那她考虑的带货品类就是职场女性需要的服饰类、美妆类产品,确定带货品类。
>
> 第二阶段,在各个节点做铺垫。比如有粉丝在视频作品评论区留言说她的衣服好看,她顺势回复说正好在和该服装厂家谈合作。通过这种方式说出以后可能要带货的信息。
>
> 第三阶段,开始变现。通过发布直播预告作品为直播间带货预热。在最初的几场直播中,基于前期的剧情类账号风格,营销味道比较淡,主要分享一些穿搭技巧、护肤知识等。等到粉丝对这些内容感兴趣后,再推荐相应产品的链接。

(3) 带货主播易出现的问题

主播在带货过程中,心态最容易出现问题,而心态也直接影响直播的成败,如图6-37所示。

图6-36 抖音主播"初九"的主页　　图6-37 主播容易出现的心态问题

尤其是新手带货主播，在直播过程中非常容易紧张，导致语言混乱、手足无措，给人留下不好的印象。而且很多主播由于紧张，无法清晰利落地介绍产品卖点，因而也无法将产品销售出去。为了避免主播出现这种紧张问题，可以提前做产品、内容、流程策划，并经过多次排练，让主播流利地介绍产品。

还有主播在直播过程中过于在意人气数据。特别是部分主播有人气数据考核指标，在直播中总是担心粉丝流失，在互动和提供有用价值上往往顾此失彼，导致更多粉丝流失。为避免这一问题，主播应该练就一个较为平和的心态，无论直播间人气高低，都要按照自己的正常节奏直播。

还有一些新人主播在直播间里放不开，说话畏畏缩缩，会给粉丝留下负面的印象。其实，主播可以把自己当作一个导购，面对有需求的消费者，讲清楚产品的各项卖点即可。

只要处理好以上三个心态问题，主播的表现就会越来越好，人气也自然越来越高。

（4）新人主播策略

新人主播除了需要解决心态问题，还需要掌握一些相应的技巧或策略，如图6-38所示。

图6-38 新人主播策略

直播平台上的主播数不胜数,为什么粉丝会来到我们的直播间呢?其中一个很重要的原因就是信任。主播可以通过积累更多产品相关的知识,增强粉丝对主播的信任感。比如,一个售卖红酒的主播,可以积累一些如鉴别红酒质量、红酒酿制工艺等知识,并在直播间宣传这些与红酒相关的内容,时间一长,会给粉丝留下一个对红酒非常了解的印象,就会吸引粉丝长期关注。

并非直播间每个粉丝都会下单转化,只要重点维护20%的粉丝就好,如果这20%的人互动效果好的话还能留住和带动剩余80%的人。特别是有直播团队的卖家,在直播时,可以安排人员积极发送弹幕、送礼物,带动其他人也参与互动。

另外,在直播带货过程中,最好借用一些技巧营造抢购氛围。如常见的订单声音播报、引导粉丝刷屏以及策划营销活动等。

6.4 直播电商新赛道——私域流量直播变现攻略

私域直播作为电商新赛道,有着独特的优势,商家应对其进行深入了解。这里从介绍私域直播的发展、优势以及变现等方面出发,帮助商家快速了解私域直播。

1.私域直播的优势及形式分类

我们目前所说的直播平台,如抖音、快手、B站、淘宝……多数属于公域直播,流量都是属于平台的,平台上的粉丝不可控,很难主动宣传触达到他们。

私域直播,是指在私域流量池直播。在私域流量池里,和粉丝沟通相对容易,便于提高用户信任、增强用户黏性。直到用户对主播的信任达到一定程度后,就可以借助直播变现。

> **专家提点**
>
> 需要注意的是，私域直播一般用于帮助企业实现从 1 到 100 的蜕变，而不是从 0 到 1 的突破。一般从 0 到 1 的突破，需要通过一些现象级的营销事件达成。

（1）公域直播的隐患

公域直播的好处是平台吸引了大量的流量，有流量红利。但公域直播也有一些隐患，如图 6-39 所示的几点。

在公域流量时代，一般都是通过竞价获取流量。起初，这种模式非常不错，但随着市场发展，商家明显感觉到在公域流量池获取流量越来越难。尤其是在直播行业中，流量分散不均匀，且专业机构不断入场，流量竞争越演越烈。这样导致流量成本高且难以获取。

同时，在公域环境下，顾客的黏性非常低，一般是哪里有利益就去哪里，转化难，成本高。

面对这些隐患，商家可以考虑将用户引流到自己的私域流量池里，既能增强用户与商家之间的黏性，也更容易刺激用户为商家创造更多经济价值。

（2）私域直播优势

与公域直播相比，私域直播有着如图 6-40 所示的显著优势。私域直播可以基于微信生态进行，非常便捷，无需额外下载 App，在"发现"页中直接打开"直播"功能，或者用微信小程序作为载体，直接在微信中打开。而且消息路径也非常短，用户的转化链路也非常多。对于商家而言，用户转化环节越少，意味着流失也越少。商家可以借助微信，完成用户沉淀、用户运营及用户转化等动作。

图6-39　公域直播的隐患

图6-40　私域直播优势

同时，如抖音、快手、淘宝直播平台，本质属于公域流量平台，是中心化机制。在这种机制下，马太效应会非常明显，大量的资源都集中在头部主播身上；中小商家的生存空间很小。公域直播平台的核心竞争就是流量，所以不可能放开流量口子。而私域直播的核心就是私有流量，因为不存在算法分发机制，所以不存在马太效应。每个人的流量都会被保护起来，不存在被大主播抢走流量的说法。只要主播肯努力，就能有所收获。

私域直播还有一个反向增长的优势。商家在微信生态下打造自己的私密流量池，可以把这个池子经营好的同时反向吸引公域流量池流量。微信相对更开放，微信直播允许主播露出微信、二维码等信息，自由导流。

例如，某直播间在直播前一共有162个人订阅，但是在2个小时的直播过程中，却有4407个人观看。那就说明除了这162个用户外，还有很大一部分用户是通过微信群、微信朋友圈或微信公众号等渠道了解到直播间信息并进入直播间的。

商家只要做好直播间内容，就能留住这种反向增长的用户。更重要的是，这种由人际关系进入直播间的用户质量和忠诚度，都比公域流量高，因而变现周期也更短。由此可见，私域流量确实有着诸多显著优势，商家应及时抓住这个电商新赛道，获得更高变现。

（3）私域直播平台的形式

就目前而言，很多商家把用户数量较大的微信作为自己的私域流量池，将各种渠道积累而来的用户都吸引到微信中。在微信里，形成了个人号一对一、微信群、朋友圈、公众号、小程序、视频号、微信直播等微信生态圈，通过这些程序，对私域流量进行经营和利用，私域直播有以下几种形式。

首先是"微信直播"，大家可以直接在自己的微信中进行直播，可以通过微信生态圈直接邀请好友进入直播间。

其次是基于微信小程序的直播平台（这些直播平台多数既有自己的独立App，又有基于微信的直播小程序，这样公域私域流量通吃，从哪儿进入都可以，这些直播平台多数是相对较小的直播平台，对微信不构成威胁的平台），比如爱逛直播、无敌主播、看点直播、微盟直播、鹅直播、微赞直播、一直播、斗鱼直播、映客直播等。这些直播平台流量相对少，但是竞争也更少。

不少商家在微信小程序上自建了直播间，取得了不错的效果。

例如，"孩子王"作为国内知名的儿童用品品牌，在国内多个城市开有分店，线下流量巨大，而且消费者的消费能力也非常强。该商家通过微信小程序这一载体，打通线上、线下销售链路，累计开播数百场，某次直播间的销售额达到了 20 万元，孩子王商城主页如图 6-41 所示。

母婴类商家"小小包妈妈"，本身具有丰富的线上运营经验，首次开播 1 小时 40 分钟就吸引了超过 13 万人观看，当场直播销售额超过 216 万元。因为该商家同时具备人、货、场三要素，非常有利于直播带货。对于有直播经验的商家而言，上亿元的销售额是轻而易举就能完成的；对于刚开始直播的商家而言，则需要先打造优质的直播团队，不断提升自己的直播效果。

2.私域+直播，轻松涨粉变现

了解了私域直播相对于公域直播的区别和优势以及存在形式等信息后，接下来了解私域直播的玩法。私域直播与私域流量关系微妙，读者通过学习本节知识，可以将二者相结合，达到更好的营销效果。

图6-41　孩子王商城主页

（1）私域直播三要素

私域直播的三要素也是人、货、场，如图 6-42 所示。

对于"人"方面，私域直播的流量来源和公域直播有差异，主要来源有以下三种。

➤ 已有粉丝：这部分粉丝通常存在于微信公众号、个人号或者线下门店等。

➤ 裂变粉丝：通过裂变活动获得的新粉丝。

➤ 平台外的流量：如通过微博、小红书等渠道而来的粉丝等。

在"货"方面，可以把货源分为自有货源和其他平台货源两类。主播要注重产品与粉丝的匹配度。同时，带货的关键是性价比，因为高性价比很容易将粉

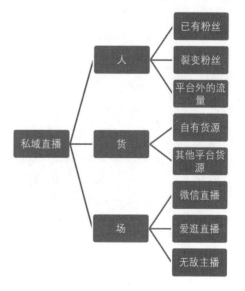

图6-42　私域直播三要素

丝吸引进入直播间，这也涉及选品、供应链的问题。

最后，就是"场"，即私域直播平台的选择。商家可结合自己的实际情况，选择更适合自己粉丝的平台。另外可以多手机、多平台同时直播，增加覆盖面。

（2）私域流量助力直播

商家积累了一定的粉丝后，需要将其吸引到直播间，并在直播间下单转化为商家带来收益。私域流量如何助力直播呢？主要从提高账号人气以及直播销售额等方面进行。

①提高账号人气

首先，想要提升账号粉丝和直播人气，需要提前做好粉丝运营，收获种子用户。其次通过维护好种子用户，让这些用户裂变带来新用户。具体如何做呢？第一种是将日常的直播活动同步宣传给其他用户，吸引其进入直播间，参与直播活动，增长直播间人气；第二种是集合裂变，扩大宣传营销直播活动，给直播间带来更多的新粉丝。

要想做好这两种工作，首先要关注一些渠道，如公众号、社群、朋友圈等。除了渠道外，还要关注内容，要将文案及利益点相结合。利益点是最能吸引粉丝参与活动的关键，建议商家将利益点进行阶段性发放，以及做好投入产出的规划。通过阶段性的发放机制，能保证参与的人在执行一些动作后才能拿到更大的奖励，也能保证裂变的粉丝高度参与其中。而好的文案，能第一时间将重点信息告知用户。例如，转发直播海报、图文、直播活动推文，凭截图获得现金红包、权益、实物等。

②提高直播销售额

私域流量如何助力直播，提升直播间的销售额呢？这里需要重点解决卖什么产品以及选择什么营销策略这两个问题。解决了这两个问题，就能最大限度地吸引私域粉丝进入直播间，并且下单转化。先来解决"卖什么"的问题，私域粉丝可以分为如图6-43所示的三大类。

图6-43 私域粉丝分类

第一类是通过分享知识而沉淀的私域粉丝，比如育儿知识、化妆知识等。针对这类粉丝，在带货时，可以选择培训课程、书籍、线下活动门票、付费问答等产品。还可以根据粉丝特征增加一些产品，如对育儿知识感兴趣的宝妈、宝爸，可能还需要购买待产包、奶粉、尿不湿、童装等产品，转化率也会很不错。

第二类是因为实物沉淀的私域粉丝，比如线下门店的会员、分享潮流产品的粉丝等。针对这类粉丝，在直播带货时，可以寻找对应实物货源。例如，通过分享潮流产品而获得的粉丝，可以向其售卖手机、耳机、平板等产品。

第三类是通过分享信息而沉淀的私域粉丝，比如社会、新闻、资讯类公众号积累的粉丝。这类粉丝人群特征比较复杂，所以建议大家针对这类私域粉丝选择有货源的第三方平台同时营销多种产品。在选择时为了节约成本，可选择支持一件代发、无须售后且佣金比例高的平台，这样才能提高主播的带货收益。

接下来，再来解决营销策略的问题，将私域粉丝引导到直播间后刺激粉丝下单。最简单的玩法就是给私域粉丝特权或者特有利益点，刺激其下单。值得注意的是，在给私域粉丝特权时，也要照顾其他粉丝的感受，否则对比太明显容易导致非私域粉丝难转化。那具体该怎么做呢？下面举例说明。

➢ 在直播前预热通知文案中写上特权细节，如"凡是从某某渠道来的粉丝在直播间下单，可以联系客服领取惊喜小礼品"。

➢ 让福利的区别看起来不太明显，如"私域粉丝买2送1，还有惊喜礼品；其他粉丝也可以享受买2送1的福利"。

➢ 用不同的福利吸引不同的粉丝，同时借助差异化营销策略提升客单价和转粉率，如"私域粉丝第二件半价，非私域粉丝本次直播间下单金额超过100元赠送某某产品。现在开始5分钟内扫描二维码添加客服微信，可以享受第二件半价"。

(3) 直播助力私域流量

总体而言，直播助力私域流量有两种玩法，分别是：激活沉寂粉丝，丰富私域粉丝互动玩法；通过直播吸引裂变新粉、扩大私域流量池。

①激活沉寂粉丝，丰富私域粉丝互动玩法

沉寂粉丝，指已经是微信好友，但不活跃、不互动的粉丝。产生沉寂粉丝的原因大致如下：

➢ 添加后被遗忘；

➢ 参加过活动，但是对活动的印象不深刻或者对活动的效果不满意；

➢ 喜欢"潜水"。

激活粉丝的方法大致包括如图6-44所示的三种。

图6-44 激活粉丝的方法

钩子产品，比如1元购、0元购；红包裂变，如转发某某，可参加活动或可获得红包；抽奖活动，如整点抽奖拿免单等。

专家提点 钩子产品指能为店铺带来较高流量且能快速让客户成交的产品。

例如，某实体行业商家，在经营实体店过程中已积累了很多粉丝，但这些粉丝活跃度很低，复购率也较低。基于粉丝对商家有过成交前提，商家在直播间策划了一元购及红包裂变的活动，用粉丝能切身感受到的福利吸引粉丝进入直播间并转化。

在直播4个月的时间里，累计销量超过百万件，日订单量最高时超千单，粉丝更是新增2万多个。这些实体商家经过多年的实体经营，手上可能有数百万个粉丝存量，但可能都没法有效利用。所以，可以借助私域直播，将这些流量利用起来。

同时，私域直播也丰富了私域粉丝的互动玩法。以前，粉丝玩法仅限于在社群、公众号、个人号互动。如今有了直播，与文字、图片相比，直播更生动、交流更及时，更受粉丝青睐。因此，商家可以将直播互动与营销相结合，如：

➢ 通过直播互动，收集产品购买意向，为下次直播选品做准备；

➢ 在直播中收集粉丝对产品的反馈，优化产品、营销信息；

➢ 通过互动，为下一次营销预热。

②通过直播吸引裂变新粉、扩大私域流量池

通过直播吸引粉丝裂变的方法很多，这里将其以付费方式分为付费裂变和免费裂变两种。其中，付费裂变主要包括推广红包、助力红包以及拼手气红包三种。

➢ 推广红包：通过发布推广红包，邀请观众成为直播间的推广员。如观众每邀请一位好友进入直播间就能够获得一个推广红包。观众邀请的人越多，获得的红包就越多。

➢ 助力红包：主播发布助力红包，直播间观众点击红包并分享到微信，邀请微信好友进入直播间。好友关注主播后，观众及好友都能领取红包。

➢ 拼手气红包：红包倒计时结束时，用户可直接抢红包，抢到多少金额全凭手气。

主播可结合实际情况，选择适合自己的付费裂变形式。例如推广红包能让主播获得大量的有效观众，观众如果也想获得推广红包，便会主动关注主播，成为直播间的推广员，从而成为有效粉丝。

例如，某主播在直播间发布了100个推广红包，每个红包为1元钱。甲粉丝想得到这个红包，需要将直播间信息分享至微信朋友圈。甲粉丝的朋友乙、丙、丁等人通过甲粉丝的朋友圈进入并关注直播间，成为3个有效观众，那甲就能得到3个红包。主播通过红包吸引到甲粉丝类似的人群进入直播间，通过直播内容和产品让新粉丝留下并成交，为直播间带来更高收益。

除了这种付费的裂变外，还有一种免费裂变，如转发互动、设立门槛等。

转发互动，指主播不定时在直播间提醒粉丝们将直播间转发到社群、朋友圈等。

设立门槛，指通过福利、活动等形式，刺激粉丝转发直播间内容。

综上所述，私域直播与私域流量相辅相成，商家如果将二者结合利用，可以使粉丝转化效益最大化。

3.私域直播的具体操作流程

我们来看一看私域直播的具体操作流程，帮助商家快速掌握私域直播的实操知识。

（1）直播方案的准备阶段

准备工作是一场直播成功的前提。准备阶段如图6-45所示，包括确定直播主题、确定直播时间和地点、销售任务测算等工作。

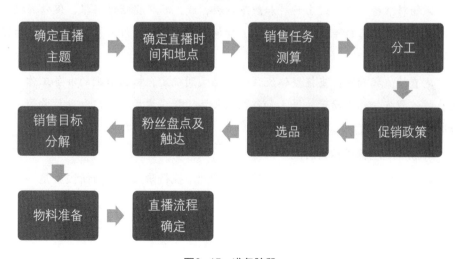

图6-45 准备阶段

为了便于大家理解各项准备工作的具体内容，下面对各项工作进行详细讲解。

➢ 确定直播主题：确定这场直播活动的主题。好的活动主题能吸引更多关注，也更有利于传播。例如"某某直播专场""引爆618，5万豪礼享不停"。

➢ 确定直播时间和地点：确定好直播时间和地点后，将这些信息呈现在宣传海报中。例如"4月30日20:00，某某直播间，千万好礼等你来取"。

➢ 销售任务测算：本场销售任务的测算及确认，如根据某某店铺粉丝数量及购买力，预估可能达到的销售目标，并结合实际情况明确本场目标销售额（如50万元），同时拆解任务目标，下达给所有店员执行。

➢ 分工：活动负责人、主播、其他工作人员的分工，如执行负责人：王总；主播：小张；助播：小李；客服：小王、小涛……

➢ 促销政策：制定销售促销政策，如买赠活动、套餐优惠、抽奖活动、引流产品等。

➢ 选品：确定本场的引流产品、主推产品、爆款产品，并配合优惠活动，对产品介绍进行排序。

➢ 粉丝盘点及触达：确认所有私域粉丝数量，并对其进行活动预热，包含促销时间、促销产品、活动力度及规则等信息告知。

➢ 销售目标分解：召开动员大会，根据销售目标拆解任务。如每个店员需分配的任务包括：消息触达用户数量；筛选有购买意向的用户，将其拉入新群组；引导用户预付定金，提前锁定订单；引导用户做一些裂变宣传活动。

➢ 物料准备：分为线上物料和线下物料，线上物料指活动海报、促销海报、品牌及主播宣传海报等；线下物料指直播间背景、台签、灯光、麦克风、演示道具及样品等。

➢ 直播流程确定：直播整体流程及活动策划确定，根据前期的准备工作，确定直播流程安排、互动玩法等（如红包、抽奖、裂变方式、推广红包数量等），并将所有流程提前演练1~2遍。

（2）直播方案的执行阶段

做好直播方案的准备工作后，接下来就到了执行阶段。执行阶段就是一场直播的常规流程，包括如图6-46所示的一些内容。

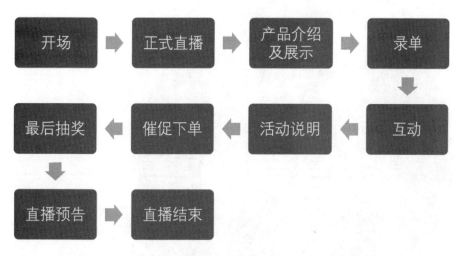

图6-46 执行阶段

执行阶段的各项工作详解如下：

➢ 开场：由直播主播做开场说明，如主播介绍、热场工作，预计10～15分钟；

➢ 正式直播：主播介绍该场直播活动的主题，讲解本场直播发起缘由，并说明促销活动及优惠力度等信息；

➢ 产品介绍及展示：介绍产品主要卖点，根据实际情况将产品分阶段上架；

➢ 录单：开播10分钟后，将已成交的订单录入系统并播报；

➢ 互动：进行抽奖互动、红包互动、提醒关注、提醒转发等互动；

➢ 活动说明：多次说明优惠力度、活动力度，提醒粉丝下单等；

➢ 催促下单：宣告活动截止时间，促进粉丝下单，工作人员配合烘托抢购气氛（如倒计时）；

➢ 最后抽奖：结束直播前的最后一次抽奖，并提及本场直播共抽奖次数以及送出礼品的价值；

➢ 直播预告：做下一次直播的预告、亮点介绍，并推动流量沉淀；

➢ 直播结束：宣告本场直播结束，谢谢大家的支持。

以上就是一个私域直播的准备阶段和执行阶段。在公域直播火爆的背后也存在许多隐患，如专业机构入场导致流量成本高、转化难等问题。私域直播正好可以解决这些隐患，为商家带来更多营销机会，我们要抓住当下这个红利机会，大幅提升销售业绩。

第 7 章 微信营销

微信凭借其用户基数大、投放人群精准、传播空间广及开发潜力大等诸多优势，成为当下热门的 App。微信营销也因微信庞大的用户数量，成为移动互联网最具商业价值的营销手段。对于企业而言，把握住了微信营销，不仅跟上了移动互联网的步伐，同时也意味着掌握了互联网商业的未来。本章将重点讲解微信的 IP 打造、朋友圈营销、微信引流、互动变现和裂变的方法和技巧。

本章学习要点

※ 打造微信IP的方法

※ 朋友圈营销秘籍

※ 引流涨粉

※ 微信互动变现方法

※ 微信裂变传播方法

7.1 打造IP,让客户对你一见钟情

以前,经济活动的主体是企业,决定企业成败的关键是品牌。在数字化新时代,经济主体细分到个人,每个人都有自己的品牌,就是"个人IP",你的个人品牌代表了你的社会地位,决定了你的发展。

> **专家提点** 个人IP,是指个人对某种成果的占有权,在互联网时代,它可以指一个符号、一种价值观、一个共同特征的群体、一些自带流量的内容。每个人都有自己的IP,打造IP就是打造个人品牌。

1.送你一个店铺,要不要?

如果你碰到了阿拉丁灯神,灯神说可以送你一个临街的大商铺,房租不用你交,物业费、管理费、卫生费、水电费全免,经营所得全归你,你要不要?

肯定要!其实,还真有这样的店铺,就是你的微信IP,它包含了店铺招牌、个人商标、品牌广告语等。如:

➤ 微信名称:店铺招牌,或者是品牌名。

➤ 微信头像:个人商标,对应店铺的Logo。

➤ 个性签名:情怀定位,也就是品牌广告语。

➤ 微信号:营业执照,是唯一的、固定的标识。

➤ 朋友圈:如果你的朋友圈设置"允许陌生人查看十条朋友圈",那么就像一个橱窗,是你展示的窗口。

➤ 朋友圈封面:店铺门脸,朋友圈封面的图片和内容显示了你的精神状态和层次。

➤ 微信群:店铺内堂,进入了微信群就像进了一家店铺,在群里展示产品,就跟线下与客户交流一样。

> **专家提点** 以前公司很难做到全员营销,而现在,实现"全员营销"很轻松。只要让每个员工打造好自己的个人IP,然后公司统一出活动海报,每个人只需要按照公司要求执行(比如发朋友圈、发群、一对一转发或群发),这样就做到了全员营销。

2.微信名称：打造过目不忘的金字招牌

微信名称就是一个人在微信江湖中的代号，也就是我们通常所说的微信昵称，它是我们的一块金字招牌，微信中的其他人都通过这个昵称来记住我们，所以这个昵称至关重要。一个好的名称会让人产生好感，就像现实中店铺的招牌。

下面分别介绍微信名称（昵称）和群名片的设置技巧和注意事项。

（1）微信昵称

①正能量、温馨、积极、有趣

忧虑的名称，会将负面情绪传递给客户，让客户产生距离感，甚至厌恶感，不利于成交。建议用正能量、温馨、积极、有趣的微信名称。

> **案 例**
>
> 梦的方向叫闯、天生励志难自弃、梦想编织青春、我命由我不由天、梦想照进现实、素手挽清风、笑若桃花、风雨踏梦行、逐梦飞翔……

②忌用英文或繁体字

不要用英文，除非我们面对的是以英语为交流语言的客户群体。英文难以记忆，甚至很多人根本不懂英文，不仅记不住，还可能招致反感。同样的道理，也不要用繁体字。

③用真实姓名可快速建立信任感

如果你看到对方的微信名称用的是真实姓名，会觉得对方真诚坦荡，让人感觉更真实、更放心，减少距离感。如果是做营销的用户，使用真实姓名作为微信名称更容易迅速建立情感连接，快速打开信任通道，便于经营成交。

> **专家提点**　其实，也可以用看起来像真名的笔名，比如我曾用过的微信名称宁延杰，给人的感觉是真实姓名，曾经也用过宁致远。

④与真实姓名相关联，有寓意、好记忆的名称

如果一个微信名称既容易让人们记住，又有一定寓意，还与真实姓名有一定的关联，那么这种微信名称就具有极佳的对外宣传效果。比如，有个朋友叫"王荣桓"，其微信名称为王者荣桓，借势"王者荣耀"，很有气势！

再比如，

名字带"娜"的：微信名"娜么美"；

名字带"静"的：微信名"我就是静静"；

名字带"萍"的：微信名"萍萍安安"；

真名"罗蒂"：微信名"罗曼蒂克"；

真名"王旭升"：微信名"旭日东升"，把"旭日东升祝您事业如旭日东升，蒸蒸日上，财源广进！"写到签名里，也是极好的。

⑤不要经常变更名称

微信名称就相当于你的店铺招牌、品牌名称，设置后就不要经常变更它，它是你对外宣传的名片，好不容易被记住了，如果你改了，很多人可能都不知道你是谁。

(2) 群名片

群名片是最好的广告位，而且还是免费的！在群名片中加入广告，你每次发言，这个广告就会重复一次，即使你只是发个表情。那么如何利用群名片来做好广告位呢？

一个好的群名片要包含 4 个元素：姓名、品牌、业务、宣传语。

例如："鹿客广州总代～魏薇1367……"，这个群名片有哪些值得称赞的点和需要修改的点呢？

①姓名：用真实姓名，很好。但是应该写在最前面，因为姓名是最重要的，其他内容都是对这个姓名的补充描述。

②品牌：品牌为鹿客，因为是个小众产品，品牌的知名度不是很高，因为鹿客和小米是合作伙伴的关系，所以我们可以借小米的势，写上"小米鹿客"。

③业务：绝大多数人也不了解鹿客是干什么的，即使写上小米，也不一定知道你具体卖的是什么东西。因此，群名片里最好标明业务范围，可以将"鹿客"改为"鹿客智能锁"。

④地域范围：写广州总代好吗？明显画蛇添足，"广州总代"，在一定程度上缩小了地域范围，让用户感觉这个账号能提供的服务在地域方面有一定的局限性。应直接删除这些带有地域性的关键词。

⑤电话：我不建议写电话号码，会让人有着急推销的感觉（可以写客户的微信号）。而且，群名片最多能写 16 个字，写了手机号码，其他的可能就写不上了。

⑥宣传语：该群名片没有宣传语。群名片相当于一个广告位，广告位上没有广告语太浪费了。鹿客的官方广告语是："想象一种科技就是想象一种生活"，这句话好像很有内涵，但是既绕嘴又长，不好记忆，对其主营业务智能锁也没有针对性。建议使用这样的广告语：别无"锁"求。

别无"锁"求，会让人自然联想到"一旦拥有，别无所求"（释意：用于形容这个东西特好，特珍贵，如果你拥有了，就不会再奢求什么了），也就是说这个锁是最好的。

广告很重要，群中每一次发言，群友就接收一次广告宣传，最后不知不觉你的广告语耳熟能详，从而达到宣传的目的。

由此可见，群名片可以修改为"魏薇～小米鹿客智能锁～别无锁求"。

（1）在不同的群中，可以根据情况设置不同的群名片。（2）有些群对群名片格式有要求，要按照群要求进行修改。（3）群名片不仅有宣传效果，而且还起到"搜索留痕"作用，比如有人想买"智能锁"时，可能会在微信中搜索关键词，就找到你了。微信中搜索关键词，会出现在3个地方："联系人"——我已经加的好友、"群聊"——群聊中的人（会同时搜到微信群中你的昵称和群名片的关键词）、"聊天记录"——聊天中有这个关键字的也会被搜索出来。

3.微信头像：设计让人眼前一亮的商标Logo

微信头像就像是一个人的商标，在虚拟的网络世界里，双方彼此不认识，也看不见，你的微信头像就可能成为你在对方脑海中的形象，这个形象可能决定双方是否合作和合作的深浅，因此，一定要用心设计自己的微信头像。如何才能设计出让人眼前一亮的微信头像呢？

用自己的照片作为微信头像，如果你有营销目的，就不要用宠物照、风景照、物品照等当作头像。看不到人会让对方产生距离感，难以形成信任，大大提高了沟通的成本，从而很难成交。因此，建议用自己的真实照片作为微信头像，甚至比真实姓名更容易得到信任。

作为微信头像的照片，要注意以下几点。

> 最好的形象：爱美之心人皆有之，所以选你最美的照片。

> 清晰度要高：如果头像不清晰，同样给人不真实的感觉。

> 人像要大：有人用自己的风景照做头像，人在照片中非常小，根本看不清模样，同样会产生距离感。

> 阳光、和蔼可亲：选择阳光、和善、笑意盈盈、正能量的照片做头像，严肃、不苟言笑的照片会让人产生距离感。

大头照和场景人像照都可以作为微信头像。通常来讲，庄重点的职业尽量用专业形象大头照，比如培训师、律师、会计师等，让别人感觉更专业。而销售职业则建议选用场景人像照，这样可以减少营销的味道，让人感到更加亲切。

4.个性签名：展现独具一格的人设情怀

个性签名：当你加他人好友，或者有人想加你好友时，往往会翻看你的朋友圈，来了解你是怎样的人，其中，比较重要的就是你的个性签名，因为这是你自己设定的人设。在设计个性签名时需要注意以下事项。

（1）不建议直接上广告

"赤裸裸"的广告会让人产生距离感和厌恶感，减少你加好友的成功概率。但如果广告打得有趣，不但可以告知对方你的业务范围，而且不让人反感。

> **案 例**
>
> 一个智能锁商家的微信个性签名是：有"锁"事，您说话！智能锁专家热线136……借用了大家耳熟能详的"有事您说话"，乐于助人、亲近随和的形象跃然而出。

> **案 例**
>
> 一汽集团有个卡车货车公司，我给这个卡车货车公司的个性签名建议是："马达一响，黄金万两！车轮一转，一天一万！"因为买货车的客户跟买小轿车的客户的思路完全不一样，不是为了舒服和面子，而是为了赚钱，货车是他们的赚钱工具。

(2) 先交朋友，再推广告

先让客户加上好友，你才有机会宣传；只有客户信任，你才有机会成交。本着让客户认可为前提，个性签名就应该设计得有趣、有吸引力。

苏小糖的个性签名："一个有趣会撩的福建本地人。"到底怎么有趣，又怎么会撩呢？这个签名一下子引起了人的兴趣。

财神哥常用的个性签名："工作是生活的手段，朋友是生活的真谛！"从这句话你觉得财神哥可能是什么样的人？他最看重的是朋友，所以可能是个有情有义的人。

座右铭、心灵鸡汤（不要太俗和太清高的）、正能量的段子都是不错的个性签名。参考下面一些经典的个性签名，你也可以设计自己的专属个性签名。

"瘦下来，全世界都是你的！"（减肥产品和项目）

"享受生活，从无病开始！"（保健养生的）

"你那么美丽，那么可爱，谢谢你还关注我！"（让人喜欢的马屁精式）

"成功在于合作，合作共赢天下！"（合作引导式）

"做你自己，因为别人有人做了！"（有趣的灵魂）

"人生没有彩排，每天都是现场直播。"（励志类）

"认识是缘分，相处是福分！"（煽情式）

"常怀感恩之心！常念相助之人！常感相识之缘！"（重情重义式）

5.微信号：抢注好记、易传播的"营业执照"

在微信平台中，微信号是独一无二的，就像我们注册公司的营业执照一样，每个公司只能有一个营业执照。

用户在注册微信号时，新注册的微信号一般是系统默认的一串很长的数字和字母，不仅不好记忆，也不易传播，我们可以通过下面路径将其修改为与自己相关的好记忆、易传播的微信号："我"→"个人信息"→"微信号"。微信号命名要遵守以下规则：

> 微信号由字母、数字、下划线、减号组成；
> 最少6个字符，最多20个字符；
> 不能以数字开头，不支持设置成中文；
> 微信号一年只能修改一次，建议尽量不改。

微信号首先可以用与品牌名、店名或姓名相关的拼音或英文，最好是带有一定寓意的，关联我们的人设；其次，微信号要便于记忆；最后，微信号要好听，给他人留下好印象，这样易于传播。

> **案例**
>
> 财神哥的微信号：caishenge178（财神哥一起发），好记，大家听到也开心。

6.朋友圈封面：设计赏心悦目的店铺门脸

当朋友打开你的朋友圈，首先映入眼帘的就是朋友圈封面。看上去赏心悦目的背景图尤为重要。

在设计朋友圈封面时，建议使用符合你定位和形象的照片，这样可以突出品味和意境。可参考"微信头像"的设置标准。财神哥的朋友圈封面是喜气洋洋、人见人爱的财神爷，符合对应的人设定位，如图7-1所示。

图7-1 财神哥的微信朋友圈封面

7.2 朋友圈营销秘籍：如何打造展示和宣传的舞台

你的朋友圈就是你展示自我的舞台，是客户了解你的窗口。当客户进入你的店铺之前，可以通过你的朋友圈对你的店铺的经营范围、档次、品位等有大致的了解。

1.避开误区

有的人为了能引流成交，在朋友圈不断"刷屏"，结果"成功"地让朋友把自己屏蔽了。为什么会这样呢？既然叫朋友圈，而不叫广告圈，在朋友圈中不断地发广告，就会让很多人反感，其结果就是被删除好友或者被好友屏蔽。

实际上，加你为好友的人，一般都是愿意认识你或者认同你的人，想知道你是做什么的，你能给他们带来什么好处。这时你要做的不是天天发推销广告，而是应发一些与产品相关且朋友圈中大多数人都喜欢看的有营养的内容，慢慢地熏陶他们。当他们需要你的产品时，自然就会来找你。

为了让更多的人了解你，建议将朋友圈设置为"允许陌生人查看十条朋友圈"。设置路径：打开微信，【我】→【设置】→【朋友权限】→【朋友圈】→【允许陌生人查看十条朋友圈】。

2.定位人设，提升好感

我们先来看看图7-2和图7-3所示的两个朋友圈截图，你更喜欢哪个？

图7-2 甲用户朋友圈截图

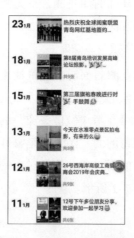

图7-3 乙用户朋友圈截图

可以看出，图 7-2 展示的是一些"赤裸裸"的广告内容，给人的感觉这是一个整天只知道推销的商人，你一定会敬而远之。图 7-3 展示的是生活、工作场景，给人的感觉这是一个热爱生活和工作且喜欢社交活动的人，如果有需要，可以联系他。

众所周知，成交变现是在建立信任的基础上。那么我们应该将自己定位成什么样的人设，才能给客户留下好印象，从而取得信任呢？

其实，最好的人设就是：朋友 + 行业专家。具体内容可以总结为以下四点，如图 7-4 所示。

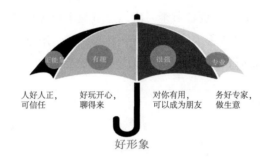

图7-4　最好的人设

➢ 正能量：人好人正，可信任。信任是一切后续的基础。

➢ 有趣：好玩开心，聊得来。我不是只知道工作的人，也许能给你带来快乐和开心。

➢ 很强：对你有用，可以成为朋友。我有能量、有资源，可以帮助你。

➢ 专业：务好专家（指能提供较好的产品或服务的人），做生意。我不仅能给你提供好的产品服务，还能根据你的情况给出最优选择建议。如果你有需要，优先找我咨询，咨询是成交的前奏。

前三点实际上就是塑造一个"可信、有趣、有本事"的值得交往的形象，而第四点则是塑造一个行业专家的形象。

> **案例**
>
> 　　一位在平安保险工作的老乡燕子姐姐，在跟她交往的这些年中，她从来没有直接给我推销保险，只是在平安组织活动时邀请我参加。
>
> 　　她特别热心，老乡有事她都主动帮忙，如果你生了小孩她也会登门看望，

> 大家都觉得她特别好,是值得交往的朋友。
>
> 当你想买保险的时候,只要咨询她,她就会非常专业地给你讲,而且总站在你的角度考虑。久而久之,"燕姐人好又专业,找她准没错!"在朋友之间形成了裂变式口碑传播。
>
> 由此可见,保持好人设,做好"朋友+专家",你就赢了。

3.把握广告黄金时段

在朋友圈发广告,不同时间段,用户类型及人数是不同的。虽然朋友圈的广告不需要支付费用,但也需要选黄金时段,也就是用户人数最多的时段,这个时间的广告效果最佳。图7-5所示是"2020年第四季度微信用户活跃时间段分布图",可以看出有两个高峰时段,分别是午高峰12点和晚高峰20点。

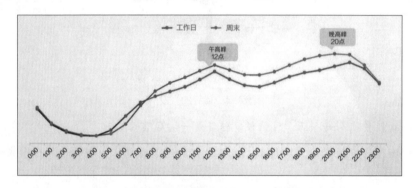

图7-5 2020年第四季度微信用户活跃时间段分布图

在朋友圈黄金时段发广告需要注意以下事项。

(1)周末和工作日时段有区别

周末用户相对更多,时间更长,但周末(节假日)和工作日的黄金时间段有所不同。例如,大部分用户在周末时间宽裕,可能随时随地打开手机群聊、看朋友圈;但是在工作日,可能只有在7:30—9:00、17:30—19:00等时间在通勤路上,以及11:30—13:50、20:00—22:00在饭前饭后的时间段,看朋友圈才比较多。其余时间要工作和做家务。

(2)随目标客户群体的变化调整

目标客户群体不同,生活规律就有区别。比如老人、中年人和年轻人的生活规律不同;有些群体有特定的时间规律,比如宝妈群体,很可能工作日7点半到8点要送孩子上学,下午4点半要接孩子放学。

不能生搬硬套,要根据目标客户的生活规律调整宣传时段。

(3) 重要内容多时段宣传

如果是重要的宣传,比如大型客户活动,需要多发几次朋友圈,因为每个人看手机的时间是不同的,这样可以覆盖更多客户。

(4) 朋友圈所发内容的精选

朋友圈发的内容不能全是广告,更多的应该是与其人设相关的内容,只有把IP打造好才能有所收获。另外,我们应该根据不同的人设,在不同的时间段发布不同的内容。

 案 例

下面是一个保健品微商朋友圈的日常内容建设。

①早上6—8点:早安问好。比如:问安、励志、健身等,或自己做的早餐,让人感觉真实。

②8—9点:健康小知识,或自己使用产品的照片,配上简单抒情的文字,比如,每天早上喝一杯青汁,排毒瘦身养颜,为青春加能量,为生活加油!

③10—11点:可以发一张产品功效图,比如早上发了青汁,现在就可以发青汁功效图,这样连续的内容容易给人留下完整的印象!

④中午12点左右:发美食,或者遇到的有趣的事。

⑤15—16点:可以发下午茶,配上文艺抒情的文字;或你自己使用产品的照片,展示真实的自己,记得提到产品的功效!

⑥16—17点:晒客户的反馈图,让好友看到产品的效果很好,这样更有说服力!

⑦18点左右:生活、美食、孩子、兴趣爱好等内容都可以。

⑧19—21点:晒发货图、送货图、收款图等,让大家知道你的货很畅销,赶紧来抢吧。

⑨21—22点:相关知识分享+心灵鸡汤,激发客户购买产品的冲动。

4.巧用提醒功能触达目标

在朋友圈发内容时,有个功能叫"提醒谁看",其作用就是特别提醒某些朋友来看你发的内容。每次最多可以指定10个人,指定的朋友就会显示提醒,在朋友圈点开就可以直接看到你发的这条内容。因此,使用"提醒谁看"这个功能就可以将这条信息准确送达到你的重点客户。

5.激活朋友圈的"僵尸粉"

你有没有发现:你的微信好友中有90%的人一年甚至几年没联系过你了?面对这些"僵尸粉",我们应该如何激活呢?

朋友圈点赞、评论是最好的激活方式。平时翻看微信朋友圈时,要经常与朋友互动,给朋友点赞。你给他点了赞,那他就会看到你,就有可能互动起来,从而激活,甚至他可能特意去翻看你的朋友圈,逐渐熟悉你,进而产生业务关系。

 尽量边看边评论,哪怕只是几个字或者几个表情符号,也能达到激活的目的。

7.3 引流涨粉:如何让你喜欢的人关注你

在互联网时代,流量就是财富的源泉。商家做营销,如果没有流量,就没有客源;即使商品再好,推广方式再新颖,如果没有流量(粉丝),也很难售卖商品。

那么,如何获取流量呢?

1.诱饵营销的六大原则

商家想引流,必须讲策略,就吸引客户而言,需要有诱饵。诱饵营销是指通过一个好的诱饵吸引客户进入商家的流量池,便于商家日后的客户经营。流量池可以理解为"鱼塘",当商家在目标客户群体中"钓鱼"时,"鱼饵"起着至关重要的作用。

那么商家应该如何设计诱饵呢?应该遵循有门槛、有付出、有价值、有关联、有品质、有理由这六大原则。

(1) 诱饵要有门槛

商家可以将优惠券作为诱饵,找准机会分发给有可能成交的客户。客户在优惠券的利益驱动下,更容易生成订单。只有当优惠券被使用,才能起到诱饵的作用。假设一个客户拿到优惠券或体验券后,发现券的使用期限是一年甚至更长,就可能将优惠券搁置起来。这样容易导致客户下次拿出券时,已经过了使用期限,或者根本就找不到券了。如此一来,商家设置的优惠券就白白浪费了。所以,商家在设置优惠券做诱饵时,需要设定门槛,如限时、限量等,提高客户的使用概率。

◆ 限时

策划任何优惠券活动,都要考虑活动的时间问题,如优惠券的开始时间与结束时间。如果优惠券的起止时间间隔太长,无法给客户造成紧迫感;如果起止时间间隔太短,又不能满足大部分客户的需要。

◆ 限量

在策划优惠券时,还需要限量。人的心理就是越稀缺就越显得珍贵。如果一个商家派人在街上大范围地发放优惠券,就会让人感觉这个优惠券不值钱,甚至认为是陷阱。但如果商家说明此次活动只送出100张优惠券,得到优惠券的人就会认为自己很幸运,使用优惠券的可能性也就更大。

具体该限多少数量,可以根据具体情况设定。

(2) 诱饵要有付出

免费的东西确实能吸引一些客户,但也容易吸引到无效客户。商家免费拿出商品做服务,很可能没有后续成交。因为很多客户都是冲着免费来的,根本不是目标客户。适当地让客户花钱,更能提升诱饵的使用概率。

例如,商家可以拿出奖品免费赠送给客户,但要求客户自己承担快递费。如果客户连快递费都不出,那可能是觉得商品没有价值,不值得珍惜。以大家熟知的儿童教育培训机构为例,招生引流基本都是免费试听课,很多家长已经逐渐失去了兴趣,仅凭一节试听课,很难有明显的转化。那如何让更多家长买课成交呢?最好的办法就是让孩子多上几节课,让孩子和家长都有时间感受课程的质量。所以,商家可以打包几节课程,设置一个较为优惠的价格,如9.9元、19.9元等,既让家长容易接受,也让孩子可以多体验几节课程,逐渐融入学习环境。如此一来,商家也有更多的时间向家长推销课程,有利于提高成交概率。美容、美发、养生等服务行业,都可以尝试用这种形式设计诱饵。

商家在策划诱饵时,应该考虑如何让消费者付出,例如,一家母婴用品店搞

促销活动,有如下两套方案供选择:

➢A 方案:购物满 200 元赠送价值 68 元的儿童智力开发玩具 1 套;

➢B 方案:购物满 200 元,加 1 元可购买价值 68 元的儿童智力开发玩具 1 套。

以上两种方案,哪种更好呢?实际上,这家连锁品牌分别选择了 3 家店做试点,结果执行 B 方案的门店参与活动的客户数量是执行 A 方案门店的 2.17 倍,店铺营业额提升率也是执行 A 方案门店的 1.92 倍。

> **专家提点**　店铺营业额提升率 = 店铺活动时日均营业额 / 店铺活动之前一个月内的日均营业额。

由此可见,B 方案的效果更好,其原因在于客户看到 A 方案时会感觉羊毛出在羊身上,那 68 元是 200 元东西的打折而已,赚便宜的感觉不强烈;而看到 B 方案时,目光会被吸引到"1 元能买 68 元的东西",有着巨大的差价比例,更有赚便宜的感觉。所以商家做诱饵方案时,要注意客户看的不是真正的便宜,是赚便宜的感觉。

"诱饵要有付出"不是指一定要付出金钱,也可以让客户付出精力、付出时间。比如淘宝"双 11"时,通过转发以及玩游戏抢代金券,会让客户觉得"好不容易抢来的券,如果不买点什么就亏了"。发朋友圈集赞,也是让客户付出劳动的一种方式。

(3) 诱饵要有价值

诱饵要能给客户带来价值,才能得到客户的青睐。所谓"有价值",不单指诱饵的价格高低。有的诱饵价格比较高,但不对客户胃口,也很难取得好效果。一个好诱饵的理想价值状态应该是"低成本高价值",也就是诱饵给客户带来的价值要高于诱饵产品的本身价格。这也要求商家对目标客户进行针对性的研究,去挖掘他们可能喜欢的东西。

例如,一家做烟酒茶的连锁专卖店,专门设计了一款特有的打火机作为香烟赠品。打火机作为香烟伴侣,常被抽烟的人随身携带,而这个打火机赠品本身很具趣味性,很容易被同行人拿过去把玩,印在打火机上的商家 Logo 也容易被记住,实现进一步宣传和裂变。这样的诱饵(打火机)批量生产才 6 元左右,达到了"低成本高价值"的标准。

(4) 诱饵要有关联

商家所选的诱饵商品最好与后续销售的商品有较高的关联度,这样不仅可以让客户提前体验商品,也可以带动后续的商品销售。

(5) 诱饵要有品质

很多商家容易进入一个误区:为了缩减诱饵商品的成本,选用低廉的劣质商品来引流。殊不知,这样的商品确实节约了成本,但很难让客户对商家的商品有好感,更谈不上产生交易。相反,如果商家选择的诱饵商品质量好,更容易让客户产生好感,也更容易刺激客户购买商品。

(6) 诱饵要有理由

没有平白无故的好事,商家如果凭空出个特惠活动,客户会觉得其中有什么陷阱,甚至产生"无事献殷勤非奸即盗"的念头。所以商家策划活动也要找准理由,让客户感觉占便宜的同时,也认可商家的活动,并有种错过就没有了的紧迫感。

商家常见的活动噱头就是节日,如春节、端午节、七夕节等。部分商家也会推出如周年庆、会员日等理由的活动,吸引客户参与。

综上所述,商家在设计诱饵时,应遵循一定的原则。不过,再好的诱饵也不能一直使用,否则会让客户产生审美疲劳。要考虑到诱饵的针对性情况,因为不同的客户有不同的喜好,只有时常更新诱饵,才能满足不同客户的需求。

2.利用兴趣快速圈粉,借船出海

引流涨粉的方法和技巧多不胜数,但部分商家由于人脉资源少、影响力也不高,以商品为中心建立客户群还是有些困难。针对这种情况,如何迅速聚集粉丝呢?诸葛亮有草船借箭,商家也可以借船出海。

(1) 小面馆如何借船出海

如果用惯性思维来思考,小面馆如何做社群?难道天天在群里发吃面可打折?客户看得没劲,商家自己发得也没劲,很快就会面临死群风险。

那怎么办呢?跳出去,换个思维方式——借船出海!商家可以组建一个周边社区的兴趣群,如相约夜跑、踢毽子、打羽毛球、乒乓球等,这样就容易吸引群友,而且群友也会自发地拉人,形成"聚集效应"。

有一家小面馆就用这个办法组建了两个健身交友群,很快群就满员了。紧接着,小面馆又组建了社区美食吃货群、广场舞群等,群内好友都是周边的潜在客户。

即使这些群不是直接的面馆群,但由于群主是面馆老板,面馆老板就掌握整个群的管理权和规则制定权，可以时不时地在群里做面馆的宣传和活动。当群里的人都知道群主是某某面馆的老板后，面馆的影响力就大了。群成员一起运动完后，还会到面馆吃饭聊天，以群内口头语"开心又健康，见'面'老地方！"作为对接暗号，加深客户对面馆的印象。

这招借船出海对很多商家而言都是简单而有效的，只要找到所在社区人群的兴趣爱好，组建区域群和兴趣群，以各种兴趣为聚集点，非常有利于商品成交。只要商家搞定领头人物的形象，就会形成示范作用，吸引更多客户去买同一件商品。借船出海不仅是线上引流爆群的实用方法，还是线下营销的爆点。

(2) 借船出海的操作步骤

这里以一家健身俱乐部为例，详细介绍借船出海搭建社区健身群的操作步骤。

➤ **建群**：新建一个微信群，并修改群名为"西直门社区健身活动交友1群"。

➤ **骨干进群**：先邀请一些骨干成员以及好朋友，让群内有第一批群成员。

➤ **建临时群**：再建一个微信群，修改群名为"西直门社区健身活动交友群"；同样邀请几位骨干进群，形成一个对外宣传的临时群。

➤ **打印二维码**：打印临时群的二维码，并写上"西直门社区健身活动交友群，喜欢运动健身的快快扫码进群，寻找一起运动的邻居"。

➤ **粘贴二维码**：将二维码粘贴在显眼并合理的地方，吸引客户扫码进群。值得注意的是，如果随意粘贴，容易被社区管理员撕毁，所以要粘贴在公告栏这种允许粘贴小广告的地方。

➤ **邀人进入临时群**：二维码吸引进群的人都集中在临时群，并在一番聊天后逐步拉入正式群。

➤ **拉入正式群**：在临时群发公告，说明这是临时群，请让身边的小伙伴添加群主，加入正式群。群成员从临时群进入正式群后，不要急于将其从临时群删除，让临时群的群成员始终保持在160人左右，给新进群的人留下一种热闹的感觉。

➤ **裂变2群**：当正式群达到300人，就不主动拉人进入了，靠内部人裂变就行。开始成立2群，并从临时群拉人入群。

➤ **循环步骤**：群的二维码时效为7天，可以再贴一次。多贴几次，多贴一些地方，让更多人看到并被吸引进群。

值得注意的是，商家不需要在群内大肆宣传自己的商品，只需要把群名片更改为"群主姓名+某某昵称"即可。平时多在群里互动，组织活动，久而久之，群成员都会熟悉群主的商品，并主动帮忙介绍生意。部分影响力大的群，还会有周边社区商家主动找上门合作，进一步增加商家收益。

可借的"船"有很多，如小区群、吃货群、美食群、闲置物品交流群、养生群、老乡群、同学群、公益相亲群、驴友群、读书会群、学习群、家长群、行业交流群、游戏群、某物品的粉丝群、团购群、优惠打折群、各种兴趣群……商家可根据商品情况、客户兴趣、周边特点等选择合适的建群方向。

> **专家提点** 个人微信号生成的群二维码只有 7 天的有效期，时间比较短。故商家可以使用企业微信功能，生成永久性可用二维码，不用担心二维码过期。

7.4 八招吸睛大法，让客户主动上门

商家自己建群毕竟数量有限、影响有限，所以部分商家也会选择加入别人的群组，混熟脸后发展潜在客户，从而加大商品的影响力。当然，也有部分商家会在进群后主动添加群好友，但最好是被动添加，也就是群友主动添加商家为好友，这将更有利于商品的销售。

主动添加商家的群友，大部分是被商家吸引而来，所以商家如何为自己设定人设很重要。如图 7-6 所示，这里重点讲解商家通过人设和"吸睛大法"，让潜在客户主动加好友。

1.发广告

直接发广告是最简单粗暴的营销方法，可以准确地告知群友自己的商品是什么、有什么功能。

如图 7-7 所示，某隔音设备商家在住宅群里发的隔音窗广告。很多住户确实面临外界噪声大的问题，商家以邻居身份发广告，可以直接吸引客户。

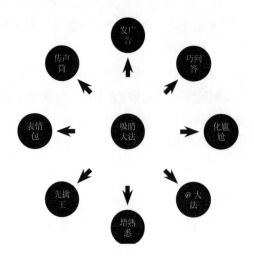

图7-6 八招吸睛大法

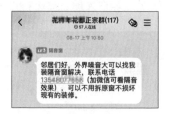

图7-7 某隔音设备商家在住宅群里发的隔音窗广告

发广告时,还应注意以下事项。

➢ 不要刷屏:同样的广告不要短时间内重复发布。微信群属于延时阅读,很多客户都反感重复的广告。

➢ 主题明确:广告内容应该言简意赅,说明主题即可,切记不要长篇大论,反而招人反感。如果有客户对内容感兴趣,会主动添加好友进一步了解。

2.巧问答

商家可以采取巧问答的方式,将广告巧妙地植入聊天内容中,在吸引客户关注的同时,也能取得客户的信任。

以某智能锁商家为例,A商家进入某住户群后,先后拉好友B、C、D入群,通过巧问答的形式推广某智能锁,具体对话如下。

➢C:我家想装个智能锁,群里哪位朋友装过,帮忙推荐一下啊?

➢B:@C,咱群里@A就是专业做智能锁的,我家的就是找他装的,非常好用啊。

➢A(过一会儿出来回答,显得更真实):感谢@B的推荐啊!我公司是专业做智能锁的,××品牌是国内最大的智能锁厂家,外观时尚大气、安全性高,关键性价比高。

➢D成员搭话:我老婆也一直想换个智能锁,前两次忘拿钥匙,光开锁费就花了400元,关键还耽误事啊。

➢C:都有什么样的啊?

> A：……（大致介绍商品）

> C：你们店在哪啊？

> A：我们在……都有店。

> D：@C 我们团购吧，@A 我们一起团购能给个特价吧！

> A：群友都给最大的优惠啊！团购我可以跟老板申请团购特价。

> E：算我一个啊！

> ……

在上述案例中，商家并没有直接发广告，但比广告更具真实性和煽动性。在这种一问一答中，参与商品讨论的正面消息越多，越能形成羊群效应，吸引更多客户。所以，商家也可以将更多好友拉到群内，参与这种问答讨论，引申出商品信息。

3.化尴尬

很多人都有类似的经历——在群内发言或分享链接后却无人回应。这时，如果有人站出来回应一下，很容易被记住。同理，如果有群成员在群内发的消息无人回应，商家主动站出来回应对方，也容易被对方记住，且产生好感。

同时，商家如果保持热情的态度对待群成员，更能增进与群友的关系，因为任何人都希望得到认可和赞美。

可见在社群营销中"化尴尬"多重要、多有用。商家可在别人发言后，留意是否有人回应，最好在没人回应的几分钟后再去回应别人的消息，更容易取得群成员的好感。

4.@大法

"@"是一个符号，在社交应用中有广泛应用，如在微博、微信中可用@来引起对方的注意。在信息大爆炸的时代，群聊信息很容易被忽略，商家可通过@的方式，引起对方的注意。

商家可以在群聊中使用"@"符号时，对所@对象的谈话内容做出针对性的回答，更能吸引对方的关注，如图7-8所示。当引起对方的兴趣时，应乘胜追击，一来一回地聊出订单。

图7-8 某服装类商品的顾客群聊截图

5.增熟悉

群聊很重要,它决定了是否能在群里打广告或添加目标好友引流。因此,不要新进群就着急打广告。在部分网友聊得火热的时候,商家可迅速加入话题的讨论,让大家注意到自己。

部分商家也会将自己的商品信息以群名片的形式进行展现,随着自己群聊次数频繁,商品曝光率也就越高。

6.先擒王

无论是什么群,群主和群管理员一般是最具权威的。商家进群后,如果能先和群主及管理员建立较好的关系,将有利于后期的宣传工作。

部分与群主关系较好的商家,还有机会成为群管理员,更有利于自己在群内展开商品营销工作。所以,商家在进群后要积极主动地与群主和管理员互动,对群成员也要足够热心,积极响应群内活动,多互动、多分享,被更多人注意到。

7.表情包

大家在聊天时常用一些有趣的图来表达一定的含义,让人产生共鸣,这类图片可统称为"表情包",表情包有着趣味性强、易传播等优点。商家可制作一些专用表情包,在使人开怀一笑的同时,也加深其他成员对商家或商品的印象。例如,某总裁班同学会设计的"点赞"表情,或某服饰品牌做的"招财进宝"的表情,既为相应的品牌做了宣传,还不令人反感,如图7-9所示。

图7-9 自己品牌设计的表情包

8.传声筒

如果商家直接在群内发广告,很少有群友愿意理睬,更别说促成订单了。但如果有人在群里发问:"我需要××,有人在卖吗?",不仅不是广告,还能引起很多人关注。

商家如何利用这点去吸引人主动加好友呢？特别是部分不熟悉的行业和商品，也不认识这方面的熟人时，也可以通过在群内搭话的方式吸引群友主动添加好友。

例如，当商家在某群内发现有人发问"谁有装修一级资质，青岛地区大额装修合同？"，如图 7-10 所示，虽然商家自己没有这方面资质，但可以将此信息转发到其他群，如图 7-11 所示。

图7-10　群友在群内发出需求截图　　图7-11　商家将需求分享到多个群组截图

当有这些资质的人在群内回应商家或主动添加商家为好友时，商家再将这些有资质的好友分享给需要的群友，如此一来，就完成了"传声筒"的工作，商家也可以获得很多新增好友，以便展开营销工作。

商家可以多做类似这样的传声筒工作，让更多群成员主动添加商家为好友，在帮助更多群成员的同时留下好印象。

7.5　巧用微信群的免费知识引流

微信群是非常好的广告宣传地，但是很多群组都不允许直接打广告。即使有少部分群组允许打广告，也很难取得可观效果。其实，商家可以找到目标客户感兴趣的知识，将其编辑成文章或简短的图文信息，插入广告后再发到群里。由于信息里有实用的知识，就削弱了广告的嫌疑。

例如，某商家在一个口腔治疗客户群中以图文形式发了一个知识性文章"鼻炎不要乱吃药，一片生姜每天刮一刮，效果好"，如图7-12所示。

在微信群内发的实用知识内容，不仅目标客户会看，还可能被客户分享至朋友圈和其他微信群，扩大影响力。因此，商家可收集更多相关的知识，将其整理后分享到各个群组，吸引目标客户。

免费知识引流的方法还有拍摄视频引流、知乎问答引流等，商家可根据行业的实际情况，尝试更多方法，从中找到最适合自己的那一种。

图7-12　在群内发知识链接

7.6 互动变现：如何与客户谈一场完美的恋爱

一个成功的社群应该如图7-13所示，能为商家带来2种效应、3种功能和4种结果。

□ 2种效应：	□ 3种功能：	□ 4种结果：
➢ 老带新的示范效应	➢ 新客户的引流	➢ 成交
	➢ 老客户的维系	➢ 复购
➢ 客户的集中教育效应	➢ 客户的转介绍	➢ 锁客
		➢ 裂变转介绍

图7-13　成功社群的标准

其实，商家建立微信群的目的是想通过社群赚钱，实现成交变现。而社群营销的核心在于："用人来链接人，与消费者交朋友"，所以商家要想通过社群营销达到成交变现的目的，首先就要想办法留住人，其次使自己建立的微信群保持活跃的状态，能够长期地维持社群热度。通俗地说，商家要跟客户"谈恋爱"，而且是一场"完美的恋爱"，最终实现"成交完婚"。

1. "说相声"，提升社群的活跃度和成交率

社群就是一个大舞台，要想将这个舞台经营好，就要学会烘托现场的气氛，

点燃观众的观看热情。相声往往是一个舞台上最能烘托气氛的节目，而在相声节目中有两个非常重要的角色，就是"逗哏"和"捧哏"。

下面我们具体来看看如何通过"说相声"的方式经营社群，一般需要掌握6个要点。

(1) 带动气氛

任何团队都需要活跃分子，社群建设更是如此，需要"逗哏"和"捧哏"来活跃气氛。在很多初建的社群中，群成员之间互不相识，谁也不愿意主动说话。这时就需要一两个人站出来，使气氛活跃起来，进而带动其他的群成员融入社群的活动中。

(2) 新人破冰

进入社群的新人一般会在7天之内作出去留决定，在这个时间内，如果他们认为这个群不适合自己就会选择离开。所以，社群的管理人员一定要让新人一进群就能够感觉到亲切。当社群有新人进入的时候，"逗哏"和"捧哏"要第一时间带动大家表示欢迎，这样新加入的人就能感受到这个"大家庭"的温暖，也就更容易融入社群。群管理员除了对新人的到来表示欢迎以外，也可以让新人邀请自己的好友进群；或者通过新人的朋友圈寻找相关话题，让其快速融入社群。

(3) 舆论引导

在经营社群时，要学会利用"大众的嘴"来将舆论往有利的方向引导。如果群成员中有些言论对商家不利，比如，某个群成员总是在群中说商家的商品不好，这时"逗哏"和"捧哏"就要以消费者的身份来回应。

另外，如果某个群成员在群中有不当行为，群主想要将其踢出该群，但又不方便直接出面，也可以让"逗哏"和"捧哏"以消费者的身份，先指责该群成员的不当行为，然后将其踢出该群，这样做往往更有说服力，也会让其他群成员认为群主是在维护大多数群成员的利益。

(4) 推动成交

大多数消费者其实都有"跟风消费"的习惯，当商家推出一款商品后，大家会先观望，看看有没有人购买这款商品，如果有人购买，自己再跟着购买。社群营销时，商家就要利用消费者的"跟风心理"来推动成交，当社群中率先有一个人购买商品后，就能将社群的购买氛围带动起来，大家就会纷纷跟随该群成员购买商品，产生"羊群效应"。

(5) 统一行动

有些商家可能建立了不止一个微信群，为了方便管理，商家可以设立一个社群行动小组，统一协调安排。社群行动小组需要提前对各个社群的活动进行安排和规划，比如，今天几点在几群要进行什么活动、哪些群管理员要与其他成员进行什么样的互动以及群管理员的话术等。

(6) 常换马甲

社群中"逗哏"和"捧哏"的"马甲"要经常更换，也就是要经常更换自己的头像和群名片，尽量不要让其他群成员看出他们的身份，否则会产生不好的影响，不利于商家进行社群营销。

2. 社群营销的重要时间节点

要想制定一份合理的社群营销日程表，首先需要掌握社群营销的重要时间节点。社群营销的重要时间节点要按照客户可能浏览社交工具的时间来设定。

下面根据大多数人的作息时间，将社群营销的重要时间节点进行汇总，如表7-1所示。

表7-1 社群营销的重要时间节点汇总表

重要时间节点	客户状态	社群营销内容
7:00—9:30	上班途中	早安问候
11:30—13:30	午间休整	美食分享
15:30—17:00	下午茶歇	营销信息推送
17:30—19:00	下班途中	见闻趣事
19:30—21:00	晚间休整	营销信息推送
22:00—23:30	睡前时光	心灵鸡汤

通过上表，我们可以看到一般社群营销的重要时间节点有6个，在这6个时间节点中，客户状态是不同的，社群运营人员需要根据客户在不同时间节点的不同状态来设置相应的营销内容。

3. 社群运营日程内容规划

社群运营的日程内容应该根据不同的产品和不同的时间段，来进行相应的规划。下面我们先来看一个经营养生食品的商家是如何安排自己的社群运营日程的。该商家的具体日程内容规划如下。

6:00—7:00：早安问候，在社群中发送一条关于励志、正能量、跑步等方面的内容；也可以发送自己早上做的早餐图，让人感受到商家真实的生活状态。

> **专家提点**　早上发布的第一条社群内容，最好不要是广告信息，因为没有人愿意一大早起来就在手机上看到满屏的广告，这样做很容易被人屏蔽或者拉黑。建议第一条社群内容尽量轻松愉快。

8:00—9:00：在社群中发送一些抒情类的文字或者健康小知识；也可以发送自己产品的图片，但广告意味不能太浓。商家要尽量将自己的真实状态和产品的功效自然地结合在一起，比如，发送一张自己使用产品的图片，并配文"我每天早上起来喝一杯红豆薏米茶，排毒瘦身养颜"。

10:00—11:00：在社群中发送一张产品功效图，比如，上个时间段发送了自己喝红豆薏米茶的图片，这个时间段就可以发送红豆薏米茶的功效图，这样更容易让人对你的产品留下印象。

12:00—13:00：在社群中发送美食、生活类信息，比如，自己做的饭菜或者遇到的有趣的事情等。

14:00—15:00：下午茶时间，在社群中发送自己使用产品的图片，一定要生活化，并配上文艺抒情的文字；或者发送发货图、送货图、收款图等。

16:00—17:00：在社群中发送产品的反馈图。需要注意的是，当天发送哪个产品的信息最多，此时就发送哪个产品的反馈图。要让社群好友看到自己产品的实际使用效果，这样才会得到社群好友的信任和认可。

18:00—19:00：根据自身的实际情况，在社群中发送一些生活、美食、兴趣爱好等方面的信息，要让社群好友感到放松。

20:00—21:00：商家可以根据自身的实际情况，在社群中发送一些发货、送货、学习和团队培训等方面的内容，社群好友知道你是一个充实、有温度，懂得合理安排时间的人。

22:00—23:00：在社群中发送当日的感悟或者晚安用语。

> **专家提点** 以上社群运营日程规划案例，无论是社群运营的时间段还是发布的具体内容，商家都可以根据自己的产品特点和客户的情况灵活变化。而且商家也不用每个时间段都发布内容，在社群中发布过多的营销内容反而会遭到社群好友的反感。商家要根据社群营销的重要时间节点，选择合适的时间段，每天适当发布3～5条社群运营内容即可。

上面的案例是针对中、小商家的，对于大品牌的商家而言，他们在运营社群的时候，往往更注重品牌的宣传，对社群中的潜在客户进行长期熏陶，在潜移默化中促成更多订单的成交。下面这个案例就是一家上市服装企业的新零售部门制作的"标准化社群运营日程表"，该日程表合理规划了该企业一周的社群运营内容，具体到每天的几个重要时间节点以及具体的社群营销内容，如表7-2所示。

表7-2 某企业的标准化社群运营日程表

时间段	星期一	星期二	星期三	星期四	星期五	星期六	星期日
8:00（上班途中）	早新闻+天气预报：文字、图片	早新闻+天气预报：文字、图片	早新闻+天气预报：文字、图片	早新闻+天气预报：文字、图片	早新闻+天气预报：文字、图片	早新闻+天气预报：文字、图片	早新闻+天气预报：文字、图片
12:00（午餐时间）	美食分享	穿搭、色彩搭配分享视频/图片	美食分享	穿搭、色彩搭配分享视频/图片	美食分享	穿搭、色彩搭配分享视频/图片	穿搭、色彩搭配分享视频/图片
15:30（下午茶）	好物分享视频/图片	好物分享视频/图片	好物分享视频/图片	好物分享视频/图片	好物分享视频/图片	好物分享视频/图片	好物分享视频/图片
18:00（下班途中）	娱乐分享	美照分享（①顾客照片；②后台制作的素材）	娱乐分享	娱乐分享	美照分享（①顾客照片；②后台制作的素材）	美照分享（①顾客照片；②后台制作的素材）	娱乐分享

续表

时间段	星期一	星期二	星期三	星期四	星期五	星期六	星期日
20:00（休整时间）	知识分享（美食、美妆知识）	知识分享（美食、美妆知识）	知识分享（美食、美妆知识）	知识分享（美食、美妆知识）	知识分享（美食、美妆知识）	知识分享（美食、美妆知识）	知识分享（美食、美妆知识）
22:00（休息前）	热搜分享	热搜分享	热搜分享	热搜分享	热搜分享	热搜分享	热搜分享

附注：每周的星期二、星期五和星期六20:10进行网络直播，分享摄影技巧、服装穿搭、美容化妆、舞蹈技巧等内容，并在直播过程中嵌入该服饰品牌的产品。

4. 社群运营日程规划的注意事项

社群运营日程规划过程中还有一些事项需要商家注意，了解这些注意事项，可以帮助商家制定更加规范的社群运营日程表。

（1）好内容找合适时间发送

商家运营社群时，并不是每时每刻都能找到最合适的内容发送到社群中。当商家获取了一个好的内容素材时，首先要考虑这个素材适不适合在当前时间段发送到社群中，如果当前时间不适合发送这个内容，商家可以将这个内容素材先收藏起来，等到合适的时间再将其发送到社群中。

比如，某商家在网上看到一篇介绍冬季养生的文章，想将其推送到自己经营的社群中；但当下正值初秋，时间不合适；这时商家就可以先将文章收藏起来，等到冬季来临，再将它推送到社群中。

（2）同一时间段内灵活变换发送营销内容的时间点

商家在发送社群营销内容时，时间点不用太固定。比如，中午11:30—13:30，在这2个小时内，社群中的好友会在不同的时间点查看群内的消息，有的人也许在12:00看到消息，有的人也许在13:00看到消息。商家为了使社群营销的内容覆盖更多人群，可以在同一时间段内灵活变换发送营销内容的时间点。

（3）客户不同，生活规律不同

商家运营社群时，同样要对客户的人群画像进行分析。比如，退休老人和职场白领，他们的生活规律和作息时间肯定是不同的，商家要明确自己社群中的目标客户人群，分析他们的生活规律、作息时间和兴趣爱好等，从而合理规划自己的社群营销的时间和内容。

5. 让客户充满期待，保持社群热度

在社群运营中，很多商家都不允许其他人在自己建立的社群中进行推广宣传和引流活动，这种想法本身是没有问题的，因为没有人愿意与别人共享自己努力获得的成果，但是这样的做法却不利于社群的长久发展。从客户的角度来看，一个社群如果只有一个项目，时间一长，必然就会使群友们感到单调，导致部分群友选择退群或者屏蔽群消息。该社群就会成为一个"僵尸群"，也就失去了社群运营的意义。

要想运营好一个社群，商家不能只站在自己的角度考虑问题，还要站在客户的角度考虑问题。客户加入一个社群，是希望从中获取有价值的东西，因此，商家要想办法让客户一直对社群充满期待，从而保持社群热度。

商家可以通过"变魔术"的手法，让社群中的客户充满期待。简单来说，就是在社群中持续不断地为客户提供有价值的内容，以下是在社群中"变魔术"的三种手法。

（1）筛选广告

一般来说，商家自己建立的专门用于营销的社群，都是严禁其他群友发布广告信息的。但为了保持社群的热度，商家也可以适当对这种规定作出一些变通，比如，经过群主审核后可以在该群中发布广告信息，而且要为其他群友发红包。

实际上，个别群友发布的某些广告信息，对于社群里大多数客户来说是具有一定价值的。只要商家严格控制广告信息的数量，对广告信息进行认真甄别和筛选，社群中适当地出现一些高价值的红包广告也是一件好事。

会在社群中发布广告信息的群友，一般都是商家或者企业的营销人员，这部分人只要不是竞争对手，就可能成为自己的潜在客户，所以商家也可以通过社群与这些人建立良好的合作关系，实现互利共赢。

（2）知识分享

在社群中进行知识分享，能够有效地让客户获取有价值的东西，也是保持社

群热度的一个好方法。在社群中进行知识分享有以下 3 种形式。

① 在社群中分享相关知识。首先商家需要对客户进行全面的分析，根据客户的需求为他们提供相关知识。

② 邀请名师到社群中为群友们讲课。比如，商家可以邀请服装设计师到社群中为群友们讲解如何进行服装的创意搭配；邀请养生专家到社群中为群友们讲解如何养生；邀请知名发型师到社群中为群友们讲解如何选择合适的发型等。这种形式对于专家达人来说是一种自我推广，对于社群中的客户来说则是一种福利。

③ 话题讨论会。商家可以寻找客户喜欢的话题，在社群中发起针对某个话题的讨论。但商家需要提前编好引导剧本，通过话题讨论将客户的关注点逐步引导到产品的优势上去，形成潜移默化的营销。

> **专家提点** 在社群中进行知识分享时，即使有些内容和自己销售的商品没有相关性，但是客户很感兴趣，商家也可以在社群中进行相应的分享。知识分享的目的就是让客户有收获，这样他们就能够对社群产生黏性，与商家建立良好的信任关系，从而为后续的成交打下好的基础。

（3）资源置换

商家与商家之间可以进行资源置换，只要彼此之间不是竞争对手，且发布的营销内容不冲突，就可以相互在彼此的社群中进行推广引流。例如，A 商家销售生鲜商品，B 商家销售厨具商品，他们就可以到彼此的社群中为自己的商品进行宣传推广。

商家之间的资源置换，不仅能为自己社群的群友谋取福利，还能增加社群的活跃度和客户的黏性，并且自己也能从其他商家的社群中获取更多流量，是一举多得的好事。

> **专家提点** 在进行资源置换的过程中，商家一定要注意控制广告的数量和质量；对方商家在自己社群中发布的广告信息，营销意味过于强烈很容易遭到社群中群友的反感。商家一旦发现对方商家发布的广告信息使社群中的群友产生了不满情绪，就要立刻要求对方商家停止继续发布广告信息，以保证自己群友的利益不受伤害。

总之，商家要多从客户角度出发，给客户更多有价值的东西或内容，不断通过"变魔术"的手法，保持社群的热度。

6. 特别的爱给特别的客户

俗话说："世上无难事，只怕有心人。"商家对客户实实在在的心意，客户都能够感知到。哪怕只是生日时的简单问候，以及商家对客户兴趣爱好的关注，都能够让客户深深地感受到商家对自己的关爱。这份"爱的感动"，必然能够促使商家和客户之间成为朋友，所以维护客户关系最核心的点在于"用心"，商家需要用心为客户建立档案信息，将"特别的爱给特别的客户"。

作为客户，如果商家每次见面都能及时问候和关心自己，将自己最关心的问题放在心上，比如："你家小宝贝钢琴考几级了""你妈妈的痛风好点了吗？我认识一位专家，治疗痛风很专业"等，就能让客户觉得商家对自己也很重视，从而对商家产生信任感。

例如，某鲜花店铺的商家，他在经营和维护客户关系方面就做得非常不错。该商家会把每一个进店客户的生日都记录下来，到了客户生日的时候，就会录制一个祝福的小视频发到朋友圈，并@该客户。

在社群中，该商家也会在会员生日和特殊纪念日时送上特别的电子祝福，并告知会员在生日时可以到店铺中领取一份小礼物，领取时限为两周，这样做不仅大大提高了会员对店铺的黏性，还有效增加了店铺的销量。

要将"特别的爱给特别的客户"，首先需要记住客户的相关信息。要做到这一点，其实并不难，商家平时要收集客户的信息，为客户建立档案，以便在需要时能够及时给予客户问候和关心。

7.7 裂变传播：如何让客户自发转介绍

大家都知道裂变的威力巨大，但往往发愁老客户怎么转介绍？我们一起来看看，如何通过社群实现"裂变转介绍"爆炸式增长。

1. 让客户主动发朋友圈的四个绝招

对于店铺中销售的商品，商家夸一百句，都不如客户夸一句。在线上营销中，客户分享的价值非常大,很多商家都会利用"客户转介绍"的方式来帮助自己实现销售裂变。但客户一般不会主动地帮助商家分享和传播相关信息。要想激发客户主动分享的欲望,商家就需要线上、线下相结合,制造有吸引力的场景,提供拍照的辅助道具,从而促使客户主动地、自发地拍照发朋友圈。下面就为大家分享四个让客户主动发朋友圈的绝招。

(1) 制造新奇美景

在社群营销的过程中,商家要利用线下活动或者门店,制造一些有意思、有意境的场景,让客户一看到这些新奇的场景就有拍照发朋友圈的欲望。

例如,某糖果品牌的商家利用线下门店进行场景营造,通过独具创意的店铺装修吸引了不少消费者前来打卡拍照。

很多消费者在打卡拍照的过程中,也会对该品牌销售的商品产生兴趣,进而去购买商品。其中,有些消费者会习惯性地发个朋友圈,将自己发现的这个打卡拍照的好去处分享出去,这样一来,照片背景上的品牌名、品牌 Logo 和宣传语等商家信息也随之获得传播的机会。即使消费者分享的朋友圈照片中没有展示商家信息,他的朋友在看到他发的朋友圈以后,也会出于好奇,向他打探这个地方是哪里。

如果商家没有条件去利用大面积的场地营造拍照场景,也可以制造一些占用空间较小但能够吸引消费者驻足拍照的景观。例如,某家电品牌举办线下推广活动,通过有趣的道具和背景墙吸引消费者拍照。只要商家稍微花点心思,精心布置一番,很容易就能吸引消费者主动拍照,然后转发到朋友圈或社群中,从而形成进一步的自发宣传。

> **专家提点** 无论是大场景还是小景观,商家都需要根据目标客户群体的喜好来设定。比如,年轻人大多喜欢唯美浪漫的场景,如果商家的目标客户群体刚好是年轻人,那么营销的场景或制造的景观就要呈现出唯美浪漫的效果,这样才能最大限度地激发客户拍照和分享的欲望。

(2) 提供拍照道具

造景的成本往往比较高,对于一些中小商家来说,经济压力相对较大。因此,中小商家们可以借用一些拍照道具,来提升客户的拍照意愿。只要善于利用拍照道具,即使没有新奇的美景,客户们也能够拍出好看的照片,然后将这些照片分享到朋友圈。

拍照道具可以是常见的玩偶、大型相框,也可以是餐具、商品陈列台等。例如,某互联网旅游品牌举办了一次线下徒步活动,商家特地为前来参加活动的客户准备了大型相框,吸引了不少客户纷纷上前拍照。

(3) 替客户走心表达

走心的品牌文案和商品文案,往往是促使客户晒单的有效动力。例如,白酒品牌"江小白"的品牌营销向来做得非常好,这主要归功于该品牌的文案设计得特别走心,例如"毕业时,约好一年一见。再聚首,却已近而立之年"。"江小白"品牌通过一段段精心编排的文字,将很多客户的心声表达了出来,引发他们的情感共鸣,自然而然地就会将文案分享到自己的朋友圈。

又如,某奶茶品牌的文案写道:"你说这一天天的,不喝奶茶还有什么意思。"喜欢喝奶茶的消费者看到这样的文案,就会觉得这句话说到了自己的心坎上,从而会不自觉地拍张照片,发一个朋友圈。

   商家在设计文案时,一定要从客户的角度出发,对其进行全面的分析,了解他们的所思所想,这样才能精准地表达出客户的心声,引起他们的情感共鸣,进而让他们产生分享的欲望。

(4) 爆款吸睛产品

商家可以设计一些吸睛的产品,这将是促使客户拍照分享的最好道具。

例如,有一款在抖音上爆火的儿童益智玩具叫"会躲猫猫的小熊",该玩具产品可以和小朋友玩"躲猫猫"的游戏,小朋友玩的时候常常大笑不止。所以,很多短视频创作者会在抖音上竞相发布作品,分享自家小朋友和"会躲猫猫的小熊"玩耍的搞笑场面。这就是一款"爆款吸睛产品",不仅能为店铺引流,也让客户有分享欲。

2.通过"社群+直播"实现粉丝集中成交

随着移动互联网的普及和5G时代的到来,观看直播的人越来越多,直播带货已经成为如今市场上最受大众欢迎的商品销售方式之一。商家进行直播带货,必然需要流量的支持,如果没有流量就无法形成有效成交。但现实的情况是,随着电商商家纷纷涌入直播行业,直播带货这条"赛道"变得非常拥挤,平台能够给予商家的陌生流量也越来越少了。那么,商家如何才能打破僵局,获取更多的流量呢?下面我们以抖音平台为例,来看看目前市场上短视频平台或者直播平台的流量推荐机制是怎么样的。

抖音短视频的推荐机制如图7-14所示。从图中可以看出，抖音的后台系统会根据短视频作品的点赞量、评论量、转发量、完播率和关注比例等指标来判定它的优劣，从而考虑是否对其进行流量推荐。

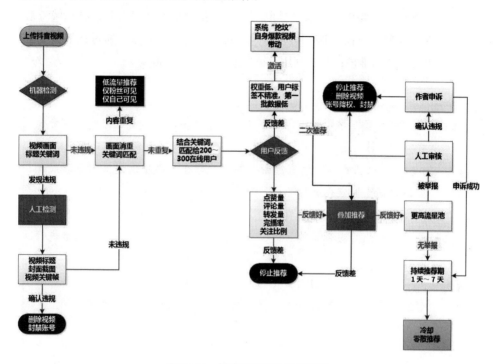

图7-14 抖音短视频的推荐机制

抖音直播的推荐机制也与其类似，系统会根据直播间的相对热度，也就是人气值，来判断该直播是不是受欢迎，从而决定是否将该直播间推送给更多的人。下面我们来探讨一下影响直播间人气的关键因素是什么。

通常来说，影响直播间人气的关键因素主要有两个：一个是直播间的互动率，即直播间的观众点赞、评论以及转发的数量；一个是观看时长，即用户进入直播间后观看的时间长度。

如果直播间互动率好、观看时间长，抖音就会将该直播间推荐给更多的用户，使该直播间获得更多的陌生流量。因此，商家应该利用平时积累的老粉丝来提升直播间的互动率和观看时长，使直播间拥有较高的热度，这样平台才有可能为其推荐更多的陌生流量，从而实现更多的成交目标。当陌生流量进入直播间后，商家要通过直播互动、引导成交等一系列操作，将这些陌生流量变成自己的粉丝，引入自己的私域流量池中。这样一来，商家的私域流量池中就拥有了更多的粉丝，商家只要运营维护好这个粉丝"大本营"，等到每次直播的时候，这些粉丝就会积极地观看直播、参与互动，为商家源源不断地提供支持，使商家能够获得更好的销售业绩和更多的粉丝，从而形成一个良性的循环。

由此可见，商家要想使直播带货取得好的营销效果，必然需要社群私域流量的加持。在"社群+直播"这一组合营销方式中，商家首先需要通过社群引流，并对粉丝进行运营和维护；其次利用直播促成粉丝的集中成交。

> **专家提点**
>
> 为大家推荐两种非常适合"社群+直播"组合营销方式的带货模式："以课带客"的直播带货模式和拍卖式的直播带货模式。
>
> ➢ "以课带客"的直播带货模式，即在直播中通过知识分享或者内嵌式宣传等方式进行带货。
>
> ➢ 拍卖式的直播带货模式，即在直播中通过拍卖的形式吸引粉丝注意，以此实现带货的目的，直播过程中可以适当加入公益元素进行宣传。
>
> 在直播带货中的同质化现象越来越严重的情况下，以上两种直播带货模式比较新颖，能够更好地获得粉丝的关注，更容易使粉丝产生代入感和价值感，也更容易成交。

7.8 剧本式营销

商家进行营销的核心目标，就是引导消费者按照既定路线认识并购买商品，从而实现商品的成交。任何商品都有自己的优缺点，需要商家通过合理的营销方案将客户的注意力引导到商品的优势上来。商家需要提前设定营销剧本，一步一步引导客户成交，这就是我们所说的"剧本式营销"。

1.剧本式营销成交执行路线图

一个好的营销剧本能够有效提升商品的知名度，吸引大量消费者的关注，甚至使他们成为店铺的"死忠粉"。那么，如何才能做好剧本式营销呢？商家可以通过七步营销来设计营销剧本，剧本式营销路线图如图7-15所示。

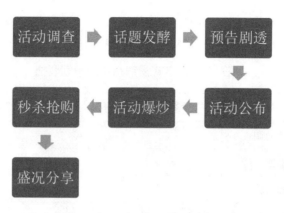

图7-15 剧本式营销路线图

➢ 活动调查：属于社群营销主题活动的预热工作。进行活动调查主要有两个目的，一是商家可以通过调研客户的需求，及时对活动方案进行修正和完善；二是可以让客户知道，商家的营销活动是根据他们的需求设计的，这样能够有效提高客户的参与度。

➢ 话题发酵：在社群营销主题活动正式开始之前，商家应该积极引导客户对即将展开的活动主题进行讨论，使话题保持热度，在社群中持续发酵，让更多的人参与进来。

➢ 预告剧透：经过活动预热以及持续的话题发酵后，商家就可以正式提出活动主题方向，并发布上新预告，向客户剧透活动的相关内容，比如商品信息和优惠福利信息等，从而激发客户对活动的兴趣。

➢ 活动公布：正式公布活动内容和细则，除了公布活动商品和活动福利以外，商家还可以公布一些抽奖信息，这样往往能够吸引更多的人前来参与。

➢ 活动爆炒：社群营销主题活动正式开始以后，商家要通过红包互动、各种形式的抽奖、赠送小礼品等操作，将活动的热度炒起来。

➢ 秒杀抢购：商家可以隆重推出活动商品，并发布特惠政策，引导客户进行秒杀抢购。在秒杀抢购环节，商家可以采用一些技巧来促进成交，比如，通过"说相声"的方式活跃气氛、实时解答客户疑问、晒付款截图订单、倒计时逼单等。

➢ 盛况分享：社群营销主题活动结束后，商家要继续在社群中分享抢购场面截图、付款截图、后续的发货进程、到货后客户的体验分享等信息，为活动持续造势。

2.剧本式营销路线图策划表格

商家为了更好地进行各种社群营销主题活动，可以根据剧本式营销路线图中的七大步骤,来制作一张剧本式营销路线图策划表格,用于规划社群营销活动中每一个环节的内容。剧本式营销路线图策划表格的模板如表7-3所示。

表7-3 剧本式营销路线图策划表格

步骤	进程	内容参考	海报	执行情况	备注
第一步	活动调查				
第二步	话题发酵				
第三步	预告剧透				
第四步	活动公布				
第五步	活动爆炒				
第六步	秒杀抢购				
第七步	盛况分享				

制作剧本式营销路线图策划表格时有以下两点需要注意。

(1)剧本式营销一共分为七步,每一步的工作不一定要在一天内完成,可以视情况分多天执行,也可以将几个步骤合并在一天内执行。

(2)每一步最好都提前设计好海报、宣传稿,这样既能让客户通过海报图片清晰地获知所有的活动内容,又便于客户转发,从而形成裂变。

下面为大家展示一个剧本式营销策划的实战案例,商家为了更好地进行新品空调的上市活动,专门制作了一份剧本式营销策划表,如表7-4所示。

表7-4 某新品空调上市活动的剧本式营销策划表

步骤	进程	内容参考	海报	执行情况	备注
第一步	活动调查	你用的是什么空调,用了多少年了?你了解耗电量吗?怎么选择合适的空调?		该内容每日发布3~5次	活动调查持续进行2~3天
第二步	话题发酵	不说不知道,变频和定频的区别竟然有这么大!你家的"电耗子"耗电有多严重?			

续表

步骤	进程	内容参考	海报	执行情况	备注
第三步	预告剧透	看来大家都很需要一款节能省电的空调。最近，公司会发布一款新的空调，可以满足大众的需求			
第四步	活动公布	公布活动规则，参与猜价格、点赞、转发以及邀请好友进群，即可参与抽奖			
第五步	活动爆炒	进一步爆炒活动，如发红包、抽奖、赠送小礼品等			
第六步	秒杀抢购	隆重推出新产品，并发布特惠政策，组织客户进行秒杀抢购，并在活动过程中多次组织抽奖活动			
第七步	盛况分享	分享抢购场面截图、付款截图以及客户反馈；持续造势：因很多人没抢到商品，又申请到60个特惠抢购名额			体验分享持续1周

> **专家提点** 以上案例仅供参考，商家需要根据具体的活动主题和产品，来合理规划剧本式营销路线图策划表格的相关内容。除了上述上新活动剧本以外，还有特惠活动剧本、换季活动剧本、周年庆活动剧本等。

3.剧本式营销策划的要点

进行剧本式营销，除了掌握剧本式营销路线图所涉及的七大步骤，制定合理的剧本式营销路线图策划表以外，还必须知道以下3个剧本式营销策划的要点。

➤ 主题明确：作为商家，经常会进行各种营销活动，要想使这些营销活动取得好的效果，就必须有很强的针对性。营销剧本主题将决定营销内容的走向和规划，商家需要针对所要营销的对象，从市场需求、消费者观念、产品特点等方面入手去确定剧本主题。商家在进行剧本式营销时，每次只需设定一个明确的主题，使活动能够吸引一类群体即可，不要想着一网打尽。

➤ 创意构思：营销剧本的内容构思需要从消费者的角度出发，满足大众审美的需求，并符合当下市场风向。一个好的创意能够有效增加剧本内容的吸引力，为营销活动带来不错的宣传效果。

➤ 台词设置：剧本式营销主要依靠营销人员在社群中对客户进行引导，使其能够顺利购买商品，实现成交。商家进行剧本式营销时，一定要提前为营销人员设置好台词。剧本式营销的台词要针对商家推广的商品来设置，表述不能过于僵硬，广告意味也不要过于明显。既然是剧本，营销人员的台词就要与剧情相呼应，自然地将活动促销信息传递给客户。

第 8 章 企业微信营销

企业微信,对内可用于高效办公和管理;对外可以帮助企业获客和实现经济增长。连接着 12 亿微信用户是企业微信的最大优势。2020 年,企业微信用户数达 4 亿,活跃用户数超 1.3 亿。我们要好好把握这个红利!

本章学习要点

- ※ 了解企业营销推广面临的难题
- ※ 认识功能强大的企业微信
- ※ 掌握智慧获客方法
- ※ 掌握智慧服务方法
- ※ 掌握智慧成交方法
- ※ 掌握智慧管理方法

8.1 为什么要做企业微信

企业微信是腾讯微信团队打造的企业通信与办公工具。企业微信有着和微信一致的沟通体验,并与微信消息、小程序、微信支付等互通,可以帮助企业实现高效办公和管理。

1.企业营销推广面临的难题

随着营销方式的多样化,商家和用户的选择看似都更丰富了,但其实对于商家而言,也会面临一些难题。

(1)渠道/平台入场费贵

随着营销平台越来越多,用户被各个平台分散,而商家想进入这些平台,入场费是相当贵的。以电商平台为例,如果在早几年,可能只需入驻淘宝、京东两个平台,但随着唯品会、拼多多等平台的兴起,商家要想获得更大的市场就必须入驻这些平台。不仅需要支付平台费,还需要花费更多的时间成本和人力成本。

(2)触达潜在客户难度大

在入场费贵的同时,商家还面临着另外一个问题,就是薅羊毛的人群越来越多。很多用户进店只是为了获得福利,但用完福利后马上就走,很难留存和复购。也就是说,触达潜在客户难度大。

(3)获客成本高

随着营销方式的多样化,获客方式也发生了变化。以前大部分用户可能会通过公众号、朋友圈下单,但是现在在流媒体下单的可能性更大,而获客成本就由以前的每人几角钱变成了现在的几元甚至几十元。

(4)消费习惯分析难

用户的消费习惯逐渐从线下转到线上,但是有的产品又需要通过线下营销场景来刺激成交。所以,部分商家就通过线上吸引用户到线下店铺去深度介绍产品,再实现成交。而这种线上、线下相结合的营销方式,也导致商家难以分析用户的消费习惯。

综上所述,商家的营销推广面临着很多难题。那么,如何解决这些难题呢?企业微信或许可以给出答案。

2.功能强大的企业微信

个人微信强调的是社交,主要用于个人的人际社交关系。企业微信则侧重于商业服务，通过为企业提供办公应用和客户管理功能，解决企业办公难、客户营销管理难等问题。

企业微信的功能非常强大，可分为免费功能和付费功能。表 8-1 所示为企业微信的免费功能。

表8-1 企业微信的免费功能

免费功能	内容描述
资产归属	客户是属于企业的资产，如果员工离职或者转岗，可以将其维护的客户群分配给在职员工，保护企业资产不流失
形象展示	在个人微信的基础上增加了企业品牌的背书：企业信息认证标识、公司名称、手机号码、邮箱、职位、官网、产品等信息可对外展示作为企业个人名片，更加专业、权威、形象，方便企业管理和服务客户。还可以展示公司介绍、官网宣传、微商城、小程序等
好友数量	企业微信认证后，员工号可添加50000客户；企业权重提高后，可申请扩容用户数量，用户没有上限
加粉限制	权重中级的企业微信被动添加好友，每天为200～400人，权重高的企业微信每天为800～1000人。同时可以通过员工活码实现自动分流，减轻添加好友的限制
朋友圈	可以进行好友评论、点赞、互动等。企业微信朋友圈企业员工每天可以发三次
微信群	全员群的人数上限为10000人，内部群上限为2000人，外部群上限为500人。每天可新建100个群，客户群发每次200个群。并且可防刷屏、广告、自动踢人、自动回复等。一个活码可以关联5个群，群满自动新建群，简单、高效
群管理	可设置群欢迎语、快捷回复、关键词自动回复等。可设置骚扰信息自动警告/踢人；群内@小助理，可以自动回复；可添加自定义客户标签，支持与CRM打通
群发消息	每次群发200人消息，可选全部客户，无须分批；可以按照标签筛选客户进行群发；支持文字、图片、视频、小程序、链接等形式
加二维码	可以实现一人一码，一码多人

续表

免费功能	内容描述
群码有效期	永久有效
好友通过	可以设置申请好友自动通过；可以自动打招呼；可以发送信息+链接或小程序或图片
直播带货/授课	支持回放，可以放二维码引流/导出客户观看数据（商品、观看时长、评论、发言等）
企业客户管理	可以查看添加客户数量、跟客户交流的次数、回复客户速度、分配员工客户；会话存档功能可以记录员工跟客户的对话数据，通过这些数据可以自动给客户打标签，设置敏感词，根据客户对话数据分析产品或服务，从而实现企业的大数据营销和付费功能
数据统计	联系客户数据：包括新增的客户数、聊天总数、发送消息数、已回聊天占比、平均首次回复时长、删除/拉黑的客户数等，管理员在PC端后台可以看到全部企业微信个人号的统计数据明细。群聊数据：包括每个企业微信的群总数、有过消息的群聊数、群成员总数、发过消息的群成员数等都可以查看到。通过以上数据，企业可以快速地判断客户和社群的新增、活跃和流失情况
微信红包封面	企业可定制"品牌红包封面"，成员领取后可在发微信红包时使用，帮助企业传递品牌文化。目前，企业可为每个品牌定制1个封面。若企业有多个品牌，可通过认证流程，基于公司简称/机构简称，或基于商标，为企业变更简称。企业可定制与简称数量相等的品牌封面

企业微信还提供了很多营销和管理功能，这些功能一般都是付费的，如表 8-2 所示。

表8-2 企业微信的营销和管理功能

营销和管理功能	功能描述
客户SCRM 管理	渠道活码，知道客户来源
	自动标签，自动客户画像
	群发消息到万人和万群
	客户自动通过千人千面

续表

营销和管理功能	功能描述
	自动发送不同活动的欢迎语
	每个人不同的欢迎语
	客户跟进记录，更懂客户
	销售机会
	客户详细资料
	客户共有公司联系人
	订单管理
客户群管理	合同管理
	公海客户
	标签库
	话术库
	问答库
	资料库
	售后管理
	客户待办管理
	客户风险预警
	企业动态雷达获客
	自动知道朋友圈客户的意向度
	活码群不会过期的二维码
	群满人，自动拉新群
	入群欢迎语，自动成交
	群助理自动回复，知道意向性
	群骚扰信息自动管理
	群风险预警
	群待办

续表

营销和管理功能	功能描述
其他功能	智慧门店接入
	智慧网站接入
营销获客	地图获客
	获客名片
	获客海报
	营销计划
	雷达轨迹，找到意向客户
	获客文章
	获客视频
	裂变获客
	群裂变
	抽奖裂变
	红包裂变

无论是免费功能还是付费功能，企业微信都给企业的管理和营销提供了方便，最关键的是帮助企业解决了以下个人微信营销的三大痛点。

（1）如果个人微信过度营销，容易丢失客户，也容易被封号。

（2）员工使用个人微信添加客户为好友，一旦离职，公司流量就容易流失。

（3）个人微信的运营工具限制多，不稳定，也不允许使用外挂开发工具；而企业微信给企业提供了很多的管理和营销工具。

总的来说，企业微信在精细化运营客户、构建私域流量池方面比个人微信更具优势。企业微信作为腾讯生态里最重要的一环，是最好的私域载体。布局企业微信，链接企业内部管理，外部营销，则成为当前私域的新渠道。

> **专家提点**
>
> 企业微信不仅功能强大，而且腾讯还大力给予政策支持。只要注册企业微信，平台就赠送1000元的随机红包，并且在企业邀请同事、同事邀请同事时，双方均可获得随机的共享红包。

8.2 企业微信的四大智慧增长方案

早在几年前，商家的营销可能还集中在电视广告、电梯广告中，但是现在，营销方式逐渐不再受限于地点和线上，而是以用户为中心，搭建自己的私域流量池，再为用户提供服务和产品。

如何选择搭建流量池的工具呢？首选肯定是微信。微信平台的用户数量庞大，而目前通过企业微信服务的微信用户数已超过4亿人。企业微信对外可以帮助商家获客，增加销售额；对内可以实现员工高效管理。尤其是在智慧增长方面，企业微信可以实现如图8-1所示的四大方案。

图8-1 企业微信智慧增长实施方案

1.智慧获客

客户是营销的基础，只有积累了客户，才能提高成交率及销售额。而获客是众多商家的痛点，部分商家即使花费人力及财力也很难取得理想效果。下面看西贝、乐凯撒等品牌商家是如何借助企业微信获客的。

> **案例**
>
> 2020年2月1日，西贝餐饮集团旗下的主品牌西贝莜面村发布微博说明新冠肺炎疫情对自己的影响，并承认媒体报道的难以熬过3个月是真实情况，如图8-2所示。
>
> 实际上，受新冠肺炎疫情影响，当时西贝的困境只是零售服务行业的一个缩影。多个门店都不知道何时才能恢复营业时间。也正是此时，各商家都在找寻适合自己的营销方式，以便走出困境。而西贝采用的方法，就

是借助企业微信。西贝通过企业微信链接微信生态用户，将自己的菜品通过网络卖出去，降低损失。

西贝莜面村互联网团队负责人董经理在采访中提到"借助企业微信链接微信的能力，门店服务经理 1 个月内添加了 30000 多名客户。每天 200 多家门店客户经理通过微信朋友圈、商城、微信外卖小程序等，为顾客提供订餐服务"。在这期间，西贝的线上营收占据总营收的 80% 以上。

纵观整个案例，西贝莜面村将订购餐食、福利优惠等信息通过企业微信的朋友圈和微信群传递给更多微信用户，方便顾客下单。实际上，像西贝这样通过企业微信获客的成功案例数不胜数，也证实了企业微信确实可以获客。

(1) 第一印象决定获客能否成功

当然，我们不能天真地以为只要开通企业微信号就能获客。实际上，和其他营销方式一样，企业微信也需要设计，给客户留下深刻印象，然后才能实现获客。在创建企业微信号之前，商家可以站在用户的角度，思考如图 8-3 所示的三个问题。

图8-2　西贝微博内容　　　　图8-3　用户的三个问题

作为商家而言，要想建立一个专业的品牌形象，需要注意认证身份、头像、别名以及信息页四个方面。

➤ 认证身份：企业认证身份，可以增强客户的信任感，让他们愿意添加企业微信。

➤ 头像：好的头像能提升客户的好感，从而提高通过率。

➤ 别名：加深用户印象。

➤ 信息页：优先展示手机、职务等信息，既增加可信度，又便于用户联系。

名字和头像是企业形象的直接体现。例如，某美妆企业和杂货零售企业的企业微信名字和头像，如图 8-4 和图 8-5 所示，具有鲜活的人物特点。

图8-4　某美妆企业的企业微信　　　图8-5　某杂货零售企业的企业微信

商家在创建企业微信时，可以参照以上两个案例，将账号头像和别称人物化，拉近与用户之间的距离。

(2) 公域流量如何获客？

创建了企业微信账号后，接下来就要考虑如何获客的问题了。想一想在众多实体门店、网店中，客户为什么愿意添加自己的企业微信号呢？这就需要商家利用好场景化思维，根据不同渠道、动力及设计，把企业微信推送到客户面前。

以餐饮品牌乐凯撒为例，其场景化思维如图 8-6 所示。当客户进店用手机扫描餐桌上的二维码点餐时，店员会告知用户可以扫描企业微信二维码即可领取一张立即可用的 20 元优惠券。大部分顾客在利益驱动下，都会扫描二维码添加该品牌的企业微信。

当然，不仅是实体商家可用这种思维添加好友，包括网店、公众号、直播间等，都可以通过设置场景吸引客户主动添加好友。如图 8-7 所示，某杂货零售品牌在微信公众号中插入企业微信二维码，并用 10 元优惠券吸引客户主动添加。

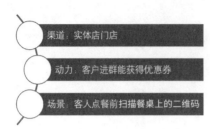

图8-6 乐凯撒的场景化思维

图8-7 在微信公众号中插入企业微信二维码

纵观上述两个实例不难发现,无论采用哪种渠道获客,都需要设计一些福利、优惠来为客户提供添加好友的动力。实际上,商家还可以通过提供一些服务来吸引客户。例如,宝岛眼镜就凭着为顾客验光后发送电子报告这一服务,完成导购拉新流程。诸如此类的获客案例还有很多,商家可以结合自己的实际情况,设计出适合自己的方案。

2.智慧服务

作为商家,要想通过企业微信获得的客户能够成交,必须先做好服务。

(1) 首次沟通的欢迎语设置

商家在面对首次服务的客户时,如何才能让客户心动呢?答案是设置好欢迎语。这个欢迎语需包括如图 8-8 所示的三个重点。

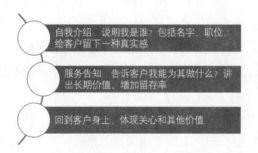

图8-8 欢迎语设置

某美妆商家企业微信号的首条自动回复,如图 8-9 所示。该条自动回复首先说明了自己的身份是社群福利官,再告知客户可以进群领 365 天延保及产品免费体验等福利,为客户提供价值。同时,配了图片,客户可以直观地看到自己关心的福利信息。再看图 8-10 所示的自动回复，用多段文字说明近期福利。由于文字太多且没有重点，容易给客户留下眼花缭乱的感觉。

当然，每个商家的实际情况不同，面对的客户也不同，编辑出一段既能表明自己身份又能体现价值的欢迎语即可。

图8-9　正确欢迎语示例　　图8-10　错误欢迎语示例

（2）用户分层

每个客户的需求不一样，那么商家对其提供的服务也应该不一样。如果商家对用户进行分层，再为其提供个性化服务，自然能给用户留下更好的印象，也为成交打下坚实基础。以经营咖啡的商家为例，在针对不同行业的人群时，可以做不同的营销。例如，办公室白领平时喝咖啡的频次较高，那当商家策划秒杀活动时，可以首选这个人群，向他们推广活动信息。这种用户分层及精细化服务，既能提高用户好感，又能让活动取得更好的效果。

那具体应该如何将用户分层呢？可以参考表 8-3 所示的用户分层方向及要点。

表8-3　用户分层方向及要点

分层方向	分层要点
性别	男/女
年龄	具体年龄
职业	教师、医生、银行职员、销售、老板

续表

分层方向	分层要点
爱好	喜欢美食、旅游、化妆、运动、发朋友圈、看小红书
风格	欧美风、可爱风
个人痛点	没有安全感、没有时间、创业压力大、孩子不在身边
购物习惯	注重品质、注重价格、注重性价比
商品喜好	真丝面料、职业装、运动装
购买意向	直播意向、秒杀意向、拼团意向、新品意向

（3）精细化服务

进行用户分层后，如何直接体现分层呢？这就涉及企业微信的打标签功能。商家可以为用户打上不同标签，清晰地看到用户画像，从而提高精细化服务，提高转化率。实际上，诸如淘宝、拼多多等购物平台，系统会为商家和店铺打上不同的标签，并将在标签方面有关联的店铺推荐给消费者，实现千人千面个性化销售。

以实体店铺数量较多的名创优品为例，通过企业微信建立了 30 多亿个标签的庞大数据库，单个用户平均动态标签达到 80 多个，针对不同标签人群推送不同的信息。名创优品作为一个年轻人都爱逛的生活好物集合店，于 2013 年开始经营，开设数千家分店，于 2020 年成功上市。

除了名创优品这种高频低价的商家外，还有一些高价低频的商家也借助企业微信获得了较好的成绩。以珠宝品牌周大福为例，巧用标签功能，轻松记住 350 万个客户偏好，会员复购率高达 50%。

由此可见，对用户分层及打标签进行精细化服务极为重要，是众多商家可以优化的方向。

（4）快速打造金牌销售

一般来说，培养一个金牌销售，至少需要半年的时间，但是培养企业微信上的"金牌销售"可能只需要几天的时间。因为企业微信除了支持用户分层和打标签外，还可为商家提供更多实用的服务，包括如图 8-11 所示的快捷回复、自动回复等。

①快捷回复

在企业微信上为客户设置标签后，可以生成一些精准的快捷回复。以珠宝店为例,客户常问的问题可能为:是不是正品?是否支持质检?是否有精美包装?商家可以将这些问题的答案生成快捷回复,当消费者提问时,迅速予以回复。

② 自动回复

除了快捷回复外,企业微信还支持设置自动回复。特别是对于一些客户量巨大的商家,如果用人工客服回复消息就需要耗费很多人力,但如果设置机器人小助理自动回复用户消息,可以省下很大一笔费用。如图8-12所示,某用户在群内问小助理怎样在线下单,机器人小助理迅速给出回复。

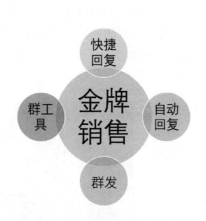

图8-11 快速打造"金牌销售"

图8-12 机器人小助理的自动回复

谭鸭血、大师兄、太二酸菜鱼等餐饮商家,在企业微信的自动回复中增加一些特定暗号得福利的玩法,既增加用户的互动率,也提升转化率。

③ 群发

个人微信群发消息,一次只能发9个群。而企业微信目前支持一次群发200个群,可以更高效地将消息群发给客户。

值得注意的是,群发消息时也应注意服务的温度。比如,一个经营药品的商家,在寒冬来临之前,可以给带有"关节炎"标签的客户发送关怀信息,提醒他们做好保暖工作、方便时到店做检查等,让其感受到被关怀,自然对商家产生更多好感。

④ 群工具

企业微信还有一些群工具可以完成诸如群成员去重、防骚扰等操作,轻松规避羊毛党、竞争对手,沉淀高质量用户。

例如,某咖啡类目的商家,同时进入100个瑞幸咖啡客户群,其目的是想抢夺瑞幸咖啡的会员。针对这种情况，商家可以一键将这名商家从 100 个群组中剔除。

3.智慧成交

商家可以借助企业微信来实现批量成交，留下更多成交客户。

（1）批量成交

商家通过企业微信将客户集中在各个群里后，可以策划拼团活动、接龙活动、抽奖活动等，来实现批量成交。例如，某企业号将 100 个喜欢吃榴莲的人群集中在 ×× 榴莲群中，当有榴莲活动时，可以在群内发送一个接龙活动："原价 199 元的猫山王榴莲，群内拼购价 129 元，只需要有 20 名以上的群友接龙，拼团即可成功。"因为群内的人群都喜欢吃榴莲，面对这样的低价活动，肯定有很多人愿意购买，纷纷加入接龙。如此一来，商家就可以轻松地完成批量售卖榴莲的交易。

（2）留下更多成交客户

相信大家在看淘宝直播、抖音直播时不难发现，直播间不允许出现一些主播个人的联系信息。但是商家如果在企业微信或视频号直播，就可以直接在直播间留下引流二维码。如图 8-13 所示，某服饰类目商家在企业微信直播间展示了一个印有群组二维码的牌子供消费者扫描。

观看直播间的客户，可直接扫描该二维码进入群组抢购红包及优惠券，为成交打下基础，整个过程非常便利。商家可在群组中维护好这些客户，为接下来的二次营销做准备。

图 8-13 在直播间展示二维码

4.智慧管理

当商家将客户引入企业微信中并进行较好的服务及达成成交后，还需要通过企业微信高效管理客户。

（1）查看导购服务质量数据

商家在营销过程中必须监测数据，如导购人员发送的消息数据、成交数据等。企业微信统计功能强大，随时可以查看数据。如图 8-14 所示，为某商家的联系客户数据统计情况，可详细查看导购昨日与客户聊天总数、发送消息数、已回复聊天占比及平均首次回复时长等数据。

通过分析各个导购人员的数据，可以分析得出各个人员的工作状态以及可优化的地方，为客户带去更优质的服务，提高客户满意度。

（2）统一管理分配客户资产

商家如果采用个人微信添加客户，在员工离职时容易出现客户被带走的情况。针对这个问题，企业微信也给出了解决方案。企业微信可以统一分配离职员工的客户，无须客户同意。例如，导购人员张三离职，商家可直接在不打扰客户的情况下，将张三账号里的1000名客户直接分配给新导购人员李四。

截至目前，已有多个政务机构和商家都在使用企业微信，它不仅方便而且安全，感兴趣的商家可扫描图8-15所示的二维码进行申请、注册。

总体而言，企业微信在获客、服务、成交、管理四大方面都发挥着重要作用，是商家营销推广的必选之地。

图8-14　某商家的联系客户数据统计情况

图8-15　创建企业微信二维码

8.3　案例

我们通过青岛的某面包品牌连锁店，看它是如何通过企业微信在3个月的时间，销售额翻了三倍的。

首先，吸引种子用户，通过一份免费领取网红奶盖蛋糕的福利海报宣传，要求添加企业微信活动二维码领取，这样吸引一批种子客户加好友，并进群。

其次，实现客户裂变，顾客扫码就能添加面包店员工的企业微信号，并且凭借自动生成的有自己头像的裂变海报，到店免费领取一个网红奶盖蛋糕。另外，企业微信会自动发消息告诉客户"如果你把海报分享给你的朋友，你的朋友也能到店免费领取一个网红奶盖蛋糕，而且你分享 20 人扫海报上的二维码，你还能获得一个 4 寸动物奶油蛋糕"。这些促销活动实现裂变转介绍，不断扩大宣传范围，迅速扩大客户数量，如图 8-16 所示，为一个顾客邀请了 123 个新朋友添加面包店的企业微信，裂变速度惊人。

图8-16　宣传海报和裂变转介绍数据

> **专家提点**
>
> 无论采用哪种渠道获客，都需要设计一些福利、优惠等诱饵来为客户提供添加好友的动力。最好的诱饵是跟商家本身相关的服务，比如，宝岛眼镜的诱饵就是为顾客验光后发送电子报告这一服务，完成导购拉新流程。诸如此类的获客案例还有很多，商家可以结合自己的实际情况，设计出适用于自身的方案。

在积累到这些目标客户后，再通过企业微信将客户和 CRM 客户管理系统打通，制订管理计划和目标，让员工分别管理客户，通过对客户的标签化，使用一些智能管理工具有针对性地进行运营。跟客户搞好关系，管理运营好粉丝。

接下来，就要做好服务，活跃群内气氛，与群内粉丝搞好关系形成黏性，为成交做好铺垫。对于不同方式进入的客户，可以自动打上相应的标签，通过运营中不断调整标签，从而能够更有针对性地营销。

为了给客户提供更好的服务，商家还可以设置恰当的加好友欢迎语和入群欢迎语，通过自动回复@小助理、聊天侧边栏、快捷回复、关键词回复等功能来为客户做好服务。对于客户而言，群内有各种新品推荐，让人垂涎欲滴；有免费线上烘焙课程，让大家在家就能做奶香小蛋挞；还有红包雨，活跃气氛的同时获得红包。

当然，为了推广产品信息，还要借助微信做定时推送互动，每日2~3条，内容如表8-4所示。根据进展，策划一系列促销活动，比如：拼团活动、接龙活动、抽奖活动、爆款特价、秒杀抢购等，来实现批量成交。还可以通过企业微信中的直播功能，让客户感受美食的诱惑，下单抢购。

表8-4 每日推送互动内容

时间	内容	方式
上午10:00	社群专享产品	文案+图片、海报
下午5:00	下午茶	文案+图片、小程序
不定时	拼团裂变活动	文案+小程序、海报

这家面包连锁店，通过以上企业微信的运营，从引流二维码的海报开始，经过获客→管理→服务→成交，短短3个月的时间，实现了销售额翻三倍。

第 9 章
微博营销

微博具有数以亿计的用户人群和超高的人气，传播速度快、传播范围广，非常适合对企业品牌和产品的宣传。因此，微博营销已经成为很多企业不可缺少的营销方式。如何才能做好微博营销？本章除了教你做好微博的一些基础设置，还会教你微博运营的技巧与攻略。

本章学习要点

※ 掌握微博页面的形象定位和管理

※ 掌握微博吸引粉丝的方法

※ 掌握如何实现微博涨粉

※ 掌握与粉丝互动的技巧

9.1 微博页面的形象定位和管理

微博是一个打造官方形象的平台,其账号的形象定位很重要。微博上有很多将微博账号拟人化的企业官微,如杜蕾斯的"小杜杜"、碧浪的"碧浪姐"等。拟人化的微博形象可以拉近粉丝与企业之间的距离。

1.微博账号的命名要吸引眼球

微博账号命名代表了企业的形象,需要商家再三思索,设置一个好记、易传播的名字。常见微博账号的命名有图9-1所示的几种方式。

➢ 企业官方名称:这类账号名称一般为企业简称,如"支付宝""阿里巴巴"等。

➢ 产品型名称:一般为产品简称或企业简称+产品,如"力量帝维生素水""康师傅红烧牛肉面"等。

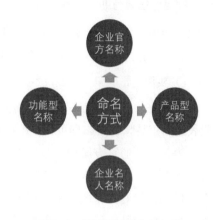

图9-1 微博账号的命名方式

➢ 企业名人名称:可为真实全名。有时会遇到名称被抢先注册的情况,这时可以在名称后加上英文或者其他符号,企业名人微博账号最好也加上"V"认证。如果是企业员工微博账号,则可以用昵称。

➢ 功能型名称:一般为企业简称+某一功能,如"36氪招聘""OPPO 客服"等。

以上几种命名方式都是比较常规的。对自媒体来说,命名应该个性化。微博自媒体很少用真名,除非其本身就具有一定的知名度,否则用真名作为微博账号名称不会带来很大的影响力。

自媒体微博名称可设置为4～6个字,不建议太长。根据微博运营以及自己擅长的方向,自媒体的命名也会不同,主要有以下几种。

➢ 职称+真名、化名:这是很多隶属企业的自媒体或者员工常用的命名方式。很多初入微博的意见领袖也常常用这种方式命名,如电商××、运营××。

➢ 个性化昵称:微博上的很多红人及大V都采用个性化昵称,如"同道大叔""papi酱"等。

➢ 昵称+内容:如果想打造一个体现个人特色和内容的自媒体,那么可用昵称＋内容的方式来命名，如"吴晓波频道""星座萝卜苏"等。

➢ 主攻方向：如果该账号有主攻或擅长的方向，那么可以用这种方式来命名，如 Photoshop 大师、UI 设计、优秀网页设计等。

➢ 提供内容：根据微博账号提供的内容来命名也是一个不错的选择，如 YouTube 精选、美搭社、全球奇闻趣事、天天美食推荐等。

2.明确的身份信息有助于粉丝了解

除了微博账号的命名外，完善微博其他信息资料也很关键，它有助于粉丝了解微博账号。微博的资料信息除了昵称外，还包括头像、简介等。

（1）头像

对于商家的微博而言，头像只需使用能表达商家品牌的 Logo 即可，如图 9-2 所示，为某饮品的官方微博头像，就使用的品牌 Logo。对于个人用户而言，用本人头像则比较好。若微博主要用于营销某一特点的产品，那么也可以使用产品图。总之，头像要选择清晰的图片，并且易于识别。

图9-2　某饮品的官方微博头像

（2）简介

简介也是微博身份信息很重要的组成部分。商家微博的简介可以是对该商家的简单介绍，也可以是对商家提供了哪些产品和服务的说明。个人微博的简介可以从个人职业、提供的内容上入手。例如，某电商运营达人的微博简介可以是：专注网站、电商、微信营销运营，××公司运营总监……简介没有固定的写作模式，但是不能用心灵鸡汤、励志语录，因为它们对于营销推广没有意义。另外，简介中也可以写上企业的联系方式或者个人微信、QQ、网店名等。如图 9-3 所示，某美食达人在微博简介中留有商务合作的微信信息，以便美食商家、粉丝添加微信好友。

图9-3 某美食达人的简介信息

3.如何让微博账号在搜索中排名靠前

微博也有搜索功能,如果商家的微博账号能在用户的微博搜索结果中得到一个较靠前的排名,那么微博粉丝量及曝光量自然会得到提升。影响微博排名的因素有许多,包括账号名称相关度、是否加V及微博粉丝量等。

账号与关键词的相关度对微博账号的排名有很大的影响,账号的名称与关键词越相关,排名就越靠前,如在新浪微博中搜索"科技",得到的结果如图9-4所示。

图9-4 新浪微博中搜索"科技"的结果页面

由搜索结果可以看到,搜索的关键词在账号名称及简介中都有体现。排在前两名的是加蓝V的企业账号。而排在第三名的为普通个人账号,虽然搜索的关键词与其账号名称完全相同,但因粉丝量及活跃度都不太高,排名没有排在最前面。

由此可以看出,要想让微博账号在商家所营销的领域有一个好的搜索排名,那么在微博名称和简介上就要考虑目标用户可能会搜索的关键词,而不是随意命名和介绍。

另外,粉丝数量、微博内容数量及活跃度对排名也有较大的影响。为了提高微博搜索的排名,不断增加粉丝数量和发微博很有必要。当微博用户在搜索结果中看到你的粉丝量比较大时,会认为你值得信任,从而关注你。当然,活跃度可以用转发量与评论量来体现。一般来说,账号的转发量和评论量越多,排名越靠前。

另一个可能影响微博用户信任感的因素就是是否认证。一般来说,用户会更信任已认证的账号;同时,是否认证也会影响排名,如在其他影响因素相同的情况下,加V账号会排在不加V账号的前面,这也体现了认证的优势。

了解了影响微博搜索排名的因素后,商家在具体建立和运营微博时就可以从上述影响因素入手。

4.开设多账号进行矩阵联动推广

对于微博矩阵架构,有的商家可能比较陌生。其实,可以简单将其理解为通过布局多个微博账号和平台,实现360度塑造品牌或产品形象。

微博矩阵有三大特点:一是多平台布局;二是多账号协作;三是统一化管理。微博平台的布局,主要是指新浪微博和腾讯微博,这里主要介绍新浪微博,因为其广告价值已得到众多商家的验证和认可;多账号协作是指在微博上建立多个不同功能的账号,且彼此之间形成链式传播;统一化管理是指账号之间的营销推广节奏和口径一致,从而实现联动营销效果。

具体来说,微博矩阵架构有以下3种形式。

(1) 1+N 矩阵

所谓 1+N 矩阵是指在一个垂直领域的大号下,布局多个以产品线为主导的分流账号。这个垂直领域的大号主要用于塑造品牌形象,而产品分流账号则用于强化产品宣传。这种微博矩阵特别适用于产品结构比较简单的企业,可以起到强化产品的作用。

在新浪微博上,一汽大众有一个官方微博账号"一汽-大众",同时还有以一汽大众产品线为主导的微博账号,包括"一汽-大众迈腾""一汽-大众速腾""一汽-大众高尔夫""一汽-大众CC"等。这种矩阵就是 1+N 矩阵。除了一汽大众外,星巴克也是这种矩阵布局方式。星巴克有"星巴克中国"官微,还有"星巴克江浙沪""星巴克广州""星巴克北京"等产品官微,如图 9-5 所示。

图9-5 星巴克相关的账号

(2) AB 矩阵

AB 矩阵即以 A+B 的形式布局微博账号，A 账号是 Action 账号，用于塑造活动形象；B 账号是 Brand 账号，用于塑造品牌形象。

加多宝在新浪微博上有官微"加多宝凉茶"，这个属于 AB 矩阵中的 B 账号；A 账号则有多个，包括"加多宝活动""加多宝综艺"等，如图 9-6 所示。

每个 A 账号都可以与品牌账号构成 AB 模式，两个账号同时发力，既有品牌的输出，又有情感的输出，可谓软硬兼施，从不同的角度影响消费者。

(3) 三维式矩阵

三维式矩阵是指从三个维度来布局微博账号，包括企业名人、产品以及理念。企业名人本身就具有一定的影响力，这种影响力在微博上尤为明显；而借助名人效应，可以提高企业的知名度。每个产品都具有独特的理念，通过持续输出这种理念，可以进一步强化品牌。

小米在新浪微博上有"小米公司"官方微博，同时还有以小米产品为主的官方微博，如"小米路由器""小米游戏""小米平板"等，如图 9-7 所示。另外，还有以企业名人为主的名人认证微博，如"雷军""黎万强"等。

图9-6 加多宝相关的账号

图9-7 小米相关的账号

小米的这种账号布局方式就属于三维式矩阵。当然，微博矩阵并不是随意布局的，企业在布局自己的微博矩阵时要注意图9-8所示的3点。

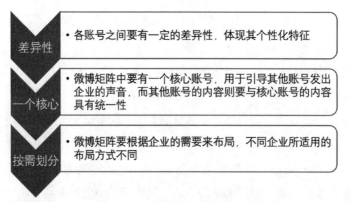

图9-8 布局微博矩阵的注意事项

为何要按需划分？因为有的企业可能适合1+N按品牌来布局；有的企业可能会采用1+N按功能来布局，如OPPO按"OPPO客服""OPPO社区""OPPO招聘"来布局；有的企业可能按地域来布局，如建设银行按"建设银行上海市分行""建设银行北京市分行""建设银行深圳市分行"来布局。总之，企业要根据自身情况找到适合的布局方式。

9.2 微博账号吸粉和涨粉

在微博营销中，粉丝量对营销效果有很大的影响。账号的每个粉丝都可能成为企业的客户，而很多微博用户刷的就是已关注账号发布的内容。可以说，微博粉丝量在一定程度上反映了微博账号所能带来的能量。由此可知，吸粉、涨粉是微博运营过程中不可或缺的一步。

1.借势热点事件实现曝光

在微博运营初期，比较简单且实用的吸粉方法就是借势热点进行营销。微博中有一个微博热搜，能够实时反映微博热点内容的方向。现在，热搜榜已经成为一个高曝光流量位。

微博热搜榜是被高度关注的微博内容，商家完全可以利用其来吸粉、涨粉。图9-9所示为微博热搜榜。从图中可以看到热搜的排行榜与热度，可见其活跃度很大，且这些活跃的粉丝都是优质粉丝。点击热搜榜中的一条，会跳转至综合页面，该页面全是与该热搜有关的内容，而且可以看到排名靠前的有些账号并不是大号或者粉丝量很多的号。这就给微博商家一个吸粉的启示：是不是可以通过发布与热搜相关的内容来获得曝光呢？答案是肯定的。但要注意一点，就是发布的微博内容中一定要带有热搜内容的关键词或话题。要实现吸粉或者引流的目的，商家在微博内容的发布上还需下点功夫。例如，图9-10所示的内容就具有吸粉效果。

图9-9　微博热搜榜

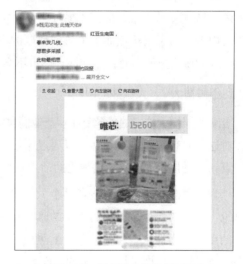

图9-10　带有微信信息的话题内容

在微博上利用热点信息进行营销，找准时机也很重要。这里有3点技巧供大家参考。

➢ 尽量选择最靠近当前时间的热搜内容。

➢ 可选择自己擅长的话题内容或者便于引流的话题。例如，一部电视剧在开播及大结局时，都比较容易上热搜，这时就可以在微博内容中加上该话题，并为粉丝提供电视剧资源，如加××号获取资源、私信回复获取资源等。这样一来，很多需要资源的粉丝就会关注该微博账号。

➢ 有的热门话题在当前的热搜中可能比较靠后，但也可能因为网友的关注而跃进前几名。如果能判断这个话题具有"冲劲"，那么就可以提前利用它。一般来说，具有争议性的热点信息更容易火。

选择好热门信息或话题后，接下来就是利用它。对于内容的发布，可以采用以下技巧。

（1）多话题发布

一条微博并不一定只能加入一个热门话题，也可以加入多个，如一个热搜中的话题、两个与之有关的其他话题。例如，将"# 汉服 #"作为主话题，引申出来的"# 汉服摄影 #""# 汉服约拍 #"就是次话题。

多话题发布，在信息流中被展现的可能性就比较大。

（2）互动性

即使是蹭热点的内容，也要注重其互动性。因为评论或点赞的人数越多，微博内容就越容易被排在前面。另外，商家需明确一点，蹭热点需要发布与话题相关的内容。为了蹭热点而加上热门话题的标签，可实际内容毫不相关，这样就很难受到微博用户的喜爱，互动性自然也不会太强，吸粉就更是难上加难了。

2. 利用微博大V、大咖被动吸粉

众所周知，大V的粉丝量很多，他们发布一条微博通常会收到上万人的评论。面对这些自带流量的大V，可以通过蹭评论来吸粉。通过蹭评论来吸粉的关键有两点：一是抢占先机；二是评论的话术要具有吸引力。

当你发现有某个名人或者某个大号发了微博还没人评论时，就要马上行动，以抢占有利时机，从而提高评论的曝光量。有吸引力的评论才能得到更多微博用户的点赞，而评论本身越精辟，上热门的机会就越大。上热门有一个好处，那就是这条评论会被排在其他评论的前面，如图9-11所示。

有的商家可能会问：我不会写有吸引力的评论怎么办呢？没关系，你可以复制粘贴其他精彩评论。在平时刷微博时,我们就可以留意那些精彩的评论、梗或营销话术并收集起来。这些评论很多都具有通用性,不管微博内容是什么都可以用上。

当收集了一定量的合适评论素材后,一旦大V发微博,就马上进行复制粘贴,这样也很容易获得他人的点赞或上热门。评论的目的是引流,那么要如何做才能实现引流呢?

图9-11 热门评论

(1) 评论插图

目前,在微博上评论是可以配图的,虽然并不会直接显示图片,但如果评论具有吸引力,微博网友就会感到好奇,从而点击图片查看。因此,可以将广告植入图片中,如在图片中打上微博水印标识"@××",其中的"××"就是自己的微博账号名称。

(2) 主页植入

对于精彩的评论,很多微博网友会好奇地想:他的微博是不是也比较精彩啊?这时,他们可能就会点击微博昵称来查看微博主页。一般微博主页的内容都是自己编辑的,只要编辑的内容没有被新浪禁止发布的内容,那么在上面打广告是完全可以的,如在个人简介、背景图片中加入广告信息。

(3) 发微博

另外,还有一种引流吸粉的方法就是发微博。在给大V评论后,我们就可以在自己的微博中发一条诱导性微博,如奖品诱导、转发+关注抽奖。这样一来,被评论吸引到微博主页中的用户很自然就成为粉丝,而这些粉丝因为受到奖品的诱惑又会转发此微博,从而形成分裂式传播。

当然,发微博是一种不花钱的吸粉方式。还有一种花钱的吸粉方式,就是让大 V 转发自己的微博、@ 自己的微博账号或者发布与产品相关的推广软文。之所以要花钱，是因为除非自己的内容真的很优秀，或者自己的账号有一定的知名度，否则大 V 是不会主动转发他人的微博的。

不同的大 V，推广价格自然也不同。资金足的企业可以选择名人，没有太多资金的企业可以选择自媒体或者知名博主。值得注意的是，现在有的大 V 并不是真正意义上的大 V，有可能是"水货"，因此商家要仔细识别。一般可以从粉丝属性、微博数量、注册时间等方面来识别大 V，具体方法如下。

➢ 查看其微博内容，了解其原创微博与总微博的比值，一般原创微博多的大 V 更值得信任。

➢ 查看粉丝的属性，一般无头像、无内容发布的粉丝是僵尸粉的可能性比较大，而粉丝活跃度越高的大 V 越值得选择。

➢ 从理论上讲，微博注册的时间越长，粉丝量就越多。如果某个大 V 账号才注册一个月，但粉丝量已经有几十万，那么很有可能存在刷粉的情况。

➢ 看大 V 的微博等级，商家可选择微博等级更高的大 V。

另外，选择大 V 时也要考虑其粉丝有没有自己的目标受众。例如，幼儿教育培训的企业做营销推广时，应该优先选择教育行业的大 V。

3.如何找到精准粉丝进行引流

很多人都希望在微博上吸引到精准粉丝。其实要找到精准粉丝并不难，用微博搜索功能就能实现。具体来说，可以根据自己销售的产品来搜索查找。例如，如果商家销售的产品是服装，也有自己的网店，那么就可以在微博搜索中搜索"穿搭"关键词，如图 9-12 所示。

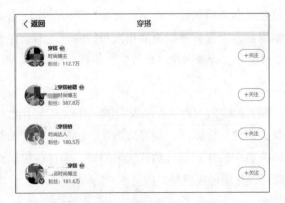

图9-12 与"穿搭"相关的博主

从搜索结果中可以发现很多与"穿搭"有关的博主,其中有些博主具有很高的人气。商家可以关注这些博主,因为关注他们的粉丝应该也对穿搭感兴趣,即我们可以将他们的粉丝作为自己的精准粉丝。这里要注意的是,关注一些知名博主后不要马上去引流,可以先浏览热门内容,在搜索结果页中单击"热门"超链接,如图9-13所示。

进入热门页面后可选择合适的内容快速浏览,然后进入评论区,通过评论来引流吸粉。例如,可以在穿搭相关的微博内容下评论"朋友推荐的潮流穿搭,东西质量好又便宜@×××"。对于已关注的热门博主,可以进入其微博主页,找到关注他的粉丝,并关注这些粉丝,如图9-14所示。这个方法对于前期账号增粉,比较实用。

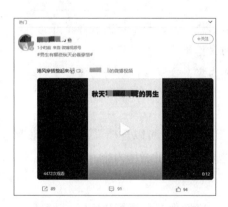

图9-13 "穿搭"相关的热门内容

图9-14 热门博主的粉丝

有的博主还有自建群,进入博主微博主页,就可以查看该博主的粉丝群,如图9-15所示。商家可以加入这些群,记住进入后先不要打广告,等混熟了再说。

图9-15 某博主的粉丝群信息

在通过关键词搜索"穿搭"时,还可以找到其他的普通用户。我们也可以主动关注这些普通用户,然后私信其互粉或者在其微博下进行评论。为了避免账号频繁操作被限制,可以多准备几个号,换IP进行引流。

另外,我们也可以找到同行的粉丝定期进行互动,这样就会逐渐引来不少精准粉丝的关注。私信互粉及评论引流一定要坚持长期去做,因为短期的效果不会特别明显。其实,很多微博大V在初期增粉时,也都采用私信互粉关注或评论引流的方式。

4.微博内容的发布和转发

商家还要持续输出微博内容，这一点很关键。如果商家的微博没有内容，即使用前文所述方法吸引了大量粉丝，那么这些粉丝也会很快流失的。对于微博内容的发布，要学会利用微博的特点，即"#""@"和转发。

（1）"#"

"#"是指发布的微博最好带有话题，但这个话题并不一定是热门话题，也可以是微博中的超级话题或其他普通话题。微博上有个话题分类页，进入后可选择自己擅长的类别，关注并发布与该话题有关的内容。

> **专家提点** 微博上的话题有的可以申请主持人，成为主持人有一个好处，那就是可以选择将某些带有话题的微博置顶。将话题置顶后，可以让进入话题的微博用户优先看到微博内容，这样微博获得的阅读量将会很大，而且这些用户也比较精准。

在话题中发布微博时，可以选择同步到微博，也可以选择不同步。一般都选择同步到微博，因为这样可以让其他粉丝也看到自己的微博内容。

（2）"@"

发布微博也要善用"@"功能。例如，转发微博大V的微博内容时，就可以"@"他，并写上一句评论，如果评论很精辟，那么这个大V也可能会转发此微博，这样你就可以获得不少流量。

当然，发布微博内容的核心还是内容本身，我们的微博内容要符合账号的定位，偶尔也可以发布一些其他内容，如段子、专业见解等，但整体上不能偏离原有定位。例如，你希望引流的是祛痘的用户，可以将微博定位于祛痘护肤，那么发布的内容就应该是祛痘攻略、护肤品使用方法等。在这些微博内容中可以穿插祛痘好物的内容，这个好物就可以是自己要推广的产品。

等到微博有了一定的粉丝量后，就可以与其他处于同一层次的微博账号进行合作。其实就是互转微博，你转我的，我转你的，两者互相引流，实现合作共赢。

发布微博内容不能"三天打鱼，两天晒网"，而是应该持续输出，且一天至少要发布几条微博，不管是蹭话题还是@名人都行，但内容本身要有看头。发布时可以配图，也可以配短视频，文字内容可以少点，但图片不能少。商家可以规划一个微博内容发布表，明确一天发布的微博数量和微博内容，如 5～10 条，内容则为美容话题、养生话题、活动促销等。

5. 微博内容发布技巧

进行微博内容营销，要选对发布内容的时间，因为在不同的时间段，粉丝的活跃度是不同的，在活跃度高峰段发微博效果会更好。一般来看，可以选择以下时间段。

工作日：上午可选择在 8:00—9:30 发微博，因为很多上班族会选择在公交车上、上班之前刷微博；下午可选择在快下班前；晚上可选择在 21:00 以后。

周末：可选择在 10:00 以后发微博，因为很多人周末会比平时起得晚一些；15:00—16:00 这个时间段也可以发一发；22:00 以后也可以发布一些内容。

周末发布微博的频率可以比工作日高，如工作日发 5 条，周末可以发 8 条。在内容上，80% 为实用方法、技巧、资讯等信息，20% 为推广信息。

6. 奖品激励是最直接有效的手段

在微博营销中，奖品是很有效果的吸粉、涨粉工具，具体而言，就是利用"微博抽奖平台"。如何使用微博抽奖平台呢？具体操作步骤如下，图 9-16 到图 9-19 是笔者截图时的微博页面。

第 1 步：登录微博，发布一条抽奖活动内容，然后进入微博个人账号的主页，单击"我的管理中心"超链接，如图 9-16 所示。

第 2 步：在打开的页面中单击"运营助手"列表中的"抽奖中心"超链接，如图 9-17 所示。

图9-16　单击"我的管理中心"超链接　　　图9-17　单击"抽奖中心"超链接

第 3 步：在打开的页面中选择要抽奖的微博，单击"抽奖"按钮，如图 9-18

所示。

图9-18 单击"抽奖"按钮

第 4 步：进入奖品设置页面，设置奖品类型、中奖人数等信息，单击"开始抽奖"按钮，如图 9-19 所示。

图9-19 单击"开始抽奖"按钮

通过微博抽奖平台发起抽奖活动时，要注意自己的微博活动文案应与后台所设置的奖品、抽奖条件是一致的。如果在微博活动文案中增加其他抽奖条件，如后台设置的是转发+关注，但活动文案中写的是转发+关注+点赞，这就属于自行增设抽奖条件。微博抽奖活动一旦发起就不能撤销，因此在撰写活动文案及设置活动内容时一定要仔细，以免出错。

7.通过微博推广上热门涨粉

在刷微博时,有时会看到有的微博内容有"热门"图标,而这条微博会出现在打开的第一条微博中,如图 9-20 所示。

这就是微博提供的博文头条功能,该功能可以让自己的微博在粉丝的微博页面置顶显示。在微博营销中,这一功能可以避免博文被其他微博内容覆盖,保证微博内容能在 24 小时内被每位粉丝看到,提高博文的阅读量、点赞量、评论量和关注量。

一般而言,使用博文头条推广后,博文的阅读量会提高 3～5 倍,有时甚至会提高七八倍。那么,要如何使用博文头条推广呢?博文头条的推广方法有两种:一种是自己推广自己的博文,另一种是让其他博主帮助推广自己的博文。如果是请他人帮助微博上头条,那么就需要与相关的博主谈合作了。对自己的微博进行头条推广时,可选择自己已发布的微博,单击"推广"按钮,如图 9-21 所示。

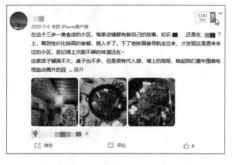

图9-20 有"热门"图标的内容　　图9-21 单击"推广"按钮

推广时,可以根据需要设置是否要推广给更多用户,如图 9-22 所示。

如果设置了推广给更多用户,在用户的微博中就会显示"推荐"标识,而自己的博文也会出现在目标用户微博中的靠前位置。在设置推广给更多用户时,建议商家选择指定账号粉丝的相似用户,因为这种推广方式能将博文投放给更精准的粉丝,相比投放给潜在粉丝的推广效果要好。如果要针对兴趣用户进行推广,就要考虑目标粉丝可能具有的标签,如求职中、宠物、家居等,标签定位越准确,花的冤枉钱就越少。因此,一定要对目标粉丝进行充分研究,之后再进行兴趣用户的推广。在设置指定账号粉丝的相似用户时,可选择添加 20 个账号,如图 9-23 所示。

图9-22 设置推广计划

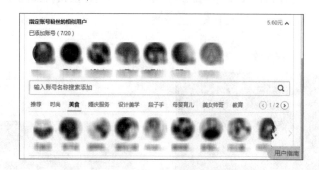

图9-23 设置指定账号粉丝的相似用户

选择目标账号也有一定的技巧，具体如下。

➢ 除非推广费用足够多，否则一般不要选择目标账号粉丝过多的用户，如上十万、上百万的目标账号。因为博文头条推广是按照曝光量来扣费的，若选择的目标账号粉丝量很多，推广费用可能几分钟就被扣没了。

➢ 尽量选择粉丝活跃度强的目标账号，因为如果投放给僵尸粉很多的目标账号，基本上没有什么价值。

➢ 可选择竞争对手的账号或目标粉丝调性相似的账号。

在进行博文推广时，如何选择博文也很重要。一般来说，以下内容比较适合进行博文推广。

➢ 短视频博文。

➢ 与热搜有关的话题微博。

> 可以通过高曝光量来提高话题热度以及微博品牌知名度的博文。
> 正在进行营销推广活动或引流的博文，如进行微信引流的博文。

专家提点 对于刚建立不久、粉丝量也不是很多的微博账号而言，建议在做博文推广时不必选择"推广给我的粉丝"。因为粉丝量本身就很少，即使有曝光量，效果也不会很好。此阶段的重点工作应该是拉新，选择"兴趣用户"或"指定账号粉丝的相似用户"，推广效果会更好。

9.3 开展活动与粉丝互动

当微博账号积累了一定的粉丝量后，运营重点就会逐渐从拉新转为留存和转化。在微博上，粉丝量多并不代表账号价值高，关键还要看互动占比。例如，你的账号粉丝虽然只有5万人，但互动占比有6%；另一个账号粉丝有50万人，但互动占比只有1%。广告主会选择那个粉丝量只有5万人的微博账号（注意：广告主看重的都是营销价值）。因此，互动在微博运营中很重要。

1.多种多样的微博活动形式

微博活动就是微博互动的一种形式。除了前面介绍的抽奖外，微博活动还有其他类型。

（1）大转盘

大转盘是微博官方提供的限时抢购活动，即微博用户可通过转幸运转盘进行抽奖，参与活动默认分享活动微博并关注活动发起人，当然也可以选择不分享和不关注，如图9-24所示。

目前，只有认证用户才能发起该活动。进入"微博活动"页面后，可点击"发起活动"开始活动的发起。大转盘活动的奖品可以是虚拟奖品，也可以是实物奖品。但不管是哪类奖品，都要注意一点，就是奖品要具有通用性。因为粉丝参与活动大部分都是冲着奖品去的，若你的奖品对粉丝来说没什么用处，他自然不会参与。

（2）有奖征集

有奖征集类似转发活动，活动参与人需要发布一条原创微博，内容中要带有与该活动相关的话题，如图9-25所示。

图9-24 大转盘活动

图9-25 有奖征集活动

有奖征集活动的奖品，建议选择企业自己的产品，因为这样能加强品牌与粉丝之间的互动。

在发起有奖征集活动时，要注意活动的主题，主题要有意思才能吸引微博用户参与，可以打趣味牌，也可以打祝福牌、晒照牌或创意牌。例如，做美食产品营销推广就可以让活动参与者通过晒美食来赢大奖；做手机营销推广就可以让参与者晒出与同一品牌手机出镜的照片来赢大奖。

如果想让活动参与者主动为品牌打 call，还可以采用广告的形式，即让活动参与者带活动话题发布一条与品牌有关的原创广告语。这种有奖征集活动既可以为企业企划部积累广告素材，又可以实现营销推广的目的。总之，要根据营销需求来选择有奖征集活动的主题。

(3) 免费试用

免费试用是很多电商平台采用的活动类型，在微博中同样可以发起，如图 9-26 所示。

特别是对于新品营销来说，免费试用是比较好的活动类型。与前面两种活动类型不同的是，要想通过免费试用实现新品营销，最好在活动详情页配上有吸引力的产品文案，并以图文结合的形式呈现出来。这样一来，每个参与免费试用的微博用户都可以看到新品详情，进而成为营销对象。当抽中某一用户后，可以@他，申请试用成功的用户可能会加以传播，这样就能为产品聚集人气。

2.自行策划活动与粉丝进行互动

除了发起微博官方活动与微博用户互动外，还可以自行发起互动活动。下面来看一个例子。

某快餐品牌与明星合作时，该快餐微博账号借用明星流量，玩起了"拍明星同款"的互动活动，其形式很简单，如图9-27所示。由于该明星粉丝较多，粉丝们主动在评论区晒出与明星同款合照（购买明星同款商品，才能拍摄同款照片）。截至笔者截图时，该条微博共被转发1.2万次，评论1千多条。

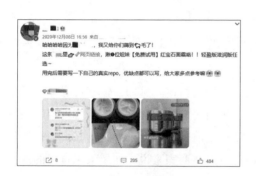

图9-26 免费试用活动　　图9-27 "拍明星同款"互动活动

该条微博的评论都是微博粉丝自发参与的。从这个案例可以看出，让粉丝进行互动并不一定要有奖品，活动内容也不一定要很复杂，简单的微博内容就可以让粉丝自发互动。那么，如何才能让微博内容获得粉丝互动呢？

在互动内容中，应该留有让粉丝能够插话和拓展的空间。这就像两个人聊天，如果一个人就把所有的话说完了，对方就无法接话了。

从内容形式上看，问题型微博比较容易产生互动。你问了，粉丝就可以针对你的问题进行回复。但要注意的是，问题本身不能太复杂和深奥，如果问的是很专业的问题，很多粉丝都答不上来，那么也无法产生互动。问题型微博内容的要点是简单、易于回答。例如，支付宝官微曾向粉丝提问，大概内容是问支付宝排名第几，下面还配了一张图，图上展示的是前10名最受欢迎的品牌，支付宝就排在第一位。粉丝看完图以后就知道应该回答什么了。这就是一个很好的问题型微博内容，既宣传了品牌的影响力，又与粉丝实现了互动。

当然，除了问题型微博内容外，能够实现互动的微博内容形式还有意见征集型、话题讨论型、吐槽型等。当企业需要公开向网友征集意见时，就可以采用征集意见的形式，最典型的就是投票活动。新浪微博本身也提供了投票功能，商家可以根据需要自行创建，具体操作步骤如下。

第1步：进入微博账号首页，在微博发送页面的"查看更多"下拉列表中选择"投票"选项，如图9-28所示。

图9-28　单击"投票"按钮

第2步：在打开的对话框中输入标题和内容，单击"发起"按钮，如图9-29所示。

一些具有争议性的微博很容易引起网友们的讨论。例如，曾有自媒体在新浪微博上晒出了她手机里自己的照片和网友手机里她的照片。这一微博内容就引发了热议，甚至还上了微博热搜。网友一看P图前和P图后的对比这么大，自然就会讨论，这是一个比较典型的案例。但对自媒体商家来说，如果采用自黑的形式发微博，心理素质一定要好。因为这样的微博可能吸引一批用户路转粉，也可能收到很多负面评论。

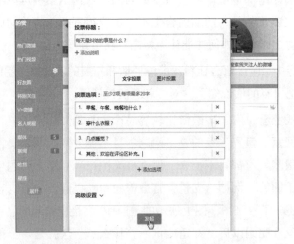

图9-29　单击"发起"按钮

在撰写话题讨论型微博时，可以从探讨的角度出发，考量这个内容是否能吸引网友们参与讨论。这里有一个技巧，就是商家可以在微博话题榜中寻找灵感，如"# 各地霸气街名 #""# 网络上看到的照片 你拍的照片 #""# 别人问你工资哪去了 #"，这些微博话题都可以作为创作话题讨论型微博的素材。

吐槽型微博因为有趣，常常也能引发网友的互动。例如，微博上有的娱乐博主有时会发微博吐槽电视剧特效及台词等。这些电视剧本身就很有话题性，在微博上的宣传活动也不断，网友参与吐槽也就不稀奇了。

当粉丝参与微博内容的互动后，博主也要进行回复。如果评论太多，就选择性地回复；如果评论不多，就逐一回复。要知道，在微博上塑造有亲和力的官微形象会给自己的品牌赢得更多好感。每次与网友之间的互动，都是品牌形象的展现。但在互动的过程中，要明确自己的定位是搞笑形象还是专业形象。如果是搞笑形象，那么互动内容可以使用当下的网络语言；如果是专业形象，那么态度要正经些。总之，要以自己所定位的形象来给语言定基调。

3.自定义话题与粉丝互动

其实商家也可以自己运营一个话题，让粉丝参与互动。例如，杜蕾斯官方微博就独立运营了一个话题，名为"# 杜绝胡说 #"。截至笔者截图时，这个话题的阅读量有 19.6 亿次，讨论有 10.7 万条，话题的主持人就是杜蕾斯官微，如图 9-30 所示。

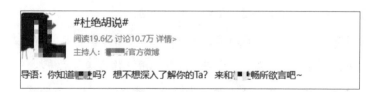

图9-30 "杜绝胡说"话题

在杜蕾斯发布的微博内容中，也有不少让粉丝参与该话题讨论的内容。从杜蕾斯的案例可以看出，独立运营话题不仅能提高微博账号的曝光量，还能起到与粉丝互动的作用。还有一点，微博的话题资源是免费的，因此企业或自媒体一定要利用起来。

在独立运营话题前，首先要想好话题名称。一般来说，话题名称与微博账号名称一致即可，如果微博账号名称不适合作为话题，那么可以定义与微博形象或企业产品有关的名称作为话题名称。例如，"杜蕾斯官方微博"就不太适合作为话题名称，于是杜蕾斯将话题命名为"#杜绝胡说#"，这下就有趣多了。再如，"华为 6""#努比亚红魔游戏手机#"就是以产品名称作为话题名称的。在开话题前，要先去搜一搜这个话题存不存在，如图 9-31 所示。

图9-31　搜索话题是否存在

如果不存在，可以发一条微博带上这个话题，这样话题就创建成功了。话题创建成功并不代表这个话题就是我们的，关键是要成为主持人，这样才能进一步运营话题，如管理优质内容、推荐热门内容等。

成为话题主持人有一定的门槛，一般会通过以下 5 个方面来审核主持人。

➢ 是否为话题首发用户。

➢ 微博账号名称及内容与话题的匹配度，匹配度越高越容易申请成功。

➢ 话题的贡献值，贡献值越高越容易申请成功。

➢ 话题与微博账号名称是否同名，一般优先考虑官方微博作为话题主持人。

➢ 热点事件话题，优先考虑官方媒体或首发用户作为话题主持人。

因此，要想成为话题主持人，第一步就是带话题发微博，至少要先发 5 条，且内容要与话题相关，否则会被微博作为低质量内容处理。为什么要发 5 条呢？因为带话题发布一条微博的贡献值为 5，申请话题主持人的贡献值为 25。另外，转发与话题有关的微博也能获得贡献值，每条的贡献值为 1。

如果想成为其他话题的主持人，就只能去竞争了。方法一样，即先发 5 条带话题的微博，满足条件后再去申请。如果遇到多次申请系统仍提示正在忙的情况，这时就可以私信微博客服来解决。

4.培养和维护忠实粉丝

微博粉丝可分为两种：一种是普通粉丝，另一种是忠实粉丝。在国内互联网圈子中有一位"神"一样的人物，他就是凯文·凯利。凯文·凯利曾提出一个关于 1000 个忠实粉丝的理论，是指无论你从事什么职业，只要拥有 1000 个忠实粉丝，就能养家糊口。这一理论同样适用于微博运营。

在微博中，1000 个忠实粉丝看起来似乎很容易获得，但事实并非如此。你的微博粉丝量必须有一定的规模才能得到 1000 个忠实粉丝，而 1 个忠实粉丝的背后可能是 10 个甚至 20 个普通粉丝。

忠实粉丝不仅能为我们带来直接的收入，还能带动普通粉丝做出购买行动。这也是很多广告主在微博上找大 V 做推广时很看重互动占比的原因。你的微博互动占比高，那么忠实粉丝的占比一般也会较高。因为只有忠实粉丝才会关注你的每条动态，并与你积极互动。

当然，也不排除那些在背后默默支持你的粉丝才是忠实粉丝。1000 个忠实粉丝理论为广大商家，特别是社群商家提供了最基本的思路，那就是无论在什么时候都要专注于培养和维护忠实粉丝。

对于微博中的活粉、忠实粉丝，商家要与他们进行沟通。例如，认真回复他们的评论，建立新浪微群并将其拉入微群中，偶尔也可以转发他们发布的微博，为自己赢得好感。

在与忠实粉丝进行互动评论时要注意一点，就是你的互动评论是否有效。举个例子，你的粉丝给你的微博评论了，然后你千篇一律地回复"谢谢""嗯嗯"，这样的互动会让粉丝觉得你在敷衍了事。既然要与粉丝互动，就应足够真诚，给粉丝切实的反馈，而不是草草回答、随声附和，否则还不如不回复。

另外，在发布一条微博后，最好及时对粉丝的评论进行回复，这样下一次的互动就会很自然地找上门。经常回访粉丝也是培养和维护忠实粉丝的一种方法。很多官微在粉丝关注后，基本上都不会对粉丝做回访。实际上，在粉丝第一次关注时就可以进行回访，这个"回访"就是被关注自动回复。另外，自动回复还是一个引流的渠道，如将粉丝引流到微信，如图 9-32 所示。

在微博"我的管理中心"的"粉丝服务"列表中单击"自动回复"按钮，即可进入自动回复的设置页面，如图 9-33 所示。

除了被关注自动回复外，在微博中也可以像微信一样设置关键词自动回复、私信自动回复，在具体运营中，商家可以根据需要进行设置。前面讲过，微信中的自定义菜单具有互动作用。在微博中，也可以设置自定义菜单与粉丝进行互动，只不过这种互动性没有微信强。微博中自定义菜单设置方法如下。

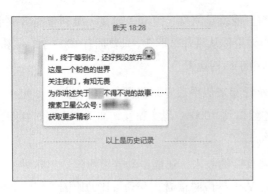 

图9-32 某微博账号的自动回复内容　　图9-33 单击"自动回复"按钮

第1步：进入粉丝服务，在下拉列表中单击"自定义菜单"按钮，如图9-34所示。

第2步：在打开的页面中单击"添加菜单"按钮，如图9-35所示。

图9-34 单击"自定义菜单"按钮　　图9-35 单击"添加菜单"按钮

第3步：在打开的菜单编辑栏中进行编辑，完成后单击"保存并发布"按钮，如图9-36所示。

微博自定义菜单一般可设置为网店地址、联系方式、商务合作、最新招聘、产品服务等。

对微博中的粉丝还可以进行分组管理，如分为合作伙伴、忠实粉丝、社群圈子、普通粉丝等。在发起微博活动时，可以首先私信忠实粉丝或参与过微博活动的粉丝。另外，针对微博粉丝还可以定期给予回馈奖励，如很多明星常常用自拍照或者视频来回馈粉丝。如图9-37所示，为某美妆达人发布赠送新品礼物的微博内容，截至笔者截图时，该条微博共获得19万条评论。

图9-36 单击"保存并发布"按钮

图9-37 某美妆达人发布赠送新品礼物的微博内容

5.如何借势玩走心互动营销

野兽派，一个在微博平台孵化的企业，从一开始用讲故事的方法售卖花艺，直至今日，品牌已经延伸到泛家居品类。野兽派作为一个主营鲜花的企业，比起销售花儿，它更像是在借助图文、视频内容在售卖一个个感人故事，一帧帧温情的画面，唤起大家的情感共鸣。

同时，野兽派被誉为花界爱马仕，走的是一条高端的奢侈品牌路线，和国外主流奢侈品牌大多选择从时装品类切入市场不同，野兽派选择了更接近消费者生活方式的品类切入市场，在新浪微博积累了100多万粉丝。野兽派的微博账号，有多个互动营销技巧值得广大商家学习，如塑造神秘感、用故事构建信任以及借势营销等。

(1) 塑造神秘感

早期的野兽派没有鲜花价格目录和标准产品，每一朵来自野兽派的花都藏有一个小而温馨的故事。顾客想要买花，需要通过微博私信，讲述自己的情感故事，根据这些故事，野兽派来选择不同的花去设计，表达出送花者的心意。

野兽派以"顾客说"这种非常亲密又公开可见的方式，分享关于爱情、友情、和亲情的故事。故事里的花束，入情入理，在情感上征服用户，为爱而生的产品，在产品同质化时代脱颖而出。

顾客的情感故事，野兽派会以匿名的方式发到官方微博上，配上相应的花束图片。这样的微博总能引起粉丝的共鸣，进行转发传播，野兽派的名声，就在这一个又一个的故事中打响了。

在这家花店里，花本身已经不再只是一种产品，而是被赋予故事的，是用户自有情感的一种表达。收花人收到的不只是一束花，而是一个故事，一种情感，而他们自己，则是这个故事情感的主角。这种体验是传统花店所无法达到的，传统花店没有给顾客这样的机会，野兽派给了，这是野兽派成功的关键。

对于野兽派来说，每新增一个顾客的故事，品牌又多了一层神秘的内核，积累下来的顾客故事塑造出这个花界爱马仕的神秘传奇。

(2) 用故事构建信任

野兽派每一个系列的产品都有一个故事原点，不管是来自顾客的情感故事，还是与知名故事IP的联名新作，故事成为品牌构建信任的原点。说到故事，除了不走寻常路起家于微博营销，更有流传于坊间的经典故事，凭添了几抹神秘感。2011年末，顾客Y先生订花，希望能表现出莫奈的名作《睡莲》的意境，老板娘几经周折，最终从日本直岛的地中美术馆中获得灵感，野兽派花店的镇店作品之一"莫奈花园"从此诞生。

此外，在长达十多年的品牌塑造过程中，野兽派坚持和有强大故事性的 IP 联名发布新品，让 IP 的故事为产品注入灵魂。

在诸多的联名中，与小王子的跨界应该是野兽派最成功的选择之一了。和小王子的联名从 2015 年开始持续到现在，相信很多人对这个火遍全球的童话故事并不陌生，光是从元素上看，"玫瑰花"是《小王子》中的主角，也是"野兽派"花店的主角，这点非常契合。

若是从内容上看，《小王子》中的很多台词也和品牌想要传递的态度不谋而合。小王子中有许多关于"花"的经典语录，像是"如果你爱上了某个星球的一朵花。那么，只要在夜晚仰望星空，就会觉得漫天的繁星就像一朵朵盛开的花""人不应该听花儿说什么，只要欣赏她们，闻闻花就够了"……

有了情感载体，野兽派的产品也会成为读者对故事的一种寄托和延展。

(3) 借势营销

借势，就是把营销目的隐藏在活动里，把商品融入消费者乐意接受的环境中，让消费者在不知不觉中接受商品。例如，通过轻松娱乐的方式引导消费者对商品感兴趣。借势就是商家想达到提高店铺或商品的知名度、美誉度，促成商品或服务销售的营销策略。

2011 年 11 月 29 日，野兽派老板娘发了一条微博，从此有了野兽派花店。2021 年 11 月 29 日，野兽派迎来了十岁生日。为此，野兽派展开了一场十周年营销，野兽派重点借助名人的声量为品牌造势，最大范围扩散品牌影响力。

十周年 MV《野兽的花》品牌邀请井柏然、龚俊、王晰联袂演唱主题歌，音乐才女欧阳娜娜操刀大提琴部分。MV 由郝蕾、郭涛与众多实力派演员倾情演绎，重现当年一幕幕真实的订花故事。MV 中，品牌代言人井柏然化身实习花艺师，和花店老板娘郝蕾一起收集订花故事并制作鲜花。野兽派《野兽的花》MV 文案如图 9-38 所示，截至笔者截图时，该条 MV 作品获得了 1231 万次观看，文案获得了 1.3 万次转发，5810 条评论。

图9-38 野兽派《野兽的花》MV文案

此次十年上新,得到了野兽派一众代言人和香氛大使的多种生动演绎:欧阳娜娜月下赏花,在走马灯香氛蜡烛氤氲中,闻一闻桂花乌龙;井柏然月夜静坐,围绕扩香晶石礼盒,饮一盏桂花乌龙;龚俊月下回眸,轻取护手霜,等一回桂花乌龙;周也月下凝神,转动桂桂龙扭蛋机,听一曲桂花乌龙。

时光交替,岁月冷暖,不变的是这十年的相守相依,以及十年对美与浪漫的不断追求。这是野兽派的坚守承诺,相信野兽派会一直讲故事,无限创作美与艺术,与你我奔赴下一个十年之约,终成至爱品牌。

第10章 公众号、小程序营销

对于商家来说，无论是运营微信公众号还是微信小程序，主要目的都是通过移动互联网快速扩张和积累自己的用户人群，并最终实现流量变现。那么，商家应该如何更好地运营微信公众号和小程序呢？本章将介绍微信公众号和小程序营销的方法和技巧，从而快速建立企业的微信营销体系。

本章学习要点

※ 认识微信公众号的类型与功能

※ 做好内容推广规划，提高留存率

※ 掌握微信小程序运营推广的方法

10.1 微信公众号的类型与功能

微信公众平台即公众号,它是给个人、企业和组织提供业务服务与用户管理能力的服务平台。公众号曾非常风靡,是商家的粉丝集结地。商家可以通过公众号把粉丝聚集起来,宣传一些有利于产品成交的内容。

1. 服务号和订阅号的差异

微信公众平台提供的账号类型有 4 种,服务号、订阅号、小程序和企业微信。其中,企业微信是一个高效办公平台,主要用于公司内部通信;小程序开发者可以在小程序内为用户提供便捷、丰富的服务。

本节介绍营销作用强大的服务号和订阅号。许多微信运营新手在进行公众号开发时,都会苦恼如何选择服务号和订阅号。实际上,只要明确了服务号和订阅号两种类型的功能和区别,再结合自身的定位,这一问题就迎刃而解了。

服务号能为企业和组织提供更强大的业务服务与用户管理能力,其主要偏向于服务类交互,如图 10-1 所示。订阅号是为媒体和个人提供的一种新的信息传播方式,主要功能是通过微信给用户传达资讯,如图 10-2 所示。

图10-1 服务号

图10-2 订阅号

总的来看，服务号和订阅号的差异主要如表10-1所示。

表10-1 服务号和订阅号的主要差异

	服务号	订阅号
业务侧重	侧重功能和企业展示：为企业提供强大的服务和管理功能，像微信支付、微店、微推广等	侧重互动：为个人和媒体提供信息传播的新方式，建立与读者沟通和互动的管理模式
适用人群	媒体、企业、政府、其他组织	个人、企业、媒体、政府、其他组织
消息显示方式	直接显示	订阅号的消息会显示在"订阅号"文件夹中，用户需打开"订阅号"文件夹，才能查看消息

服务号的显著缺点是每月只能发4次消息。服务号的显著优势是有更多的功能和扩展，如微信支付等。订阅号的显著缺点是消息会被集中折叠到"订阅号"里面，不能每条消息都提醒到客户。

2. 公众号的主要功能

许多新手运营者常常存在这样一个误区：认为公众号的主要功能就是推送图文消息，做宣传。

如果你也是这样的想法，那么只能证明你对微信公众号的了解还不够透彻。不得不承认，利用图文消息进行推广宣传是公众号的一个主要且重要的功能，但公众号还有其他功能，这些功能也可以为营销服务。

（1）自动回复

公众号运营者可在微信公众平台通过编辑内容或采用关键词，实现被添加自动回复、消息自动回复和关键词自动回复功能。被添加自动回复是指用户一旦关注公众号立即就会收到回复内容。例如，关注"人民网"公众号后，会收到图10-3所示的自动回复。

消息自动回复是指订阅用户只要向公众号发送消息便会有回复。消息自动回复与关键词自动回复相辅相成，如果粉丝发送的消息包含关键词，将会优先关键词自动回复；如果开启了全匹配，只有粉丝发送与设置一样的关键词才会自动回复。例如，在"中国移动10086"公众号中发送"话费"，用户会收到"中国移动10086"自动回复的消息内容，如图10-4所示。

图10-3　关注后的自动回复

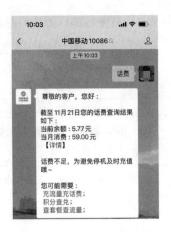

图10-4　对话后的自动回复

 自动回复的作用在于增强互动，提高用户活跃度，引导粉丝进行下一步操作及开展营销活动等。

(2) 自定义菜单

运营者可以在公众号会话界面的底部设置自定义菜单，菜单项可按需设定，并设置响应动作。用户可以通过点击菜单项收到设定的响应，如收取消息、跳转链接等。

不管是网站运营新手还是老手，都会疑惑自己的公众号为什么赚不了钱，其实问题就出在自定义菜单上。通过观察那些赚钱的公众号就可以发现一点，其自定义菜单中都有各自的"生意"。

例如，在"物道"公众号自定义菜单的"本周推荐"菜单选项中，可以看到"物道生活馆""桑蚕丝打底衫/99元两件""领100元券"等内容，用户点击就可直接进入微商城或商品链接、活动页面，如图10-5所示，图10-5所示为截至笔者截图时的"物道"公众号页面。

为避免公众号推送过多信息而引发用户的反感，需要将一些功能迁移到"自定义菜单"中。

(3) 留言

留言功能并不仅仅是给了粉丝一个评论的入口，还是运营者获得粉丝反馈、与粉丝交流互动的端口。

对粉丝的留言评论，公众号运营者可以进行置顶、加精选、回复和删除操作。这样可以让运营者只展示由自己挑选的留言内容，进而提高粉丝对公众号的认同感和黏性。这就像在淘宝买东西，买家都喜欢看评论，评论好自然会促使买家下单。而公众号的留言内容可以由运营者自己选择，优秀的留言无疑能提高用户口碑。图10-6所示为某公众号内容的留言活动。

（4）投票

运营者可以在微信公众号中举办关于比赛、活动、答题等的投票活动，以收集粉丝意见，了解粉丝感兴趣的内容。

投票是很多运营者都会忽视的功能，但如果投票活动能吸引粉丝参与，那么对后期运营会很有帮助。图10-7所示为公众号中的投票活动提示。

 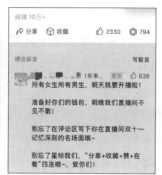 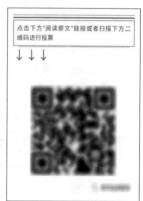

图10-5　某公众号的自定义菜单　　图10-6　为某公众号内容的留言活动　　图10-7　公众号中的投票活动提示

（5）其他功能

除以上功能外，公众号还有以下丰富的功能。

➢ 卡券功能：是微信公众平台通过提供给商户或第三方一套派发优惠券，从而帮助商户高效运营和管理会员。

➢ 摇一摇周边：是微信公众平台提供的一种新的基于位置的链接方式。用户可通过摇一摇周边与线下商户进行互动，而商户则可以通过摇一摇周边为用户提供个性化的服务。

➢ 电子发票：是微信公众平台提供给商户或第三方的电子发票技术解决方案。商户和第三方可选择由第三方开票方提供的电子发票套餐，并根据套餐权限在其微信公众号中申请、开具、接收、管理电子发票。

➢ 微信连 Wi-Fi：是微信公众平台为商户的线下场所提供的一套完整和便捷的微信连 Wi-Fi 方案，能帮助商户提高经营效率。

➢ 客服功能：是微信公众平台为公众号提供的客户服务功能，支持多人同时为一个公众号提供客户服务，可在线回复用户的询问，从而提高粉丝对公众号的满意度。

3. 不得不了解的公众号注册规则

网站运营者在注册微信公众号时首先要了解公众号的注册规范，否则会无法通过注册。

➢ 按照提示步骤如实填写相关注册信息（如手机号码、身份证号码、邮箱地址、单位名称等）。

➢ 上传真实有效并清晰可见的证件（如身份证、营业执照）照片或授权书（加盖公章）。

➢ 一个身份证号码可注册的公众号数量不得超过平台规定的可注册公众号数量。

➢ 账号名称、头像、功能介绍等资料涉及色情、暴力及侵害他人名誉权、肖像权、知识产权、商业秘密等合法权利的，将不能注册。

➢ 与已有公众号名称重复的公众号无法注册。

➢ 大批量注册相似公众号的行为将会被禁止。

➢ 中文版与海外版公众号的运营地区分别在中国和海外。

➢ 申请公众号后如果 30 日内未完成注册，则需重新申请并注册。

具体的微信公众号注册、认证及设置等内容，可以到微信公众号官网中学习。

10.2 做好内容推广规划，提高留存率

可以说，持续为微信用户输出有价值的内容是留存用户的关键。在新媒体发展迅猛的当下，用户每天都会接收到大量的信息，这使得微信粉丝对公众号推文的内容越发挑剔。因此，对于运营者来说，让公众号内容更有价值、更有看头，才能使粉丝持续关注公众号。

1. 公众号运营的关键是内容

做公众号运营时，运营者首先要思考一个问题：为什么微信用户会关注自己的公众号？答案很简单，就是公众号对于用户来说有价值。那么，在用户眼中，什么样的公众号才是有价值的公众号呢？其实就是能给粉丝带来阅读享受或者能从中获得想要的资讯。如果把公众号看作用户订阅的电子版期刊，那么能提供"有价值"的内容就是粉丝想看这本期刊的理由。究竟什么样的内容才是"有价值"的呢？具体内容如下。

（1）原创

新手运营者很多时候只会简单地重复利用【Ctrl+C】【Ctrl+V】组合键来拼凑文章。对于他们来说，每天持续输出原创优质文章不太现实，因此推送一些伪原创的文章，再穿插平台自己的原创也未尝不可。

当粉丝量有了一定的提升后，依托其他平台发布的非原创文章就要越来越少。运营者要明白，非原创文章的可替代性很强，只有原创才是未来的趋势。

目前，很多公众号文章的阅读量持续走低，就是因为平台原创的文章太少。用户刚在其他公众号阅读了一篇文章，进入你的公众号又发现似曾相识的内容，那么自然不会再点击阅读了。

（2）有用

换句话说，"有用"就是能满足用户的需求。什么是满足用户的需求呢？假设你运营的是一个摄影类公众号，但你给粉丝推送的都是如何养生、如何制作美食等类型的文章，这就是典型的没有满足用户需求的行为。

"有用"的内容必定是与公众号平台的属性以及用户感兴趣的内容有关的。如果你是摄影类公众号的运营者，那么目标用户就是摄影初学者、爱好者等。这些用户可能会对摄影技巧、相机购买、照片后期等感兴趣，因此在公众号中推送的文章就应该与这几点内容有关。

（3）相关

相关是指公众号内容要与当下的热点、热搜或时事相关。但要注意的是，并不是所有的热点都要跟，而是要学会取舍，找到与公众号切合的热点。对于那些不好的热点、舆论及可能会给公众号带来不良影响的内容则不能跟。

正所谓"好风凭借力"，借热点话题这一势头赢得转发刷屏很有必要。当然，借势的时候还应从新颖的角度出发，才会为你带来更多的转发量。

2. 标题是公众号引流的第一步

不管微信用户点开的是服务号还是订阅号，首先看到的都是公众号文章的标题。标题就是文章的门面，它决定着用户是否愿意点击并阅读这篇文章。

如果你是一位喜欢阅读公众号推文且善于观察的运营者，就会发现那些高阅读量的文章标题都具有"撩人"的特性。具体来看，标题的撰写技巧如表10-2所示。

表10-2 标题的撰写技巧

技巧名称	具体内容	举例
悬念引诱	对于神秘、新奇的事物，人们往往会产生猎奇心理，想去了解和探索。因此，可以在标题中设置悬念，给用户制造想象空间，激发其窥探欲望，从而产生想要阅读的动力	万万没想到，抖音还有这些隐藏功能
目标指向	目标指向就是在标题中明确指明读者对象，让目标用户不由自主地认为这篇文章就是写给他看的	经常熬夜的人，要注意了
数字冲击	密密麻麻的文字会给微信用户带来视觉上的疲惫感，如果在文字中穿插具象化的数字则会给读者带来直观的感受。同时，数字的识别度也比较高，它会给人以干货满满的感觉，而微信用户也会抱着找干货的心理点击文章标题	99%的人都没有猜对这条抖音的意图
对比法	对比法可以让读者看到反差，从而抓住用户的兴趣点	为什么你要天天加班，他却可以准时下班

除了以上撰写技巧外，公众号文章的标题还有内幕揭秘式、盘点式、恐慌式等撰写技巧。在实践中，运营者要灵活运用这些标题写作技巧，如以下标题。

➢ 揭秘，腿长脸小的效果原来是这样拍出来的。

➢ 盘点电影中触动人心的经典台词。

➢ 不看不知道，熬夜的可怕后果。

3. 文章导语的四个撰写技巧

除了标题以外，导语对于文章来说也很重要。导语就像一个推销员，一篇文章是否能成功推销给读者，在很大程度上取决于导语的质量。

导语就是文章前面的一句话或一段话。在新媒体时代，并不是所有的公众号文章都有导语，但优秀的导语确实能让读者产生一探究竟的欲望。

文章的导语切忌啰唆，只要能把自己想要引导的内容表述清楚即可，字数要尽量少。在简洁明了的同时，还要注意一点，就是导语要与主题相关。导语的内容应该与整篇文章表达的主题有相关性，可以是对整个故事的概括描述，也可以是对主题内容的背景介绍。在撰写导语时，可以参考表10-3所示的几个技巧。

表10-3　导语的撰写技巧

技巧名称	具体内容	举例
设置悬念法	设置悬念法是指在导语部分设置悬念，通俗地讲就是卖关子。即先不明确表达观点，而是留到正文内容中再揭晓	"一周中最幸福的时光，莫过于周六躺在自家柔软又舒适的床上睡一觉。但总有一群'隐形杀手'潜伏其中，威胁着我们的健康"
一句法	这种导语撰写法很常见，特别是在一些文艺范公众号中会更常用。当选择一句话作为导语时，可以是与主题有关的名人名言，也可以是作者自己总结的与文章主旨有关的精华内容，还可以是网络上广为流传的心灵鸡汤等	"专注和坚持有时比天赋更加重要（该文章主要讲述如何靠坚持成就更好的人生）"
内容推荐法	这种导语常常采用开门见山的手法，明确表明这篇文章就是推荐给你阅读的	"今天，我要分享的这本书，是××的职场成长手册，推荐给想要涨工资的你"
背景介绍法	这种写作手法就是在导语中表述文章的选题背景、时间背景、人物背景或故事背景等，通过对背景的描述，让读者对后面即将阅读的内容有一个初步的了解	"不管是真球迷、伪球迷，还是其他球迷，你感受到世界杯期间看球的激情了吗"

另外，公众号文章的导语并非都是纯文字，还可以是图片。这一图片可以是引导关注该公众号的内容，也可以是与文章有关的情景式图文内容。

4. 爆款文章的四种结尾方式

公众号文章的结尾方式有多种，认真掌握并合理使用，就能让文章得到更多评论、点赞。具体在撰写时，可以参考表10-4所示的几个技巧。

表10-4 结尾的撰写技巧

技巧名称	具体内容
直接式结尾	直接式结尾是最简单的结尾方式，以文章内容的结束为自然结尾，如技巧型文章，在介绍完几个操作技巧后就可以结束，并不需要加入其他内容
总结式结尾	总结式结尾就是在文章的最后用一句话或一段话对文章的主要内容进行总结，以加深读者的印象。总结式结尾可以使用"所以""因此""总之"等词汇，也可以不采用带有总结性的词汇，而是直接呈现总结内容
呼应题目式结尾	呼应题目式结尾就是人们常说的点题。因为读者最开始往往是被文章标题吸引而来的，而在文章结尾重申观点就能加深读者的印象
调侃式结尾	如果文章的总体风格是比较严肃或中规中矩的，那么可以在结尾用幽默诙谐的语言调侃一下，以增强文章的趣味性，让读者得到放松

> **专家提点** 公众号文章的正文不宜过多，应以精简为原则。为什么呢？这主要是因为随着信息量的剧增，大多数微信用户实际上并没有耐心看完太长的文章。文章内容太长，会导致微信用户只阅读一半。一般来说，公众号文章的字数在 300～1000 字为宜。如果内容全是干货或是小说类型，那么字数可以稍多些。另外，运营者也可以通过阅读时间来控制文章长度。一般情况下，2～5 分钟的阅读时间是用户能够接受的。

10.3 日益火爆的小程序运营推广

微信于 2017 年 1 月推出新功能"小程序"时，很多人对这个新功能都不知所云。但是根据移动互联网大数据平台 QuestMobile 数据显示，截止到 2021 年 8 月，微信整体月活跃用户规模已稳定达到 10 亿量级，而承接服务功能的微信小程序在微信月活跃用户中的渗透比例已经达到 84.6%，月活跃用户规模超过千万的小程序数量已经达到 115 个，说明微信小程序已经是当下顶级流量平台。

微信创始人张小龙曾这样描述小程序"不需要下载安装就可以使用的轻应用，

它实现了应用触手可及的梦想,用户扫一扫或搜一下即可打开应用。也体现了用完即走的理念,用户不用关心是否安装太多应用的问题。应用将无处不在,随时可用,但又无需下载安装和卸载"。简单来说,小程序是一个无需安装、轻便的App,小程序有图 10-8 所示的几个优点。

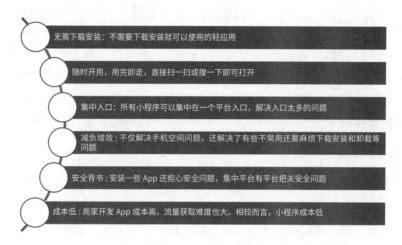

图10-8　小程序的优点

1. 只有微信小程序吗?

大家一说起小程序就默认为微信小程序,但实际上小程序是一种软件形态,很多平台都有小程序功能。随着微信开创了小程序的赛道,其他互联网公司看到小程序的优势,纷纷加入了小程序的竞争中,其中包括支付宝小程序、百度小程序、今日头条小程序等。

因为小程序是基于 App 平台内嵌的,平台要想让自家小程序火起来,必须为小程序主动导入用户流量,有能力的互联网企业,如微信和支付宝就不遗余力地为各自的小程序调动资源。

例如,支付宝是目前第二大小程序平台,月平均活跃用户数量超过了 6 亿。支付宝平台的小程序都贴合支付宝 App 的特点,将服务类、支付类和网购类的功能作为主要卖点,如图 10-9 所示。支付宝对流量入口、优化运营都做了一定程度的扶持,以提升企业开发和运营支付宝小程序的意愿。

微信是第一个参与小程序赛道的选手,后面将以微信小程序为例进行学习。微信小程序是一种不需要安装就可以使用的应用,运营者可以通过小程序给用户提供便捷、丰富的服务。比如点击某公众号自定义菜单中"摄影地图"小程序入口,即可使用该小程序,如图 10-10 所示。

图10-9 支付宝小程序（部分）

图10-10 从某公众号进入小程序

2. 怎么申请小程序账号

具有开发能力的运营者可通过微信公众平台注册并开发小程序，具体操作步骤如下。

第1步：进入微信公众平台首页，将鼠标指针移动到"小程序"按钮上，单击"查看详情"按钮，如图10-11所示。

图10-11 单击"查看详情"按钮

第2步：在打开的页面中单击"前往注册"按钮，如图10-12所示。

图10-12 单击"前往注册"按钮

第3步：进入账号信息填写页面，填写邮箱、密码和验证码，勾选"你已阅读并同意……"复选框，单击"注册"按钮，如图10-13所示。

图10-13 单击"注册"按钮

第4步:在打开的页面中单击"登录邮箱"按钮,如图10-14所示。

图10-14 单击"登录邮箱"按钮

第5步:登录成功后,打开微信公众平台发送的邮件,单击激活链接,如图10-15所示。

图10-15 单击激活链接

第6步:返回微信公众平台,在信息登记页面选择注册国家/地区和主体类型,如图10-16所示。

图10-16 选择主体类型

第7步：在页面下方填写主体信息，选择的主体类型不同，需要填写的主体信息也会有所不同。例如，选择"个人"后，需填写身份证姓名、身份证号码、管理员手机号码和短信验证码。填写完成后，使用管理员本人的微信扫描二维码，单击"继续"按钮，如图10-17所示。

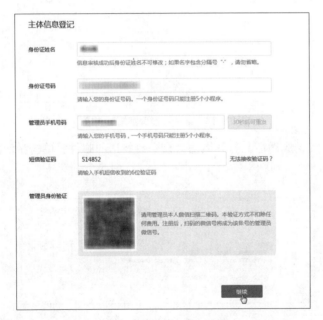

图10-17 扫描二维码

第8步：使用微信扫描二维码后，在手机上单击"确定"按钮，如图10-18所示。

图10-18　单击"确定"按钮

第9步：返回微信公众平台，单击"继续"按钮，如图10-19所示。

图10-19　单击"继续"按钮

第10步：在打开的提示对话框中单击"确定"按钮，如图10-20所示。

图10-20　单击"确定"按钮

完成小程序账号的注册后，运营者可在微信公众平台官网首页登录小程序账号，新增开发者，然后编写代码，创建小程序。

目前，市场上有很多小程序在线制作工具，不会自主开发小程序的运营者可利用这些在线工具，套用平台提供的模板制作小程序。

3. 让小程序更容易被用户搜索到

面对庞大的微信用户群，运营者要想让小程序被用户发现并使用，就不能忽视微信的搜索功能。目前，微信平台上的小程序搜索入口主要有三个：一是微信顶部的搜索框；二是小程序搜索栏；三是"发现"页面中的看一看和搜一搜。那么，如何才能让自己的小程序被用户更好地搜索到呢？具体要做好以下4点。

（1）名称简单、易搜

小程序的名称应以简单、易搜为原则，最好不要使用那些复杂、难以理解的词语。在命名时，只需保证名称能简单地概述小程序的特点或点明为用户提供的服务即可。应该将那些用户经常搜索的关键词放在名称的前面，这样更有利于搜索。

如果运营者定义的小程序名称已被注册，那么可以在名称前面或后面加上英文或符号标识，如图10-21所示。

图10-21　在名称前面或后面加上英文或符号标识

在正式发布小程序前，有两次修改名称的机会，次数用完后必须在发布后通过微信认证进行修改。

（2）选择有利于推广的关键词

微信小程序管理后台有一个"推广"模块，运营者可以在其中提交关键词，以便小程序更易于被用户搜到。目前，每个小程序最多可提交 10 个自定义关键词，且提交并审核通过后每月最多有 3 次修改机会。

在选择推广关键词时，要站在小程序使用者的角度来考虑与小程序提供的服务有关的关键词。运营者可采用先做加法后做减法的方式来筛选关键词，即先选取多个关键词，再一一排除其中不太适合的关键词。

另外，运营者还可以利用微信指数来筛选关键词。通过交叉对比近 3 个月不同关键词的搜索指数来设置关键词，同时持续关注已使用的小程序关键词的搜索数据，利用每月 3 次的修改机会来对关键词进行优化。

（3）尽早注册

要知道，小程序上线得越早越好。从影响搜索的角度来看，尽早注册小程序不仅能帮助运营者抢先注册好的名称，还能提高网站的曝光度；同时，注册越早的小程序，在关键词搜索结果中的排名也会越靠前。

所以，运营者一旦决定运营小程序，就应尽快完成小程序的搭建，让其尽早上线。

(4) 利用"附近的小程序"

在微信小程序搜索栏中，可以看到"附近的小程序"入口，如图10-22所示。

运营者可在公众号后台或小程序后台添加地点，展示自己的小程序。当用户正在此地点周围时，可通过"附近的小程序"搜索使用小程序。

4. 如何让小程序实现"分裂式传播"

要想让小程序被引爆并实现分裂式传播，就不能忽视微信的社交属性。下面就来看看那些能帮助小程序增加曝光量的功能。

(1) 立减金

立减金是一种现金抵扣卡券，是小程序比较火爆的功能之一。很多电商类小程序更是通过立减金实现了粉丝裂变，从而疯狂吸金。立减金的操作方法是：当用户在小程序内支付成功后，就会产生立减金；用

图10-22 附近的小程序

户可通过分享立减金链接邀请好友一起领取，其他领取立减金的用户在小程序内支付时可直接抵扣一定的金额。

小程序立减金与美团外卖、滴滴打车等App的红包类似，可以通过互动分享的方式实现裂变+曝光的转化。立减金将小程序、卡包和钱包联系在一起，使用户能在微信中实现"消费→分享→消费"的闭环，同时也让"用完即走，下次再来"成为可能。因此，立减金是小程序营销的重要利器之一。如图10-23所示，为某购物小程序发放的津贴，消费者领取后购物时可享受立减。

运营者可进入微信支付商户平台，登录账号后，进入"产品中心→我的产品→运营工具"页面，开通"公众号活动配置"权限，然后创建社交立减金活动。

(2) 分享优惠券

分享优惠券也是一种可以刺激用户二次消费并实现小程序推广的工具。根据商家的不同需求，分享优惠券可分为不同的类型，如代金券、兑换券及满减券等。

例如，星巴克小程序"星巴克用星说"就是分享优惠券中做得比较好的。用户可通过在"星巴克用星说"小程序中购买兑换券或星礼卡给微信好友，为其送出一片"星"意，实现情感的传递，星礼卡的购买页面如图10-24所示。

图10-23　某购物小程序发放的津贴　　图10-24　星礼卡的购买页面

分享优惠券充分利用了社交营销的优势，使小程序能在微信朋友圈、微信群中得到广泛传播；同时，分享优惠券也能吸引到一批精准粉丝。

(3) 助力享免单

助力享免单是用户通过参加小程序提供的助力免单活动，邀请好友为其助力，当用户满足助力标准后，便可享受0元购物的免单服务，如图10-25所示。

助力免单活动一般都有助力人数要求，因此参加活动的用户为获得免单产品就需要邀请好友为其助力，从而实现小程序在用户之间的传播。其他参与助力的用户看到活动内容后，也可以发起助力免单活动，享受免单服务。目前，这一营销方法让许多电商小程序成为爆款。

图10-25　助力享免单活动

当然，除了以上3种营销方式外，多人拼团、助力砍价等活动也能实现小程序的分裂式传播。

5. 微信公众号关联小程序，实现双赢

当前，微信公众号能与小程序很好地进行衔接互动。在公众号中关联小程序，可以扩展小程序的使用场景，让用户直接享受小程序的服务。因此，利用公众号来推广小程序是非常有效的一种方式，公众号关联小程序的绑定流程如下。

第1步：登录公众号后台，单击"小程序"超链接，如图10-26所示。

图10-26　单击"小程序"超链接

第2步：在打开的页面中单击"开通"按钮，如图10-27所示。

图10-27　单击"开通"按钮

第3步：进入小程序管理页面，单击"关联小程序"超链接，如图10-28所示。

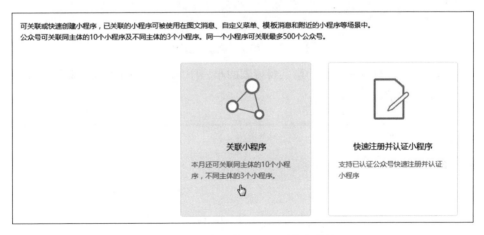

图10-28　单击"关联小程序"超链接

第4步：在打开的页面中使用管理员的微信扫描二维码，如图10-29所示。

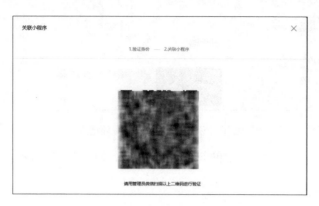

图10-29 扫描二维码

第5步：使用手机微信扫描二维码后，单击"确定"按钮，如图10-30所示。

图10-30 单击"确定"按钮

第6步：在打开的页面中输入要搜索的小程序App ID，单击"搜索"按钮，如图10-31所示。

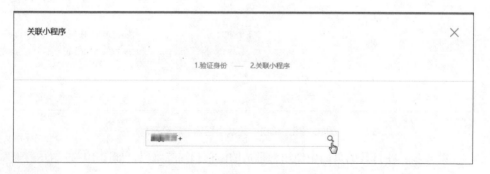

图10-31 单击"搜索"按钮

查找到小程序并发送绑定邀请后，小程序管理员需接受邀请。公众号关联小程序后,系统将自动向公众号粉丝推送关联成功消息,此时点击消息即可跳转至小程序。

6. 提高小程序黏度,避免用户"用完即走"

公众号有比较好的用户留存机制,而小程序则很难像公众号那样留住用户。那么,小程序如何才能避免"昙花一现"的尴尬局面呢?

(1) 利用模板消息刷存在感

基于微信的通知渠道,微信公众平台为开发者提供了模板消息功能。模板消息的推送位置在"服务通知"中,如图10-32所示。

目前,模板消息是最常见的提高小程序留存率的方法。当用户本人与小程序页面有支付或提交表单的交互行为后,即可触发模板消息。

很多电商类小程序就是通过模板消息来唤醒沉睡用户的,即使用户在小程序内没有购买记录,此类小程序仍然会为用户推送活动信息,用户通过点击该模板消息可跳转到各个页面。这样不仅能促进小程序的分享和传播,还能提高用户留存率。

图10-32 某条"服务通知"信息

但运营者要注意控制使用模板通知功能的频率,以免频繁推送消息打扰用户,从而引起用户的不满。

(2) 将小程序沉淀到公众号中

公众号的优点是有粉丝量,并且只要运营得当,用户留存率就会比较高。公众号的这一优点正好能弥补小程序的不足,因此将公众号与小程序结合起来,实现公众号和小程序的联动,自然就会提高小程序用户的留存率。

(3) 重视小程序数据的分析

在小程序管理后台,运营者可以通过"小程序数据助手"了解小程序的打开次数、访问人数及分享人数等。通过分析数据,运营者可以了解用户对小程序的喜爱程度及行为习惯,然后根据分析结果来制定小程序的运营策略。

第11章 热门手机App营销

App在人们的工作和生活中扮演着重要角色，几乎每个人的手机中都安装有多款App。在各类安卓市场和苹果商店里，App也是数不胜数，商家可以通过开发、运营自己的App来获得更多用户，并提高用户活跃度，从而实现更多转化的可能。

本章学习要点

※ 掌握App运营的技巧

※ 掌握App推广的技巧

11.1 App运营的技巧

商家想要运营好一个 App,首先需要了解 App 产品运营的阶段以及提交方式等内容。并在开发好 App 后,熟知提交 App 的操作以及做应用市场的关键词覆盖,提高 App 的曝光率。

1.App运营的生命周期

商家想要做好网络运营,就不得不面临工作范围广泛的问题。但是,每天忙东忙西,运营效果并不一定好,这里给大家一点建议,在着手工作之前可以先花点时间整理一下。以做 App 运营为例,应该先搞清楚 App 运营的生命周期,如图 11-1 所示,在 App 运营的不同生命周期中,运营的重点会有所不同。

图11-1　App运营的生命周期

(1) 探索期

App 运营的初期是探索期,在这个时期,商家要搞清楚两件事:一件是产品定位;另一件是目标客户。

众所周知,现在的 App 有很多类型,如购物优惠、社交通信及网络游戏等,产品定位就是搞清楚这个 App 是做什么的,目标客户就是搞清楚哪些用户会使用这个 App,这两者将决定 App 的风格及功能。

App 正式上线前还有一个设计、开发和测试的过程,这个过程也是需要商家参与的;商家还要根据 App 开发的情况制订合适的上线计划。

(2) 内测期

内测期是 App 运营的第二个阶段,这个时期的重点工作是根据用户使用 App 的反馈数据,对 App 的页面、功能等进行优化。

内测的用户数据不要求量多,但要求真实。要获得精准的内测结果,明确测试范围很重要,商家需要与产品策划人员一起讨论目标地点和人群,如果公司即将开发的 App 是奢侈品购物,那么目标人群就要选择有高消费倾向的,地域上可以选择北上广深及其他二线城市。

除此之外,内测时间的选择也很重要,如购物优惠 App 选择在"双 11"的时候做内测，那么最终的测试结果可能会产生偏差，因为"双11"是"购物节"，在此期间，很多有购物需求的用户都会进入各种 App 中挑选优惠商品，所以商家要考虑清楚应该什么时候开始内测、什么时候结束内测。

(3) 爆发期

爆发期是 App 运营的重点时期，也是商家的工作繁忙期，因为在这个时期，商家需要大规模推广产品。

这个阶段的重点工作是通过各种营销推广方式吸引用户，并且进行精细化运营，了解用户活跃度及增长量，让 App 能在用户心里留下印象。

(4) 成熟期

经过爆发期的积累后，此时 App 已经有了比较稳定的用户量，用户增长也会趋于平缓，但如果运营得当，也可能进入第二个爆发期。此阶段的运营工作主要是通过活动及增值服务等来为企业创造收益，同时也要重视用户运营，此时 App 已拥有大量用户，但活跃度可能堪忧，因此通过用户运营来促进用户活跃就很重要。

成熟期的 App 运营有几个数据很重要，分别是用户在 App 内付费的金额、付费用户总量及付费路径转化。

2.选择主流应用市场提交App

总的来看，App 推广渠道众多，如最常见的应用商店、OPPO 应用商店、Google 商店、应用宝等。选择哪些应用市场上架是很多商家比较苦恼的，建议主流的、占市场份额大的应用市场都尽量上架。这里提供一个可以帮助商家选择应用市场的方法。

商家可以进入艾媒咨询官网查询移动 App 指数应用分发的排名情况，选择排行靠前的应用市场，具体查询方法如下。

第1步：进入艾媒咨询首页，单击移动应用监测中的"查看详情"按钮，如图11-2所示。

图11-2　单击"查看详情"按钮

第 2 步：在打开的页面中单击“应用分发”选项，如图 11–3 所示。

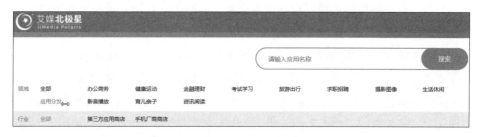

图11–3　单击“应用分发”按钮

第 3 步：在跳转的页面中查看排名结果，如图 11–4 所示。

排名	对比	应用	行业分类	活跃人数（万）	环比增幅（%）	
1		应用宝	第三方应用商店	15,711.63	-2.59%	详情
2		华为应用市场	手机厂商商店	12,850.68	-2.60%	详情
3		小米应用商店	手机厂商商店	11,832.19	-0.61%	详情
4		VIVO应用商店	手机厂商商店	7,589.73	+0.88%	详情
5		OPPO软件商店	手机厂商商店	7,126.80	+1.13%	详情

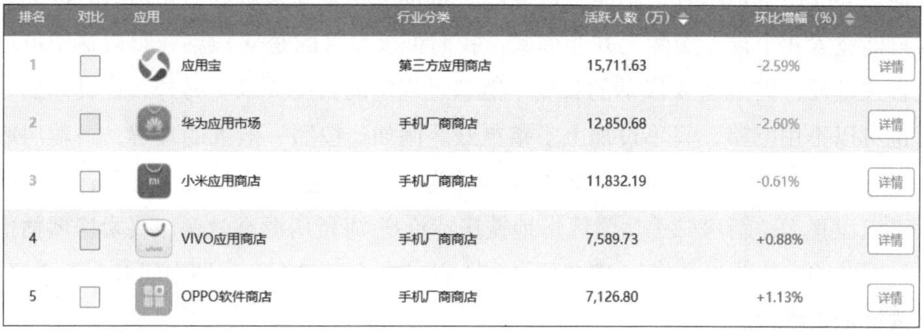

图11–4　App排名结果页面

确定要上架的应用市场后，接下来就是提交 App 了。不同平台应用的提交操作会有所不同，大致流程是：开发者注册账号→选择开发者类型（个人或企业）→填写资质证明并完成审核→提交移动应用上线。

3.如何做安卓应用市场关键词覆盖

对于初设置 App 的商家来说，可能会有一个错误认识，就是认为 iOS 和 Android 的 ASO 策略是一样的，商家首先要明确这两者采用的规则是不同的，苹果的算法在不断优化，有严格的应用审查机制，而国内的安卓市场商业化比较严重，但有的也会看关键词、下载量等数据，不同应用商店的规则不同。

做国内安卓市场的优化要通过不断的尝试去总结经验，然后去对比和选择。安卓商店有很多，这里选择主流应用市场进行讲解。

（1）华为

华为应用市场关键词的抓取范围很广，如标题、简介、评论等，但就权重来看，主标题和副标题最高，评论区、关键词标签、小编推荐和介绍次之。所以，主标题和副标题中要有核心的关键词，如房产中介 App，主标题可以是 App 名 + 中介找房电商平台，副标题中可以加入的关键词，如找房、租房、房屋中介平台、海量房源等，可将这些组成一段话放在副标题中。

需要注意的是，华为现在对于标题的审核要比过去严格，应用名中一般不能带有"–"，也就是副标题的形式，"–"后面的副标题很可能会被过滤掉。那么，想在标题中覆盖关键词要怎么做呢？可以将"–"用括号代替。例如，"四川麻将（血战到底）""轻松截图王（微商水印）"，这些 App 在华为应用市场就是采用了"（）"的命名方式。

在华为应用市场后台，商家可以为关键词设置 100 个字符，官方的提示是关键词之间要用空格隔开，不能超过 4 个关键词。很多商家看到这句话的时候会以为只能设置 4 个词，实际上并非如此，我们可以设置的是 4 段话，每段话中可以包含关键词，但是这 4 段话的长度不能超过规定的长度要求。另外，在具体撰写时也可以不用空格，只不过加上空格更好。例如，按照一般人的理解，一款房屋中介 App 在华为应用市场能设置的关键词为"新房 租房 买房 二手房"，而实际上可以设置为"新房二手房学区房地铁房特价房 海量房源高效房屋买卖房屋估价经纪服务购房体验房产问答 房产价格省心省时专业经纪人"，即中间有 3 个空格，把关键词长度填满。

对于应用介绍，建议尽量多写内容，可以增加关键词的覆盖量。在安卓应用市场，华为给评论的权重是很高的，排在标题之后，并且关键词会被抓取，因此做华为应用市场优化不能忽视评论区，只不过要利用评论区做关键词优化还需要花钱去刷，在评论区评论时带上相关关键词，如输入法工具 App，在评论中如果有"输入""输入法"等词就很好。每天保持几条评论，不必过多，过多可能会被警告，如图 11-5 所示。

图11-5 输入法软件带有"输入法"的评论

App 在应用商店的权重越重，覆盖的关键词就越容易被抓取，影响华为应用市场 App 权重的主要因素首先是 CPD（一种广告合作方式），这个对权重的提升影响很大，其次是评论、更新率和下载量。因此，要做好华为应用市场的 ASO（应用商店优化），还是要花点钱做官方的付费推广，可以进入华为开发者平台进行申请。

不仅是华为应用市场，其他安卓应用市场也建议多更新，尽量半个月或一个月提交一次更新的应用包，只不过这个对权重的影响并不是特别大。下载量对权重的影响主要是门槛，一般来说，在华为应用市场要有5万～20万次的前端下载量，上了这个门槛，对权重的影响就很小了。因此，前期最好先做付费推广，让下载量满足门槛。

(2) OPPO

OPPO应用市场抓取的关键词主要是主标题和副标题，这与华为应用市场不同。因此，在OPPO应用市场覆盖关键词时，标题要尽可能地长。例如，一款视频交友App，除了要写App名称外，还要加上副标题，同样以括号代替，如"App名（聊天交友）"。

App的权重受前端下载量和CPD的影响，其中下载量主要影响关键词覆盖的概率，而CPD在投放期间会提升权重，所以申请OPPO应用市场的付费推广服务还是有必要的。

另外，OPPO应用市场的词汇拓展能力比较强，在标题中可以以一个字为单位进行拓展，如"拼多多"，OPPO应用市场可以按"拼""多"来覆盖关键词，如可覆盖"拼团""多点""拼好货"等词汇，所以在OPPO应用市场做关键词覆盖时，标题要尽可能地覆盖核心关键词。例如，理财App，核心关键词肯定就是"理财"，在OPPO应用市场做关键词覆盖时，应用名中如果没有"理财"，那么要在副标题中加上。另外，因为有了"理财"，所以"财富"可以不要，但"信贷"可以要，因为可能覆盖资信、贷款等词。但要注意一点，OPPO应用市场没有提供标题添加页面，需要开发者在APK中加入标题。

(3) vivo

vivo应用市场比OPPO应用市场多一个关键词抓取位置，就是应用标签，即vivo应用市场可抓取标题和应用标签中的关键词。虽然vivo应用市场在后台也提供了简介、更新等内容的填写，但不会抓取这些内容中的关键词，所以在填写简介和更新的内容时，不必刻意去植入关键词。

在vivo应用市场做关键词覆盖时要注意副标题字数的控制，过长可能会被降权，从而影响排名。一般来说，副标题应控制在12个字以内，建议控制为4个字，如贷款App，其副标题为"信用贷款"就比"帮您小额分期贷款的软件"好，后者可能无法通过审核。

在关键词的拓展上，vivo 应用市场相对较弱，以词组来拓展，如"西瓜视频"，拓展为"西瓜""视频"，应用的权重越高，词组的拆分能力越强。所以，标题中应注意词组的组合，同样以贷款 App 为例，标题可以写为"App 名 + 线上信用借款贷款"，把借款、贷款两个词都加上，虽然是同义词，但还是要有。

与其他应用市场不同的是，vivo 应用市场还支持应用标签覆盖关键词。需要注意的是，新提交的 App 要通过官方标签申请流程进行标签的添加，具体方法为进入 vivo 开发者官网，通过"管理中心"进行申请。

 在 vivo 应用市场搜索应用时，有时会遇到标题中覆盖了该关键词，但通过该关键词搜索后的结果页中没有显示应用的情况，这是因为 vivo 应用市场的搜索列表结果的位置是有限的，那些权重高于我们的 App 也可能拥有这个关键词添加的标签，vivo 应用市场会按权重高低来展现结果。例如"投资"这个词，高权重的应用会自动覆盖"财富投资""小额投资"等关键词。

(4) 360 手机助手

前面介绍了手机厂商应用商店的关键词覆盖方法，下面来看看第三方应用，首先来看 360 手机助手。

360 手机助手主要会抓取标题、应用标签中的关键词。360 手机助手的标题拓词能力还是比较强的，因此对于初上线的 App 来说，在标题中拓展关键词就很重要。拓展时在"-"后面加入副标题，如阅读类 App，可设置为"App 名 - 海量热门电子书免费看"。

在 360 手机助手后台可以添加应用标签，标签数量有限，最多能添加 4 个，因此要将核心关键词设置在其中。一般选行业词，同样以阅读类 App 为例，应用标签可设置为阅读、小说、电子书、看书，如果设置为畅读、快读就没那么好了。

另外，360 手机助手还有一个关键词拓展技巧，就是其支持添加其他分类标签，如果 App 涉及的功能比较多，那么利用该规则就可以拓展其他分类，从而覆盖更多关键词。具体方法为在开发者后台添加标签时单击"添加其他分类标签"超链接进行添加。

影响 360 手机助手应用市场 App 权重的是应用等级，应用等级主要受开发者等级、转化率及下载量等因素的影响。除此之外，上 360 手机助手的推荐位也需要较高的应用等级，如上首页需要 S 级和 A 级，因此在 360 手机助手市场做关键词推广，提升应用等级很重要。商家可通过参与官方活动、评论维护、定期更新、进行付费推广、刷下载量的方法提升等级。刷下载量时可采取递增方法，如今天刷一万，明天刷两万。

(5) 应用宝

应用宝也是第三方平台，其关键词会从标题、小编推荐、应用介绍、关键词、标签及开发者名称中抓取。在小编推荐和应用介绍中，商家可以重复关键词，因为在应用宝中，关键词重复对覆盖率会有帮助，另外，核心关键词要放在前面。例如，App 的核心关键词是短视频，那么在小编推荐和应用介绍中，就要把"短视频"放在前面，如小编推荐为"搞笑短视频，通过短视频记录美好生活"，应用介绍的第一句可以为"短视频分享平台，大家都在用的短视频社区"，通过这种方式来提高"短视频"这个词的覆盖率。

应用宝虽然能抓取开发者名称中的关键词，但用处不大，因为开发者的名称要与营业执照一致，而大多数 App 用户并不会通过开发商的名称来搜索应用。

此外，应用宝同样会评估应用的权重，权重与下载量、好评、更新和 CPD 投放有关。

4.让应用精准覆盖关键词

做应用市场关键词优化时，很多商家都希望自己的关键词覆盖量越多越好，但在选择关键词时，不能忘了精准，因为这样才能提高效果，否则即使你的 App 覆盖了过万的关键词，转化率也不会很高。

关键词不是随意选择的。首先，可以通过竞品去选择关键词，竞品不能只选一个，根据需要选择 3～6 个会比较好。其次，分析竞品的关键词覆盖情况，从这些关键词中筛选出热度较高或者带量能力强的关键词。在具体操作时，商家可以利用 ASO 查询工具进行竞品关键词覆盖分析，下面以蝉大师为例。

第 1 步：进入蝉大师官方网站首页并登录，在打开的页面中输入竞品应用名称，单击"搜索"按钮，如图 11-6 所示。

图11-6　输入竞品应用名称

第 2 步：在搜索结果中单击应用名称超链接，如图 11-7 所示。

| 1 | 拼立得 Fotoable, Inc. | ▷ 0 | 第135名 [摄影与录像] 免费 | 1,748 | 8,039 | 67,860 | +关注 |
| 2 | Piczoo Xi'an Button Software T... | ▷ 0 | 第40名 [摄影与录像] 免费 | 7,193 | 17,950 | 347,929 | +关注 |

图 11-7　单击应用名称超链接

第 3 步：在打开的页面中单击"ASO 关键词"选项，如图 11-8 所示。

图 11-8　单击"ASO 关键词"选项

第 4 步：在打开的搜索结果页面中可以看到关键词、排名和热度等，如图 11-9 所示。

关键词	排名	变动	热度	流行度	结果数	操作
拼立得	1	▷ 0	5,641	42	190	︿ +收藏
照片拼图免费	1	▷ 0	5,105	23	223	︿ +收藏
美图拼拼	1	▷ 0	4,609	6	223	︿ +收藏
免费拼图	1	▷ 0	4,607	18	231	︿ +收藏

图 11-9　搜索结果页面

根据查询到的竞品关键词情况，商家可以筛选关键词或者导入 Excel 表格中，如针对摄影类 App，可筛选的关键词就有相机、照片拼图、相片处理等，然后对这些关键词进行分类，如分为行业词、通用词等。需要注意的是，在导入 Excel 表格时，不要忘了添加各应用的标题，标题中也有很多关键词，且这些关键词是需要重点参考的对象。在具体选择竞品时，可以根据分类排行榜，选择排名靠前的、关键词覆盖做得好的。

筛选出合适的竞品关键词后，商家还需要进一步挖掘关键词，此次挖掘的对象主要是长尾词拓展，这里同样可以使用蝉大师来进行分析和筛选，也可以使用其他工具。筛选出大量的关键词后，商家还需要进行组词和改词的工作，将不同的关键词进行组合及修改，变成适合自己 App 的关键词，如 QW 和 WE 两个关键词，可以组合成 QWE，如果这两个词是核心关键词，通过组合也可以放在标题中。

11.2 App推广的技巧

商家在应用市场中提交 App 后，为吸引并留住更多用户，还需要掌握一些 App 推广技巧，如建立奖励机制、提高微社区用户活跃度等。

1.投放CPD时，如何获得更多ROI

ROI 是指投入产出比，做 App 推广如果投放了 CPD（按下载收费），那么商家肯定希望 ROI 能最大化，这样才对得起花的钱。

在应用市场投放 CPD，出价的多少会影响排名，当然应用质量也会受一定的影响，因此优化应用等级、做好评论很有必要。对于刚上线不久的 App 来说，建议出价可以高一些，因为在应用上线初期，点击率和下载量都不会太高，此阶段的重点应放在曝光量上，利用高曝光量来提高应用的点击量和下载量，等到应用的点击量和下载量都得到提升后，再逐渐降低出价，同时，在这一阶段需要不断进行关键词及应用等级的优化。

在投放 CPD 时，商家可能还会遇到这样的问题，就是自己的出价已经很高了，但还是不能上推荐。这可能是因为 App 转化率太低造成的。在推广初期，应用市场给了比较好的展示位，但后台数据显示下载量仍然很低，这样应用市场就很难再推荐。另外，如果应用因违反了应用市场的规则而遭受了处罚，也可能导致不能获得推荐。

此外，还有一个原因可能是自己认为的高出价对同行业来说并不高，同行业的其他竞品当然也会投放 CPD，如果这些竞品的预算很足，他们的出价就可能很高，而自己所谓的高出价，可能对行业而言只是低出价。

在应用市场，CPD 的投放位置也有多个，一般有首页精品应用推荐、分类热门推荐、搜索结果页推荐等。如果商家选择的是搜索结果页推荐投放，就要格外重视关键词的选择，一定要确保选择的核心关键词能够实现带量。建议不选品牌词作为核心关键词，因为如果用户是通过搜索品牌词来下载应用的，那么自己的 App 自然是排在前面的，没必要将钱花费在品牌词上。有的应用市场 CPD 投放的后台会自动推荐一些与应用无关的关键词，对于此类关键词要进行删除，避免其消耗资金。有的应用市场可能不支持后台关键词的编辑修改，这时可以找代理商合作，把应用的核心关键词外包出去。

在 CPD 投放期间要实时关注后台数据，了解转化率，如果转化率很低，那么就要考虑是不是关键词选择得不够精准。如果选择的是热门关键词，那么可能会出现这段时间这个关键词效果好，但过一段时间后效果就不那么好的情况，此时也需要进行关键词的调整。

搜索结果页推荐位投放是很多应用首选的 CPD 投放位。选择推荐位时也要注意，有的应用市场可能支持自主选择，而有的应用市场可能是根据出价和应用质量，由算法来推荐。一般来说，首先，建议商家优先考虑首页精品应用推荐位，这个位置的曝光量无疑是最高的，用户只要打开应用中心，即可查看到，图 11-10 所示为笔者截图时，华为应用市场的首页精品应用推荐位。

图 11-10　华为应用市场的首页精品应用推荐位

其次，可以选择排行榜。排行榜一般分为总榜、上升最快及口碑最佳等，不同的应用市场，排行榜的竞价位也有所不同，如小米应用市场提供的是 6、10、20 位。有的应用在排行榜盘还有精品推荐位，这个位置也可以选择。在具体投放时，商家可以登录不同应用市场的开发者平台，查看可选择的投放位置。

很多应用市场还提供奖励式的应用推荐位，如华为的激励榜单、OPPO的安装有礼，对于这个投放位置，建议商家慎重考虑，因为很多用户可能是冲着奖励去下载的，应用下载后的卸载率可能也会比较高。

2.利用应用首发，免费推广App

在应用市场推广App，应用首发这个免费的渠道不能浪费，现在很多应用市场都提供了首发资源，量大的平台都可以去申请。只不过在申请应用首发时，首先需要摸清各个渠道的规则和方法，不同的应用市场申请应用首发的规则和方法也不同，有的只能独家首发，有的则可以联合首发，如表11-1所示，为六个主流平台的首发技巧。

表11-1 主流平台的首发技巧

平台名称	首发技巧
华为	华为应用市场的首发分为更新版本首发和新应用首发，其中更新版本首发支持独家首发和联合首发，但新应用首发只支持独家首发。也就是说，如果新应用要在华为应用市场申请首发，那么在其他渠道发布应用的时间就要晚于华为要求的7×24小时，也就是7天后才能在其他应用市场发布。华为提供的首发资源位有首页精品应用推荐、首发专区展示，并且有首发标签显示，因此这个资源位是很不错的。在华为应用市场申请应用首发，需要提前5个工作日进行，商家可通过应用首发管理页面进行申请，同时要发送APK到指定邮箱
OPPO	OPPO应用市场也分为新品首发和更新首发，新品首发要求该App没有在其他渠道上架过，更新首发要求要早于其他渠道10分钟。针对更新首发，OPPO应用市场提供的资源位有软件精选页面和专题推荐；针对新品首发，其会提供图文内容重点推广。要注意的是，更新首发最多展示15天，而新品首发则是根据运营策略来调整的。在应用内测期间，商家可以在OPPO应用市场申请首发，需要提前两周申请，申请方式为提供图文卡片并发送至指定邮箱
vivo	vivo应用市场的首发被称为"新品速递"，资源位为应用商店首页中的新品模块，App可以是全新的产品，也可以是新入驻的产品，但是上线不能超过1个月。申请时间为星期三 8:00—18:00，申请方式为发送申请至指定邮箱

续表

平台名称	首发技巧
小米	小米的应用首发分为新应用和更新版本应用，未在其他渠道上架过的应用可申请，申请方式为发送申请邮件至指定邮箱，需提前4～5个工作日提交。首发的资源位有两个：首页精品和分类精品，但最终只会上架到其中一个资源位
应用宝	对于新品应用首发，要求其在应用宝平台上的评分高于4星才能申请，与其他渠道不同的是，如果应用的上线时间没到6个月，也可以申请首发，对于上线已到4个月的应用来说，要求下载量达7000次。版本更新的首发则要求有明确的新版特性，上线4个月的应用同样要求下载量达7000次。如果商家选择将新应用在应用宝独家首发，应用宝会提供优先排期。针对应用首发，应用宝提供的资源位为抢先体验外显卡片，展现方式既可以是图片，也可以是视频
360手机助手	全新应用首发要求未在其他渠道上架过，版本更新的首发只支持已在360手机助手上架过的产品，也就是说，360手机助手支持独家首发和联合首发，但联合首发要求首发包优先在360手机助手中提交。商家需提前3个工作日在开发者平台申请。360手机助手提供的资源位比较多，包括"今日首发"卡片、新品首发及banner位等，可推荐1～2天

对于应用市场首发，很多商家会觉得带量一般，但商家要明白的是，这个资源是免费的，如果你有资金，大可去做付费推广，如果没有，那只能选择免费资源。其实，首发除了带量外，还有额外的权益。很多应用市场会有针对性地开展官方活动，而这些活动的评选会在一定程度上参考首发应用，如OPPO应用市场提供的"至美奖"，获奖应用可获得闪屏曝光一天，同时会在"至美奖"版块展示，在评选这一奖项时，会参考其是否在OPPO首发这一因素。

另外，第三方平台针对首发应用则会提供应用等级上的帮助，如应用宝。了解了应用首发的方法后，下面来看看首发的一些技巧。

应用首发的目的自然是给App带来流量，在安排首发时，也需要考虑到应用市场流量的情况。因此，第一个技巧是，首发平台优先考虑有新品上市的手机厂商渠道。例如，vivo有新品要上市了，就去申请它的独家首发，因为在这一阶段，vivo会大力推广自己的产品，手机用户在购买vivo新款手机后第一步一般都是下载App，此时如果自己的App能在首页推荐位展示，那么带来的流量会比较好。第二个技巧是，如果不是追求更多渠道曝光，就尽量选择独家首发，因为所获得的资源位会更好。如果一定要申请联合首发，建议选择有假日活动的时候，平时的话选择周末更好，周末的流量会更大。

3.建立App奖励机制留存用户

一款 App 要留住用户，设置一些奖励很有必要，这些奖励不仅可以增强用户的黏性，也可以增强 App 的活跃度。常见的 App 奖励机制有以下 3 种。

（1）签到

签到是最常见的 App 奖励机制，大部分 App 都有。例如，游戏 App 中的签到领道具、购物 App 中的签到领虚拟货币等，图 11-11 所示为淘宝签到领大米页面。

签到奖励机制的优势在于操作简便，用户只需每天登录 App 并点击相应的按钮即可，对于提高用户活跃度有很好的帮助。

商家在考虑签到奖励机制时要注意两点：一是签到的类型，二是签到的奖励。一般来说，签到可设置为连续签到和累计签到两种，具体应结合 App 来选择签到类型。

签到奖励的奖品本身要有一定的价值。例如，购物 App 中的签到奖品一般可以抵现，有的则是送话费等，而游戏 App 中的签到奖品可能是皮肤或者金币等。签到奖励的形式要根据 App 产品的特点来规划。

（2）任务打卡

任务打卡是指用户需要在 App 中完成指定的任务后才能获得奖励。例如，很多手游中都有日常任务，用户通过完成日常任务就可以获得相应的奖励；而有的学习工具类 App，则有每天学习多少分钟的任务，完成打卡可获得勋章或学习币等。图 11-12 所示为拼多多中的打卡领鸡蛋任务。

图11-11 淘宝签到领大米页面

图11-12 拼多多中的打卡领鸡蛋任务

用户通过完成不同的任务可以获得积分，完成全部任务还可以获得神秘大礼。类似于这种任务式的奖励机制可以引导用户在 App 中做出行动，同时还可以引导用户成长。当 App 中有新产品或新的推广需要用户做出行动时，就可以采用这种形式。

在策划任务式奖励机制时，要考虑任务的难易程度。相比签到，任务的难度可以高一些，但也不能设置得太高，玩法应简单一些。

（3）积分商城

积分商城在很多 App 中都看得到，用户通过在 App 中完成某些行为即可获得积分，该积分可在积分商城兑换物品。例如，用过信用卡的朋友应该知道，使用信用卡进行消费是可以累计积分的，而这些积分可用于在银行提供的积分商城上兑换商品或者某一权益。图 11-13 所示为微博的积分兑换红包页面，平台用户可将累积的积分兑换成 3 元、5 元、10 元等现金红包。

图11-13 微博的积分兑换红包页面

对于积分商城这一提高用户留存的方法，很多优秀 App 都在用，其实前面说的签到、做任务打卡等都可以是获取积分的一种形式。在培养用户累计积分的过程中，积分商城承担着一项重要的工作——让用户了解积分的价值。只有这样，用户才会通过完成各种预定的行为去赚取积分，由此可以看出，积分规则与积分商城是相辅相成的，那么商家要如何设置积分规则呢？

因为不同 App 的运营要求不同，所以积分的具体规则也会不同，但也有一定的共通性，商家可以根据运营的指标来设置。例如，某一视频类 App 的运营指标有视频转发率，那么在设置积分规则时就可以设置为每天分享两个视频可获得 30 积分。设置积分规则时还需要考虑积分的权重，指标越重要或者完成任务的难度越高，积分的奖励应越多。例如，签到和分享这两个指标相比，签到的积分权重就应小于分享的积分权重。

4. 提高微社区用户的活跃度，留住用户

"社群"概念对于做运营的人来说并不陌生，而微社区实际上就是一种社群玩法，很多 App 就是利用微社区来提高用户活跃度的。

众所周知，用户使用拍照类 App 主要是想让拍出的照片更好看，因为拍照类 App 中通常都提供了大量的滤镜和贴纸等。对于用户的美图需求，拍照类 App 都能满足，但很多用户修完图后，还会有一个需求，那就是分享。如果能在 App 中做一个图片社区，让用户的这种需求也能得到满足，用户就可能在图片社区进行分享、评论等操作，这种互动就提高了用户的活跃度，图11-14 所示为美图秀秀的微社区功能页面，用户可以分享图片、视频等内容，用户也可以对其他用户分享的内容进行点赞、评论等互动。

图11-14　美图秀秀的微社区功能页面

微社区不仅适用于拍照类 App，也适用于金融类、视频类 App。例如，金融类 App 可以利用微社区打造理财"领袖"。很多用户使用金融类 App 都是因为有理财的需求，而在这些用户中有一部分可能是理财小白，有一部分则是专业理财人士。如果能在 App 中建立理财社区，让这些专业理财人士主动去创建内容，并给予一定的奖励，那么 App 中就会形成理财交流的氛围，对于理财小白来说可以从中吸取理财经验，对于专业理财人士来说则可以获得一些额外收益，对于 App 来说则提高了用户的活跃度。

在微社区中，用户参与的方式可以多样化，点赞、转发、评论都可以，表现形式可以是图文、视频、音频及文字，开发者要根据用户的特点来考虑微社区的功能。微社区能提高用户的活跃度，但也可能带来垃圾信息，商家要做的就是尽量抵制这种垃圾信息，具体方法有举报、敏感词定义及管理团队审核等，用完善的机制来确保社区拥有良好的氛围是很重要的。

入口越明显，微社区就越容易受到关注，因此如果 App 想要引导用户进入微社区，入口就一定要显眼。把 App 中的用户沉淀到社区后，用户才会真正稳定下来，这样才能进一步提高留存率。

第12章 百度搜索引擎推广

根据中商产业研究院整理的数据显示，截至2020年12月，我国搜索引擎用户规模达7.7亿，占网民整体的77.8%。其中，百度搜索凭借66.15%的市场份额位于搜索引擎市场领先地位。众所周知，在互联网时代，流量为王。百度搜索引擎庞大的市场占有率意味着其拥有足够多的用户量，而百度搜索引擎推广也成为商家做互联网运营绕不开的一种推广方式。商家应该熟悉百度搜索引擎推广的特点和优势，掌握百度搜索引擎推广的方法、技巧和扣费方法等。

本章学习要点

※ 了解百度搜索引擎推广

※ 掌握百度搜索引擎推广技能

12.1 初识百度搜索引擎推广

百度搜索引擎是网民获取信息的重要工具。网民将百度搜索引擎作为搜索工具，而商家则将百度搜索引擎作为拓展新用户、提升商家品牌的营销工具。

一般来说，大多数网友在搜索后只会查看搜索结果中前几页的内容。而要想让网站排在搜索结果的前几页，最简单直接的方式就是进行搜索引擎推广。

1.百度搜索引擎推广的三大优势

有些人可能会问："搜索引擎那么多，为什么要做百度搜索引擎推广呢？360、搜狗等搜索引擎也可以啊。"当然可以选择其他搜索引擎，但不能忽略百度搜索引擎推广的市场占有率。

目前，百度搜索引擎推广的市场占有率排名第一，而且比其他搜索引擎高出很多。对商家而言，做百度搜索引擎推广具有以下优势。

（1）效果明显

百度搜索引擎推广是效果明显的一种推广方式，只要肯付费就可以快速让一个新网站或者排名较低的网站排在搜索结果靠前的位置。

推广信息的呈现由三部分组成，即标题、描述和网址（显示 URL），推广信息页面如图 12-1 所示。

图12-1　推广信息页面（部分）

（2）出价灵活

百度搜索引擎推广的出价可由商家自己决定。另外，商家还可以根据需要设置预算，如设置每日、每周推广费用的上限，以帮助商家合理掌握花费。

推广信息出现的位置由出价和质量度共同决定。与网民搜索信息高度吻合的推广信息将被优先展示在首页的左侧，其余的推广信息将被分别展示在首页的尾部及翻页后的右侧。"美发"搜索结果的相关发型，如图 12-2 右侧所示。

图12-2 "美发"搜索结果的相关发型

在图中展示的广告位,其推广信息的展示是免费的。百度搜索引擎推广是按点击效果付费的,即只有当用户点击推广链接时才计费。

(3) 精准锁定客户

传统的推广方式主要是商家去找客户,而百度搜索引擎的推广方式是客户去找商家,并通过关键词来帮助商家精准锁定有需求的客户。

同时,百度搜索引擎还会通过对地域、时间等的筛选来帮助商家找到更具针对性的目标客户,让推广信息展示在真正有需求的客户面前。也就是说,以客户主动找上门的方式做营销推广的成单率会更高。

2.百度搜索推广的三大方式

百度搜索推广实际上有三大方式,即竞价推广、优化推广和免费推广。前面讲的付费推广方式就是竞价推广。优化推广是指通过优化网站自然排名的方式进行推广,它是一种免费的推广方式。

在搜索关键词时,在搜索结果页面可以看到"广告"和"百度快照"标识。其中,"广告"标识是竞价推广,"百度快照"标识是优化推广,如图12-3所示。

图12-3 "广告"和"百度快照"标识

优化推广的优势在于稳定，竞价推广的优势在于见效快。免费推广则是指利用百度的免费推广方式进行推广，如百度贴吧、百度知道、百度百科、百度文库。在利用百度搜索引擎搜索某些关键词时，可以看到结果页排名靠前的是百度知道、百度文库等。如果商家将自己的推广信息巧妙地植入其中，就可以获得免费推广。由此可见，这些平台能成为做推广的免费渠道。

3.百度搜索引擎推广的扣费方式

百度搜索引擎付费推广采用的是预付费制，即商家需要在百度推广账号中预存一定的推广费用才能进行推广。

潜在用户每点击一次推广信息，就会相应地从账户中扣除一定的推广费用，直到账户余额显示为 0。如果账户余额不够一次点击的费用，推广信息并不会被撤销，仍会有展现，直到余额为 0 时才会停止展现，并且在下次充值后不会扣除多消费的金额。

可以将百度搜索引擎推广的这种付费方式理解为预存的手机话费，正如使用手机号需先充值，再根据具体的使用情况扣费。

大家已经知道了百度搜索引擎付费推广是按点击收费的，那么点击价格具体如何计算呢？其公式如下。

点击价格 =（下一名的出价 × 下一名的质量度）/ 本关键词的质量度 +0.01

从上述公式可以看出，点击价格与竞争者的排名、出价和质量度等有关。因为这些因素随时都可能发生变化，所以同一关键词在不同的时段做推广，其点击价格也会不同。

如果关键词在所有竞争者中排名最末，或者只有一个可以展现的推广结果，那么最终的点击价格则为关键词的最低展现价格。

对点击付费这种付费方式，有的商家可能会产生疑问："如果有人恶意点击，那推广费用不是白花了？"对于恶意点击，百度会进行智能拦截，将其判定为无效点击。无效点击是由百度过滤系统经过诸多复杂算法分析得出的，它会过滤人为连续多次的点击及竞争对手利用作弊软件产生的点击，因而不需要付费。商家如果开通了百度推广，那么可以通过后台进行查看。

4.百度搜索引擎推广的价格排名原理

排名是指推广信息在搜索结果中展示的排位。排名就如同参加跑步比赛一样，有跑在前面的选手，也有跑在后面的选手，而跑在前面的选手会得到更多的关注。

同样的道理，排在搜索引擎前面的推广信息更能得到用户的关注，从而获得更多流量和品牌曝光度。

排名 = 质量度 × 出价

由此可见，排名结果是实时调控的。具体的排名结果有以下两种情况。

➢ 如果推广信息的关键词质量度相同，那么就按出价高低来排名，即出价越高，排名就越靠前。

➢ 如果推广信息的出价相同，那么就按关键词质量度高低来排名，即质量度越高，排名就越靠前。

下面，对质量度和出价两个概念进行解释。

（1）质量度

实际上，质量度反映的是一种认可程度。由于搜索引擎推广是基于关键词搜索的，质量度反映的是用户对参与百度推广的关键词及关键词创意的认可程度。那么，高质量度意味着什么呢？

高质量度能为商家带来更佳的推广信息展示位、更低的推广费用和更好的排名。也就是说，在同样的情况下，高质量度的推广信息能够在降低成本的同时，提高推广回报率。

因此，在做百度推广时，商家可通过优化关键词的质量度来降低成本。质量度受到多重因素的影响，主要包括点击率、相关性、创意撰写水平和账户综合表现。

➢ 点击率。点击率比较好理解，是指推广信息的点击/展现次数。点击率越高，说明用户对这个推广信息越感兴趣、越关注。

➢ 相关性。相关性包括两个方面的相关程度，即关键词与创意、关键词/创意与访问URL页面。

➢ 创意撰写水平。创意会影响对用户的吸引力。在搜索引擎推广中，创意实际上就是推广信息的呈现方式，也就是前面提到的标题、描述和网址。围绕关键词，创意撰写得越能打动用户，效果就越好。

➢ 账户综合表现。账户综合表现是指账户内其他关键词的推广表现，与推广计划和推广单元等有关。

质量度是动态变化的，如果关键词的竞争者在做质量度的优化而你没有做，那么你的排名就可能会推后。质量度体现了百度搜索推广的科学性和公平性，这对于中小商家来说是好事。也就是说，商家并不能仅凭出价高就霸占优质位置，还可通过优化质量度让自己获得较好的排名。在优化关键词的质量度时，商家应重点从提高关键词与创意的相关性及创意撰写水平入手，这是降低推广信息展现价格并提高排名的好方法。

（2）出价

通俗地讲，出价就是如果用户点击你的推广信息，你愿意为这一次点击支付多少费用。百度推广的计费机制会保证实际的点击价格不高于出价，有时甚至会远低于出价，从而帮助商家节省推广费用。可以这样理解，出价并不是最终推广费用的实际支付金额，而是封顶价。需要注意的是，出价并不等于实际每点一次所花的费用。

另外，推广的成本计算，主要是指付费推广成本。对百度推广新用户而言，首次开户需要缴纳一定的预存推广费和服务费。其中，预存推广费为6000元（起），服务费为1000元（起），不同地区的费用会有所不同。

开通账户后，具体的推广费用则根据实际的点击情况计算。也就是说，百度搜索引擎推广的具体成本是根据商家的推广预算来确定的。

如果商家的规模大，行业内做百度搜索引擎推广的竞争者多，那么推广成本相应就会较高；反之，推广成本相应就会较低。

因为百度搜索引擎推广费用可以自由调整，所以在做推广时，商家可先设置一个推广预算，然后根据商家的发展阶段、业务情况来灵活安排推广成本。

12.2 百度搜索引擎推广技能实操

想要进行商品推广或本地推广以扩大销售的商家，都可以进行百度搜索引擎推广。那么，具体应该如何做呢？做百度搜索引擎推广主要应完成建立账户、选择关键词和设置URL等步骤。

1.建立百度搜索引擎推广账户结构

百度搜索引擎推广账户的开户方式，包括大客户开户、分公司开户、代理商开户和官网开户。大客户开户适合大型商家，他们会直接与百度总公司建立推广合作关系；分公司开户适合在当地有百度办公点的地区，如上海、广州等；代理商开户比较常见，许多商家常常会接到网络推广公司打来的电话，称可以为其做百度推广，这类公司可能就是代理公司；官网开户比较靠谱且常用，商家可以在官网直接开户,也可以通过拨打咨询电话,让工作人员帮忙办理账户开通与服务申请事宜。

开通账户后,需要对账户结构进行搭建。百度搜索引擎推广的账户结构由推广计划、推广单元、关键词和创意构成,如图 12-4 所示。

在分配推广计划时,商家应根据推广目的进行,让推广目的与推广计划相契合。具体来看,设置推广计划有以下 5 个技巧。

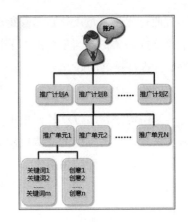

图12-4　百度搜索引擎推广的账户结构

(1)根据预算来设置

对于许多中小型商家来说,做百度推广的预算有限,因此可根据预算来分配推广计划。例如,每月的推广预算为 5000 元,这时可将关键词分为 A、B、C 三类:A 类是效果好、转化高的关键词;B 类是效果一般的关键词;C 类是可能有效的关键词。

在分配推广计划时,将 A 类关键词分配到重点推广计划中,设置 3000 元的推广预算;将 B 类关键词分配到常规推广计划中,设置 1200 元的推广预算;将 C 类关键词分配到一般推广计划中,设置 800 元的推广预算。

按预算来分配推广计划,可以在保证推广效果的同时,获得一定的关键词流量。另外,如果商家想试点一批流量较大的关键词,同时又担心这批关键词可能并没有想象中的那么好,或者担心这批关键词会消耗太多推广成本,那么也可以为这批关键词单独分配预算,设置推广计划。

(2)根据地区来设置

如果商家有多个分公司,且位于不同的地区,那么可以按照地区来分配推广计划,如成都推广计划、上海推广计划、珠海推广计划等。

如果商家在不同地区开展的业务或产品类型不同,或者要面向不同地区进行推广,那么也可以按照地区来分配推广计划。

(3)根据潜在客户来设置

如果商家只是面向一个地区进行推广,那么可以对其目标客户进行细分,然后按照潜在客户的定位来分配推广计划。

例如，商家是销售血糖仪的，其目标客户可能会通过输入"血糖仪""血糖仪品牌""血糖仪准确性"等关键词来搜索产品，这时就可以对这些关键词进行分配，如产品词、品牌词、地域词及人群相关词等。

（4）根据产品或业务类型来设置

如果商家同时经营多种产品或业务，那么可根据产品或业务类型来设置推广计划，特别是每种产品或业务都要独立进行成本核算时。例如，一家设计培训商家的培训范围有网页设计、PS、Web前端设计，那么就可以根据这几个经营范围来设置推广计划。

（5）根据网站结构来设置

如果商家推广的网站有多重页面，且每重页面的推广目标都不同，那么可根据网页的页面推广目标来设置推广计划。例如，根据网页将推广计划设置为活动计划、注册计划、咨询计划等。

当然，商家除了可以参考以上方案外，还可以根据实际情况或者将多种方案综合起来设置推广计划。

在为推广计划命名时，商家最好选择一个容易区分的名称，如UE设计推广计划、UI设计推广计划，而不要简单地命名为推广计划1、推广计划2。

推广单元是由关键词和创意构成的。在设置推广单元时，将同类的关键词分为一个推广单元，这样就可以更好地制作创意。例如，将推广单元1设置为"UI设计–UI培训设计–UI设计师"、推广单元2设置为"淘宝美工–淘宝美工培训–美工培训–电商设计师"。

值得注意的是，百度搜索引擎推广的账户类型有以下5种状态。

➢ 有效：指的是账户状态正常，可以进行推广。但推广结果能否呈现在用户面前，还取决于账户结构的层级状态。

➢ 资金未到账：指的是推广付款没有成功，且正在进行身份认证。

➢ 未通过审核：指的是账户不符合相关规定导致审核未通过，而处于无法推广的状态。

➢ 审核中：指的是账户正在进行身份审核。

➢ 余额为零：指的是账户已经没有余额，需要充值后才能继续进行推广。

2. 为推广单元添加创意

对于已设置好的推广单元，还需为其添加创意。创意是指搜索结果中的标题和描述,要围绕关键词来撰写,以体现出产品的不同卖点,从而吸引用户,带来更多潜在客户。在具体撰写时,可利用以下5个技巧。

(1) 围绕关键词撰写

一个推广单元中一般会设置多个关键词,围绕这些关键词可以撰写出多条创意。例如,围绕"驾校"这一关键词,可以写出"至今已有26年""被评为AAAA驾校"等创意,如图12-5所示。

图12-5 围绕"驾校"关键词写出的创意

(2) 使用能激发用户行动的词

在撰写创意时,可以多使用具有行动指导性的词汇。例如,网站提供的服务是雅思培训,如果希望用户能够在网站上进行咨询、预约,那么就可以在撰写创意时加入"在线课程""在线咨询"等具有号召性的词汇,如图12-6所示。

图12-6 有号召性的词汇

除了具有号召性的词汇外，还可以在创意中加入具有紧迫性的词汇，以引导用户快速做出行动，如"立刻""马上""快速"等。而一些富有感染力及带有宣传性的词汇也可以加入创意中，此类词汇可以在无形中影响用户的行为，如针对"驾校"可用图 12-7 所示的"快至 45 天拿证""效率快"等词汇。

图12-7　驾校可用的紧迫性词汇

（3）使用价格或促销信息

在创意中，还可以使用价格或促销信息。价格信息可以让用户知道产品的大致价格，如果用户能够接受，就会进一步了解产品信息，进而采取行动，最终促成成交。促销信息一般都很受用户关注，如畅享满减、品牌特卖、品类直降、领优惠券等。如图 12-8 所示，为某购物网站的促销关键词，如"全网低价""实惠到家""惊喜价格"等。

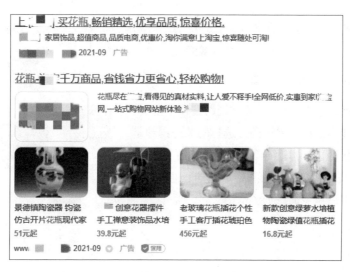

图12-8　某购物网站的促销关键词

（4）创意中关键词飘红次数

飘红是指用户搜索的关键词在创意中的标红显示。在创意中，将关键词飘红的次数把握在 1～3 次会比较好，这样会提高用户对推广信息的关注程度。

在创意中加入通配符获得飘红显示。通配符的标志是"{}"，在撰写创意时，将关键词插入通配符中，当创意呈现在用户面前时，将以触发的关键词替代通配符标志。例如，在一个推广单元中，提交的关键词有"雅思""雅思培训""雅思听力""英语考试培训"等，对创意的描述如下。

标题：{雅思培训}12年专注雅思培训。

描述：{雅思培训}，雅思月均提1.5分，川外{雅思培训}，脱产1对1集训。

当用户搜索"雅思 考试"时，会触发"雅思"关键词，此时创意中的"{雅思培训}"通配符将被"雅思"替代，显示如下。

标题：雅思12年专注雅思培训。

描述：雅思，雅思月均提1.5分，川外雅思，脱产1对1集训。

这里需要注意的是，在创意中插入通配符后要保证语意连贯，不要让关键词替换通配符后导致句意不通。

（5）创意句式的表现形式

在推广信息中，创意的句式有多种表现形式，可以用疑问句，如"如何选择雅思培训学校？"也可以用感叹句或陈述句，如"快速提升1~2分真不难！"

创意的标题不要使用长句，而应使用短句，因为句子过长会占用宝贵的字符，而短句简洁明了，容易让用户愿意继续往下看。

3.选择合适的关键词很重要

做百度搜索引擎推广，关键词的选择很重要。例如，假如你是销售锅炉的，选择的关键词却是"汽车销售"，这样就不会帮你锁定精准客户。可选择图12-9所示的产品词、地域词、通俗词、品牌词和人群相关词作为关键词。

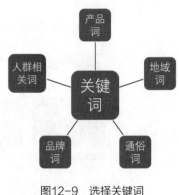

图12-9 选择关键词

（1）产品词

产品词是指与销售的产品有关的词汇，如洗衣机、冰箱、鲜花、猫粮、蛋糕订购等。这类词汇覆盖的目标人群比较广泛，常常能为商家带来较精准的潜在客户。

在以产品词作为关键词时，如果选择的产品词较大，那么竞争可能会比较激烈，推广费用也可能会比较高。因此，在单个产品词中，最好是加上能够体现产品特色的限定词，如本地购买鲜花、在线购买玫瑰花等。搜索此类关键词的用户，其目标一般比较明确，关键词推广的精准度也会更高。

每个用户都有自己的搜索习惯，而且对于一些产品可能会采用别称。那么，在选择关键词时，也可以考虑别称，如英语培训——CET英语培训、苹果手机——iPhone手机。

（2）地域词

地域词是指限定区域的词汇。这类词汇常常会和产品组合在一起来限定区域，如南京鲜花在线订购、四川乐锅锅炉等。如果是只在某一地区销售产品或服务的商家，就可以在关键词中加上地域词，以体现产品、服务的便利性。

（3）通俗词

通俗词是指通俗易懂的词汇，一般是一些口语。例如，一个需要购买奶粉的用户，可能会在搜索引擎中搜索"哪个牌子的奶粉好"。商家在选择这类词汇的时候要考虑其价值度，因为它们带来的转化效果往往较弱，商家要做到有针对性才行。

（4）品牌词

品牌词是指与品牌有关的词汇。如果商家销售的产品属于某一品牌，就可以在关键词中加上品牌词，如海尔洗衣机、美团外卖等。

（5）人群相关词

人群相关词是指与潜在客户群相关的词汇，如上班族烘焙培训、成人英语培训等。在关键词中加入人群相关词，可以精准定位潜在用户群。

在一个推广单位，关键词的数量不宜太多，以 5～15 个为宜。如果关键词的数量太多，有的关键词和创意之间的相关性就会变弱，从而无法起到吸引目标用户的作用。

为搜索推广设置关键词时，有一个重要的原则：关键词要与网站的产品或服务密切相关，要根据用户的搜索习惯去选择。具体可根据以下技巧来选择关键词。

首先应确定核心关键词，可根据产品、品牌、地域、人群的顺序来选择。其次应确定拓展关键词，可根据产品的特征属性来选择，或者根据核心关键词的简称、缩写等来拓展。

另外，还可以根据账号后台的关键词推荐工具来选择关键词，也可以根据搜索引擎的下拉框来选择关键词。图 12-10 所示为"月饼"这一关键词的下拉框关键词，如"月饼的制作方法步骤""月饼图片"等。

图12-10 "月饼"的下拉框关键词

注意,不一定要选择热门关键词,因为热门关键词的推广成本相对较高,且竞争者众多,推广效果不一定好。其实,只需要多考虑用户平时搜的是什么,然后按照其搜索习惯来选择即可。

分析竞争对手的关键词,也可以帮助自己选择关键词。如果竞争对手设置了某一关键词,但自己没有,这时就可以考虑将它作为自己网站的关键词。

选好关键词后,并不是就大功告成了,还需要将关键词按照产品、品牌、咨询等维度分配在各个推广单元中,具体如下。

➢ 产品:鲜花。

➢ 产品细分:玫瑰花、康乃馨。

➢ 功能限定:爱情鲜花、生日鲜花、问候长辈鲜花。

➢ 地域限定:重庆鲜花网、重庆实体鲜花店。

➢ 品牌限定:××(品牌词)鲜花网、××(品牌词)鲜花店。

➢ 咨询限定:重庆哪家鲜花店好、生日送什么鲜花。

➢ 购买限定:网络上在线预订鲜花、鲜花店订购。

在具体推广中,还应根据推广效果了解关键词的出价变化及波动情况等,然后进行调整。

4.为关键词设置显示URL和访问URL

在搜索推广中,显示URL是指在搜索结果页呈现的最后一行网址,要与网站的域名保持一致。访问URL是指用户点击这条推广链接后实际进入的网页,如在百度搜索引擎中搜索"手机"关键词,点击推广结果可能会直接进入与该关键词相关的网站,如图12-11所示。

图12-11 搜索结果页呈现的网址与网站域名一致

显示 URL 一般使用网站的完整域名，而访问 URL 则会根据关键词的不同而选择不同的页面。访问 URL 最好是与关键词和创意都具有相关性，因为用户在进入网站页面后，发现自己想要获取的内容与网页所呈现的信息大不相同，或者进入网站后不能快速找到推广信息中所推广的内容，就有可能退出网站，这样会影响推广效果。

5.给关键词设置匹配方式

在推广信息前，还需要给关键词设置匹配方式。百度搜索的匹配方式有三种，包括如图 12-12 所示的广泛匹配、精确匹配和高级精确匹配。

（1）广泛匹配

如果将推广信息设置为广泛匹配，那么只要用户搜索的关键词与设置的关键词高度相关时，推广信息就可能会出现在用户面前。例如，我们设置的关键词是"设计培训"，那么在广泛匹配的条件下，设计技术培训、UI 设计培训、平面设计、设计师培训、设计培训学校、设计课堂等搜索词都可能会触发推广结果。

（2）精确匹配

图12-12 关键词匹配方式

精确匹配是指只有当用户的搜索词与我们设置的关键词完全一致时，才会触发推广结果。在精确匹配的条件下，还可以开启精确匹配扩展功能。这一扩展主要是地域性扩展，也就是当我们设置的关键词中带有某地域性词汇时，即使用户的搜索词中没有该地域性词汇，也可能查看到推广结果。

用户所属的地域是通过 IP 地址来判断的，如一位 IP 地址为成都的用户在百度搜索引擎中搜索了"咨询服务"这一词汇，我们所设置的关键词为"成都咨询服务"的推广信息就可能被展现在该用户的搜索结果中。

(3) 高级精确匹配

高级精确匹配就是精确匹配的升级版，且这一升级实际上是对同义词的升级，即在高级精确匹配的条件下，与我们设置的关键词字面意思相近的搜索词也可能触发推广结果。

例如，我们设置的关键词是"英语培训"，那么与之相近的搜索词"英文培训""外语培训"等都可能触发推广结果。

在实际工作中，不少运营新手并不清楚到底该如何选择匹配方式。我的建议是，如果想要关键词定位到更多的潜在客户，并且想要品牌获得更多的展现，那么可以选择广泛匹配方式。

如果需要通过地理位置来筛选潜在客户，那么可以选择精确匹配，并开启地域性扩展。即使搜索目的相同，用户所搜索的词汇也可能千差万别。因此，在选择精确匹配方式时，要尽可能多地罗列关键词，但关键词特别是同义词的增多会导致推广成本相应增加。为了避免因同义关键词的增多而增加推广成本，商家可以选择高级精确匹配方式。

在使用广泛匹配方式时，商家可通过后台提供的搜索词报告，了解哪些搜索词触发了推广结果及其效果。结合百度统计对推广效果进行分析后，如果发现某些搜索词并不能为网站带来转化，那么可以将该词设置为否定关键词或精确否定关键词。

例如，我们为"律师咨询"设置了广泛匹配关键词，发现"律师资格"搜索词尽管也触发了推广结果，但并没有给网站带来点击率或在线咨询，那么就可以将"资格"这个词设置为否定关键词，这样当用户搜索与"资格"有关的词汇时，推广结果就不会呈现在其面前。如果想让否定词更为精确，那么可以将这个词设置为精确否定关键词。例如，同样将"资格"设置为精确否定关键词，那么用户在搜索"律师资格"时仍有可能触发推广结果。

6.设置出价并投放

关键词出价的高低会影响搜索排名和推广成本，因此其设置就变得尤为重要。设置出价时，商家可以使用图12-13所示的5个技巧。

(1) 按时间段出价

有经验的商家都不会选择 24 小时做百度推广，并且设置同样的出价。科学的做法应该是对推广进行分段操作。目前，有三个时间段的竞价竞争比较激烈，分别是 9:00—11:00、14:00—16:00 和 20:00—22:00。在高峰时段进行推广信息的投放，相应的出价也要高一些，否则就可能无法得到展现。等过了高峰时段后，出价就要相应地调低，否则就会浪费成本。

对于预算有限的商家来说，不建议去抢高峰时段的排名，因为这样的推广成本会很高，

图12-13　出价技巧

可能还没有等到第二轮高峰竞价开启，账户中的金额就为 0 了。我们可以选择错峰推广，虽然展现量可能会较小，但在实力有限的情况下，也会获得较长时间的展现。

(2) 按地区出价

如果要进行不同地区的推广投放，那么在出价时就要考虑各地区的特点。不同地区，出价也不同，如北京、上海等一线城市的关键词出价就会比二线城市的关键词出价高。

(3) 按设备出价

百度搜索推广既有 PC 端，也有移动端，而这两个端口的出价也不同。

(4) 实时调价

在竞价期间，可以根据竞价结果对出价进行调整，从而改变关键词的排名。对于关键词的排名，不要迷信第一名。有的商家可能会认为，排在第一名点击率就会很高，效果自然也会不错。这种想法并不完全正确，第一名确实能带来不少流量，但第一名的误点率也很高，并且从消费者的购买心理来看，大多数消费者在看到一件心动的商品后不会马上就下单，而是会对比几款同类商品或是浏览其他网站后再下单，因此第一名的高点击率带来的也可能是高关闭率。

相比于第一、第二名，第三、第四、第五名的位置更好。当网友对同类产品或服务有一定的了解后，再来看我们提供的产品或服务，这时如果有能吸引到他们的地方，转化的可能性就会较高。而且，第三、第四、第五名的竞价价格也要低很多。

当不确定这个关键词的推广效果时,可以采取逐步加价的方法,即在刚开始先出一个较低的价格,然后逐渐加价,这样不至于一下子浪费很多推广成本。在关键词排名较低的情况下,首次的加价幅度可以为出价的 30% 左右,随后的加价幅度就要逐渐降低,如为出价的 10%、5% 等。

(5)历史出价优化

经过一段时间的竞价,可以得到历史监测数据,而通过分析这些数据,能够了解到关键词的均价及排名情况,以便对出价进行优化。例如,我们的出价比均价高很多,那么在后续的推广中就要适当降低出价,可设置在均价左右,然后监测推广效果,判断是否需要调整出价。

> **专家提点** 在推广账号的后台,可以看到百度搜索推广竞价的指导价。对于这个价格,应本着仅供参考的原则,而不应完全依赖并照搬,因为它和实际的竞价情况有差别。

第13章 网站推广与营销

在互联网迅猛发展的今天,越来越多的商家已经开始意识到网站对商家宣传的重要性。但仍有相当一部分商家却不知道如何进行网络宣传,更不知道如何提升运营效率。本章从提高网站运营效率的方法和网站内外优化的实操出发,帮助商家快速掌握网站推广与营销的方法。

本章学习要点

※ 掌握提高网站运营效率的方法

※ 掌握网站内外优化的方法

13.1 提高网站运营效率的方法

衡量网站运营效率的关键因素是成交量,包含线上直接成交量和线下跟踪成交量。而网站运营成交量的高低又在于网站的转化率,那么如何才能有效提高转化率呢?要想回答这一问题,我们首先要了解决定网站转化率的两大要点是网站的体验度和进入网站的流量。

1.营销型网站必备六要素

营销型网站是中小型商家进行网络营销的首选,那什么样的网站属于营销型网站呢?营销型网站必备六要素如图13-1所示。

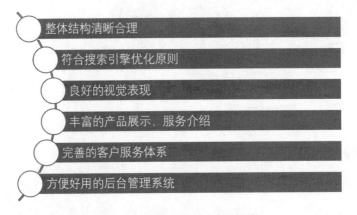

图13-1 营销型网站必备六要素

(1)整体结构清晰合理

一个优秀的营销型网站,其整体结构应该是清晰合理的,这样才能起到引导用户的作用,便于用户浏览整个网站。大多数结构不够清晰合理的网站,存在的主要问题就是网站导航混乱、重点内容不突出、无法引导用户继续浏览。网站如果不能让进入的用户有方向、多页面地进行浏览,就会使用户快速离开,这无疑很不利于网络营销。

网站的整体结构规划主要基于用户的思维定式、使用习惯,从而通过引导用户操作,顺利实现预期目标。因此,分析用户心理和定位商家产品是网站结构规划者首先必须考虑清楚的事情。例如,产品的最大优势是什么?用户在购买该类型产品时最关注哪个方面?首先让用户了解产品的哪些特点,其次介绍哪些内容?如何一步步增强用户的兴趣?网站结构的规划一定要有目的,起到引导用户购买的作用。

当然，在规划网站整体结构的同时，还要考虑是否符合搜索引擎的优化原则，也就是要有合理的层级结构和内部链接，以便爬虫进行搜索，这样有利于搜索引擎优化。

(2) 符合搜索引擎优化原则

网站流量是决定网络营销成功与否的重要因素之一。目前，网站自然优化在网络营销中占据着不可忽视的地位，因此设计的网站还必须符合主流搜索引擎的搜索习惯。也就是说，为网站设置合理的关键词，就能够获得更好的关键词搜索排名。

(3) 良好的视觉表现

绝大多数用户进入网站后都会首先关注页面的视觉效果。如果视觉效果很差，就不会吸引用户继续浏览；如果视觉效果很好，那么无疑会增加用户继续浏览更多内容的可能性。

网站在图文并茂的基础上，如果通过契合当前主题内容的高清大图给用户带来视觉上的冲击力，同时通过适宜的图片将需要表达的内容传达给用户，就能够在短时间内给用户留下深刻的印象，从而提升网站的用户体验度。

在规划网站内容时，要从用户的审美习惯出发，把用户的需求和商家的产品定位、服务优势结合起来，这样才能获得用户的认可、喜欢。但是，目前仍有许多公司仅凭自己的主观愿望来确定网站的视觉表现，而忽略了用户的需求，这样做出来的网站可能会产生高大上的视觉效果，却不一定能打动用户。

(4) 丰富的产品展示、服务介绍

如果一个网站没有下足功夫来设计产品、服务的介绍信息，那么一定会让用户兴趣全无。这就好比一个人去电影院，最期待的肯定是电影内容，如果电影不好看，电影院再漂亮又有什么用呢？

相关调查表明，具有丰富产品介绍信息的网上商城比产品介绍信息寥寥无几的网上商城的用户转化率要高。这对商家网站同样适用，产品介绍得越全面，产品图片展示得越清晰，越能激发用户的兴趣。如果能配以适合的视频内容进行更直观的展示，效果应该会更好。

(5) 完善的客户服务体系

完善的客户服务体系是网络营销体系不可或缺的组成部分，而良好的沟通可以帮助商家明确客户的需求，帮助客户了解产品、公司、解决问题。所以，在线客服是每个营销型网站所必需的，包括 400 电话、在线客服、网站留言系统、商家邮箱等。方便客户咨询问题，就等于抓住了销售的机会。

(6) 方便好用的后台管理系统

对营销型网站而言，网站制作只是第一步，要想真正实现能够利用网站来做营销推广，还需要一个方便好用的后台管理系统，以便商家输入产品、更新资讯以及后期添加功能模块等，这样可以大大降低网站运营维护的成本。

为什么现代的网络运营推广都喜欢营销型网站呢？原因就在于营销型网站能够给商家带来更多订单以及帮助商家进行品牌推广。要想拥有一个成功的营销型网站，那么网站商家就要多注意以上几点因素，这样才能事半功倍。

2.网站整体结构设计要点

如果一个网站整体结构合理，可以准确传递网站所要表达的信息及信息之间的关系，不仅能帮助用户在浏览网站时快速获取所需信息，还有利于提高网站在搜索引擎中的自然排名。例如，可以把网站的整体结构看作一栋房屋的框架，一栋房屋中会有很多房间，框架合理的房屋会引导人们去相应的房间，如卧室、客厅、卫生间，而不会像迷宫一样让人找不到方向。因此，优化网站结构使之变得更加合理、意义重大。

说到整体结构，我们还需要知道，物理结构和逻辑结构是网站整体结构的重要构成要素。现在就来了解一下网站整体结构的设计要点以及让它更加优化的方法。

(1) 优化导航

首先，一个好的网站导航系统结构应该合理、层级分明；其次，从用户体验和网站结构的角度来看，优化导航具有重大意义。从用户角度而言，网站导航系统可以解决如表 13-1 所示的两个问题。

表13-1　网站导航系统的问题和解决方案

问题名称	解决方案
我在哪里？	用户访问网站时，首先访问的页面是不固定的，有时候是由首页进入网站，有时候又是从某一内页进入网站，有时候甚至不记得是怎么进入当前页面的。这个时候，导航系统就要清晰地告知用户其位于网站的哪个层级页面及如何返回或继续浏览

续表

问题名称	解决方案
接下来要去哪里？	用户有时进入网站其实并不清楚自己想做什么、要看什么内容，这就需要网站的导航设计为用户提供"指路牌"，帮助用户达成目标。对搜索引擎优化而言，在规划网站导航系统时需要注意以下5点。 （1）优先使用常规的文字导航。建议不要使用以下三种方式来制作导航：①用图片来制作导航链接；②用 JavaScript 生成导航系统；③用 Flash 特效做看起来很炫酷的导航。可以说，好的视觉效果依靠 CSS 就可以设计出来。搜索引擎要想让网络爬虫的爬行阻力更小，就需优先使用常规的文字链接 （2）点击距离扁平化。好导航的优点之一是让用户在网站首页通过尽可能少的点击就能到达网站的所有页面 （3）将关键词合理嵌入锚文本中。注意，应尽量以目标关键词为导航栏目命名。因为通常来说，导航栏目中的链接是数量巨大的内部链接，其锚文本会影响目标网页的指向 （4）面包屑导航。对用户而言，面包屑导航能够让其知道当前所处的页面以及该页面处于网站的哪个位置，以便用户操作；对搜索引擎而言，面包屑导航有助于网络爬虫对网站的抓取，而爬虫只需沿着链接走就可以了 （5）避免页脚堆积。如果页脚堆积了含有大量关键词的分类页面，将会令搜索引擎十分反感，从而不利于搜索引擎优化

（2）优化目录

网站目录是网站规划设计的一个重要内容，策划人员在规划网站目录时不仅要考虑到搜索引擎优化，还要考虑用户的体验，因此，在设计网站目录结构时必须做到简洁、清晰，避免目录太深。如果一个网站的目录太深，不仅权重比较分散，也不利于优化其目录下的关键词。通常将网站的目录控制在 3 层及 3 层以内即可，如首页→分类页→产品页，层层递进，对于搜索引擎来说会更好。

（3）优化网站 URL

不要在网站 URL 中使用中文及特殊符号，"& ？、="除外。网站 URL 要尽可能短一点，同时需要做标准化处理。一般来说，同一个网站使用静态化 URL 会比使用动态 URL 更好。这里推荐使用全拼或者英文，以便用户记忆。

（4）把网站地图 Sitemap 放到网站上

如果网站上的某些页面没有被抓取到，网络爬虫就可以通过网站地图到达网站的其他页面。例如，谷歌搜索引擎喜欢 xml 地图、百度搜索引擎喜欢 html 地图。

3.网站整合营销策划

目前，网站营销的方式有很多种，如搜索引擎优化、搜索引擎竞价推广、软文推广、微信推广、分类信息平台推广、论坛推广等。那么，对于大多数中小商家来说，到底该如何做网站营销呢？下面是一个真实的案例，希望能给大家带来一些启发。

有家公司是做家用智能血糖仪的，在这个行业还有很大的发展空间。该公司目前面临一个棘手的问题：如何把一个全新的公司及其产品推广出去？经过一番策划，该公司决定通过网站来进行宣传。那么，该公司具体是怎么做的呢？

（1）建立自己的商家网站

通过对比公司背景、建站技术、费用等因素，该公司选定了一家综合实力还不错的网络公司为其打造官方网站。这个网站原本是用来做产品宣传的，所以定位为营销型网站，其设计基调是图文并茂的信息展示加上适量的凸显产品优势的高清大图。这样的设计可以快速抓住访客的眼球，在最短的时间内给访客留下比较深的印象。

（2）利于网站的搜索引擎自然排名

在制作网站的过程中，不断地提醒网络公司这个网站是用来推广产品的，因此一定要有利于搜索引擎的自然排名。因此，建站公司在建站代码、网站整体结构、关键词嵌入等方面都做了优化，以尽可能迎合搜索引擎特别是百度搜索引擎的"口味"。

这家公司的管理后台有一个很实用的小功能，就是网站管理者在网站使用期间可以自主修改网站关键词。也就是说，网站的关键词和具体页面的关键词均可以根据实际使用情况和需要进行调整。这个功能有利于网站管理者优化搜索引擎自然排名。在网站上线后，该公司还安排了一位文员兼职管理网站，主要负责产品信息、新闻信息的更新，而且特别强调尽量更新原创的包含有关联性关键词的内容。这也是根据搜索引擎的抓取规则来决定的。

（3）搜索引擎竞价推广

为了尽快把产品展示给更多的人，该公司除了重视网站的自然排名外，还采取了搜索引擎竞价推广这一有效手段。虽然相对于自然排名优化而言，竞价推广的费用会高很多，但是推广效果却更加显著。为了平衡推广效果和所需推广费用，该公司同时进行了百度搜索引擎推广和 360 搜索引擎推广，这两个搜索引擎占据了国内绝大部分市场。同一个关键词在前者的推广费用要比在后者的高很多，通过分时段、不同关键词选择不同的搜索引擎竞价推广，尽可能地降低费用，提升效果。这也是大多数做竞价推广的商家应该考虑的。

(4) 调动员工发布内容

调动公司的员工，让他们按要求注册若干个不同的分类信息平台或者论坛会员，并定期在里面发布一些公司介绍、产品信息、公司新闻等内容，当然也要求尽量发布原创内容。

(5) 印公司官网二维码

在产品的包装盒、员工的名片上都印上公司官网的二维码，以便潜在用户访问网站。

除了以上5点外，该公司还要求员工不定期地在微信朋友圈发布一些关于公司、产品的内容，并且在浏览同行业贴吧的时候多回复包含官网网址的信息。这样多管齐下，一段时间后，该公司终于在市场上占有了一席之地。

4. 打造品牌网站

在大多数情况下，消费者对品牌的认知就相当于该品牌的价值。过去品牌定位主要是基于语言文字，在互联网特别是移动互联网迅猛发展的今天，要想打动消费者不能再单纯地依靠文字，还需要利用视觉。随着网络技术的不断发展，生成、传播视觉图像变得更加方便和低价，因此也改变着商家塑造品牌的方式，网站成了现代商家建设品牌的重要方式之一，其作用有以下4个。

(1) 突破时间和地域限制

一个优秀的网站就如同一名优秀的销售人员，可以为用户提供很多帮助，并且能够同时为各个地方的用户提供服务，全年无休。

(2) 快速获取用户信任

相对于传统的电视、报纸、杂志广告而言，品牌网站通过丰富的产品展示和商家介绍信息，可以更快速地获取用户的信任，并能大大降低商家的宣传成本。便捷的在线客服系统可以轻松地实现售前、售中、售后全方位的服务，这也有利于获得用户的信任。

(3) 提升商家知名度和竞争力

网站除了展示产品和介绍商家外，还应该包含商家的新闻动态、获得的奖项及参加过的公益活动等。这些内容均可强化商家文化这一软实力，有利于商家提高知名度和竞争力。

良好的商家文化不仅能够吸引用户，还可以吸引投资，也有助于引进人才，从而让商家更有效地获得有用资源。

（4）提升商家的凝聚力

在网站上展示员工风采和集体活动，可以提升商家的凝聚力。这不仅能让公司员工产生自豪感，增强员工对商家的认同感，还有助于员工提升自身素质以适应商家发展的需要，进而更加注重商家的未来并为之奋斗。

13.2 网站内外优化

SEO 是指搜索引擎优化，其主要目标是提高网站的自然排名，从而为网站带来更多流量。相比于百度付费推广，SEO 是利用搜索引擎的抓取规则来做排名的，能让网站排名更稳定，不会因为没有出钱竞价而被排在后面。可以说，SEO 是网站商家几乎每天都要做的事。

1.搜索引擎工具的原理

做网站优化，首先需要知道搜索引擎工作的原理。搜索引擎在抓取网页时都有一套自己的程序，被称为蜘蛛、爬虫或机器人。例如，百度搜索引擎的抓取程序，就被称为百度蜘蛛。搜索引擎在抓取信息时会经历如图 13-2 所示的步骤，而这三大步骤能说明其工作原理。

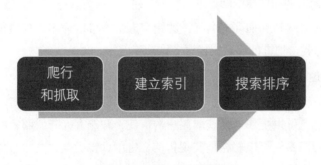

图13-2　搜索引擎抓取信息的步骤

（1）爬行和抓取

搜索引擎会派出蜘蛛去互联网上发现链接，然后沿着链接从一个网页爬到另一个网页，并通过重复这个过程来访问更多的网页。在这个过程中，搜索引擎还会收集爬行过的网页，并提取网页上的链接，这就是抓取。也就是说，一个网站要想被搜索引擎抓取，首先要被搜索引擎链接。

(2) 建立索引

搜索引擎会对蜘蛛抓取到的网页进行分析筛选，包括去除死链接、重复信息及空白内容等，然后建立索引库。在这个过程中，最主要的环节是提取关键词，之后搜索引擎会记录下关键词的位置、颜色、字体等。

(3) 搜索排序

大家都知道，人们是通过在搜索引擎上搜索关键词来实现检索信息的。对于用户搜索的词汇，搜索引擎会快速进行处理，从索引库中搜寻与该关键词相关的所有网页。对于搜寻到的网页，搜索引擎会按照相关度进行排序，最后将结果生成页面反馈给用户。

专家提点　搜索引擎的抓取方式有两种：一种是深度抓取，另一种是广度抓取。深度抓取是指在一个网页发现一个链接，然后顺着这个链接爬行，就好比是顺藤摸瓜。广度抓取是指抓取一个网页中的全部链接。将这两种方式结合起来，就可以形成庞大的"蜘蛛网"。

2. PR值和百度权重

说到网站优化，不得不提到两个词——PR值和百度权重。

(1) PR值

PR的英文全称是 Page Rank，又称网页级别、Google 左侧排名或佩奇排名，是用谷歌创始人拉里·佩奇（Larry Page）的姓命名的。它是谷歌排名算法的一部分，也是谷歌用来标识网站的等级、重要性的。PR值为 0～10，数值越大，表明该网站越重要，越受搜索引擎欢迎。也就是说，通常一个 PR值为 5 的网站会比一个 PR值为 1 的网站更受欢迎。由于谷歌早已退出国内市场，不用过于在意 PR值，而应多了解一下百度权重。

(2) 百度权重

百度权重是由站长工具等平台提供的，共有 0～9 十个等级，可用来评估网站关键词给网站带来流量的高低。与 PR值类似，百度权重数值越大，网站越好。为什么呢？因为百度权重数值与网站的自然流量成正相关关系，即数值越大，进入该网站的自然流量就越高，同时相对应的关键词在百度搜索引擎中的排名也就越靠前。

关键词的自然排名、百度权重、网站流量是相互影响、相互关联的。一般来说，网站的关键词越多，其权重也会越高。那么，是不是为自己的网站设置越多的关键词，特别是越多的冷门关键词就越好呢？当然不是。关键词仅有数量是没用的，如果这些关键词带来的流量非常低，那么即使排名很靠前，对于百度权重的积累也没什么用处。

同理，即使为网站设置的都是非常热门的关键词也不可取。因为关键词越热门就意味着竞争越激烈，这种词语的自然排名优化难度也就越大。排名过于靠后的关键词，对网站百度权重的积累也没什么用。

了解了什么是PR值和百度权重之后，我们还需要明白一点：工具值和真实值是有区别的。意思是说，无论是PR值还是百度权重值，都是在谷歌工具栏、站长工具里看到的，这个数据是由谷歌、百度给出的，可能几个月才会更新一次，并不是其内部数据库的真实值，真实值实际上是连续不断更新的。所以，大家不要过于在意数值的高低，只需知道数值越高网站越受欢迎就好。

3.利用站长工具监控网站

一个网站上线一段时间后，其商家就需要通过一些检测工具来监控网站的运行状况。其中，常用的工具之一就是站长工具，而常用的站长工具则有站长之家和爱站。两者的功能、用法都比较相似，都是用来评估一个网站权重的重要工具，因此网站商家必须掌握其使用方法。

下面以站长工具为例，通过查询www.×××.com网站的数据，给大家介绍一下查询SEO数据变化的方法和步骤。

第1步：进入站长工具网站首页，在文本框中输入想要查询的网址，单击"查询"按钮，如图13-3所示。

图13-3　输入想要查询的网址

第2步：在打开的页面中可以看到该网站的很多信息，如SEO信息、网站排名、域名信息、备案信息、网站信息等，如图 13-4 所示。

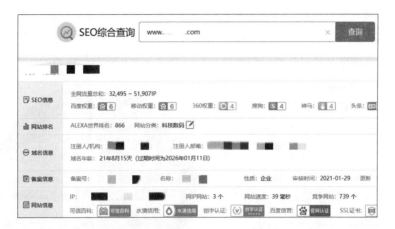

图13-4　网站的SEO信息、网站排名、域名信息、备案信息、网站信息

当然，并不是其中所有的信息都需要了解。例如，对绝大多数网站而言，ALEXA 排名就没有太大的意义。因为 ALEXA 排名是指网站的世界排名，而大多数网站都不可能有世界排名。大家可以重点查看 SEO 信息、域名信息、备案信息等内容。

➢SEO 信息：主要体现的是该网站的百度权重、360 权重及 Google 的 PR 值。之前已经有所介绍，这些数值越大，表明一个网站越受欢迎。

➢域名信息：主要是看该网站的响应时间，数值越小就说明当前本 IP（可以理解为正在使用的这台计算机）访问该网站的打开速度越快。一般来说，响应时间在几百毫秒以内就是正常的。

➢备案信息：指该网站的备案号和商家信息，工信部要求所有国内网站都必须备案。如果你的网站在这里看不到备案信息，那么建议尽快去核实，否则网站就会被关掉。

当然，如果基于特殊原因，需要在未备案的情况下上线网站，就可以暂时用国外服务器开通网站。但值得注意的是，上线的网站一定要符合国家相关规定，并尽快将网站信息提交到工信部进行备案。因为相比于用国内服务器，访问国外服务器的网站响应速度会很慢，而且不稳定，这样很不利于网站的自然排名。

4.提高关键词的自然排名

网站商家都希望自己的网站能有一个好的排名，而最直接的办法就是做百度或者 360 的竞价推广。那么，有没有不花钱或者费用更低的方法呢？答案是肯定的，如自然排名优化。

在了解自然排名优化之前,大家需要知道网站综合因素(域名、服务器、网站开发技术、网站内容质量、网站更新频率、链接等)和关键词匹配度(关键词设置及分布密度、网页标题及网页描述的设置等)是影响自然排名的两大因素。

同时,还需要知道,自然排名优化看似简单,操作起来却很复杂,而且在短时间内看不到明显的效果,需要长时间的坚持才可能获得效果。接下来,就给大家介绍如图13-5所示的几种提升关键词自然排名的方法。

(1)优化网站本身

俗话说,"打铁还需自身硬"。试问,一个粗制滥造的网站还有资格妄想好的排名吗?因此,优

图13-5 提升关键词自然排名的方法

化网站便显得非常重要。其实,大多数网站商家都不是计算机专业人士,因而一般不会自己制作网站,制作网站主要是程序员和设计师的事。在制作网站之前,应该根据公司的实际情况选择合适的建站服务商,并且要共同协商、相互配合。

一些公司在做网站的时候要么什么都不管,巴不得所有的事情都由服务商搞定;要么事事都管,外行指导内行。这两种做法都是不可取的,只有自己将内容规划好后再和建站服务商沟通探讨,做出来的网站才会更好。

总结起来就是:选择一个好的域名;服务器的配置尽量高一些;网站要进行备案;建站技术不求最新,但不能过时;网站的整体框架要简洁明了、逻辑清楚;标题、关键词、网站描述要合理,后台最好给出自由修改的权限;要有网站地图;管理后台操作要方便。

(2)做好管理工作

对网站的热度仅仅保持在网站制作前后一小段时间里,而且在网站建好后不管,是网站运营的大忌。这就好比"又要马儿跑得快,又要马儿不吃草",根本不现实。

网站管理最基本的要求是定期更新内容、监控网站数据。内容的更新频率不需要太高,新上线的网站能保持每周1~2篇即可,具体视公司实际情况而定。

更新原创文字内容最好，因为现在搜索引擎的算法都很讨厌相同的内容。换句话说，与其到其他地方盗用大量的文章来发布，还不如发布几条原创信息。同时，因为目前搜索引擎主要还是通过文字来搜索的，所以发布文字内容的效果更好。

作为网站运营新手，能熟练掌握站长工具以监控网站数据就足够了，当然也可以根据自己的需要来学习其他方法。

（3）利用分类信息平台

大家应该都遇到过，当在百度或者 360 上搜索某个词的时候，出来的结果除了官方网站的信息外，还有大量的其他信息，其中有很多都是分类信息平台上的信息和论坛发布的信息。这对于网站商家来说是很有用的。因此，可以把公司介绍、产品信息等内容大量发布到信息平台、论坛上。在发布的时候也要有所注意，如服务电话、邮箱等内容尽量选择公司某个稳定人员的信息，这样可以避免产生一些不必要的问题。例如，用户搜索公司信息的时候不会找到各种各样的联系方式；减少因员工离职而造成潜在客户流失等。

（4）交换链接

在当今时代，凡事都讲求合作共赢，运营网站也不例外。运营网站除了提升自我，还要"引入外援"，而找一些运营好的网站相互交换友情链接就是一个不错的方法，并且一旦完成交换，后期几乎不用费心。虽然友情链接的作用很微弱，但也是多多益善的。

5.URL优化的六大原则

对网站优化而言，URL 优化是非常重要的方式之一。那么，该如何做 URL 优化呢？具体来说，要做到以下六点。

原则一：URL 要简洁

无论是对用户还是对搜索引擎而言，简洁的 URL 都会更受欢迎，这是因为简单才容易被记住。同时，还应该注意 URL 的层级不能过多，尽量不要超过 4 层。

简洁的 URL 可以给用户传递清爽、无垃圾的信息，而明确的 URL 可以帮助用户在点击之前了解这些网页的内容，从而更愿意去点击。超过 4 层的内容虽然能够被搜索引擎抓取到，但是这些页面的权重相当低，即意义非常小。

原则二：URL 中要包含关键词

URL 中要包含关键词,这对网络爬虫识别网页与哪些内容有关有一定的帮助。

原则三：使用"-"分隔关键词

如果网站的目录或者文件名由两个单词组成，一般建议使用中横线"-"来分隔单词，而不要使用下划线"_"或者其他字符。因为搜索引擎会把中横线当作一个空格来处理，并忽略下划线。例如，搜索引擎会把 seo-tips 读成 seo 与 tips，而把 seo_tips 读成 seotips。由此可见，前一种写法更友好。

原则四：大小写一致

如果网站的 URL 中同时有大小写字母，不仅会给用户带来不美观的感觉，也不方便用户手动输入。这时，就可以统一成小写字母。

原则五：使用静态化 URL

对于主流的搜索引擎来说，抓取动态网页已经不是难事了。但是，使用静态的 URL 仍有一定的优势。如果不得不使用动态的 URL，则最好尽量减少 URL 中的参数，否则会让用户看起来很困难，而且对搜索引擎也不友好。

原则六：使用 301 跳转

如果想改变 URL，一定要记得使用 301 重定向方法把旧的 URL 指向新的 URL。这样可以告诉网络爬虫，旧的 URL 已被新网址取代，从而可以更好地完成新旧间的过渡，在搜索引擎的查询结果中更干净。但要注意的是，有一种行为对于搜索引擎和用户来说都是不友好的，那就是将所有旧的 URLs 都指定到新的 URLs 中。

6.如何避免网站被降权

相信绝大多数网站商家对网站被降权都很抗拒，一想到辛辛苦苦做的排名、本就不多的网站流量都随着网站被降权而付诸东流，心情别提有多糟了。这时该怎么办呢？

首先，要确认是否真的被降权了。网站关键词的排名、流量、权重值本身就是不断变动的，千万不要因为正常的波动而自乱阵脚。图 13-6 中列举了网站被降权的一些情形供大家参考。

如果一段时间内存在其中一种甚至多种情况，那么网站就有可能被降权了。一旦确定或者严重怀疑网站被降权了，就需要分析被降权的原因。在这里，也列举几种常见的网站被降权的原因供大家参考。

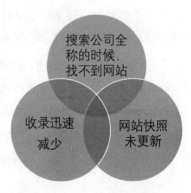

图13-6 网站被降权的情形

> 服务器不稳定。百度官方很早之前就已经明确，服务器不稳定的网站很容易被降权，因为它会给蜘蛛爬行及抓取造成困难。

> 受友情链接站点降权的牵连。网站被降权也可能是受友情链接的影响。简单来说，友情链接在搜索引擎眼中好像是两个网站间相互担保的关系，只要其中一个失信，那另一个就可能会受影响。这和朋友请你出面担保借钱一样，他失信了，你就会受到牵连。

> 网站垃圾代码过多。加载过慢的网页会直接影响用户的体验，从而有被降权的风险，这是百度的相关规定。因此，如果你的网站加载非常慢，就需要及时升级服务器或者优化代码了。

> 关键词密度过高。网页中嵌入的关键词密度过高，容易被搜索引擎误认为作弊。因此，关键词密度一般在 2%～8% 比较合适。

> 过度优化。有些商家过于重视网站的优化，没有把握好度，把能想到的手段都用上了，结果起了反作用。所以，在操作的时候，还需要根据具体的实践去不断总结经验、规律，找到适合自己网站的优化技巧。

如果网站被降权了，网站商家可以通过如下方法来解决：根据具体情况做出调整后，去百度站长后台提交反馈；合理增加优质的友情链接、外链；更新更多高质量的原创文章。

7.SEO优化四步曲

相信每个网站商家时刻都会关注自己网站 SEO 的效果，那么究竟该如何科学有效地检测 SEO 的效果呢？可以参考如图 13-7 所示的优化四步曲。

（1）看排名

看排名就是在对网站进行一段时间的 SEO 后，通过搜索引擎了解关键词的实际排名情况。这一点非常有必要，方法也很简单，即先把网站的关键词统计出来，包

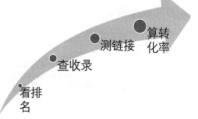

图13-7　SEO优化四步曲

含首页关键词、分类页面关键词、产品、文章页面关键词及其他用户想要查询的关键词，再依次到搜索引擎中进行搜索。

最好是养成使用 Excel 表格定期记录关键词排名结果的好习惯，这样坚持一段时间后就会对自己网站的运营情况了如指掌。

（2）查收录

查收录主要是查看三方面的情况：网站总的页面收录数据、特征页面的收录数据和各分类页面的收录数据。

网站总的页面收录数据可以反映网站的整体运营情况和搜索引擎的友好度；特征页面的收录数据可以告诉商家网站内页的优化效果，即网站长尾关键词的优化效果；各分类页面的收录数据可以让商家了解到网站各页面的收录情况。具体操作方法如下。

首先，在搜索引擎的搜索框内输入"site: 网址"进行查询。图 13-8 所示为某手机网站被百度收录的总页面数。

图13-8　某手机网站被百度收录的总页面数

其次，输入"site: www.×××.cn intitle: 软件"，此组合命令表示查询已经收录的标题中包含"软件"这个关键词的页面，如图 13-9 所示。

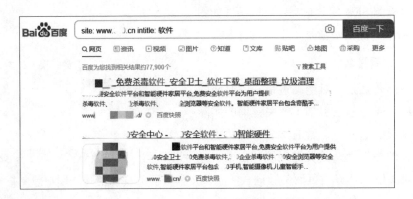

图13-9　包含"软件"关键词的页面

（3）测链接

测链接是指检测外链数。对于 SEO 来说，外链数量也是比较重要的，主要包括检测总外链数、首页外链数和特征页面外链数。其操作方法为在搜索引擎的搜索框内输入"domain:×××.com-site:×××.com",图13-10所示为某网站的外链数等情况。

图13-10 某网站的外链数等情况

(4) 算转化率

对于商家来说,转化率相比于关键词排名、收录量和外链数量更有参考意义。转化率是商家做网络运营的最终目的,因此网站商家在日常工作中一定要注意检测网站的转化率。具体来说,可以通过记录这几个数据,即网站访问量、人均页面访问量、线上客户直接成交量、线下跟进成交量,来算出大概的转化率。

第14章 电商平台营销

电商是很多商家实现卖货变现的一种方式,前些年,很多商家在淘宝、天猫、拼多多、京东等电商平台开店卖货,赚得盆满钵满。但是随着电商市场竞争的日益加剧、产品同质化越来越严重、平台越来越规范、推广成本越来越高,要想通过电商获得高额利润,对商家和从业人员提出了更高的要求,不仅要做好店铺的基础运营,具备选品、低价引流、视觉营销、活动策划和数据分析等运营能力,还要掌握常用推广工具的使用方法和技巧。

本章学习要点

※ 做好商品发布,提高网店流量

※ 充分利用平台自身的推广工具

※ 提升店铺销量的新玩法

※ 通过运营扩大店铺影响力

14.1 做好商品发布,提高网店流量

一件商品要通过电商平台被买家搜到,首先需要在平台上架。在商品上架的过程中,商家就要考虑影响网店流量的因素,如店铺宝贝的标题、上下架时间等。做好这些就能获得好的展现,从而得到更多转化。

1. 好标题让买家搜得到

在淘宝卖家中心发布商品时,需填写商品标题,商品标题最多可输入 30 个字,而这 30 个字则是网店运营者打造爆款的重要因素。

在淘宝平台上,淘宝搜索引擎是很重要的,很多买家购买商品前都会通过搜索的方式来获取商品信息。而商品标题是保证买家能够找到店内销售的商品的基本条件,优化商品标题也是每位电商运营者必做的一件事。

在为商品标题选词时,应考虑买家的搜索习惯。在商品标题中,大热词是需要有的,那么如何查看热词呢?首先,可以通过淘宝搜索引擎下拉框,在搜索框中输入与产品相关的关键词,然后在下拉框中选择合适的关键词,如图 14-1 所示。

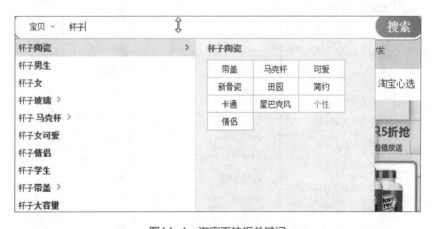

图14-1 淘宝下拉框关键词

搜索引擎下拉框中的词汇是买家搜索比较多的,同时也是成交比较多的商品,因此这些词不能放过。特别是对中小型卖家来说,搜索下拉框中的长尾词更适合做商品标题,如图 14-1 中的"杯子陶瓷""杯子女可爱"等。其次,可以通过 PC 端搜索结果页的"您是不是想找"选择关键词,如图 14-2 所示,通过这个页面还可以看到品牌、风格等有关的词汇,如果网店所销售的产品属于某一选购热点,建议在标题中也加入选购热点词。

图14-2 "您是不是想找"关键词

在淘宝主题市场可以看到不同商品的分类,这也可以成为运营者选词的来源之一,如店铺销售的是女裙,那么"连衣裙""半身裙""旗袍"这些能体现产品特点的词汇一般都要包含在标题中,如图14-3所示。

图14-3 淘宝主题市场

> **专家提点** 除此之外,生意参谋和阿里指数也是运营者进行关键词选词优化的重要工具,在生意参谋中,可以利用市场行情对单个词进行分析,也可以查看行业热词榜,只不过市场行情需要订购才能使用。

选好关键词后,接下来就是组合和优化了。需要注意的是,一个标题中一般要包含的词汇有：产品词，如连衣裙、牛仔裤；产品修饰词，如长款、修身；季节时间词，如 2021 年冬季；销售对象词，如女士、男士、儿童等。

组合标题时应首选与商品高度相关的关键词，如"被子冬被"，为增加搜索量，可以在标题中加入"全棉""四件套"；对于那些与产品相关度比较低的词汇，不要去添加组合，即使那些词有很高的流量。运营者要明确一点，选择不精准但有流量的热门关键词，可能会在短时间内给网店带来流量的提升，但也会拉高跳失率，反而影响店铺权重。

在商品标题中，关键词的排序也会影响搜索引擎对标题的判断，常用的方法是将各个关键词按买家搜索习惯进行紧密排序，即关键词的搜索顺序与买家的搜索习惯相一致且不加空格，如"印花长裙"不要写成"长裙印花"，让"印花"在前，这样获得的搜索权重会更高。

淘宝商品标题只有 30 个字，因此不要浪费位置，重复的关键词不要写在标题中。需要格外注意的是同义词，很多运营者在撰写标题时都会将同义词写在标题中。例如，很多买家在淘宝上搜索商品时都会带上与性别有关的词汇，如"牛仔外套女"，因此有的卖家可能就会在标题中写上"2022 春秋牛仔外套女短款修身牛仔上衣少女牛仔夹克衫"，首先"牛仔"这个词不必重复出现多次；其次"少女"和"女"是同义词，也不必重复出现。

在组合商品标题时，有的卖家会将"包邮""特价"等词汇也放入其中，这类词属于无效词，不必组合在标题中，因为只要商品设置了包邮，不管标题中是否有"包邮"，搜索引擎都会自动匹配。

核心关键词或者需要主推的关键词，可以在其后加上空格，空格对标题的作用是强制分隔。例如，"牛仔外套"如果加上空格，变成"牛仔 外套"，在不考虑其他影响因素的情况下，搜索引擎会对空格前的"牛仔"加权。注意，空格一般输两个。

> **专家提点** 淘宝网店商品标题的优化要持续去做，一般来说，可以以 7 天为一个周期，标题优化后关注 7 天内的访问量情况，如果没有明显增长，那么再进行优化。在特殊时期，如大促期间，也要对商品进行关键词优化。

2.精心选择商品发布的时间

在淘宝上架商品时，商品的发布时间也会影响商品的展现。淘宝会根据上下架时间来为商品进行排序，越靠近下架时间，排名就越靠前，相应地，商品也更容易被买家搜索到。

根据这个规则，在商品发布时间的选择上就可以采取一定的技巧。对于同一天到货的商品，不要急着全部马上上架，可以分批次上架，这样一周中店内的商品就可以有多次排在前面的机会，这个技巧对于新店来说更为适用。

另外，选择在商品发布的黄金时间段上架，能够获得更高的曝光量。根据淘宝公布的"24小时生活数据"显示，人们在淘宝网上的消费呈现了"多频次"的特点。图14-4所示为部分产品的消费高峰期。

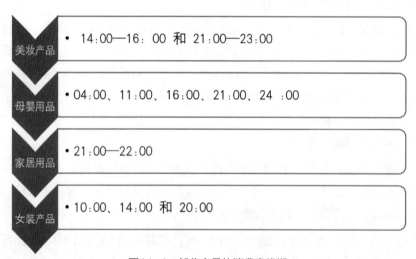

图14-4 部分产品的消费高峰期

数据还显示，中老年人常在14:00—15:00和20:00—21:00的时间段购物；"90后"则更偏向于20:00以后。这些数据可以为运营者提供参考，一般来看，运营者可以选择在10:00—11:00、15:00—16:00和20:00—22:00三个时间段发布商品，因为此时网络上购物的人更多，可以在一定程度上提高商品的浏览量。

在购物高峰时间段，运营者也可以让商品分批次进行上架。例如，每隔半小时发布一款商品，从而让店内商品都能获得比较好的搜索量。另外，运营者可以根据生意参谋来合理安排上架时间，还可以根据店铺或行业大盘显示的访客高峰期来选择上架时间。

3.优化商品详情页，提高访客转化率

众所周知，详情页是影响买家决策的重要因素，因此很多卖家都会在商品详情页上下功夫。但是，很多卖家也会反映，在商品详情页上花费了很多时间和精力，可为什么转化效果仍不好？那么，什么样的详情页才是好的呢？答案是能回答买家提问的详情页。

如果详情页能解决买家大部分的问题，就可以为客服节省很多时间。因此，要站在买家的角度去考虑详情页应该安排哪些内容。例如，买家感兴趣的尺码、适合人群、颜色、功能、赠品及寓意等，结合产品灵活安排在详情页中。总之，商品详情页要能够全面概括商品的内容。

全面概括商品内容不代表要将商品的所有卖点都放上去。很多卖家常犯一个错误，认为详情页越长越好，于是就将产品图、模特图、细节图、服务质量等都放上去，认为这样就能带来更多的转化。

实际上，商品详情页的加载是需要时间的，如果内容过多，那么加载的时间也会延长，特别是在买家网速较慢的情况下，如果几秒钟内详情页还未很好地加载出来，买家可能就会关闭页面。而卖点过多也可能导致买家看了以后对商品卖点没什么印象。

虽然淘宝对于计算机端详情页的长度没有限制，但是卖家需要控制详情页的长度，一般来说4～6屏比较合适，最长不要超过8屏。

在详情页内容的安排上，图片肯定要比文字多，因为图片更有吸引力，且更容易被买家记住。产品图片在详情页上的排序也应有讲究。首先，可以放产品全局图，如果是女装就放模特图，如果是家居摆件就放摆件的正面展示图，这就好比去商场购物，消费者都是先看到商品整体特征，觉得喜欢才会进一步询价。

其次，可以放产品卖点介绍，如材质、做工、设计、功能等。主要展示产品的细节，让买家知道产品好在哪里。这一部分的内容一定要有差异化，因为这是买家很关心的点，很多时候决定了买家是否会下单。

最后，可以放让买家信任的内容，如服务质量、售后保证、快递通知等，虽然网购已成为大多数人的习惯，但如果不是自己常购买的店铺，其还是会抱有警惕心理。如果是天猫店铺还好，大多数买家还是比较信任的；如果是普通店铺，特别是星级较低的新店，要让买家信任并下单，必须有售后保证。

一般来看，详情页常用的模块有场景图、焦点图、模特图、买家秀、同类商品PK图、平铺图、细节图、产品属性描述、尺寸及试穿、相关推荐、购物须知等。

对于这些方面的内容，不同的商品所安排的内容会不同，如玩具，可按关联推荐→商品展示图→商品细节→适用年龄→服务承诺来安排，而服装可按模特效果图→尺寸及试穿→细节图→相关推荐→服务承诺来安排。

从中可以看出，玩具有适用年龄这一内容描述，而服装有很多关于试穿效果的展示。在相关推荐模块，玩具类放在前面，服装类放在后面，这是因为对于服装而言，要想引流买家到其他产品详情页浏览，等买家浏览完商品后再推荐会更好，如果买家不满意，那么可以在推荐中选择同类的其他商品；如果满意，可以选择与之相搭的商品。

对于相关推荐模块，建议放的商品不要太多，3～8个比较合适，其中2～4个是店内热销、性价比较高的商品。

4.商品定价要考虑的策略

在网店上销售商品，定价是很关键的一步。对于价格，网络上的消费者会比线下的消费者更敏感，且网络上的商品比价更容易，因此做好定价就很重要。

在网店商品的定价上，对于新上架的商品或者新店而言，可以定一个比竞品有竞争力的价格，且价格较低的商品还可以参加淘宝活动，如天天特价、聚划算等，这些活动都可以帮助网店商品提高曝光度。当商品活动结束后，或者商品有了一定的销量以后，就可以按照热销商品来定价了。

在实际定价时，可以参考同行的定价，再结合自己的成本和想要实现的利润来定价，对于同款商品而言，价格可以相同，也可以低几角或者几元，如果商品要冲量，定价就要比其他同行低。

对于店铺中有了一定销量的商品而言，在做完活动后一般就不会轻易改价了，因为如果涨价，对销量的影响会比较大；如果降价，老客户又会不满。如果卖家想逐渐增加自己的利润，可以小幅度涨价。例如，商品销量每上涨100单就适当涨一点。一般来说，价格的调整幅度如果超过了10%，就会对买家的下单行为产生比较大的影响。

在定价过程中还可以使用淘宝提供的工具进行价格的参考制定，如价格区间。在淘宝上搜索店铺销售的商品，查看不同价格区间的用户数量，然后进行价格区间的选择。图14-5所示为关键词"床单"的用户喜欢价位图，从图中可见，60%的用户喜欢床单在28～108元这个价格区间。

图14-5 关键词"床单"的用户喜欢价位图

如果用生意参谋来帮助定价会更为精准。在生意参谋中可以查看单个产品的支付偏好,包括支付金额及年龄分布等。根据数据结果,商家可以了解哪个价格区间属于热销价格带。例如,商品的成本价为60元,热销价格区间为75～90元,那么商品的最低价可以为75元,最高价可以为90元,根据尾数定价法,最终把价格定在89.9元或86.9元比较合适,这样不仅可以保证足够的利润,也能让商品定价位于热销价格带,获得的目标消费者也会更多。

14.2 充分利用平台自身的推广工具

针对在电商平台上开店的商家,平台也提供了丰富的推广工具来帮助其更好地进行商品和网店的推广,下面就来看看这些推广工具的使用方法。

1.加入淘宝直通车推广

直通车是淘宝提供的一种按优先位置展现的推广工具,也是淘宝的主流推广工具,大部分卖家都在使用。使用直通车推广工具,可以让网店商品展现在手机端和PC端搜索结果页的显眼位置。例如,手机淘宝搜索结果页第一条带有"广告"字样的商品,就是参与直通车推广的商品,如图14-6所示。

直通车推广按点击付费,只有当潜在买家点击了直通车广告,卖家才需要支付费用。如何选款对直通车推广很重要,如果商品选择不正确,会大大影响直通车推广的效果。

做直通车推广的商品最好是店内的潜力款,那么如何确定其为潜力款呢?主要看两个数据,一是商品的收藏率,二是商品的加购率。如果店内的某一商品收藏率比较高,那么这款商品以后成为爆款的概率就会比较大,值得卖家用

图14-6 带有"广告"字样的直通车推广商品

直通车推一推。加购率可以结合收藏率一起分析，加购率比较高的商品也值得推一推。

另外，新品也可以进行直通车推广，但前提是这款新品没有硬伤，同时还要考虑新品获取流量的能力，要选择性价比高、更有市场的商品。

要想直通车选款准确，最好的方法是做测款，用数据来说话是最直观和准确的。虽然做测款会花费一定的时间和金钱，但只要能选对一款产品，后期带来的回报是很可观的。做直通车测款可按照以下步骤来进行。

（1）确定推广商品

在"生意参谋—市场行业"中查看同行业热销或高流量的商品，了解这些热销商品的属性，从自己网店中选择适合这些属性的商品。另外，也可以通过搜索词查询选款，搜索自己想要推广的商品的关键词，了解搜索人气、支付转化率等数据，如果数据表现良好，那么自己网店的同类商品也会获得高人气。

在每个品类中确定 1～2 款测款商品，投放时根据网店预算设置日限额，建议设置为 500 元以下，但也不能太低，300 元以内的限额投入还是要有的。做测款时可以关闭 PC 端，只做移动端看看效果。直通车推广有站内和站外推广，测款只需做站内推广，关闭定向推广和智能匹配。

（2）确定推广关键词

直通车后台会推荐关键词，但每款商品最多可用 200 个，可以选择一部分精准的长尾词和一部分大词，总之最后确定的词一定是要有搜索量和符合商品属性的，因为是做测款，所以不必 200 个关键词全用上，1～30 个比较合适，这样也方便后期调整关键词。

（3）出价

出价时可以先看看直通车后台的行业均价数据。首先可以以行业均价的 1/2 价位来出价，如果没什么展现，再提高出价，直到商品有展现。出价时也要考虑标品和非标品，如果是标品就要卡位，因为标品的同质化比较严重，如果没有展现几乎不会有什么销量。标品卡位时，如果是大词，那么可卡在前 3～6 个的位置，如果是精准的长尾词就卡在首页，因为长尾词一般不用太高的费用就能排在首页，标品可以设置广泛匹配。对于非标品，如设计、款式有较大差异的商品，可采用高溢价精选人群的出价方式，具体方法是在精选人群设置中按覆盖人群属性一个一个地去做测试，溢价比例为 30%～50% 比较适宜。总之，前期做直通车测试推广，只要没有展现就拉高价格。

（4）数据分析

推广开始后，就需要进行数据分析了。首先要看点击率，点击率能够反映商品获取流量的能力。在关键词没有问题的情况下，如果点击率表现不佳，经过调整后还是很低，只能说明这款商品不适合做爆款推广。

点击率过关后就可以看收藏率和加购率了，有的新品可能不会有很高的转化率，因此测款时可先不看转化率，主要看收藏率和加购率，并且转化率高并不一定就能成为爆款。

收藏率和加购率要结合访客数来看，公式为：收藏率 = 收藏人数 / 访客数；加购率 = 加购人数 / 访客数。以女装为例，这个比率在 10% 以上就比较好。商家可以利用生意参谋提供的数据计算行业比率，也可以结合店内其他爆款产品的比率来做参考。

在测款期间首先需要不断地对数据进行总结分析，其次进行优化调整，最后就可以得出结论。主要用收藏率、加购率和点击率与行业平均数据作比较，如果高于行业平均值，那么这款商品就有爆款潜质，适合继续做直通车推广。

2.利用超级钻展投放广告

超级钻展是一种展示广告，其展示位置有站内，也有站外。如淘宝首页焦点图中带有"广告"字样的焦点图，就是投放了超级钻展推荐计划的产品，如图14-7所示。

图14-7　带有"广告"字样的超级钻展推荐计划的产品

商家在做超级钻展推广时，常遇到如图 14-8 所示的几个问题。

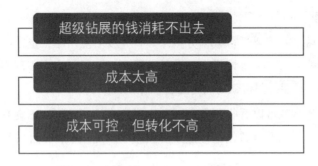

图14-8 做超级钻展推广时容易遇到的问题

(1) 超级钻展的钱消耗不出去

对于这一问题，大多数情况下都是由出价太低所致。钻展采用的是智能竞价，如果出价低了，就没有展现，没有展现，钱也就花不出去。另外，也有可能是投放时间不对，最好选择大多数人都在计算机旁或者玩手机的时候投放，一般来说，针对热门位置，在每天的14:30设置出价比较好。定向人群过于细分也可能导致钱消耗不出去，设置定向时不要过于细分。

(2) 成本太高

对于这一问题，最大的原因是钻展素材的问题。钻展的推广素材会在很大程度上影响买家的点击率，如果素材不够吸引眼球，点击率就可能上不去。运营者可以结合以下几点与美工一起进行钻展素材的优化。

文案精练准确，可适当运用优惠促销信息。

➢ 版面简洁，突出焦点图，主色不要太多，一般不超过3种。

➢ 内容要有层次感，主题一定要突出。

目标人群定向不准确也可能导致钻展成本过高。钻展定向建议首选访客定向，因为针对自家店铺的人群，效果会较好。营销场景定向和店铺型定向可两者选其一进行定向，如果选店铺型定向，定向时最好加入收藏或加购了商品、收藏了店铺的目标人群，如果店铺的复购率比较高，那么也可以选中有过成交的用户。营销场景定向与店铺型定向相似，一般选定对店铺、商品有搜索、浏览的潜在人群。另外，店铺一钻以上的卖家建议使用达摩盘来定向，因为达摩盘可以设置定向标签，运营者可以根据店铺情况来圈定人群标签。

除此之外，出价的溢价过高也会导致成本偏高，运营者要做的是，让预算在投放的时间段合理分配。

（3）成本可控，但转化不高

对于这一问题，可能是由钻展落地页选择不准确导致的。店铺首页、商品详情页和专题页是做钻展常用的落地页。如果正值店内活动期间，如大促、年末清仓，建议选择活动专题页。如果店铺的销售没有太大的起伏，也没有大型活动，那么选择店铺首页会比较好。如果店内有主推商品，且这个商品的销量还不错，那么可选商品详情页，或者这款商品正在参与淘宝活动，如聚划算，选商品详情页的效果也会不错。

3.利用超级推荐推广

超级推荐是在"猜你喜欢"等推荐场景中穿插原生形式信息的推广工具，其核心是用内容创造消费需求，用商品挖掘潜在人群。超级推荐的本质是信息流广告推广工具。信息流广告，指系统根据算法猜测消费者近期可能需要买什么商品，然后向消费者主动推送商品。例如，某消费者曾在淘宝、天猫上看过一些垃圾桶相关的商品，当该消费者再打开淘宝时，系统就会给他推送更多有关垃圾桶的商品，如图14-9所示。诸如超级推荐这种信息流广告，遍布在当下热门的抖音、今日头条、微信朋友圈广告中。

图14-9　系统推送的垃圾桶商品

直通车推广的位置就在搜索页面，而超级推荐推广的位置有很多，其推广形式也多种多样，如商品推广、图文、短视频推广以及直播推广。超级推荐的展现位置根据卖家设置的计划而定。卖家可结合商品特征，选择适合的计划和展示位。

相比直通车，超级推荐是后起之秀，又得到平台的流量扶持，所以推广费用比直通车略低。就目前而言，猜你喜欢的流量池巨大，爆发力也很强，参与的卖家相对较少。同时，超级推荐是官方重点推广的商品，会有一定的流量扶持，流量成本比直通车低。感兴趣的卖家也可以尝试这种推广方式。

4.认识极速推

极速推是阿里巴巴在继直通车、超级推荐等推广工具后推出的一个专为商品快速增加曝光率的推广工具。商家应该了解极速推的基础知识及熟悉极速推的计划创建，掌握这种操作简单的推广方式。

与超级推荐、钻展等推广方式不同，极速推工具可以在 24 小时内帮卖家将新品曝光给潜在消费者，并根据消费者的反馈信息，判断该商品是否有成为爆款的可能。极速推广的商品会根据系统的算法入池到"猜你喜欢"，帮助卖家快速找到目标消费者。根据官方资料显示，极速推功能还在不断完善中，目前主要适用于图 14-10 所示的应用场景。

新品：刚上架还没有销量的商品如果想快速获取消费者数据，可用极速推在更短的时间累计数据

爆款商品：爆款商品尤为需要快速获取流量，极速推可以快速拓展新客户

有推广需求的商品：商品在使用直通车、超级推荐前可先用极速推获取数据，从而提升商品在其他推广渠道的效果

参加活动的商品：参加活动的商品可提前先使用极速推累计数据测试商品竞争力，从而有针对性地优化商品，提高商品在活动期间的竞争力

直播前：直播前使用极速推，能快速扩展观看直播的粉丝

图14-10　极速推应用场景

从图中可以看出，极速推的应用场景十分广泛，通过极速推工具可以为店铺带来大量的曝光机会。目前，极速推的推广计划分为极速版和定向版。极速版基本上不能动，就是花钱买展现。定向版则可以针对不同人群进行投放，系统智能推荐可以理解为智能定向，至于精细化流量则主要在自定义人群以及购物兴趣人群。例如，通过自定义人群，可以根据店铺现阶段的访客标签进行选择，包括人群的性别、年龄、购买力等。初次使用极速推的卖家，可先设置为极速版，在得到一些数据反馈后，再用定向版去自定义人群。极速推的操作简单，可更改的内容不多，无须专业人员苦心研究出价、竞价等内容，是一个能迅速上手的推广工具。

5.让淘宝客选择与我们合作

淘宝客推广也是许多卖家比较中意的推广方式，因为其是按成交量来计费的，淘宝中很多销量排在前面的店铺，其一部分成交量来自淘宝客。

做淘宝客推广，卖家常遇到的问题就是没有带来销量。那么，出现这一问题的原因是什么呢？一般来看，有以下 3 种原因。

> 选品不行。

> 佣金过低。

> 商品价太高。

淘宝客在做推广时会选择自己比较中意的商品进行推广，一般来看，他们主要会选择热门商品来做推广，因为热门商品更容易成交，所以在选择主推商品时，卖家也要选择店内的热门商品。

另外，淘宝客还会看商品的评论、收藏等数据，他们更愿意推广人气高的商品，所以卖家尽量选店内有一定销量、评价比较好的商品，选择这类商品也有助于打造爆款。另外，商品的利润也是选品时要考虑的一个因素，选利润较高的商品更好，因为卖家必须考虑淘宝客推广的成本，利润高才能给得起佣金。店内准备清仓及正在做活动的商品也适合做淘宝客推广。

淘宝客做推广也是为了赚钱，所以佣金是他们比较看重的。一般来说，10%的佣金比率属于一般水平，如果是新店，要设置20%～30%的佣金才会有人愿意推广。具体设置多少佣金，主要看利润。例如，如果商品的利润能达到30%，那么可以给淘宝客10%～20%的佣金；有的卖家可能会觉得这样的佣金太高，但卖家要明白，如果淘宝客赚不到钱，那么卖家自己同样也赚不到钱。

那是不是高佣金就一定能获得淘宝客的青睐呢？也不一定，还要看品类。一般来说，淘宝客更愿意推广快消类商品，如服装、化妆品及家居用品，如果店内销售的商品不属于热门大类，那么也不太适合做淘宝客推广。

许多淘宝客都不太愿意推广价格太高的商品，因为这类商品面对的消费人群相对较少。另外，在淘宝同款商品中，若你的商品价格更高，这样的商品即使淘宝客愿意推广，销量也不会太高。淘宝客在选择商品时或许不会去比价，但买家会与同款商品相比，你的价格更高就会降低商品本身的竞争力。

很多卖家做淘宝客推广容易犯一个错误，即认为只要发了推广计划就会有人自动找上门。实际上，现在做淘宝客推广也需要卖家自己去招募淘宝客，方法有以下5种。

> 加入淘宝客群进行招募。

> 论坛、博客发招募帖。

> 站内达人、红人旺旺私聊。

> 在淘宝客网站上招募。

> 直播平台招募。

淘宝客也需要维护，卖家可以为淘宝客团队建立激励措施。例如，针对不同的淘宝客设置不同的佣金，给予销量好的淘宝客一些奖励，定期沟通维护等。

6.如何让淘抢购卖得更好

做淘抢购推广，很多卖家遇到的第一个问题就是无法通过报名。淘抢购是淘宝上的大型官方活动，参与的卖家很多，要提高淘抢购的通过率，这里有 3 个技巧可供参考。

（1）提高店铺维度

首先要做到的是满足淘抢购的硬指标，如近半年店铺 DSR 评分不低于 4.7 分、物流服务不低于 4.6 分、店铺实物交易占比 100% 等，在满足硬指标的前提下，才能报名淘抢购。

店铺满足硬指标后，类目、服务排名越靠前，通过的概率就会越大，也就是 DSR 评分越高越容易通过。因此，在日常经营网店的过程中，卖家就要注意提高服务态度、物流服务等的 DSR 评分。店铺动销率也会影响通过率，动销率越高越好。可以删除店内长时间销量比较低或者没什么销量的商品，这样可以提高动销率。

另外，上次活动的完成情况也会影响下次淘抢购活动的报名通过率，一般来说，要保证上次淘抢购活动的售卖率在 80% 以上。所以，第一次做淘抢购前一定要做好准备工作，否则后续可能会无缘淘抢购活动。

（2）选择单品

淘抢购是手机淘宝的一项营销活动，既然称为"抢购"，自然会有价格上的优势。所以，单品要选择低客单价的商品，另外，尽量选择应季的、普遍流行的商品，这样才能提高通过率。

淘抢购商品的定价一定要低于 30 天的历史最低价，建议卖家可以设置为历史价格的 9 折以下，折扣越低当然越好，但也要考虑利润，在可接受的利润范围内，折扣越低通过率越高。定价时也可以参考同行的价格。

如何提高淘抢购的活动效果呢？这里也有一些技巧。

上面说淘抢购的活动商品要选应季的，但有一种情况例外，就是有淘宝大促活动时，如"双11""双12"，很多买家会冲着低价购买反季商品，因此在大促期间，可以将店内热销的反季商品拿去参加淘抢购。

一味地用低价来吸引淘抢购买家也是不可取的，有数据显示，现在的买家会被低价所吸引,但这并不是必要因素,大多数消费者越来越看重商品的品质,所以选择品质高的热销款或潜力款会更好。

(3) 选择活动时间

除了平台大促,月末28日的时候会迎来淘抢购的一个高峰,因此选择在这天上线活动会比较好。另外,在月中的时候,服饰类商品也会出现一个小高峰,所以建议服饰类商品在月中上线活动。

参加过淘抢购活动的卖家应该知道,一天中,淘抢购分了几个不同的时间段,从过去的淘抢购平台日均每小时的订单量来看,建议卖家选择10:00—12:00、20:00—23:00两个时间段,因为这两个时间段会成为淘抢购平台的抢购高峰期。

7. 加入聚划算活动参团

从淘宝活动来看,除了淘抢购外,聚划算是买卖双方都比较热衷的活动。做聚划算与淘抢购一样,首先要做的是提高通过率。硬指标可在聚划算报名条件中查询,这里就不再多说,下面来看一些技巧性的内容。

对于没有参加过聚划算的卖家来说,建议先参加主题团,包括日常主题和大促主题,如果赶上大促主题会更好,如"双11",因为会自带流量。具体操作方式为在聚划算活动中找可参与的活动进行报名,如图14-11所示。

图14-11 聚划算部分活动

聚划算活动的审核分为店铺审核和小二审核,店铺审核是机审,一般容易通过。比较难通过的是小二审核。聚划算活动都有相应的旺旺群,运营者可以加入官方的旺旺群,因为小二一般会在里面公布一些活动信息。如果不加入群就要时刻关注聚划算商家后台。

一般来看,小二会比较关注店铺的营业额和基础销量。为什么会看营业额呢?因为小二是有坑位产出要求的,如果小二觉得某一卖家的店铺不能承受此次活动,就可能不会让其商品上聚划算,所以小二看的不仅仅是商品好不好,还关心销量。

如果多次报名都没有通过,那么就从提高店铺销量做起吧。

另外,卖家也可以通过代理一个品牌来提高通过率。例如,我们在天猫中除了看到旗舰店,还会看到该品牌的直营店、专卖店等,选择代理那些在淘宝上比较出名的品牌,小二的通过率会高一些。

做聚划算,比较难的是首次参与,如果第一次成功参与后,数据表现良好,再次参与的通过率就会比较高。建议卖家将其他资源整合起来进行推广,尽量做到第一次参与时商品就售罄,卖家可进行如下操作。

➢ 投放钻展:在聚划算推广期间,可以在开团前和开团期间进行钻展投放,为聚划算带来流量。

➢ 直通车推广:把参与聚划算投放的商品全部加入直通车推广,并在其中关联与之相关的商品。

➢ 淘宝客推广:提前找几个长期合作的、实力比较强的淘宝客,让其帮助为聚划算商品做推广。

➢ 老客户营销:为店内老客户发布营销短信,告知聚划算活动信息。

➢ 微淘推广:在微淘发布聚划算商品信息,如"聚划算全场一件8折,两件6折"。

对于第一次做聚划算的卖家来说,可以用主推款,因为通过率会高一些,第一次主要是为了打基础,如果再次参与,就不建议用主推款了,可以用流量较小的一些商品来报名。做聚划算的目的是通过活动带来流量,进而获得成交。

总之,做淘宝官方的活动,第一次参与活动的数据很重要,包括评价、售罄率、退款率等,一定要引起重视。另外,卖家还要注意一点,就是不能为了做活动而做活动,如果你做这个活动并不赚钱,相反还要亏钱,那么建议不要参与活动。

8.使用多多搜索高效推广

除淘宝平台外,其他电商平台也有诸多实用推广工具,如拼多多常见的多多搜索、多多场景、多多进宝等。

多多搜索主要通过消费者搜索关键词后进行展现,和淘宝直通车推广相似。如图14-12所示,在拼多多App中输入"鞋子"这一关键词,

图14-12 参与多多搜索推广的商品

在默认的搜索结果中，排名第一的商品右下角有"广告"字样的商品，就是参与了多多搜索推广的商品。

多多搜索的本质是关键词推广，是一种较为精准的推广方式。多多搜索推广的商品，只有在消费者有搜索关键词的动作作为前提，才会得到展示。既然消费者有需求在前，转化率自然会比较高。

创建多多搜索的推广计划与创建直通车计划类似，设置要点主要包括分时投放、设置关键词、设置人群溢价、上传创意图等。商家把握好这些设置要点，即可创建高产出的推广计划。

9. 使用多多进宝

多多进宝作为一款拼多多的推广工具，其功能和淘宝平台的淘宝客有着异曲同工之妙。多多进宝也是一款没有生成订单就不收费的推广工具，在卖家设置推广计划后，第三方推手主动来获取商品信息进行推广。当推广成功后，卖家向推手支付一定比例的佣金即可。

根据多多进宝官方案例显示，某牛奶品牌借助多多进宝这一推广工具设置推广计划。推广期间销量达到 3.2 万单，销售额达到 250 万元，获得本类目销量第一排名。且多多进宝开通门槛极低，无须提前充值也可开通，感兴趣的卖家可开通这一推广工具来推广店内商品。

目前，多多进宝支持全店推广和单品推广。商家可结合商品实际情况设置推广计划。在创建多多进宝推广计划后，可能不能马上出单，需要卖家耐心等待。如果在较长的时间内都未出单，可对推广计划进行暂停、删除等操作。

14.3 提升店铺销量的新玩法

随着营销方式多样化，不少电商平台的玩法也越来越多，如现在比较火的淘宝直播、微淘等。作为卖家或者网店运营者，应与时俱进，掌握这些比较新鲜的玩法。下面就来看看如何利用这些工具来提升店铺的销量。

1. 被内容营销所占据的手淘

手淘店铺发展已经有将近 10 年的时间了，现如今手淘内容频道越来越丰富，包括如图 14-13 所示的淘宝直播、聚划算、百亿补贴等。由此可以看出，手淘现在的内容布局很广泛，已成为一个"内容即商品"的平台。对于广大商家和淘宝运营者来说，就不得不了解手淘上的内容运营。

内容运营是指以内容为起点，通过内容吸引消费者，再向消费者提供商品或服务的电商模式。通过内容运营，使消费者对商品背后的品牌、故事、人物产生共鸣，得到认同，从而提高消费者的购买意愿。

内容运营改变了传统电商运营靠促销活动来吸引消费者的现状，使更多消费者在查看图文、视频内容的过程中完成消费。内容运营的目的是让消费者产生一种价值观上的认同，进而认同店铺、品牌或商品。通过内容来吸引消费者，既是内容运营的手段，也是内容运营的目的。

以淘宝平台为例，早在2015年就提出了"内容化、移动化、社交化"的运营策略，相继推出淘宝头条、有好货、淘宝直播、逛逛等多个内容方向的新入口，内容流量占据了平台流量的半壁江山。图14-14所示为淘宝逛逛页面，诸多淘宝用户在这一社区分享图文、视频，其中不乏部分卖家分享商品信息。图14-15所示为某用户分享的带有品牌信息内容的某款卫衣页面，截至笔者截图时该条内容共获得1.0万个赞以及3000多个收藏。换言之，至少有上万名淘宝用户查看过该条内容，增加了该品牌的曝光率。

图14-13　手淘首页　　　图14-14　淘宝逛逛页面　　　图14-15　某条带有品牌信息的内容

除逛逛外，淘宝还有如订阅、直播、问大家等内容社区，旨在迎合消费者的碎片化时间。就目前而言，很多内容营销的入口都是免费的，商家只要制作受欢迎的优质内容就能获取大量流量，有效降低营销成本。

2.订阅吸粉引流

淘宝升级后，"订阅"取代了"微淘"，放在淘宝首页的顶部，和"推荐"并列，如图14-16所示。商家可以在订阅里展示商品、爆款、上新、优惠促销、直播等内容，只要消费者订阅了自己的店铺，就可以看到关于店铺所展示的内容。

由此，订阅也成了商家自运营的内容营销平台，是能带来免费流量的渠道。很多店铺发布的动态都有着可观的阅读量和点赞量。做订阅推广，粉丝量比较重要，因此，可以给关注了店铺的粉丝推送订阅消息。商家可通过订阅号发布一些产品上新、活动预热等信息，吸引更多消费者关注产品。

3.手淘"问大家"如何运营优化

问大家是手淘中流量高且能影响买家购买决策的频道，现在很多买家在手淘上购买商品前，都会习惯性地看一下"问大家"中其他用户的问题和回答。图14-17所示为某款垃圾桶的"问大家"版块。

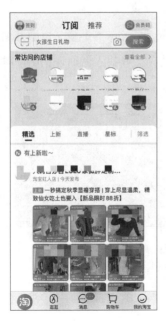

图14-16 订阅入口

图14-17 某款垃圾桶的"问大家"版块

从"问大家"版块的性质可以看出，如果其中有几个不好的回答，且排在前面，就会对商品的转化产生较大的影响。所以，针对"问大家"版块，需要运营者去跟踪和优化，那么具体该如何做呢？

（1）新品布局

对于新品来说，"问大家"版块的内容布局可以由自己去做，前期这部分是可操作的。首先在新品未上架前，运营者就要设想几个买家可能会询问的问题，如关于毛绒拖鞋的问题可以是：掉毛吗？尺码标准码？防滑吗？一般来说，设计的问题主要与产品质量有关。商家在具体策划时可以参考竞品的"问大家"版块，看看已买过的用户都问过哪些问题，将这些问题收集起来，然后选出对自己产品有利的问题。

有了问题后，可以找网店的员工或者身边的朋友在"问大家"版块进行提问，这个并没有什么限制，只要有淘宝账号就行。接下来就是回答了，答案也需要提前准备好。在"问大家"版块，前期是可以由卖家自己回答问题的，到了后期系统才会随机选择买家。所以卖家可以用自己已准备好的答案对提问进行——回复，回复不要太短，长一点有利于问题的置顶。因为在"问大家"版块如果用户不再点击一次是看不到回答的人是买家还是卖家的，而实际上大多数买家只会匆匆浏览一下提问和回答，不会深度阅读，所以前期卖家回复是比较有利的。

（2）有销量产品的布局

对于逐渐有销量的产品，要定期关注"问大家"版块上大家的提问及回答，负面的评论是需要及时优化的。比较简单的就是自己或找人做回评，回评时尽量往好的方面回复。

如果是恶意的提问或者回答，可以联系提问者把问题删除，因为卖家自身是不可以删除的，但提问者可以删除提问，所以可以与提问者沟通，让他删除问题。在沟通无法解决的情况下，可以举报，如图14-18所示。针对比较好的提问和回答，可以找淘宝用户在回评下点"有用"，来提高这个问题的排名。

图14-18 提问或回答的举报页面

要想让"问大家"版块表现良好，最重要的是产品质量要过关，一般来说，只要产品不出大的问题，买家就不会恶意给很差的回答，一般都是比较中肯的。

如果差评很多，那么这时要做的不是优化，很可能是商品本身有问题，改进商品质量才是正确的做法。

4.集市卖家如何开通淘宝直播

在淘宝上进行直播推广有两种方式，一种是商家自己做直播，另一种是找达人或者机构做直播。

集市卖家要开通直播也需要满足一定的条件：首先是店铺类目要求，限制推广商品类目无法入驻。其次，店铺入驻直播需符合基础营销规则和综合竞争力的要求，会从店铺的综合数据进行校验，包括且不限于以下数据：店铺品牌影响力，店铺DSR动态评分，品质退款，退款纠纷率，消费者评价情况，虚假交易，店铺违规等。

对于不满足淘宝直播开通条件的卖家，如果想要利用直播进行营销推广，就只能暂时选择和达人或机构合作，等到店铺和微淘等级满足条件后再开通。

对于企业或个人卖家来说，想要通过做淘宝直播达到卖货的目的，就必须有流量，如果直播间很冷清，那么卖货就很难。要让自己的直播间获得更多流量，就得想办法将自己的直播排在对应类目的前面，如精选直播、潮搭攻略等。

想要在直播中获得首页展示的机会，预告就要做好，直播预告的审核一定要保证通过，通过审核的预告可以获得优先在前台浮现的机会，所以不要忽略。提交直播预告审核时要注意发布时间，要求在直播开始前一天16:00之前提交，但建议卖家在每天15:00之前提交，如果能早一点提交就尽量早一点。

若预告审核未通过，那么直播只能在淘宝私域进行展示了，也就是只有自己的粉丝能在订阅、直播区、粉丝群看到直播。

另外，直播类目也要精准，卖家应根据店铺的类目来选择直播类目。直播类目也决定了直播的定位，将定位做好，可以让你的直播间更聚焦，也可以让流量更精准。建议卖家选择一个直播类目后不要轻易更改，因为更改类目会影响栏目的匹配。

互动是直播带货的关键，不管是达人还是卖家自己做直播，都要重视互动，尽量让观看者停留的时间更长些，因为淘宝会根据停留时间来判断这个流量是有效流量还是无效流量。

对于刚开启淘宝直播的商家来说，可以邀请老用户及有身份的朋友来自己的直播间助力。主播在互动过程中要不时地引导观众点赞、评论。主播新手还可以搞一些活动,例如,点赞 3000 送 10 元无门槛优惠券;分享直播间送红包;截屏送好礼等,这样不仅可以留住观众,也可以带动观众互动。直播时会有观众提问,主播要尽可能地回答,如果回答不过来,可以告知观众向客服询问。

主播在与观众互动的过程中也可以适当作一些动作,让自己的表情丰富一点,这些小细节会影响观众对你的好感度,不积极热情的主播很难得到很高的人气。

另外,日常多积累专业知识,在直播时会更容易说服买家。例如,服装类主播要掌握一定的穿搭技巧,这样在回答观众的提问时也会更得心应手。在产品话术方面,建议主播多谈谈试穿或试吃商品的亲身感受,这是一个比较重要的转化要素,因为观众进直播间就是想看看这个商品怎么样,说出你的切身感受就会给观众提供重要的参考。

最后不要忘了引导加购,有的观众可能不知道在哪里领优惠券和加购,主播可以在直播过程中告诉他们,点左上角"亲密度",点左下角"购物车"拍××号。

直播即将结束前,还可以再次引导关注和加购,这样也可能再次吸引一批粉丝,从而增加下单量。

5.卖家怎么找淘宝主播合作

对不少淘宝卖家,特别是星级卖家来说,他们可能更愿意找主播合作,因为这样省心省力。商家在淘宝上找主播合作有两种方式,一种是在淘宝直播平台找自己想合作的主播,然后关注他,进入其主页后发送合作私信,如果主播想要合作就会主动回复和联系。另一种是在 V 任务平台以商家的身份挑选合作方。

找主播寻求合作,具体的底薪和提成是由双方共同协商确定的。确定合作后,商家要在后台设置淘宝客定向佣金和合作任务,然后给主播邮寄商品,主播再按照约定的排期开始直播。现在淘宝上的主播有很多,对于商家来说,选择带货能力强的主播才不会白花钱。那么如何看一个主播的带货能力呢?可参考以下技巧。

(1)看直播间的活跃度

进入想要合作的主播直播间,看主播的粉丝量。除了看粉丝总量外,重点还要看该主播留言板的铁粉多不多。淘宝直播按亲密度来判断粉丝与主播之间的互动频率指数,其中新粉为 1~499、铁粉为 500~1499、钻粉为 1500+,要成为铁粉至少要持续与主播互动一个月。如果一个主播拥有的铁粉比较多,那么可以考虑合作。

(2)看粉丝群运营能力

很多主播都有自己的粉丝群,卖家可以加入这些群,看主播对群的运营能力。

一般来说，带货能力强的主播，其粉丝群的运营能力也不会太差，他们会在群中解答粉丝的一些问题，提高群的活跃度，培养铁粉，有的还会在群里预热秒杀商品。对于商家来说，主播有自己的粉丝群，并且能够在群里进行营销推广，那么就多了一个推广渠道。

(3) 看主播推荐的商品的销量

进入主播的直播间后，可以点击"购物车"按钮查看主播推荐的商品。因为主播推荐的商品一般都是有一定基础销量的，所以要多关注几天，主要看这个商品的增长情况。另外，对于有意向合作的主播也可以让其提供直播数据，包括直播销售额、成交单量等。

(4) 看主播的直播状态

最后还可以看看该主播在直播期间的状态，看其是不是经常离场、介绍商品的专业程度及与粉丝的互动程度，选择热情度高的主播更好。

14.4 通过运营扩大店铺影响力

网店与微信、微博、App一样，都是工具。用好这些工具，靠的是运营能力，现在卖家进入淘宝的门槛很低，但要在竞争中存活，甚至做大，还是要靠运营。

1.从数据中分析运营问题

网店的数据分析主要在生意参谋中看，其中的数据很全面，要养成每天都去生意参谋中看看数据的习惯。在对生意参谋中的数据进行评估时，可以从以下思路入手。

(1) 看全局

要从全店的视角去看核心数据，包括访客数、支付金额、买家数、下单转化率等，主要观察变化情况，如果其中某个数据下滑比较快，就对其进行重点分析。

如果访客数稳中有升，情况是比较好的；但也允许偶尔出现高峰或回落，如"双11"当月，访客数可能会出现一个高峰，过后可能会回落，可以与同等级店铺进行均值对比，太明显的回落需要关注。

(2) 看渠道

了解了店铺整体的情况后，可以看看不同渠道的带量情况，如手淘首页、每日好店、直通车、购物车、淘宝客等。关注各个渠道的访客数、下单买家数和下单转化率等数据,哪个渠道的转化率高,就可以将该渠道作为重点营销渠道。

(3) 看商品

先将商品按类目进行统计,因为一个店铺销售的商品可能隶属多个品类,找出销量好的品类。销量好的品类就是店铺的核心品类。有的品类销量不佳,就要考虑是否继续做这个品类。

(4) 看单品

生意参谋中提供了单品分析工具,在单品分析工具中通过关键词查询或粘贴商品 URL 的方式来查询数据。每个店铺都应有一两款爆款产品,看单品时要重点分析潜力款,特别是对新店而言,不求所有商品都热卖,但打造一两款爆款很重要。

了解单品的来源去向、访客特征及转化情况,如果发现某个关键词转化高或者某个渠道访客质量好,就进行重点推广。

2.多用网店营销工具提高产品销量

在淘宝的服务市场上,可以看到种类繁多的促销工具。大多数卖家常用的促销工具有 3 个,包括搭配套餐、满就减(送)和优惠券。这 3 个工具是官方提供的,接下来会详细介绍。

(1) 搭配套餐

搭配套餐的优势在于能实现关联营销,提高客单价。在设置搭配套餐的标题时,标题与单品的标题不一样,这样会降低吸引力,最好的方法是说明套餐中包含了哪些商品,并说明买家搭配购买能得到什么。例如,单条裙子售价 39.90 元,裙子搭配领结、衣架、发圈、名扎等产品,售价为 49.90 元,如图 14-19 所示。

也可在标题上直接体现优惠,如搭配立减 50 元等,这种标题适合搭配价格为区间价的商品,因为买家不知道搭配后到底能享受什么优惠,所以由商家来告诉买家,这样更容易让买家动心。

要让买家通过搭配套餐下单,还要选对搭配的商品。商品至少有两个,最多能搭配 5 个,比较好的是成套搭配,典型的例子就是上衣搭裤子,成套的商品搭配更容易实现让买家一次性购买多个商品。搭配成套商品的原则就是这两个商品要是互补的,若你是卖热水壶的,推荐的搭配商品还是热水壶,这种套餐就不合理,因为一个买家是很难一次性买两个热水壶的。在这种情况下,买一赠礼品活动会更好,如买热水壶送开瓶器、打蛋器、保温杯等。

图14-19　单条裙子和搭配套餐售价页面

在使用搭配套餐时还要考虑商品适不适合这种营销工具。另外，也可以考虑将店内的热销款与滞销款搭配起来销售，以此带动滞销款的销量。

搭配套餐如何设置价格呢？搭配套餐的总价要低于两件单品加起来的价格之和，建议搭配后的总价比单品原价之和低 10 元以上，如果只有几元，一般没什么吸引力，具体低多少要根据利润来看，有的商品属于利润比较高的，搭配后减少几十元，甚至上百元也很正常。

（2）满就减（送）

满就减（送）在服务市场已更名为"店铺宝"，该工具同样具有提高客单价的作用。满就减（送）具有两种优惠，一种是满件打折，如满两件打 8 折；另一种是满减，如满 300 元减 50 元。

使用满就减（送）工具的关键是如何进行满减定价，这需要商家进行成本利润的计算。例如，某店内两个档次的满就减活动，分别为满 259 元减 30 元和满 459 元减 70 元，那么在活动期间，单品价格的尾数也最好带 9，因为 9 加 9 的尾数是 8，这样买家就容易被卡在一个档次。

再如，某一买家在店内选购了 159 元的商品，按理说他只要再购买 100 元的商品就可以享受满减了，但因为店铺单品的价格尾数都为 9，如果他买一件最接近 100 元的商品，如 99 元，是不能享受满减优惠的，这时他就不得不买一件高于 99 元的商品。例如，最接近 100 元的是 139 元，这样两件商品加起来的价格是 298 元，客单价也大大提高了。

在设置满减的标准时，可以根据店铺的历史客单价来设置满减金额。如果店内产品比较少，可设置单档满减；如果种类多，可设置多档满减。具体计算方法是以近 7 天（近 30 天）平均客单价 ×（115% ~ 130%）来计算满减金额。例如，近 7 天客单价为 159 元，卖家打算鼓励买家多付出 20%，那么满减金额为 190.8 元，为了数字好看，取 199 元就比较合适。那么，减少的金额应该如何设置呢？计算方法为满减条件 ×（5% ~ 10%）。

如果满减金额要按档次来分，在计算客单价时也要按照买家的消费层次来划分，比较好的方法是按客单价分布最密集的主力人群来计算满减门槛。例如，店内 92 元和 162 元是客单价占比人群比较高的，就可以根据这两个数据来设置满减金额，如设置为满 115 元减 5 元和满 195 元减 10 元。

(3) 优惠券

网店优惠券主要分两种，一种是无门槛优惠券，另一种是有门槛优惠券。无门槛优惠券一般设置的价值为 3 元、5 元或 10 元。有门槛优惠券可以按满减的计算方式来计算优惠券的领取金额，在设置时多利用尾数来设计金额。

例如，优惠券为满 130 元领 5 元，那么单品的价格就最好包含角，如 63.9 元、24.9 元、46.8 元，尽量避免买家凑齐 130 元这个整数。不管是设置优惠券还是满减，比较好的做法是先定满减力度，再定商品单价，因为这样更容易实现利润最大化。

3. 做好服务，提高店铺订单量

在网店运营过程中，客服扮演着很重要的角色，客服若能给买家留下良好的印象，就可以提高成交率和回头率，下面就来看看客服如何做才能帮助网店提高转化率。

(1) 帮助买家挑选

进行在线咨询的买家对这个商品的意向是足够强的，之所以迟迟不下单，很多时候是因为他们对商品的尺寸、款式等抱有疑虑。在此阶段，客服要做的就是解决买家的疑惑，并帮助他们挑选商品。例如，买家对商品的面料抱有疑惑，那么就告诉他面料是纯棉的，顺便再说一说这个面料有什么好处，如亲肤舒适。如果买家对尺寸、样式有疑惑，可以问一问他的身高、体重等，为他推荐适合的尺码和样式，只要解决了买家的问题，下单就会很迅速了。

客服在向买家介绍商品时要注意不能只顾自己说，还要看看买家的反应，解答完一个疑问后,可以问一问买家还有没有其他问题,这样可以让买家感受到网店服务的贴心。

(2) 刺激买家下单

针对犹豫不决的买家,客服人员可以适当地刺激买家,促成其果断下单。例如,可以告诉买家店内正在做即时的优惠活动,现在买很划算。另外,可以告诉买家这个商品马上就要售罄了。通过限时折扣、限量方式来制造紧迫感,可以让还在观望的买家有购买的决心。

除此之外,客服也可以利用发货时间制造紧迫感,例如,告诉买家现在下单今天下午就可以发货,有的买家会因此立即购买。

(3) 应对买家议价

不少客服人员可能都遇到过议价的买家,面对这种情况,不能直接说"网购不议价",可以从侧面强调商品的品质,让买家知道这个商品值这个价。

另外,也可以采用搭配销售的方法应对买家议价。例如,可以推荐买家购买搭配套餐,并告诉他这样可以优惠很多,以满足买家的议价欲望,并进一步提高客单价。

如果店铺采用的是会员制,还可以先向买家表示抱歉,然后说这次购买后成为会员,下次就可以享受会员价。

除了做好售前服务外,也要做好售后服务。售后的第一个服务就是订单确认,这个可以在千牛中设置为自动核对订单地址。售后比较难处理的是因货物质量导致的纠纷,如货物破损、有瑕疵要退货等。

当买家对货物质量问题提出疑问时,客服首先要聆听买家的诉求,其次针对买家的问题做出必要的解释。如买家反映购买的羽绒服有异味,客服在确认质量没有问题之后,可以告诉买家出现异味是正常的,在通风处晾一晾就可以消除异味了。

如果听了买家的反馈后,确认货物有质量问题且是由卖家造成的,那么客服应先道歉,然后采用补偿、换货、退货等方式来解决问题。一般来说,只要客服态度良好,能解决买家的问题或给出补救措施,买家都不会无理取闹。

第 15 章 社区团购平台

随着移动互联网的迅猛发展，以互联网为依托，运用大数据、人工智能等先进技术手段，以微信小程序为载体，采用集中管理＋预售＋团购的社区团购，迎来了快速发展。短短 3 年内出现了很多优秀的社区团购平台，比如兴盛优选、十荟团、同程生活、多多买菜、橙心优选、美团优选等。商家可以在了解社区团购的特点及优势后，结合产品的特点，找到适合的平台合作。

本章学习要点

※ 了解社区团购

※ 掌握构建社区团购的核心要点

※ 掌握运营社区团购的要点

15.1 了解社区团购

社区团购是以社区为核心的新型电商模式。消费者通过团长推荐或自行在社区团购平台的电商 App、小程序下单，次日在团长处自提，也是一种"预售+团购"的新型电商模式。

1.社区团购的特点

近年来，社区团购成为商家重点关注的渠道，商家想要入局，需要明确社区团购的特点。社区团购的特点如图 15-1 所示。

◆ **线上预售**

用金融业的期货生意来诠释社区团购再合适不过。传统的商超都是现货买卖，即使是售价为 1 元的棒棒糖，也需要分担房租、水电、物业等费用。但通过社区团购，用户先在平台订货并支付，实现先收钱再发货。

图15-1 社区团购的特点

◆ **次日自提**

与快递、外卖不同，社区团购不用将商品配送到每个人手中，而是送到距离客户近的社区团长处，不仅降低物流成本，还不会出现压货风险。

◆ **以销定采**

集中采购，统一送货，基本不会造成物流成本损失。这样对用户也有好处，因为社区团购没有最低发货要求，哪怕是一个售价为 0.99 元的产品也会发货。

◆ **落地集配**

客户下单，次日可以到社区团购点。社区团购的社区属性则可追溯到人，更好地进行售后。

2.社区团购的发展历程

很多人一提到社区团购，脑海里浮现的多数是巨头们的团购平台，比如滴滴的"橙心优选"、拼多多的"多多买菜"、美团的"美团优选"等。但其实，除了这些平台外，还有很多其他社区团购平台。社区团购发展至今，经历了萌芽期、起步期、发展期等多个历程，其中也出现了诸多社区团购平台，详细情况如图 15-2 所示。

图15-2 社区团购的发展历程

➢ 萌芽期：社区团购模式自 2015 年萌芽，最早有虫妈邻里团、农特微商等。通过招募宝妈作为团长，利用微信群，以爆款拼团形式销售商品。

➢ 起步期：2016 年，社区团购平台出现，社区便利店也嗅到商机入场，如"兴盛优选"等，社区团购模式快速发展。

➢ 发展期：2017 年，随着微信小程序的发布，提升了社群交易效率，不少社区团购企业将运营重心转向小程序，增加团购品类和模式。

➢ 爆发期：2018 年，十荟团、食享会等多平台成立，成交量加速爆发。因兼具生鲜、社交裂变、轻资产等特点，众多社区团购平台纷纷上马，受资本热捧。

➢ 洗牌期：2019 年行业火拼，松鼠拼拼、呆萝卜等平台破产或被并购，市场向头部平台集中，团长留存与履约效率成为平台发展的关键，资本退潮。

➢ 争霸期：2020 年新冠肺炎疫情暴发，居民迅速适应线上购物方式，社区团购获得了巨大机遇，订单量暴涨；美团、滴滴、拼多多、京东、阿里等互联网巨头纷纷入局，先后成立美团优选、多多买菜等平台。

商家可以根据自己的产品属性，找到适合自己的社区团购平台进行合作。例如，部分产品的目标消费者如果主要集中在乡村，可以考虑有乡村优势的社区团购平台，如"村知叔""村村乐"等。

3.社区团购的优势

随着社区团购模式日趋成熟，越来越多的商家开始找准机会，与社区团购平台合作。那么，社区团购是否有优势呢？答案是肯定的，社区团购的优势如图 15-3 所示。

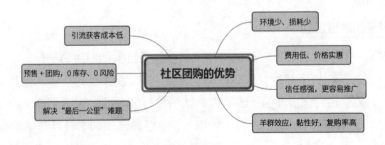

图15-3 社区团购的优势

(1) 环节少、损耗少

平台从供货源头直采,通过社区店直供给客户,客户自提,减少过多中间环节损耗,降低成本。

(2) 费用低、价格实惠

平台和团长通常是合作伙伴。平台不用向团长支付工资,只需要在售后给予佣金分成。平台在宣传和销售方面的人工成本几乎为零。而团长基本依托原有店面,也没有增加租金等成本。同时物流的人工成本比传统电子商务低得多,因为平台只需要统一交付商品。各项成本的降低也给予客户较低的价格。

(3) 信任感强,更容易推广

社区团购的创新在于"泛熟人社交裂变",基于邻居这一身份建立起来的社群关系,信任感更强。预售模式需要以信任为基础,而且邻里分享也可信,更容易推广。

(4) 羊群效应,黏性好,复购率高

通过微信群将社区居民聚在一起,以线上图文的形式展示商品,还可快速分享至群内。客户可以边聊天边购物,而客户间的购物分享会引发羊群效应,黏性好,复购率高。

(5) 引流获客成本低

基于邻居之间的信任感,社区团购很容易建群,并很容易社交裂变。团长驻点一般在小区线下的明显位置,很容易线下广告式宣传引流。现在电商的流量成本非常昂贵,几百元才能吸引一个粉丝成交,而社区团购的获客成本低。

(6) 预售+团购,0库存、0风险

社区团购是"先收款再进货"的业务模式,让商家无资金周转的压力,更无库存积压的风险。

(7) 解决"最后一公里"难题

在电商发展过程中,面临的最大难题是"最后一公里",配送成本高、耗时长。而社区团购采用"次日达+自提"的模式,解决了这一难题,还保证了生鲜产品的新鲜度。

15.2 构建社区团购的核心要点

商家如果想借助社区团购做营销,必须掌握社区团购的核心要点,如了解社群团购的业态、了解社区团购各角色分工以及社区团购对于大众商家的机会等。

1.现有电商业态综合比较

想要全面了解社区团购,先认识一下现有电商模式。从购买方式、核心人群、人群特点和优势品类分析,现有电商可以分为如表15-1所示的三种业态。

表15-1 电商业态

业态	货架式电商		算法推荐式电商		达人、熟人推荐式电商	
模式	主流电商	生鲜电商	主流电商		直播电商	社区电商
代表	京东	盒马鲜生	淘宝	拼多多	淘宝直播	美团优选
购买方式	自主购买	自主购买	机器算法推荐	机器算法推荐	达人、KOL	社区熟人推荐
核心人群	中高线城市,以男性为主	高线城市,中高收入人群	年轻女性	中低线城市,女性和老人居多	中线城市的年轻人	中线城市的年轻人和老人
人群特点	购物效率高、时效性要求高	追求高品质和高时效	喜欢尝鲜,喜欢网购	对商品价格敏感,追求商品的实用性	对商品价格较为敏感	接触网络时间最晚,对价格敏感
优势品类	3C	生鲜	服饰、美妆产品	农产品、自有品牌产品	美妆产品、食品饮料	生鲜、快消品

简而言之,这三种业态的特点为:

➢ 货架式电商:商品按类别展示,客户"有购买意向+有购买目标",主动搜索挑选购买;

➢ 算法推荐式电商:商品按消费者偏好以信息流方式展示,客户"有购买意向+无购买目标",被动推荐购买;

➢ 达人、熟人推荐式电商:商品由信任的人发布,客户"无购买意向+无购买目标"，被动推荐购买，在娱乐（刷短视频/看直播/看头条等资讯）、生活（看微信）中被动挑选。

2.社区团购各角色解读

社区团购主要由三个重要角色构成，分别是如图15-4所示的平台、团长和消费者。三者分工协作，完成社区团购交易。

图15-4 社区团购角色

（1）平台

社区团购平台主要负责整合上游货源，发展社区团长。在社区团购系统后台添加和管理社区团长，统一上传商品、管理订单、财务结算等。生成配送单后，合理配备商品至各个社区团长处。社区团购平台的库存压力小、推广费用低、服务少。

（2）团长

团长主要是各快递代收点、社区便利店、社区物业、业主等发起的社区微信群的群主等，他们的每个据点和每个群都相当于平台的一个分店。团长（社区合伙人）负责组建社区微信群，并在群内推广商品。团长可以直接分享社区团购小程序、App内的商品链接或海报。消费者下单完成订单后，团长可获得佣金。

（3）消费者

消费者通过社区团购小程序、App即可进入商品详情页，浏览搜索下单，整个过程方便、快捷。消费者在团长处取货时，还可增进与社区团长之间的邻里关系，并且无须担心商品售后问题。

3.社区团购团长获客方式

作为新开团的团长，应该如何获客提高佣金额呢？团长的获客方式通常包括如图15-5所示的主动拉新留存、被动获客两种渠道。

（1）主动拉新留存

线上运营主要是团长通过在微信群发布特惠活动信息、新人红包、集赞优惠、好物分享、拉人有奖等，吸引客户、激励客户裂变转介绍。如图15-6所示，某团长每天不定时在微信群内分享特惠商品信息，吸引群内用户下单购买商品。

除了线上运营外，部分团长还可以进行线下推广，比如在小区门口摆摊宣传、派发小礼品来引流和激励用户拉邻居加入微信群。

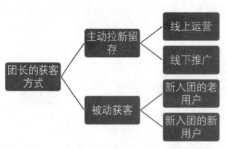

图15-5 团长的获客方式

图15-6 在微信群内分享特惠商品信息

（2）被动获客

部分地理位置及口碑有优势的团长，也可以被动获客。

新入团的老用户：已养成社区团购商品习惯的老用户，由于地址变动等因素需加入新团长所在群；

新入团的新用户：通过新闻或别人介绍，得知社区团购很好，会主动搜索，加入附近自提点团长所在群。

4.社区团购对于大众商家的机会

对于大众商家而言，如何才能抓住社区团购这一业务生态提高自己的收益呢？这里有如图15-7所示的两个重要建议可供参考。

（1）积极拥抱这种商业业态

相对于其他业态来讲，社区团购的业态是新的格局，介入机会良好。同时，根据数据显示，社区团购的规模巨大，增速明显。2020年我国社区团购用户规模、交易规模及人均年消费额的数据如图15-8所示。

由此可见，社区团购电商业态规模巨大，增速非常快。

图15-7 社区团购对于大众商家的机会　图15-8 2020年我国社区团购用户规模、交易规模及人均年消费额的数据

(2) 发展自己的团长

值得注意的是，发展自己的团长并不是要和现有的社区团购平台竞争，去各个小区开辟自己的团长队伍，与其他平台抗衡。而是"借船出海"，把平台的各个团长收为己用。例如，某小家电品牌或者品牌的区域代理商，可以联系团长，让他们利用自己的微信群来发布产品团购接龙，实现营销的目的。

充分利用各平台辛苦建成和培养好的团长战队，不仅可以省下给平台的分佣，而且灵活度更高。同时，可以通过团长做各种宣传，如宣传新品、宣传活动。

由此可见，社区团队对于大众商家有着重要的作用。各商家要重视社区团购业态，抓紧机会上车。

15.3 运营社区团购的要点

商家在做社区团购时，需要转变角色，也就是从经销商或代理商转变为供应商。同时，商家也要配合平台做好选品、定价、搭建社群等技巧，在为用户带来优质产品的同时，也为平台及自己获取更高的利润。

1.社区团购产品技巧

产品在一定程度上决定了销量。特别是在社区团购平台，必须选购一些能迎合平台用户需求的产品，才能获得好销量。那么，哪些产品更适合在社区团购平台销售呢？这里总结了当下在社区团购销量较好的5个产品类别，如表15-2所示。

表15-2 社区团购销量较好的5个产品类别

产品类别	选择原因	举例
生鲜产品	社区团购业务的主要消费群体为社区居民，而生鲜果蔬又是社区居民的必需品，所以这类产品最适合在社区团购平台售卖	蔬菜、水果
应季产品	季节性产品，会随着消费者需求的增加而提高销量	应季水果、礼品等
网红产品	网红产品一般自带流量，销量往往不错	自热火锅、新款电子产品等
二、三、四线产品	大部分社区居民都希望买到性价比高的产品，而二、三、四线产品与一线产品相比，有价格优势，所以销量也较为可观	如三、四线品牌的纸巾、洗衣液等

续表

产品类别	选择原因	举例
特价产品	一些品牌产品销售渠道广、价格透明，如果能拿到这类产品的特价品来营销，很容易得到消费者的青睐	如品牌洗护类目特价品

2.社区团购产品定价策略

价格定位并非一成不变，在不同的营销环境和不同的产品生命周期中，产品的价格会发生变化。想要提高产品的综合竞争力，不仅要挖掘产品卖点、提升产品质量，还需要制定合理价格。商家必须根据自己的目的，制定出合理且有吸引力的产品价格，使得产品获得更多销量。

常见的产品定价策略包括整数定价法、非整数定价法、吉利数字定价法、习惯定价法和分割定价法，如表15-3所示。

表15-3　常见的产品定价策略

定价策略	解释	举例
整数定价法	整数定价法是指商家为迎合消费者"求方便"的心理，将产品价格定为以"0"结尾的整数。整数定价的产品容易给消费者留下方便、简洁的印象，适用于名气大、品质高的产品	20元、100元
非整数定价法	非整数定价法是指当产品的价格处于整数与零头的分界线时，取接近整数的方式来设定最后产品价格的一位数字。非整数定价法更能为消费者带来价格低、划算等感受	9.9元、19.9元
吉利数字定价法	吉祥数字定价法是指商家利用消费者对某些数字的发音联想和偏好制定价格，满足消费者的某种心理需求	0.99元、18元、68元
习惯定价法	习惯定价法是指根据消费者的消费习惯而采取的一种心理定价方法。特别是一些生活用品，由于销售时间长，在消费者的潜意识里已经形成一种习惯性的价格	如某款牙膏在全网的售价基本都为10元
分割定价法	分割定价法是指通过分解价格的方式，让消费者认为产品价格更优惠	每包只要0.5元

当然，商家在制定产品价格时，可能有社区团购平台人员协助制定有利于成交的价格。只要所定价格有利润空间，可以参考其建议价格。

3.三步搭建社群

社区团购其实也是社群营销，只有维护好社群关系，才能提高产品销量。作为商家而言，除了简单供货外，也应该注重社群搭建及运营，利用好社区团购平台做营销。搭建社群的具体方法是协助团长快速建群、明确社群管理制度、注重社群运营。

（1）快速建群

只有做好社群定位工作，才能顺利开展接下来的营销工作。可以结合社区团购模式及商家实际情况来进行社群定位。定位前需要考虑团购模式下的消费者希望得到什么？如低价、优惠、便捷等；作为商家，自然是希望通过社群卖更多产品。建群的第一步就是联系团长，将到店取货的消费者集中到群组（如微信群）里，实现统一管理。同时，告知消费者，进群有客服处理售后、推送抢购活动信息等内容，让消费者有进群的欲望。

（2）明确社群管理制度

很多商家一建群就开始盲目地营销产品。但实际上，想要一个群组获得良好发展，必须先明确社群管理制度，如群名称规范、设置入群欢迎语、群公告、群规等。如一开始就在群公告说明，群内是否允许广告、是否允许私聊等问题，避免今后有群成员闹矛盾，扰乱整个群组氛围。

（3）注重社群运营

为了留住、转化更多消费者，商家除了在群内分享一些产品信息外，还要迎合消费者的喜好设置一些活动，如常见的红包活动、抽奖活动、分享活动等，如果商家创造各种话题主动和客户互动、聊天，会调动消费者的积极性。

第16章 其他平台营销推广

众所周知,在互联网时代,流量为王。例如小红书、今日头条、知乎等平台近年来拥有大量的用户。商家应该熟悉这些平台的特点和功能,并掌握这些平台的引流方法及营销推广实操技巧,能借助这些平台完成更多营销推广工作。这些平台看似微不足道,可能也不会立竿见影,但久而久之,却可以为商家带来大量的流量。

本章学习要点

※ 掌握小红书的玩法

※ 掌握今日头条的玩法

※ 掌握知乎的玩法

※ 掌握百度百科推广的玩法

※ 掌握文库推广的玩法

16.1 小红书

小红书是一个生活方式平台和消费决策入口，从社区起家。根据千瓜数据独家推出的《2021小红书活跃用户画像趋势报告》来看，小红书有超1亿的月活跃用户。众多用户在小红书社区分享文字、图片、视频笔记，记录着美好生活。数据还显示，小红书2020年笔记发布量近3亿条，每天产生超100亿次的笔记曝光。

对于商家而言，小红书是电商+微博的内容型营销方式。只要商家能产出优质内容，就能带来意想不到的传播效果。因此，商家应该掌握小红书的使用方法及技巧，增加自己的营销渠道。

1.如何发布笔记

小红书的内容主要以图文及视频的笔记为主，创建账号后即可发布笔记内容。这里以发布一篇图文笔记为例，具体操作步骤如下。

第1步：打开并登录小红书后，单击页面底部的"➕"按钮，即可进入发布笔记的入口，如图16-1所示。

第2步：进入选择发布内容页面，可选择"直播""影集""相册""拍视频""拍照"选项（这里以选择相册中的某一张照片为例），如图16-2所示。

图16-1 单击"➕"按钮

图16-2 选择照片

第3步：勾选好照片后，单击"下一步"按钮，如图16-3所示。

第4步：进入图片编辑页面，可对图片进行添加滤镜、配乐等操作，单击"下一步"按钮，如图16-4所示。

图16-3　单击"下一步"按钮

图16-4　单击"下一步"按钮

第5步：进入内容编辑页面，编辑笔记的标题、文字等内容，单击"发布笔记"按钮，如图16-5所示。

第6步：系统自动跳转至关注页面，可以查看发布的笔记内容，如图16-6所示。

按照上述操作，即可发布一篇小红书笔记。

2.如何写出一篇优质笔记

相比公众号软文、知乎软文等内容，小红书的笔记内容更为简短，简明扼要地说明重点即可。但是在写小红书笔记时，仍然有一些重点值得注意，如选择精美头图、撰写吸引力强的标题以及做好内容等。

图16-5　单击"发布笔记"按钮　　图16-6　查看发布的笔记内容

(1) 选择精美头图

小红书上的头图在笔记，封面的占比为80%，如果头图足够精美，可以提高笔记的点击率。如图16-7所示，某美食类的笔记选用诱人的卤菜照片作为头图，让人一看就想点进去查看。

由此可见，小红书笔记选择精美清晰的头图，可以提高笔记的点击率。同时，最好使用长图，用户浏览时笔记内容占屏更大，更容易被留意到。

(2) 撰写吸引力强的标题

在合理的范围内，写一个吸引人眼球的标题，也能提高笔记的点击率。如图16-8所示的小红书笔记，不仅选用精美图片作为头图，还写了很吸引人的标题"这是天堂吗？！三环外居然藏着个超美银杏林"。用户看到该标题时，不由得联想到"天堂"一样美丽的景色，再加上"三环外"说明地点不远，让人想点进去看看具体位置在哪里……有了这些因素，该条笔记的阅读量和互动量都不错。

图16-7 某美食类的笔记头图

图16-8 某笔记标题

商家在撰写笔记标题时,如果效果不好,可以参考同行的标题,进行适度模仿。

(3)做好内容

用户通过头图和标题点击进入笔记,决定能否转化的重点就是内容。只有做好内容,才能取得理想的营销效果。建议商家平时多看热门信息及同行笔记,整理出内容质量比较好的文章,建立素材库。后期策划内容时,可以套用素材库里的内容,这样策划出的内容又快又好。

3.如何利用小红书引流

每条被推荐的笔记里面,用户、作者之间会有大量互动评论,这其实就是一个建立联系、培养信任感的过程。从侧面来看,大量的评论也反映了粉丝强烈的购买欲望。在这个时候趁热打铁,引流变现才是王道。

虽然商家可以直接在小红书平台分享产品信息,但不能留下产品购买链接、商家信息等内容。如何才能将对产品感兴趣的人群引入自己的私域流量池里呢?这里介绍两种实用的方法。

(1)评论引流

当发现目标消费者对某产品感兴趣时,商家可以在评论区留言,吸引消费者主动关注小红书好友,再发送产品信息。例如,某商家分享了一些花瓶照片,当对该产品感兴趣的消费者评论如何购买时,商家在评论区留言"私聊哈",吸引消费者主动关注好友后再发送产品信息，如图16-9所示。

也有部分商家会把联系方式留在头像或用户名称上面，当消费者对产品感兴趣时，可以直接添加商家索要产品链接。

(2) 店铺名称引流

小红书与其他同类平台相比，规则较为严格，但是粉丝也很精准。虽然平台不允许直接在笔记中放置产品链接，但是商家可以在笔记或评论中留下店铺名称，实现引流。例如，当消费者在评论中表现出对产品感兴趣时，商家可直接回复店铺名称，如图16-10所示。

图16-9　评论引流案例

图16-10　直接回复店铺名称

4. 小红书账号运营四步曲

在小红书平台做营销，粉丝数量尤为重要。所以在建号初期，商家应提升活跃度，掌握一些提高粉丝留存率的方法。如前期依靠干货笔记，积累基础用户量；坚持跟进和更新，增加笔记的活跃度。保持输出优质内容，是增加活跃度的基础和前提，不但可以有效积累粉丝量，还可以促进有效互动。同时，无论是在文案中引导互动，还是在评论区回复粉丝，商家都应积极、主动。

在运营后期，要转化自身活跃度，提升用户黏性，增强识别性。如种草有价值意义的笔记；提升公信力；内容趋向更专业，禁止弄虚作假等。具体做法可参考如图16-11所示的账号运营四步曲。

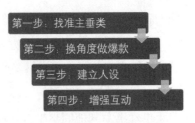

图16-11　账号运营四步曲

第一步：找准主垂类

作为一个从零开始的账号，选好初期的主垂类尤为重要。初期尽量让内容统一化，制作一些系列化、模块化的内容。抓住用户的好奇心，使其想要不断追逐后续发展，从而有效留住粉丝。因此，商家一定要保证更新频率。

系列化的内容，让用户有个追踪的过程。

模块化的内容，用专业化、高精度的内容，吸引用户被种草的欲望。

打造爆款模块化的内容，让用户在某一时间节点，清晰找到相关垂类内容的需求，满足被种草的心理。

第二步：换角度做爆款

商家在做常规内容的同时，还可以策划一些常规以外的内容。因为任何爆款内容都会遇到瓶颈期，所以无论是测评类或者是成体系的内容，都可以尝试换角度策划内容，吸引更广泛的粉丝。换言之，就是在保证主垂类输出的同时输出1～2个辅垂类，进一步积累粉丝。

第三步：建立人设

通过前两个步骤，已经积累了一定的粉丝量，这时候就需要打造人设。如果一个账号没有人设，很难走远，因为更多粉丝只是喜欢该账号的一些内容，并非达人本身。所以到了后期，必须建立人设，增加粉丝黏性。

人设包括多种，如颜值特点、身材特点、学历特点、爱好特点等，商家可结合用户喜好和产品特征去打造相应人设。例如，某经营家居产品的商家，可建立一个很会选购家居产品的装修小达人形象，专门分享各种性价比高的家居产品。

第四步：增强互动

粉丝关注网红和关注明星不同，一般网红的互动性更强，粉丝能得到回应，会有一种被重视的感觉，因此也使得黏性增强。商家在建立账号后期，一定要和粉丝强互动。特别是一些铁粉，通过互动提高他们的黏性，既可以了解更多粉丝的需求和想法，还能在接下来的营销中得到他们的推广、分享。

16.2 今日头条

根据易观千帆的数据显示，今日头条 2021 年 2 月的信息流 App 月活跃人数为 30131.45 万人，并且这个数字还在增长。今日头条的千人千面，通过内容来匹配粉丝推荐，根据不同人群的兴趣推荐不同的内容。这样的推荐机制，能够把商家的内容推荐给精准的目标人群，实现精准化营销。

1.今日头条等新闻客户端的效果分析

对于商家而言，除了微信、微博等营销渠道外，还可以抓住新闻客户端来做推广。新闻客户端 App 的营销优势如图 16-12 所示。

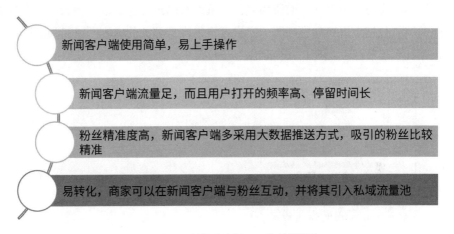

图16-12　新闻客户端App的营销优势

在众多新闻客户端中，建议商家使用"今日头条"做营销。

2.今日头条的引流方式

今日头条上目前有如图 16-13 所示的图文引流、视频引流、直播引流、问答引流以及评论引流五种引流方式。

（1）图文引流

商家可以在今日头条中发布带有推广信息的图文内容，用户在查看图文内容时，可以留意到推广信息并主动联系商家。起初，商家可以直接在今日头条的图文中留下微信公众号信息，实现直接引流。

图16-13　今日头条的引流方式

但目前今日头条不允许在图文中放置微信、微博等联系方式，故商家可以通过文章内容引发读者留言互动并关注账号，再私信读者添加微信，实现引流。

就目前而言，图文引流的效果是最好的，尤其是生产出热门内容时，文章的阅读量和互动量都会很可观。值得注意的是，商家在使用图文引流时，可以以微头条的形式发布。微头条短小精悍，更容易被传播和被大家关注。如图16-14所示，为某账号的微头条内容。

微头条的发送模式和微博类似，可以带上话题和@对应的账号，只要内容猜中热点，很容易获得流量推荐。

（2）视频引流

视频引流的本质和图文引流相似，只是发布的内容主要以视频为主。今日头条中的视频包括短视频和长视频。商家可将与产品相关的内容，以视频的形式发布在今日头条平台，如图16-15所示。

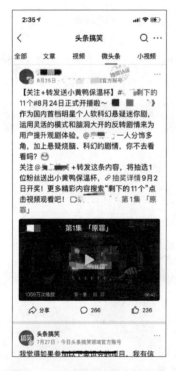

图16-14　某账号的微头条内容　　图16-15　今日头条发布与产品相关的视频内容

在今日头条中发布视频的方式也很简单，不过为了视频的美观度，建议商家可以在视频中添加音乐、字幕等。

(3) 直播引流

直播用于人气网红是非常有用的，包括一些产品的持续营销。例如，对于教育培训行业而言，可以把试听课以直播的形式发布在今日头条上，吸引对课程感兴趣的目标客户关注。

(4) 问答引流

今日头条有专门的问答版块，商家可通过主动提问或回答用户问题，建立一个问答达人的形象，获得更大程度的曝光。以做网店运营培训的商家为例，可以尽可能多地回答与电商相关的话题。如此一来，通过问答带来的粉丝就是精准粉丝，未来变现也很容易。等到量变引起质变后，还会有更多精准粉丝主动关注。长此以往，今日头条系统还会认定该账号是某个垂直领域的专家，主动推送相关的问题。

(5) 评论引流

和众多平台一样，今日头条也可以通过评论引流，如在自己文章里发表评论或在别人文章里评论引流。例如，商家写了一篇项目分享文章，如果有人在评论里面提问，商家可以回复"私信我"，进一步引流到微信。当一些做得比较好的账号发布内容时，商家也可以主动回复这些账号下的评论来引流。

3. 今日头条引流中的重要技巧

今日头条要想增加引流量，就要增加关注度，例如点赞量、评论量、转发量等。可以参考如图16-16所示的3个技巧来增加关注度。

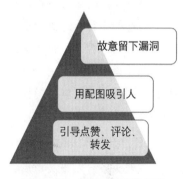

图16-16 增加关注度的技巧

(1) 故意留下漏洞

在内容中故意留下漏洞或破绽，是一个符合人性的设计。绝大多数人都愿意展示自己"好为人师"的一面，当发现文章中有漏洞或破绽时，难免会在评论中将其提出，这样就增加了文章的评论量。例如，在谈及知名达人参加过的综艺节目时，故意将节目名称打错，读者看到后就会主动在评论区打出正确的名称。待互动的人多了后，商家可以主动去评论区承认错误，如"新来的小编手误，看来要扣鸡腿了"，既回复了读者的评论，也侧面说明出现破绽的原因。

(2) 用配图吸引人

对于文章而言，图片至关重要。读者看文章时，可能连标题都没看完，就先看到配图了。配图要尽量切合标题和正文，在切合的基础上可以添加一些美女、帅哥的图片来吸引注意力。例如，如果是教育培训相关的内容，可以配上一个高颜值男讲师讲课的图片，既切合主题又能吸睛。具体的配图也要根据行业特点来选择，相对于幼儿教育来讲，目标客户多以宝妈为主，所以选择高颜值的男讲师配图更能提高文章的阅读量。

今日头条的文章中可以有多张图片，但建议三张图最合适。另外，能用图来说明的别用文字，能用视频的别用图片。

(3) 引导点赞、评论、转发

商家也可以在文中或文末引导读者点赞、评论和转发。

➢ "纯手打，原创不易，请多点赞、转发啊。"说出辛苦，博得同情和认同。
➢ "你对此有什么看法？请指教啊"，提出问题，引导评论。
➢ "重申××观点，不服来辩！"用激将法引导评论。

用这些语言刺激相应人群进行点赞、评论等操作，从而提升文章的关注度，也提升推荐度。

4.今日头条打造爆款文章技巧

今日头条的最大特点就是针对内容的智能算法推荐。所谓智能算法推荐，就是把合适的内容推送给合适的人，平台相当于流量分发机器。只要商家能做出对读者胃口的内容，平台就会源源不断地为其分配流量。商家想要提高今日头条的文章阅读量，必须明白今日头条的智能推荐算法核心，才能获取平台尽可能多地推荐。同时，随着申请门槛越来越低，今日头条可能是个体切入自媒体领域的最佳平台之一。

(1) 推荐算法的本质是什么？

一般头条号发布文章后，系统会先判断标题与文章是否契合、是否存在违规等问题。如果一切都没问题，系统就会根据文章中的关键词将其推荐给对相应关键词感兴趣的粉丝。

在接下来的1～3小时内，系统会检测此文章的阅读数、评论数和转发数。如果这三个指标不断上升，则头条号机器就会加大推荐量。在接下来的时间里，系统会再检测文章的各项指标，如果指标继续上升，再加大推荐量。一般在24小时后，系统就不再推荐这篇文章了，转而推荐其他新文章。所以商家就要在发布文章后的黄金时间内，想办法提高文章的各项指标，为文章获得更多推荐量。

(2) 打造爆款文章的核心细节

了解了今日头条的推荐算法后，要打造爆款文章，还要注意一些核心细节，核心细节如图16-17所示。

➢ 标签契合度：系统的工作流程是先给内容和用户打标签，通过算法将内容标签跟观众标签相匹配。商家的文章要想获得推荐，一定要匹配大类标签。因为机器读不懂每篇文章，只能识别关键词对应的标签，而关键词标签背后就是相应的用户群。有的标签背

图16-17 核心细节

后可能是几亿用户，有的标签可能只有几百人。选对了标签，就赢在了起跑线，所以一定要选大标签品类切入。

➢ 原创度：原创度越高的文章越容易受到系统青睐。因此，商家的文章最好是自己原创，避免在网上东拼西凑。

➢ 新鲜度：指文章话题是当下比较新鲜的，而非旧闻。

➢ 转发量：文章内容好，转发量高，说明内容对客户胃口，更容易受到系统推荐。

➢ 评论量：与转发量同理，评论量高容易受到系统推荐。

➢ 营销度：指文章表现出来的营销倾向性。如文章中留了联系方式，有广告嫌疑，容易被判定为营销文，会降低权重。

(3) 影响文章推荐量的8个因素

严格来说，机器算法是以用户为中心。当智能推荐算法将内容投递给用户进行冷启动之后，文章最终能斩获多少流量则取决于文章内容能在用户池中激起多大波澜。换句话说，用户对文章的点击率、收藏率、点赞率等数据，决定了文章的推荐量。总体而言，影响文章推荐量的8个因素如图16-18所示。

➢ 点击率、读完率：点击标题并读完文章的人越多，推荐量越高。

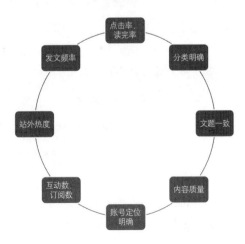

图16-18 影响文章推荐量的8个因素

> 分类明确：文章分类越明确，推荐量越高。平台背后有标签化策略，如果商家乱给文章贴标签，只会导致系统无法识别文章意义，无法做推荐。

> 文题一致：文章内容与标题的契合度越高，推荐量越高。虽然好标题能提高文章阅读量，但不能做标题党，写与文章内容无关的标题。

> 内容质量：优质内容是获得高推荐量的关键。结合用户需求生产内容，如用户感兴趣的生活常识、工作技巧、情感美文等。

> 账号定位明确：文章题材随意宽泛的账号，得到推荐的概率更低。

> 互动数、订阅数：读者越活跃，推荐越多。今日头条越来越看重社交，除了海量的算法流量，文章的互动数和订阅数也至关重要。

> 站外热度：在互联网上关注度越高的话题，推荐越多。用户对热点话题感兴趣，更容易互动，相应的文章也会获得提权，所以文章最好与热点相结合。

> 发文频率：经常发文，保持活跃，推荐越多。平台对不同等级的账号有不同的推荐支持力度。对于经常发文的账号，平台会给账号提升等级，从而拿下更高的权限。

16.3 知乎

根据知乎发布的 2021 年第二季度财报显示，知乎平均月活跃用户数为 9430 万人，同比增长 46.2%。随着知识大爆炸，大家逐渐倾向于高质量的知识，知乎等"知识分享"类的营销 App 越来越受用户喜欢。

另外，知乎在所有的新媒体平台中有着信任度高、流量优质、搜索精准等优势，所以适合商家引流。知乎作为分享知识的问答社区，已经成为不少商家的战场。知乎平台主要有三个特点。

> 平台开放度高：话题多。

> 平台限制少：知乎对提问问题很少干预，自由度比较高。

> 平台日流量高：用户黏性比较好，流量也比较高。

知乎平台的用户以年轻人和中年人为主，学历呈现中高等化，消费能力与消费频次也比较高。而且这类人群容易被权威引导或被某个话题下的高热度回答所影响，去购买暂时不需要的商品。对于商家而言，知乎有很大的市场潜力。

从内容角度来看，知乎是分享知识的问答社区，每个话题下的回答组成了一个庞大的信息库。每刷新一次知乎，就会出现很多话题。这些话题有热门话题，也有少量冷门话题。

回答内容的浮现与知乎循环机制有关，循环周期大致分为1周、3周、2个月。浮现周期长短与制作内容的层级有关，高层级的浮现频率高。简单来说，店家回答内容的质量和互动越高，循环次数越多。

1.认识知乎"盐值"

商家在知乎展开营销之前，应先熟悉知乎的算法机制。知乎的回答不一定是赞越多越在前面，因为知乎有一套独特的排序算法来确定回答的排名。首先，排序为动态，按照用户的反馈进行排序（用户的反馈包括点赞、反对、评论、感谢、收藏）。其次，每个号对应某个领域的权重不同。若某个账号在某个领域有优质回答，那么该账号在这个领域的行为权重更大。

在知乎平台，账号的排名分数就是权重，也就是"盐值"。盐值分数在0~1000之间，不同的盐值分有不同的权限，如何提高盐值分呢？可以采取以下方法。

> 完善个人账号信息，提高基础信用分。

> 通过提问、回答问题、写专栏发布想法，获得赞同、感谢、收藏，提高内容分。

> 通过在不同回答下的友好评论，与其他评论交流，提高友善互动分。

> 主动举报过渡营销、反动的回答，提高社区建设分。

> 确定好定位，回答的问题属于定位话题，可以提高账号在特定领域的权重。知乎鼓励小号快速成长，所以选择关注那些关注量大的问题回答并得到支持，能提高排名。

> 回答冷启动可以与人互赞，提高回答排名。平日多关注行业大号，并积极点赞、评论，以此吸引大号给自己点赞，提高账号权重。

2.知乎的折叠机制

知乎的初衷是帮助人们更好地分享彼此的知识、经验和见解，鼓励用户创造有价值的内容。折叠功能是知乎为了维护良好的问答讨论氛围而引入的机制。如果内容对于解答问题没有帮助，就会进入折叠区，在回答列表的底部集中显示。

经过修改后不再满足折叠条件的回答，可以在申诉后取消折叠，重新显示在问题的回答列表中。那么，哪些回答会被折叠呢？回答被折叠的原因包括如图16-19所示的六项。

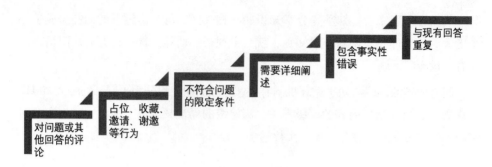

图16-19 回答被折叠的原因

反之,知乎鼓励具备如下特点的内容。

> 对问题作出正面、具体、详细、清晰的解答。

> 符合提问的限定范围。

> 提供合适的论据,有完整的论证逻辑,说明信息和参考依据的来源。

> 基于专业知识和系统获取的信息,而不是孤证和个人经历。

> 态度友善,不对提问动机做恶意揣测。

这些特点肯定无法涵盖知乎上所有优秀的回答,这里仅列出部分内容,为想要认真回答、写出高质量的内容的商家提供参考。

知乎尊重所有用户的内容创作,折叠机制是针对答非所问和违反内容规范的内容的一种处理方式,回答不会因为观点之争或因为采用特殊的表达方式而被折叠。

一个不好的问题可能激发大量不符合规范的回答。如果问题本身质量较低,甚至违反知乎的社区规范,在实际处理中会适当放宽对回答的折叠。但是知乎不鼓励反讽、打击、嘲笑问题的回答方式,如果遇到不好的提问,可以在问题评论中与提问者沟通、通过公共编辑改善问题,或使用举报功能反馈给管理员,由管理员对问题进行修改、关闭、删除等操作。

3.知乎如何引流

知乎的引流方式主要是写问答引流,此外,还有借助主页引流和评论引流。不同引流方式的侧重点有所不同。

(1)写回答引流

在写回答时,为避免营销痕迹过重,不要一开始就推广商品,而应该根据主题内容先认真回答,再旁敲侧击地提及商品。写回答引流可以分为如图16-20所示的三个步骤。

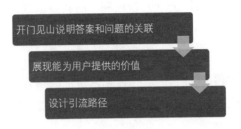

图16-20 写回答引流的三个步骤

➢ 开门见山说明答案和问题的关联，让看到答案的人对内容感兴趣。如讲述个人经历时，要详细说明该事件的时间、地点、人物以及事件过程。

➢ 展现能为用户提供的价值。回答中多次提醒用户能提供什么价值，例如自己给朋友送了什么礼物、这个事件得到了什么结果；或是通过某种渠道领到了什么东西等。以教育行业为例，可以用一些资料包、思维导图等资料引流，让读者有所得。

➢ 设计引流路径。设计引流路径及话术，可以利用从众心理、用户证言等刺激用户的文案，让用户更清晰地看到价值。

另外，如果在回答中插入商品信息，要注意商品的图片、描述和价格，好的图片才能激发客户点击和转化；描述要详细，让客户全面了解商品；最好能直接标注价格，便于客户判断自己能不能接受这个价位。

(2) 主页引流

通过在主页中放置引流信息，吸引读者自主添加微信、关注公众号等。图16-21所示为某电商老师的知乎主页。该主页写明自己是某某书籍的作者，在微博、抖音等平台有超过100万的粉丝等信息，并注明"加我微信×××，有问必答"。由此，树立了一个专业的电商老师形象，吸引粉丝添加微信好友。

图16-21 某电商老师的知乎主页

作为商家而言，也可以通过知乎主页来引流。比如写明品牌发展史、官网、公众号等信息，并辅以"关注公众号领福利"的利益诱惑，吸引粉丝主动关注公众号。

（3）评论引流

评论区也可以达到引流的目的。在评论区留下联系方式，或者让别人主动私信自己，都是行之有效的方法。知乎的引流效果是非常稳定的，如果前期铺垫好了，后期就能实现被动引流涨粉。

4.生成更多热门文章

质量好的文章的确比较容易成为热门，但如果加上适当的运作，成为热门文章的可能性就更大，退热速度也会变慢。这里的运作主要是指通过人工干预，让商家的回答占据比较高的排名，例如，找好友为自己的回答点赞，使回答保持足够的热度。

还有一个获得高热度的方法，就是与达人合作。知乎首页有"热榜"版块，里面都是高质量、高点赞且关注度和浏览量较高的问答，如图16-22所示。商家如果能联系到热榜里的作者，把商品链接（或淘口令）作为回答穿插到回答中，就能引导一部分客户到商品详情页。不过这样的合作方式通常要付出不菲的推广费用。

图16-22 知乎热榜

商家可以主动找知乎上粉丝和文章点赞量比较高的大V合作。因为这些大V文章的浮现频率比较高，与他们合作，可以保证商品的展现量。在找大V推广前，要筛选合适的营销话题。店家可以收集主话题和衍生话题，把想要回答的问题和链接做成表格形式，然后选择关注人数是回答人数20倍左右的话题来运作，保证话题关注度足够多,曝光量足够大。

另外,如果商家人手充足,可以自己投放文章。例如,安排 20 个员工,找不同话题进行回答。回答以商品清单为主,把自己的商品穿插到清单里,并写明推荐理由、淘口令等,便于网友浏览时可点击跳转到商品详情页。

文章数量越多,浮现量也越大。如果 10 个人每人每天投放 1 篇,1 周就是 70 篇。两个月下来,浮现量肯定过万。采用这种方法,前 7 天一定要保证这 10 个员工每个回答的赞大于 50 个,后期这些人的回答浮现才会多,热度也会越来越高。

互联网流量每半年、一年都会有个风口,风口出现时,就有便宜流量出现。商家如果抓住了这些流量,就是抓住了营销的机会。通过知乎平台文章推荐,把客户引到淘宝,是一种有效的站外引流方式。在这种方式下,只要话题本身带有话题性,回答的内容有质量,再加上一些推广手段,就可以获得不错的流量,有兴趣的商家值得一试。

16.4 百度百科推广,建立词条进行宣传

可能有很多人会感到疑惑:百度百科也能进行推广?实际上,百度百科词条也是由用户创建的。对于企业来说,入驻百度百科就相当于为企业制作了一张权威名片,可以提高企业的形象和品牌知名度。

1.百度百科推广的优点

百度百科推广的优点主要体现在以下几个方面。

(1) 树立企业的良好形象

与论坛、QQ 等推广方式相比,百度百科在大多数网友的心中是可信、权威的象征。企业如果拥有了百度百科词条,就可以在网络上为自己树立更好的品牌形象。

(2) 辅助网站推广

百度百科拥有很多流量,可以辅助运营者做网站推广。例如,在搜索引擎中搜索某个企业名称时,如果这个企业提交了百度百科词条,那么网站和百度百科词条都会呈现在搜索结果中。例如,搜索"华为"时,有关华为的百度百科结果如图 16-23 所示。

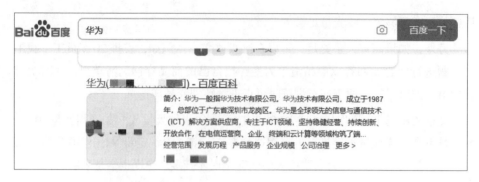

图16-23　有关华为的百度百科结果

(3) 潜移默化地营销

由于大多数网民都很相信百度百科的内容，如果能在百度百科中巧妙地植入广告，如在企业百度百科词条中说明企业的主营业务，那就可以让用户明确企业所提供的产品与服务。

2. 如何创建百度百科词条进行推广

通常情况下，大多数企业都会选择百度百科来创建百度百科词条。下面来看看一般的创建步骤。

第1步：进入百度百科首页后，登录百度账号，单击"创建词条"按钮，如图16-24所示。

第2步：进入词条引导页面，根据自身情况选择是否需要提供编辑引导。这里单击"百科资深用户，无需引导直接编写"按钮，如图16-25所示。

图16-24　单击"创建词条"按钮

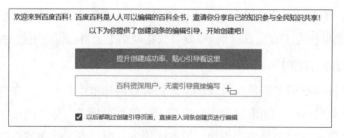

图16-25　单击"百科资深用户，无需引导直接编写"按钮

第3步：输入词条名（企业名），单击"创建词条"按钮，如图16-26所示。

图16-26 单击"创建词条"按钮

第4步:系统检测到该词条可能是企业名称,建议使用企业创建通道,单击"企业创建通道"按钮,如图16-27所示。

图16-27 单击"企业创建通道"按钮

第5步:在打开的页面中可以看到两种创建方式:一种是极速创建,另一种是常规创建。这里单击"极速创建词条"按钮,如图16-28所示。

图16-28 单击"极速创建词条"按钮

第6步:在打开的页面中输入企业全称和企业代码,单击"验证"按钮,如

图 16-29 所示。

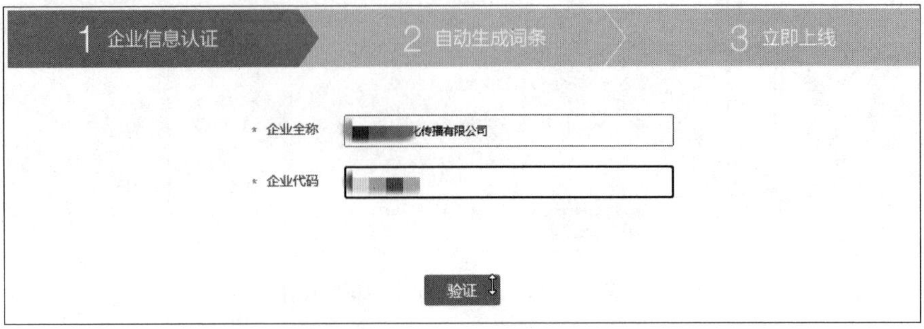

图16-29 单击"验证"按钮

第 7 步：在打开的页面中可以看到自动生成的词条，单击"确认创建"按钮，如图 16-30 所示。

图16-30 单击"确认创建"按钮

第 8 步：在打开的页面中可以看到"创建成功"字样，表示已成功创建词条，如图 16-31 所示。

图16-31 创建成功页面

使用极速创建模式创建词条是一种比较快捷的方法，其创建的词条只会展示企业的基本信息。要想让企业的百度百科词条更丰富，可以在使用极速创建模式创建后再次编辑词条，也可以直接使用常规创建模式编辑词条。此外，为了让企业的百度百科词条看起来更具权威性，就要随时对百度百科词条进行更新。例如，当企业发生了某一正面的大事件时，可以立即将该事件添加到词条中。

3.百度百科词条内容创建技巧

商家在使用百度百科创建词条时，应使用一些技巧，使得创建的词条获得更高的曝光量。

（1）使用词条模板

专业的词条既能提高通过率，又能获得用户的信任。那么，如何才能让词条看起来更专业呢？在使用常规方式创建词条时，进入编辑页面后，可以看到编辑词条模板。根据自身需要，可选择合适的模板。使用模板编辑词条能提高词条内容的质量，如编辑的是企业词条，那么就可以选择"社会"→"组织机构"→"企业"模板，如图16-32所示。

图16-32　编辑词条模板页面

（2）利用目录模板

选择好合适的模板后，在编辑页面的左侧可以看到目录模板，这时选择合适的目录应用到正文中。利用目录模板创建词条，可以让词条更有体系。同时，目录模板也告诉了创建者，此类词条一般要包含哪些内容，如图16-33所示。

(3) 避免目录与内容不对应

在一个目录下,应避免添加与该目录无关的内容。例如,企业文化目录下添加产品介绍的内容,就属于目录与内容不对应。在一个目录下,只能包含与该目录有关的内容。一级目录下可以添加二级目录。添加目录时要注意目录名称的规范性,不要使用序号,长度不宜太长,一般以4~6个字为宜,最好采用名词性短语,目录名称不能重复。

(4) 为词条插入图片

百度百科词条也可以插入图片,但要与词条内容具有相关性。例如,企业类型的词条可以插入企业Logo、领导人图片或办公场所图片等,加深用户对企业的印象。

在百度百科中插入图片有三种方法,分别是本地上传、添加URL和搜索图片。如果图片比较多,那么可以将其放在"图册"中,以减小图片占用的空间。用户可以通过单击向上或向下按钮阅览图片。如图16-34所示,把图片插入页面,上传图片,并单击"确定"即可。

图16-33 目录模板

图16-34 图片插入页面

(5) 插入参考资料

在百度百科词条的最末,可以看到"参考资料"版块。参考资料可以提高词条的通过率,也是提高企业认可度的重要工具。

添加参考资料时有两点需要注意:首先,参考资料的来源必须可靠,那些可以由个人随意更改的平台上的内容不适合作为参考资料,如博客、论坛等,企业官方网站上的内容也不行。参考资料的来源要选择公众媒体，如新浪、腾讯、搜狐等门户网站上与企业有关的新闻，这样容易被百度百科认为是可信的。其次，不同类型的词条要求的参考资料也是不同的。例如，企业要宣传的是App，那么参考资料就要选择公共的应用平台，如百度手机助手、腾讯手机应用等。当然，App也可以引用权威网站的新闻源内容作为参考资料。

（6）现有词条要具备可读性

在编辑现有词条时，修改或补充的内容同样要求具有可读性。一般来说，找出错率明显的内容来进行修改，通过率会很高。那么，什么是出错率明显的内容呢？主要有两类：一是错别字，二是排版问题。这两种类型的错误是最容易发现的，也是最容易修改的，只要修改正确，基本上百分之百通过。需要通过百科养号的运营者就可以多利用这种方法来编辑词条。

（7）优化词条排名

百度百科词条的排名也可以通过词条被收藏、点赞得到优化。因此，在企业词条或其他类型词条的创建初期，可以让身边的朋友帮忙分享、收藏以优化词条排名。

4.如何提高百度百科词条的通过率

很多新手常常会遇到创建百度百科词条不通过的情况，特别是创建普通词条时。普通创建需要自行编辑词条，如果词条内容不够客观、准确，就很容易导致创建无法通过。那么，如何才能提高自行编辑词条的通过率呢？主要有如图16-35所示的4种方法。

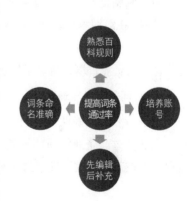

图16-35 提高词条通过率的方法

（1）熟悉百科规则

百度百科词条的编辑有一定的规则，要想让百度百科收录自己的词条，就要遵守其规则。在编辑词条时，要站在客观真实的角度描述企业、产品及商业活动，不要使用不准确的词汇。另外，带有广告性质的词汇也不能添加到百度百科词条中。

（2）培养账号

账号的等级也会影响百度百科词条的通过率。要想让编辑的百度百科词条更容易通过,就要对百度百科账号进行培养。账号等级越高,词条的通过率就会越高,因为在百度百科的贡献度越大,百度百科会越认可这个账号。在个人账号中心可以查看个人的百度百科账号等级,如图16-36所示。

图16-36 个人的百度百科账号等级页面

提升百度百科账号等级的方法就是多编辑和创建词条,账号等级会随着贡献度的提升而提升。初等级账号刚开始创建词条时,通过率会比较低,因而要从编辑现有词条开始来提升账号等级。

(3)先编辑后补充

创建原创企业百度百科词条,可以采用先简单编辑后补充的方式来提高词条的通过率。在前期编辑时,可先简明扼要地介绍企业的基本情况,如公司业务版块、公司规模及企业文化等。待第一次提交通过后,再逐步添加发展历程、公司荣誉等信息,使企业百度百科词条信息得以完善。

(4)词条命名准确

词条命名的准确性对词条的通过率也有影响。如果词条的命名比较模糊,往往会无法通过。企业性质的词条要以公司全称来命名,不适合以简称来命名,且全称应以在工商行政管理部门注册的名称为准。

16.5 文库推广,互动式文档分享

文库是一个知识分享类平台,从广告的角度来看,文库更适合做推广。因为文库的审核较简单,内容的灵活性也较高。文库内容一旦上传成功,就将获得很大的流量。

1.文库推广具有哪些优势

做文库推广时,建议选择百度文库和豆丁文库。因为这两个平台具有很高的人气,在搜索结果中排名也靠前。总的来看,文库推广的优势如表16-1所示。

表16-1 文库推广的优势

优势名称	具体内容
网站优化	文库对网站内和网站外的优化都有很大的帮助。在文库中插入企业的网站品牌,可以起到品牌传播的作用;同时,文库也可以巩固网站的关键词排名,拥有比较高的权重
成本低	相比于其他推广方式,文库的推广成本比较低。文库针对机构提供文库认证,认证成功后,用户在文档页面的顶部可查看公司全名、联系电话等。同时,文库页面的右侧还提供推荐区域,以便机构进行内容介绍,这样企业就可以更好地利用文库进行营销推广了
永久保存	上传到文库中的文档,只要不被删除就可以一直存在,这样企业可以持续不断地进行推广
增强用户信任度	很多使用文库的用户对文库都有很强的信任感,使得运营者进行文库推广更加容易

2.做好文库推广前的准备

商家在做文库推广前,要做好如图16-37所示的几项准备工作。

图16-37 文库推广前的准备工作

(1)创建文库账号

文库的账号可以用百度账号登录,文库账号的等级越高,上传的文档通过率就越高。所以,做文库推广也需要养号。在账号创立初期,可以通过百度文库提供的任务来实现养号。图16-38所示为某账号的成长任务页面。

图16-38　成长任务页面

（2）建立文档

在做文库推广前，运营者需要准备大量的内容，不管是 Word 文档，还是 PPT 文档，每篇的内容都不能相同。一般情况下，带有明显推广信息的文档不容易通过，所以要采用软广告的形式在文档中进行推广。另外，实用性强且图文并茂的文档更容易通过审核。

（3）注意排版

上传到文库中的文档需要进行排版，如果内容实用但排版混乱，那么也很难通过审核。如果运营者上传一篇文档后，内容本身没有问题，但就是无法通过审核，那么可以看看文档的排版是否混乱。另外，相比于 TXT 和 Word 文档，文库更青睐 PPT 和 PDF 文档。

3.做好文档优化，提高推广效果

运营者在百度文库上传文档的目的是做推广，但百度文库又明确规定文档中不能包含广告信息，在这种情况下，要做文库推广就需要一些技巧。

（1）申请认证

企业可以申请百度文库的机构认证，通过审核后，百度文库会为机构建立主页。机构认证的好处在于，可以获得搜索优先、品牌展现及现金收益等权益。另外，认证机构可以在页眉、页脚加上企业 Logo 或者网址。如果无法申请机构认证，运营者可以考虑申请专家认证。文库专家具有身份特权、推广特权，认证用户的文档审核通过率会比较高。

(2) 前期推广技巧

等级不高的文库账号在做前期推广时，建议暂时不要植入广告信息，这样容易拉低通过率。要坚持每天上传文档，待账号等级有了提升后再植入软广告，这样通过率会比较高。

另外，在养号阶段，建议每天上传两三篇文档，可在早、中、晚分别上传一篇文档。

(3) 收集文档上传

上传到百度文库的文档以原创为最佳，但如果前期原创文档较少，也可以收集文档进行上传，如去豆丁、贴吧等平台收集文档，并上传到百度文库。收集时要选择百度文库中没有的文档，具体可以采用标题搜索的方式。

(4) 巧妙加入推广信息

如果无法申请认证，那么运营者可以考虑采用在图片上添加水印的方式进行推广。另外，也可以在页眉、页脚处适当加入企业名称。注意，水印不能是微信号或者电话号码。这种方式的广告植入比直接打广告的文档更容易通过，效果也更好。

也可以在文档的末尾写上"××原创，转载请注明出处"，这种方式的广告植入效果也不错。

(5) 让文档获得好排名

要想让文档获得好排名，就要让自己的文档有更多的机会展现在用户眼前。获得好排名的优化技巧有以下几个。

文档的标题要带有相关的关键词，以便用户进行搜索。另外，文档的标题和简介中最好包含搜索关键词。

在上传文档时，分类要准确。

可以将文库下载的链接分享到 QQ 群或者让朋友通过搜索的方式下载自己上传的文档，以提高文档的下载量和浏览量。

在前期做文库推广时，可以将文档设置为免费文档，这样用户会更愿意下载。

4.上传文档到百度文库

在百度文库做推广,上传文档是必须的一步。将一篇文档上传到百度文库的操作步骤如下。

第1步:进入百度文库首页后,登录百度账号,单击"上传文档"按钮,如图16-39所示。

图16-39 单击"上传文档"按钮

第2步:在打开的页面中单击"新建文档"按钮,如图16-40所示。

图16-40 单击"新建文档"按钮

 商家如果想上传付费的文档,需先完成"认证店铺"步骤。

第3步:在本地计算机中选择要上传的文档,单击"打开"按钮,如图16-41所示。

图16-41 选择要上传的文档

第4步:进入信息完善页面,完善文档标题、标签等信息,单击"确认提交"

按钮，如图16-42所示。

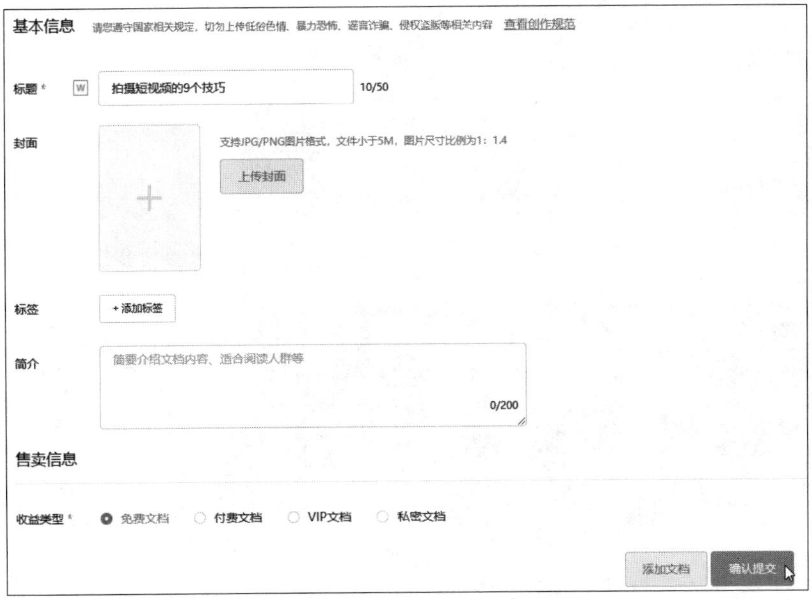

图16-42 单击"确认提交"按钮

第5步：系统自动跳转至提交审核环节页面，如图16-43所示。审核成功后，文档可公开售卖。

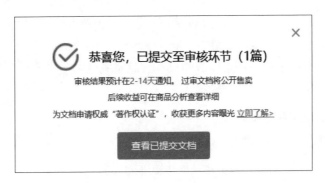

图16-43 提交审核环节页面

第17章
多平台数字化营销策略与实战

现在营销渠道非常多,而且各种新媒体平台各具特色,如果商家只会应用其中一两种营销渠道做营销,就会失去很多机会。只有全网多平台数字化营销才能应对如今繁杂的市场。全网多平台数字化营销简称"全网营销",是一种高效的网络营销方式,不仅可以获得更多的客户,还可以节约成本。商家应该熟悉并掌握全网营销的玩法和技巧。

本章学习要点

※ 掌握立体式营销玩法
※ 掌握搭建新媒体矩阵的方法
※ 了解多平台营销实战案例

17.1 打通线上、线下，实现立体式营销

随着数字化时代的发展，营销全面迈向新零售时代，采用新的数字化营销模式，打通线上、线下，实现全网多平台"立体式营销"。

1. 认识"立体式营销"

在互联网营销时代，我们可以把全网营销分成"线下""网络""社群"三种营销模式。企业如果要在竞争激烈的市场中赢得胜利，往往需要"线下""网络""社群"多种营销模式相互配合，这就是"立体式营销"，也称为"三度空间"。

 这里的"三度空间"是指线下空间、网络空间、社群空间。

（1）线下空间

过去我们所有的业务都是在线下进行的，线下门店、线下沟通、线下成交。

（2）网络空间

现在网络上有很多新形式的平台：传统电商平台，如淘宝、京东、拼多多等；短视频平台，如抖音、快手等；信息咨询平台，如今日头条、腾讯新闻等；以及微博、小红书、美团、知乎、喜马拉雅等 App 平台。

这类平台多数属于公域流量平台，有的可以直接成交变现，有的是以吸引粉丝为主要目的，将粉丝引流到私域平台进行经营，再成交变现。另外，这些平台之间可以建立粉丝的互推互持，形成生态。

（3）社群空间

社群即线上社会关系，包括微信、QQ 以及钉钉等，指人群聚集且能互相交流沟通形成社会的组织形式，是线下关系在线上的延伸和扩大。

社群是三大流量互通的"连接器"和"催化剂"，做社交电商的都要做"社群渠道化"。各新媒体平台各商家都在想方设法地将粉丝引流到社群，而线下平台的商家则把粉丝线上化，其目的都是打造自己的私域流量，宣传自己的品牌，提升销量。

2. 为什么要打通三度营销空间？

当前的营销环境发生了巨大变化，主要体现在以下四个方面。

(1) 去中心化

以前的媒体无非就是电视、广播、报刊等，而现在各种媒体平台百家争鸣，而且每个平台都有无数的媒体人，传播渠道和传播形式数不胜数。去中心化，也可以说是多中心化。

(2) 数据化

在大数据时代，信息太丰富了。丰富的信息有利于营销，但关键是谁能从繁杂的信息中分析和挖掘出有价值的信息，然后对市场进行正确判断，这就是我们常说的数据化营销。通过数据分析可以实现精准营销，及时发现问题、优化产品、提高销量。

(3) 碎片化

社会节奏加快，人也越来越"忙"了。因此宣传需要见缝插针，充分利用客户的"碎片化"时间进行营销。

(4) 精准化

如今的传播变得更加精准化，因为用户只关心对自己有价值的内容。商家需要先细分人群找到精准客户，再做精准化内容营销。

简言之，经济环境变了，消费者的注意力和生活轨迹因"三度空间"而割裂和分散了，我们要做好营销，就需要打通"三度空间"，将消费者圈在自己的营销生态圈里。

3.如何打通三度空间，实现联动？

三度空间各有利弊，只有相互补充、相互关联，才能构成立体化的渠道，打造全域化的场景，实现全媒体的营销。

(1) 线下体验感好，体验经济，强关系

"线上聊千句不如线下见一面"，线上毕竟是虚拟的，线下尽量创造条件见上一面，其信任基础一下就提升了，是人心中的"强关系"！线下可以有更好的体验感，"情景+情绪"在一定的场景中形成强烈的自我认知，真实的体验激发其内在的情绪，极易达成成交。

(2) 网络内容为王，眼球经济，强传播

网络中浩瀚的流量是商业追逐的目标，营销系统就像个漏斗，漏斗的进口流量越大，漏出的成交才有可能更大。这一步是在各大新媒体平台发布优质内容，凭借内容吸引更多粉丝，同时也宣传更多产品、品牌信息。也就是吸引更多流量，为后期的转化做准备。

(3) 社群以人为本，生态经济，强交互

"留量制胜"，将网络和线下的流量导入后，还需要考虑如何留下这些流量并成交，实现流量价值。因为"留"住粉丝才可能"成交、复购、锁客、裂变转介绍"。如果一对一服务粉丝，不仅成本高，效果可能也不理想。那如何更好地留住粉丝呢？建议采用社群营销，实现一对多的服务，转化更多流量。"社群是半熟人的天下"，要想留人，就要以人为本，不断地交互，形成熟人关系，进而形成某种生态。

> **专家提点** 社群是一群具有相同价值观的人基于共同的主题或者目标，形成的一个精神或利益的共同体。社群是流量互通的桥梁，是连接器和放大器。社群空间是私域流量的大本营，通过交互运营粉丝。

通过立体连接，充分利用三度空间的各自优势，实现粉丝经营的一体化，真正实现企业的"立体式营销"。

17.2 搭建新媒体矩阵

虽然大家都知道新媒体的重要性，但是怎么运用这些新媒体平台来运营呢？接下来会进行详细的讲解。

1.认识新媒体矩阵

新媒体矩阵，是指能够触达目标群体的多种新媒体渠道账号的组合。新媒体矩阵可分为横向矩阵、纵向矩阵和账号矩阵，如图17-1所示。

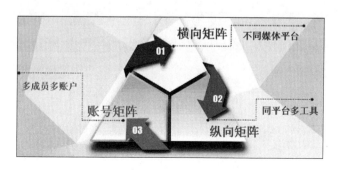

图17-1 新媒体矩阵分类

(1) 横向矩阵

横向矩阵指企业在各种新媒体平台的布局,包括微信、微博、今日头条、抖音、快手、企鹅号、小红书等平台的账号,以及自己开发的 App、网站等。

(2) 纵向矩阵

纵向矩阵主要指企业在某个新媒体平台的生态布局,是其各个产品线的纵向布局。

大平台本身就有自己的生态矩阵,比如微信平台的生态矩阵包含:公众号(订阅号、服务号)、小程序、社群、个人号、朋友圈、视频号、看点直播,如图 17-2 所示。

今日头条的生态矩阵包含:头条号、微头条、悟空问答、小视频(有头条自己的小视频,也有抖音、火山)、西瓜视频(中视频和长视频)以及懂车帝,如图 17-3 所示。

(3) 账号矩阵

账号矩阵是指企业成员在某新媒体平台上都有自己的账号,甚至个别人有多个账号,这些在同一媒体平台上的众多账号就组成了一个账号矩阵。这些账号之间可以互相协作,共同推广同一个任务,这样就能够迅速提升各个账号的权重和价值。

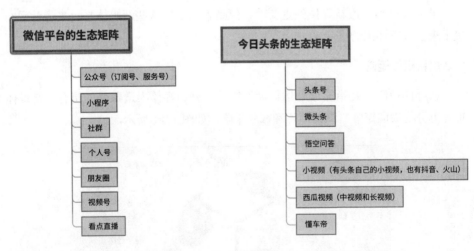

图 17-2 微信平台的生态矩阵　　　　图 17-3 今日头条的生态矩阵

> **专家提点**
> 个人账号更容易运营，更容易涨粉和宣传推广。官方账号往往处处受限，不仅要考虑官方的形象，还要考虑各种侵权问题，有时会因为表达不慎而招致批评，甚至对品牌的声誉产生影响。

2.企业搭建新媒体矩阵的作用

企业搭建新媒体矩阵，可以实现内容多元化、分散风险、协同推广、放大宣传效果等作用，如图17-4所示。

（1）一稿多投，覆盖更多客户

一个图文结合的作品创作出来后，几乎可以发布在所有支持发图文的平台中，实现"一稿多投"。由于各个平台的粉丝不同，"一稿多投"可以覆盖更多的客户，以实现流量的最大化。

（2）内容多元化，吸引不同客户

每个平台都有自己独特的内容风格，例如，公众号以中长图文为主，微博以140字内的短文加图片为主，抖音以15秒到60秒的短视频为主。多元化的内容形式可以吸引不同的受众群体，增大流量入口。

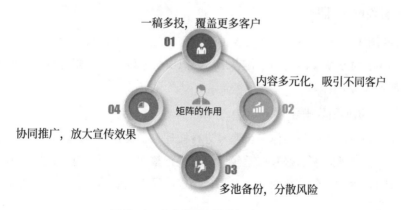

图17-4 企业搭建新媒体矩阵的作用

> **专家提点**
> 所发布的作品内容最好根据各平台的特点进行相应的修改，这样才能更加适合该平台的客户的口味。比如小红书，就用小红书中大家喜欢的口吻和行文方式做调整，核心内容不变。适合平台客户的口味，才会获得更多流量推荐。

(3) 多池备份，分散风险

企业营销如果只集中在某一平台，一旦出现"黑天鹅事件"，例如被封号，则会前功尽弃。比如"毒舌电影""关爱八卦成长协会"等大号在 2017 年被永久封禁，而"毒舌电影"未雨绸缪，提前做了相关 App 布局，把粉丝及时引流到新平台，这样就大大地降低了封号带来的损失。

(4) 协同推广，放大宣传效果

在做活动宣传产品时，由于每个平台的调性不同，如果建立了新媒体矩阵，就可以同时在多个平台进行宣传以扩大宣传效果。比如，可以在微博上造势；在今日头条、腾讯新闻等资讯类平台分发品牌公关稿；在抖音、快手等短视频发相关视频并直播以扩大影响；在美团、口碑等大众生活平台做门店活动促销；在微信等社群平台上进行粉丝运营和转化；在淘宝、拼多多等平台促销等。

> 除了平台矩阵，还可以在账号矩阵之间互相加持推荐。比如，当某账号发布内容后，其他账号评论、点赞、转发，这样会让平台机器人判断你的内容受欢迎，从而给你更多的流量推荐。

3. 六步搭建新媒体团队

做好新媒体运营，不是一朝一夕的事，需要统筹考虑，长远规划，一步一个脚印走踏实。对于新媒体营销工作者来说，只要按照以下六步来进行操作就可以做好新媒体营销工作。

第一步：梳理团队账号

首先对公司建立的新媒体平台账号进行梳理，了解账号布局以及账号的定位方向、粉丝数、活跃度、账号权重等，其次进行整理和分析，有价值的账号如何利用，没有价值的账号直接放弃。如果公司以前没有新媒体团队账号，则重新布局团队的账号。

> 梳理新媒体团队账号以及公司员工的个人账号。一方面，这些账号可以作为编外矩阵，对公司账号进行加持，通过评论、点赞、转发等形式来为主账号加分。另一方面，在梳理的过程中可能会发现一些有潜质的擅长新媒体运营的员工，可以进行培养。

第二步：定位明确

你的客户到底是谁？只有定位明确，才能根据定位策划内容和打造账号。当你的客户数量很大时，还要进一步细分客户，设置标签属性，制定更精准、更深层次的定位营销策略。另外，平台通常也分为几种不同的身份，要根据用户群体来确定账号的身份，比如千聊的用户群体就分为听课者、讲师、分销机构三个不同的身份。

第三步：选平台、定工具

虽然有多个新媒体平台可供选择，但适合你的才是最好的。而且公司人员有限、精力有限、经费有限，应该选择合适的新媒体平台，确定核心主力平台和辅助平台，做好平台矩阵，形成多平台营销组合。

如何选择适合自己企业的平台呢？可以从这两个角度去考虑：一是平台用户与自身匹配度、平台类型、平台量级、平台在同类平台中的排名，以及平台成熟度等因素。二是我们所处的行业、产品品类、商业模式、企业所处的发展阶段、企业新媒体建设情况、企业现阶段的目标等因素。比如，如果现阶段的目标是品宣，那么可以选择百家号、头条号、大鱼号、企鹅号、知乎、喜马拉雅等平台；如果现阶段的目标是带货，那么可以考虑公众号（小程序）、小红书、抖音、大众点评等平台，因为这些平台更容易变现。

第四步：人格化定形象

冷冰冰的企业号让人觉得没有真实感和亲近感，只有将账号人格化，才能让客户觉得是在跟人打交道，让账号散发人性的魅力和光彩。成功的人设不仅可以促进前端的引流，还可以影响后端的成交变现。

企业账号的人设是非常重要的，也是最难的。一旦确定人设，运营的所有人力、财力都会集中在推广这个人设上。

第五步：搭班子、建团队

新媒体运营团队是未来企业中非常重要的团队。企业应该如何搭建一个新媒体团队呢？一般来说，企业的新媒体团队可以分为内容部、策划部和运营部三个职能部门。

内容部的工作内容主要包括文案创作、编辑和呈现。

策划部是新媒体团队中最核心的部门，负责企业的整个新媒体方面的策划，包括整体的定位、运营哪些平台、账号的人设、营销的思路、线上/线下活动策划、专题策划、热点事件策划、数据的分析等，对策划的执行效果进行跟踪和改进，并对最终的结果负责。

运营部负责各新媒体平台账号的统筹运营，主要包括以下工作。

➤ 宣传推广：账号的注册、养号、内容的发布、活动宣传、传播推广、广告投放、宣传造势。

➤ 粉丝运营：与粉丝互动、提升活跃度、粉丝跨平台导流、用价值留住粉丝、成交变现。

➤ 媒介管理：负责媒体资源的联系、沟通、整合、优化、媒体关系、投放指导以及危机公关等。

➤ 商务资源：根据公司业务发展的需求，寻找、挖掘有利于公司的各种合作资源，进行整合，用于渠道的拓展，活动的联合举办等。

第六步：定目标

组建团队后，就要设定团队执行的目标，设置各部门的 KPI 考核指标。没有目标和管理的团队将是一盘散沙。

17.3 多平台营销实战案例

近几年，很多时尚品牌如雨后春笋般发展起来，在很短的时间内就跟传统的大品牌分庭抗礼，大有超越之势。比如，美妆领域的完美日记、花西子；咖啡领域的瑞幸咖啡、三顿半咖啡；饮料领域的元气森林、喜茶；冷饮领域的钟薛高、俄罗斯冰条等。其中，完美日记不仅品牌知名度高，其国内销量也迅速超越了老牌美妆品牌美宝莲、兰蔻、欧莱雅等。

1.案例背景介绍

近几年，被称为"国货之光"的"完美日记"在"双11""618"等促销活动期间，网上销量远远超过了阿玛尼、兰蔻、雅诗兰黛等进口大牌。

下面看一看"完美日记"的成长过程。

➤2017年3月，完美日记品牌面世。

➤2018年5月，高榕资本参与A轮融资，估值达1亿美元。

➤2019年9月，CMC资本、高瓴资本按10亿美元估值参与投资。

➤2020年4月，老虎环球、厚朴投资和博裕资本投资1亿美元，估值达20亿美元。

➢2020年9月，华平投资、凯雷投资、正心谷资本等投资1.4亿美元，估值已达40亿美元（约为268.4亿人民币）。

➢2020年8月，完美日记以60.78亿元品牌价值名列2020中国品牌节年会500强榜单第244位。

➢2020年10月31日，向美国证券交易委员会递交招股说明书，启动赴美上市。

美妆行业管理专家白云虎说："珀莱雅、丸美等老一辈美妆品牌，是依靠十几年前线下门店的渠道红利进行扩展，往往需要一定的时间进行品牌积累。而'完美日记'借助互联网营销方式和渠道变化，直接触达消费者，更容易得到资本青睐。"

众所周知，"完美日记"之所以能在众多国际大品牌中快速崛起并脱颖而出，离不开"完美日记"的营销团队在全网各新媒体平台的布局和营销推广工作，下面我们就详细解读它成功的秘密。

2.新媒体营销平台布局

"完美日记"虽然发迹于线上，爆发于线上，但是一个品牌的持续发展，必须兼顾"三度空间"的营销模式，就像一个军团作战，实行"海陆空"三军联合作战，方可取得胜利。

根据美妆商品的特点，美妆商品需要大量体验、沟通和场景互动。线上宣传、咨询、交流，线下体验，一个品牌明智的战略规划。

"完美日记"的平台布局先从线上走到线下，再结合线上做营销，使其曝光量剧增。在2017年3月，Perfect Diary完美日记正式成立并推出淘宝店。到2019年1月，完美日记首家线下体验店在广州开业，这也是其全球首家实体店。2019年4月，广州第二家店开业；搭建标准化营销模式，进行全国性推广开店，于2019年9月到12月，成都店、东莞店、上海店、长沙店、杭州店等店铺相继开业。这些实体店都以"旗舰体验店"为主，为消费者提供面对面的体验服务，更是为线上营销背书，增强信任感和获取线下渠道的流量。

在搭建好线上与线下通道后，完美日记再拓展平台，分别在小红书、微博、微信等新媒体平台发力，发布优质内容吸引更多粉丝关注。而且每个新媒体平台都有自己突出的特点和优势，有的适合种草，有的适合引流，有的适合转化变现。完美日记根据每个新媒体平台的自身特点与功能，结合"完美日记"商品的特点，搭建一个具有完整生态链的新媒体平台矩阵，以达到多平台协同营销与推广。"完美日记"全媒体营销矩阵布局如下。

- 小红书，强调种草。
- 短视频，注重传播和带货。
- 直播，侧重感性和带货。
- 微博，侧重知名度。
- 知乎，注重专业性。
- 微信，完整的经营生态圈。
- 电商，注重直接变现。
- 官网，主要功能信任背书。
- App，侧重于铁粉的经营。
- 线下，注重体验和信任。

3.新媒体营销——小红书

截至笔者截图时，"完美日记"在小红书拥有200.9万个粉丝，如图17-5所示。

小红书是完美日记重点发力的社交渠道，通过"明星代言+美妆博主带货+素人分享"的打法，不断种草分享，扩大了知名度，增加用户对品牌的信任，打造出一个个"完美"的美妆爆款。

（1）素人分享，增强消费者信任度

截至笔者截图时，在小红书搜索"完美日记"会出现34万+篇笔记，如图17-6所示。这些笔记大多数来自消费者，不仅真实，而且生活场景丰富，大大增加了粉丝对品牌的信任，产生了共鸣，增加了黏性。

这就是KOC（Key Opinion Customer，关键意见客户）的巨大能量，有时候比KOL（Key Opinion Leader，关键意见领袖）更能深入人心。

图17-5 "完美日记"的小红书页面　　图17-6 小红书搜索"完美日记"页面

(2) 大 V 试用，忠实粉丝暴增

从 2018 年起，"完美日记"花很多心血进行种草，大手笔宣传投放。大 V 对粉丝的号召力极强，通过头部和腰部 KOL 对其产品的试用、测评和对比，撰写原创笔记，用自己的亲身体会来引导消费者试用购买。这样的营销模式迅速吸引了众多旁观者，成了"完美日记"的忠实粉丝。

(3) 明星代言，扩大知名度

"完美日记"邀请了张韶涵、林允、欧阳娜娜等明星站台代言，实名向消费者推荐，产生了明星效应，迅速扩大了知名度。

(4) 完美日记的四阶层立体式种草

完美日记首先通过明星的种草，名人效应引起消费者关注和讨论；再通过头部和腰部达人的试色测评，达到真正的种草，用专业打动消费者，引导购买；然后通过普通的素人消费分享，消费者购买后又回到平台分享，进行二次传播。

在合作中，完美日记主要通过与明星、头部 KOL、腰部 KOL 以及初级 KOL、路人池四阶层的博主合作来实现种草，迅速让"完美日记"火遍全网，如图 17-7 所示。

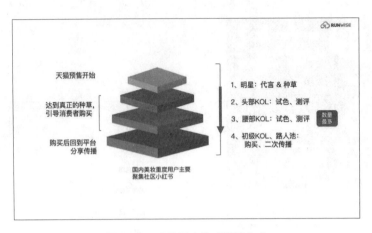

图17-7 四阶层立体式种草方式

4.新媒体营销——短视频

短视频直播营销非常适合美妆品牌，"完美日记"也完美地运用了这个工具，甚至被称为"沉浸在短视频直播里的品牌"。在平台选择上，由于抖音和B站都是以年轻人为主要用户的平台，初期选择以抖音和B站作为主要宣传的短视频平台，快手作为辅助的短视频宣传平台。并且，"完美日记"选择主播来"种草"和带货，如图17-8所示。凭借该主播超高的知名度，让众多消费者第一次了解到"完美日记"这个品牌，并信任该品牌。

图17-8 主播推广完美日记短视频截图

> B站是"00后"扎堆的短视频平台，是未来美妆的潜在大市场，"完美日记"看中B站的潜力，于是选择B站作为主要宣传的短视频平台之一。快手是"老铁经济"，虽然快手平台上的美妆销售量不如抖音，但是"完美日记"营销人员根据快手的用户特征，有针对性地制作"分享笔记"，效果也非常好。

5.新媒体营销——微博

微博在新媒体平台中代表着官方和权威，知名事件和重要活动一般首先选择微博发布，因此微博也是美妆行业的主战场。

微博的重要营销手段是KOL宣传和名人效应。"完美日记"先后请了许多KOL在微博上带动话题，比如人气偶像朱正廷代言品牌，通过博文和视频等形式种草，提升了知名度。图17-9所示为截至笔者截图时的"完美日记"微博首页。

图17-9　完美日记微博首页

6.新媒体营销——知乎、百度百科等知识类

知乎是"知识付费"类平台的重要阵地，其内容代表着"专业化"，很多人在遇到专业问题时，往往会到知乎上寻求答案。"完美日记"也正是因为在知乎上回答一些有关美妆的专业性问题而赢得了大量的粉丝。"完美日记"通过官方自己解答或者邀请专业的美妆达人，从专业角度解读其产品的功效与实用性，以及美妆行业的知识，从用户角度分析"完美日记"的卖点和美妆行业的问题，让消费者感觉到"完美日记"是一个专业的、负责任的美妆品牌。

另外，为了增加曝光度，"完美日记"还在"百度知道""百度百科""百度贴吧"等知识类平台进行知识普及和问题解答，加强与粉丝的交流与互动，达到宣传的目的。图17-10所示为截至笔者截图时的完美日记的百度百科页面。

7.新媒体营销——天猫、京东、拼多多等传统电商

2017年，"完美日记"在淘宝开店，后来扩展到天猫、京东、拼多多等传统电商平台。在淘宝直播上，"完美日记"更是投了上千位主播，举行了一万多场带货直播。

图17-10 完美日记的百度百科页面

现在，传统电商基本上都在运用"红包卡"，就是好评返现，但这种红包卡主要是用来体现好评，没有抓住粉丝并将其引流到私域流量进行经营。"完美日记"的"红包卡"玩法值得大家学习。

购买"完美日记"任意一款产品后，随包裹附赠一张"红包卡"，红包卡的内容设置如下：①刮开图层可获得特殊口令，扫码关注公众号；②公众号推送一个页面，包含个人号二维码；③添加个人号后会收到一个小程序二维码；④扫码并输入口令，即可领1～2元的红包。由此可见，仅需1～2元成本，就可以获得一个公众号粉丝、一个个人号好友、一个小程序粉丝，而且个人号还可以将粉丝拉入社群，性价比实在是太高了！

 当然，也可以节省流程，直接加个人号领红包。

8.新媒体营销——官方网站、官方App

官方网站是品牌的背书，尽管看官网的消费者越来越少，但那是品牌网上背书的根据地，不可或缺。

当一个品牌做到足够大、粉丝数达到一定程度，并且铁粉很多的情况下，可以建立自己的官方 App，有利于经营忠实粉丝。

9.新媒体营销——私域生态圈

上面提到的新媒体平台主要是"公域流量"平台，主要解决快速获客的问题，要想精细化运营客户，还需要导流到"私域流量"平台，进行后续的粉丝经营、留存、复购和裂变转介绍。

打造私域流量池最好的阵地是微信。微信拥有朋友圈、小程序、微信群、视频号等丰富的社交生态圈。"完美日记"通过"微信个人号＋朋友圈＋微信群＋小程序＋视频号＋微信直播"建立了自己的"完美"生态圈，其玩法如下。

（1）个人号精细化运营客户

"完美日记"员工的微信昵称为"小完子"，成百上千的"小完子"个人号就是粉丝的"私人美妆顾问"和"线上朋友"，与粉丝互动，精细化运营客户，引导成交变现。

（2）用户标签分类管理

根据用户的不同情况（如性别、年龄段、城市、职业、消费档次、消费品种、消费频率、路人／粉丝／客户／铁粉……），建立不同的微信群，可以差异化展示不同的动态和相应的促销信息，有针对性地沟通、做活动，提升成交概率和成交金额。

（3）运营有价值、有吸引力的社群

只有让粉丝觉得有价值的社群才会留存，通过连续输出有价值的内容（专业的或者有趣的，或者特惠的福利，总之吸引粉丝的）来黏住粉丝，并促使他们把志同道合的朋友邀请进群。

（4）建立公众号矩阵

根据用户和产品的特点，分别设立订阅号和服务号。通过精美的原创文章以及专业的护肤知识吸引用户关注，并黏住粉丝，通过一些福利活动吸引用户进入"完美日记"的微信商城"完子心选"或其电商账号，从而实现成交变现，再通过优质的产品、服务等将用户转化为忠实粉丝，再用红包卡等裂变工具让粉丝转介绍。

（5）"朋友圈＋社群"新品／活动的首发阵地

持续打造"小完子"人设，其朋友圈和微信群就具备了信任感和传播度，如果有新品发布或者促销活动，都可通过"朋友圈＋社群"触达粉丝，再通过一些"裂变转介绍"的促销手段，促使粉丝进行转发，从而扩大宣传范围。

(6) 小程序+便利商城

开发"完子心选"小程序，作为"完美日记"的便利商城，可以随时进入、随用随走，为粉丝提供了便捷的购物环境。

(7) 视频号+直播

"完美日记"视频号发布的短视频可以在微信生态的"个人号""朋友圈""公众号""微信群"中转发，进而吸引点赞和分享，增加视频号的权重。

微信生态的直播功能可以实现私域流量的变现。"微信个人号+朋友圈+微信社群+微信小程序+视频号+直播"完成了私域营销转化生态闭环。

10.新媒体营销——打通"三度空间"，实现线上、线下结合

(1) "三度空间"立体式营销的核心、流量、目标和优势

"完美日记"的"三度空间"立体式营销的核心、流量、目标和优势如表17-1所示。

表17-1 "完美日记"的"三度空间"立体式营销的核心、流量、目标、优势

事项	网络空间	社群空间	线下空间
核心	内容为王	以人为本	体验感好
流量	公域流量	私域流量	线下客流
目标	眼球经济	生态经济	体验经济
优势	强传播	强交互	强关系

(2) "完美日记"营销矩阵的"三度空间"对应内容

"完美日记"营销矩阵的"三度空间"对应内容如表17-2所示。

表17-2 "完美日记"营销矩阵的"三度空间"

网络空间	社群空间	线下空间
小红书	微信个人号	广州正佳广场旗舰店
微博	朋友圈	广州黄沙西城都荟体验店
短视频平台的抖音、B站、快手	微信群	成都春熙路复合业态店
知识类的知乎、百度百科、百度知道	小程序	东莞体验店

续表

网络空间	社群空间	线下空间
传统电商的天猫、京东、拼多多等	视频号	上海环球港旗舰店
直播带货类	微信直播	杭州天猫线下特区店
官网、官方App	——	上海五角场万达广场概念店

(3)"三度空间"协作营销

社群空间为整个营销的核心场所，主要是微信生态圈，以个人号的关系为依托，在私域空间内互为引流和运营，打造粉丝的大本营。在生态圈内进行粉丝的"强化运营"，实现"转粉、成交、复购、锁客以及转介绍"等变现目标。

网络空间中的每个媒体平台都自成体系，传播、涨粉、成交等，并引流到社群空间。另外，多个网络平台之间也可以互相引流。

线下空间为线上空间提供体验和信任背书，线下的粉丝可引流到社群空间进行粉丝的"持续性"经营，同时线上空间也为线下导流。

由此可见，做好线上、线下互动，开展全网营销，可以全方位覆盖消费者，实现营销效果最大化。